ALTERNATIV HEILEN

Herausgegeben von Gerhard Riemann

Dieses Buch wurde auf chlor- und säurefreiem Papier gedruckt.

Deutsche Erstausgabe September 1992
© 1992 für die deutschsprachige Ausgabe Droemersche Verlagsanstalt
Th. Knaur Nachf., München
Das Werk einschließlich aller seiner Teile ist urheberrechtlich geschützt.
Jede Verwertung außerhalb der engen Grenzen des Urheberrechtsgesetzes ist ohne
Zustimmung des Verlages unzulässig und strafbar. Das gilt insbesondere für
Vervielfältigungen, Übersetzungen, Mikroverfilmungen und die Einspeicherung und
Verarbeitung in elektronischen Systemen.
Titel der Originalausgabe »Acupressure's Potent Points«
© 1990 Michael Reed Gach
Originalverlag Bantam Books
Umschlagillustration Susannah zu Knyphausen, München
Satz DTP ba · br
Druck und Bindung Ebner Ulm
Printed in Germany
ISBN 3-426-76002-9

8   10   9

MICHAEL REED GACH

HEILENDE PUNKTE

Akupressur zur Selbstbehandlung
von Krankheiten

Aus dem Amerikanischen von Clemens Wilhelm

Mit zahlreichen Fotos und Zeichnungen

Für meine Großmutter
die mir als kleinem Jungen mit Händen, Augen und Herz
die größte und bedingungsloseste Liebe entgegenbrachte.

Die Tiefe und Macht unserer gegenseitigen Zuneigung
gibt mir noch heute den Antrieb, anderen Menschen zu helfen,
indem ich sie die Kunst des Heilens mit den Händen lehre.

Danksagungen

Ich bin dankbar für die Liebe, die ich von meinen Eltern, Lehrern und Freunden empfangen habe. Insbesondere möchte ich meinen Schülern, Klienten, Mitarbeitern und dem Lehrkörper am Akupressur-Institut – seit über fünfzehn Jahren mein erweiterer »Familienkreis« – für die professionelle Unterstützung danken, die ich brauchte, um dieses Buch schreiben zu können.

Ich möchte allen meinen Lehrern danken, insbesondere Iona und Ron Teeguarden und Frank Chung, C. A., O. M. D., der mich in den praktischen therapeutischen Anwendungen der Akupressur-Energiepunkte unterwies.

Die Anleitung und die maßgeblichen redaktionellen Hinweise von Sally Zahner und Leslie Meredith verwandelten mein Manuskript in ein kompaktes Ganzes. Ich weiß ihre Einsicht, ihr Können und den enormen Arbeitsaufwand, den sie meinem Buch widmeten, zutiefst zu schätzen. Gina Velasquez möchte ich dafür danken, daß sie sich um den Gesamtablauf kümmerte, von redaktionellen Einzelheiten bis hin zur Koordination der Produktion.

Mein Dank gilt weiterhin Paul Abell, Ph. D., Pamela Clarke, Joseph Carter, C. A., Alice Hiatt, R. N., und Brian O'Dea, C. A., für die fachlichen Hinweise und Tips. Besonders dankbar bin ich für die Hilfe von Cathy Hemming und Patty Leasure bei der Veröffentlichung dieses Buchs.

Bezüglich der grafischen Gestaltung des Buchs hat Mary Sanichas mit ihrem High-Tech-Scanner und ihrer profunden Desktop-publishing-Erfahrung hervorragende Arbeit geleistet. Danken möchte ich auch Carrie Sealine für die organisatorische und redaktionelle Arbeit am Computer.

Es war mir eine Freude, wieder mit David Lehrer zusammenzuarbeiten, von dem die vorzüglichen Aufnahmen in diesem Buch stammen. Mein spezieller Dank gilt auch Joan Carol, Christel Busch und Gordon Pagnello für ihre anatomischen Zeichnungen.

Schließlich ist es mir ein Bedürfnis, auch den Modellen zu danken, die sich für dieses Buch zur Verfügung stellten:

Molly Beck, Joella Caskey, Pamela Clarke, Nathan Hiatt, Herb R. Jorgensen, Alexander B. Levin, Takami Matsumoto, Bill Mathers, Frank Nuessle, Gene Poferl, Mary Sanichas und Jo Ann Turner.

Inhalt

Vorwort

In diesem Buch ist in einfachen Schritten dargestellt, wie man an sich selbst Akupressur anwenden kann, um streßbedingte Beschwerden zu beheben, die sich körperlich oder emotionell bemerkbar machen. Die Energiepunkte und Selbsthilfetechniken ermöglichen es uns, selbst etwas für unsere Gesundheit zu tun. Natürlich sollte man trotzdem weiterhin zum Arzt gehen, um eine individuelle Untersuchung, Beratung und Behandlung durchführen zu lassen. Ich glaube aber, daß dieses Buch die persönliche Gesundheitsfürsorge sinnvoll ergänzt, weil man mit seiner Hilfe Wesentliches dazu beitragen kann, gesund zu werden und zu bleiben.

Dieses Buch ist kein Ersatz für den Rat des Arztes. Der Leser sollte regelmäßig alles, was seine Gesundheit betrifft, mit einem Arzt besprechen, insbesondere alle Symptome, die einer Diagnose oder ärztlichen Überwachung bedürfen. Vor der Anwendung von Akupressur sollte der Leser erst Teil I und das gesamte Kapitel über sein spezielles Gesundheitsproblem lesen und alle warnenden Hinweise in diesem Buch berücksichtigen. Schwangere sollten insbesondere Kapitel 3 beachten.

Teil I enthält allgemeine Informationen über Akupressur, ihren Ursprung, wie sie wirkt, wofür sie sich eignet und wofür nicht, was ein Akupressurpunkt ist, wie man die Punkte findet und wie man Fingerdruck anwendet.

Teil II enthält einundvierzig Kapitel mit ausführlich illustrierten Selbsthilfeverfahren für häufige Beschwerden von Akne über Kopfschmerzen bis hin zu Zahnschmerzen.

Die Gesundheitsstörungen sind in alphabetischer Reihenfolge angegeben, damit man schnell an der richtigen Stelle nachschlagen kann.

Als erstes bespreche ich das gesundheitliche Problem, nenne seine
Gründe und gebe Tips, wie man es vermeiden kann. Daran anschließend zeige ich in einzelnen Programmschritten, wie man Akupressur
anwendet. Fast jedes Kapitel endet mit einem Hinweis auf andere
Kapitel, in denen weitere nützliche Punkte für die jeweilige Erkrankung angegeben sind. Zusätzlich erleichtert ein Register das Auffinden der Abschnitte, die darüber hinaus für Sie in Betracht kommen,
und in Anhang B finden Sie die Energiepunkte in alphabetischer
Reihenfolge mit den entsprechenden Seitenzahlen.

Es ist etwas Wunderbares, daß man sich selbst und anderen bei
gesundheitlichen Beschwerden ohne teure Geräte, einfach mit den
eigenen Händen, jederzeit und an jedem Ort helfen kann. Ich hoffe,
daß dieses Buch den Leser in eine neue Dimension des Wohlbefindens führt – daß er nicht nur in die Lage versetzt wird, aktiv etwas
für seine Gesundheit zu tun, sondern auch sein Bewußtsein für seine
eigene heilende Energie und für seine mächtige Lebenskraft erwei-
tert.

Teil I

Einführung in die Akupressur

Ursprünge, Anwendungsgebiete und Grundsätze

1 Was ist Akupressur?

Akupressur ist eine alte Heilkunst, bei der man mit den Fingern bestimmte Punkte auf der Hautoberfläche drückt, um die natürliche Selbstheilungskraft des Körpers anzuregen. Das Drücken dieser Punkte löst Muskelspannungen und regt den Blutkreislauf und die Lebenskraft des Körpers an, so daß eine schnellere Heilung eintritt. Bei der Akupressur werden dieselben Punkte benutzt wie bei der Akupunktur, jedoch wird bei der Akupunktur mit Nadeln gearbeitet, während man bei Akupressur den sanften, aber festen Druck der Hände (und sogar der Füße) benutzt. Die Wirksamkeit und Wirkungsweise der Akupunktur ist durch eine Fülle wissenschaftlicher Daten nachgewiesen und erklärt. Die Akupressur, die ältere Tradition, trat jedoch in den Hintergrund als die Chinesen die von der Technik unterstützten Stimulationsverfahren mit Nadeln und Elektrizität entwickelten. Die Akupressur ist aber nach wie vor die wirksamste Methode der Selbstbehandlung bei spannungsbedingten Erkrankungen.

Zu den größten Vorteilen der Akupressur gehört die Tatsache, daß man ihre heilende Berührung gefahrlos an sich selbst und anderen praktizieren kann, selbst wenn man noch keinerlei Erfahrung hat, solange man die Anweisungen befolgt und die warnenden Hinweise beachtet. Es entstehen keinerlei Nebenwirkungen durch Arzneimittel, weil es keine Arzneimittel gibt. Die einzige »Ausrüstung«, die man braucht, sind die eigenen Hände. Eine Akupressurtherapie kann man jederzeit und überall anwenden.

Meine klinischen Erfahrungen seit nunmehr achtzehn Jahren haben gezeigt, daß Akupressur bei der Beseitigung von Kopfschmerzen, Überanstrengung der Augen, Nebenhöhlenbeschwerden, Nackenschmerzen, Rückenschmerzen, Arthritis, Muskelschmerzen und streßbedingten Verspannungen hilfreich eingesetzt werden kann. Ich habe Hunderten von Akupressurschülern, Klienten und Freunden gezeigt, wie man (sich) mit Akupressur bei Geschwürschmerzen, Menstruationsbeschwerden, Kreuzschmerzen, Verstopfung und Verdauungsschwäche helfen kann. Mit Selbstakupressur kann man auch Angstzustände lindern und das Einschlafen fördern.

Susan, eine meiner Schülerinnen, litt infolge einer Nackenverletzung jahrelang an Schlaflosigkeit und gelegentlichen Kopfschmerzen. »Ich fühle mich ständig so erschöpft und abgespannt, Michael«, sagte sie. »Wie kann Akupressur mir helfen?«

Ich zeigte ihr mehrere Energiepunkte an ihren Fußknöcheln und am Hals für die Kopfschmerzen sowie einige Dehnungsübungen für den oberen Wirbelbereich gegen die Schlaflosigkeit. Zwei Wochen später berichtete mir Susan freudestrahlend: »Die Behandlung hat wirklich geholfen! Zum erstenmal seit fünfzehn Jahren habe ich die ganze Nacht gesund und ohne Unterbrechung durchgeschlafen!«

Akupressur läßt sich auch sehr gut dafür einsetzen, den Körper ins Gleichgewicht zu bringen und bei guter Gesundheit zu halten. Die heilende Berührung der Akupressur baut Spannungen ab, stärkt den Kreislauf und ermöglicht eine tiefe Entspannung des Körpers. Durch Linderung von Streßerscheinungen kräftigt Akupressur den Widerstand gegenüber Krankheiten und steigert das Wohlbefinden.

In der Akupressur betrachtet man lokale Symptome als Ausdruck des körperlichen Zustands im ganzen. So kann zum Beispiel Spannungskopfschmerz von der Schulter und vom Nakken ausgehen. Ziel der Akupressur ist also die Linderung von Schmerzen und Beschwerden sowie die Behandlung von Spannungen, bevor sich eine Krankheit entwickelt, das heißt, bevor durch die Anspannung und das Ungleichgewicht größerer Schaden entstehen kann. Durch eine Kombination von Selbsthilfemethoden wie zum Beispiel die Stimulation von Fernpunkten, Tiefatmung, Dehnungsübungen mit Entspannungstechniken kann man die körperliche Verfassung verbessern, so daß man sich frischer, gesünder und in größerer Harmonie mit dem eigenen Leben fühlt.

Vor einiger Zeit klagte Judy, eine meiner fortgeschrittenen Akupressurschülerinnen, über Nachtschweiß. Ihr stand eine schwierige Entscheidung über ihren künftigen Wohnort bevor, wobei auch noch eine gestörte Beziehung eine Rolle spielte. Ich stellte fest, daß ihr oberer Wirbelbereich durch Anspannung vorgewölbt war, und ich entdeckte weitere Verspannungen in ihrem Nacken. Ich zeigte ihr die Punkte für die Behandlung dieser Bereiche. Einen Monat später berichtete Judy, nachdem sie zweimal täglich Selbstakupressur angewandt hatte, daß die Verspannungen im oberen Wirbelbereich und ein »Kloß« tiefen Kummers verschwunden waren. Sie fühlte sich auch gei-stig klarer und objektiver im Umgang mit ihren Problemen. Vor allen Dingen aber war der Nachtschweiß, der sie zwei Monate lang geplagt hatte, verschwunden.

Alice, eine meiner älteren Patientinnen, klagte über eingeschränkte Beweglichkeit im Nacken mit schweren arthritischen Nackenschmerzen, die über die Schultern in ihre Arme sowie in den Kopf ausstrahlten. Nach ihrer ersten Akupressursitzung fühlte sie sich nicht nur besser, sondern besaß auch eine größere Beweglichkeit im Nakken. Zum erstenmal seit Jahren konnte sie ihren Kopf schmerzfrei in alle Richtungen bewegen. Nach einigen Wochen erkannte Alice, daß sie auch selbst mit Hilfe der Punkte unterhalb der Schädelbasis sowohl die Schmerzen wie auch die Steifigkeit im Nacken beseitigen konnte. Vor kurzem sagte sie mir, sie wende jetzt sofort Selbstakupressur an, sobald sie bemerkt, daß der Schmerz »hochkriecht«. Es ist möglich, daß diese verbesserte Beweglichkeit selbst wiederum eine weitere Verschlechterung verhindert.

Die Entstehung der Akupressur

Die Ursprünge der Akupressur sind so alt wie der instinktive Impuls, bei Kopfschmerz die Hände gegen die Stirn oder die Schläfen zu pressen. Jeder Mensch benutzt irgendwann einmal spontan seine Hände, um angespannte oder schmerzende Körperstellen zu halten.

Vor über fünftausend Jahren entdeckten die Chinesen, daß das Drücken bestimmter Körperstellen den Schmerz an der Stelle linderte, an der er auftrat, sich aber auch auf Körperstellen auswirkte, die vom Schmerz und dem Druckpunkt weiter entfernt lagen.[1] Mit der Zeit fanden sie weitere Stellen, die nicht nur den Schmerz linderten, sondern auch die Funktion bestimmter innerer Organe beeinflußten.

Während der Zeit der frühen chinesischen Dynastien, als Steine und Pfeile das einzige Kriegsgerät waren, berichteten viele Soldaten, die auf dem Schlachtfeld verwundet wurden, daß Krankheitssymptome, unter denen sie jahrelang gelitten hatten, plötzlich verschwunden waren. Solche seltsamen Berichte interessierten natürlich die Heilkundigen, die zunächst keinen logischen Zusammenhang zwischen der Verletzung und der daraufhin eintretenden Wiederherstellung der Gesundheit feststellen konnten. Nach jahrelangen sorgfältigen Beobachtungen entwickelten chinesische Ärzte dann Verfahren zur Heilung bestimmter Krankheiten, indem sie auf spezielle Punkte auf der Körperoberfläche schlugen oder in diese stachen.[2]

Wie im Falle der chinesischen Soldaten haben die Menschen zu allen Zeiten durch Probieren herausgefunden, wie sie sich selbst am besten helfen können.

---

1 Ilza Veith (Übers.), *The Yellow Emperor's Classic of International Medicine* (Berkeley: University of California Press, 1949). Ein altchinesischer medizinischer Text *(Huang-ti nei-ching),* der dem legendären »Gelben Kaiser« (Huang-ti [2697–2597 oder 2674–2575]) zugeschrieben wird, wahrscheinlich aber erst im 3. oder 2. Jahrhundert v. Chr. entstanden ist.

2 Dr. Stephen Thomas Chang, *The Complete Book of Acupuncture* (Berkeley: Celestial Arts, 1976), 14.

Die Kunst und Wissenschaft der Akupressur wurde mit Hilfe der Fähigkeiten von Menschen praktiziert, deren Sensibilität so hoch entwickelt war, daß sie spüren konnten, wo Menschen mit Schmerzen verspannt waren, und wahrnehmen konnten, welche Fernpunkte das Problem beseitigen würden. Die Chinesen praktizieren Selbstakupressur seit über fünftausend Jahren als einen Weg, gesund und glücklich zu bleiben. Auch Sie können lernen, wie Sie die Behandlung, die Ihr Arzt durchführt, ergänzen können. Sie können Ihrem Körper helfen, sich von häufigen Beschwerden zu befreien, wie sie in diesem Buch beschrieben sind, indem Sie die richtigen Stellen drücken, die ich Ihnen zeigen werde. Wenn Sie diese Punkte ausprobieren, finden Sie vielleicht sogar andere, die bei Ihnen noch besser wirken.

Viele der Gesundheitsprobleme in unserer Gesellschaft, von Rückenschmerzen bis zur Arthritis, sind das Ergebnis einer unnatürlichen Lebensweise. Streß, Anspannung, mangelnde Bewegung, schlechte Ernäh-rungsgewohnheiten und Haltungsfehler sind mit für die Epidemie der Degenerationskrankheiten in unserer Kultur verantwortlich. Die Akupressur ist eine Möglichkeit, dem Körper zu helfen, dem entgegenzuwirken und angesichts der Zwänge des modernen Lebens zu einem Ausgleich zu kommen.

Wie Akupressur wirkt

Akupressurpunkte, auch Energiepunkte genannt, sind Stellen auf der Haut, die auf bioelektrische Impulse im Körper besonders gut reagieren und diese Impulse rasch weiterleiten. Die fernöstlichen Kulturen stellen sich die Punkte traditionell als Kreuzungspunkte spezieller Bahnen vor, auf denen die bei den Chinesen *Chi* und bei den Japanern *Ki* genannte Lebensenergie fließt. Westliche Wissenschaftler haben mit Hilfe empfindlicher elektrischer Geräte dieses Netzwerk von Körperpunkten nachgewiesen und kartographiert.

Die Stimulierung dieser Punkte mit Druck, Nadeln oder Wärme

löst die Ausschüttung von Endorphinen aus, schmerzlindernden Neurotransmittern. Dadurch wird der Schmerz blockiert und die Versorgung des betroffenen Bereichs mit Blut und Sauerstoff verbessert. Dies bewirkt eine Entspannung der Muskeln und fördert die Heilung.

Weil Akupressur die zum Gehirn gesandten Schmerzsignale durch eine leichte, praktisch schmerzlose Stimulierung unterbindet, hat man sich die Wirkung so vorgestellt, daß sie die »Tore« des schmerzsignalisierenden Systems schließt und dadurch verhindert, daß Schmerzempfindungen über die Wirbelsäule zum Gehirn geleitet werden können.[1] Akupressur lindert aber nicht nur den Schmerz, sondern kann auch das Gleichgewicht des Körpers wiederherstellen, indem sie Spannungen beseitigt, die eine einwandfreie Körperfunktion beeinträchtigen und das Immunsystem behindern. Akupressur gibt dem Körper die Möglichkeit, sich an Umweltveränderungen anzupassen und Krankheiten abzuwehren.

Verspannungen treten bevorzugt an Akupressurpunkten auf. Wenn ein Muskel chronisch angespannt oder verkrampft ist, ziehen sich die Muskelfasern unter der Wirkung der Milchsäure zusammen, die sich infolge von Ermüdung, Trauma, Streß, chemischem Ungleichgewicht oder Mangeldurchblutung ansammelt. So kann man zum Beispiel bei starkem Streß nicht mehr richtig atmen. Bestimmte Akupressurpunkte lösen die Spannung in der Brust und lassen wieder tief atmen.

Wenn ein Punkt gedrückt wird, löst sich die Muskelspannung unter dem Druck des Fingers, wodurch sich die Fasern dehnen und entspannen können, das Blut wieder frei strömt und Gifte abtransportiert und ausgeschieden werden. Eine verbesserte Durchblutung bewirkt eine bessere Versorgung der betroffenen Bereiche mit Sauerstoff und Nährstoffen. Damit nimmt die Widerstandsfähigkeit des Kör-

---

1 T. Tan Leng, Margaret Y. C. Tan und Ilza Veith, *Acupuncture Therapy – Current Chinese Practice* (Philadelphia: Temple University, 1973).

pers gegenüber Krankheiten zu, und man lebt länger, gesünder und vitaler. Wenn das Blut und die bioelektrische Energie richtig fließen, steigert dies die Ausgeglichenheit, die Gesundheit und das Wohlbefinden.

Einsatzmöglichkeiten der Akupressur

Die Akupressurpunkte kann man in vielen verschiedenen Lebensbereichen nutzbringend einsetzen. Man kann mit Akupressur Streß bekämpfen, aber auch Sportverletzungen heilend beeinflussen und ihnen vorbeugen. Bei den sportlichen Veranstaltungen unterziehen sich die Teilnehmer vor und nach den Wettkämpfen einer Sportmassage. Die Akupressur ergänzt sportmedizinische Behandlungen, indem man unter Anwendung geeigneter Punkte und Massagetechniken den Muskeltonus verbessert, die Durchblutung anregt und neuromuskuläre Beschwerden beseitigt.

Die Chinesen wenden Akupressur seit Jahrtausenden auch als Schönheitsbehandlung an. Man kann mit den Energiepunkten Zustand und Tonus der Haut verbessern und die Gesichtsmuskeln entspannen, wodurch man ganz ohne Pillen etwas gegen Falten tun kann.

Die Akupressur ist wie gesagt kein Ersatz für die ärztliche Behandlung, stellt aber oft eine geeignete Ergänzungsmaßnahme dar. Sie kann zum Beispiel die Heilung eines gebrochenen Knochens beschleunigen, sobald dieser eingerichtet ist, aber auch einem Krebspatienten dabei helfen, mit seinen Schmerzen und Ängsten besser umzugehen.

Ebenso kann die Akupressur eine chiropraktische Behandlung wirksam begleiten. Durch eine Entspannung und Tonisierung der Rückenmuskulatur erleichtert und verbessert die Akupressur die Korrektur der Wirbelsäule, und die Wirkung hält länger an. In der Tat wurden die beiden Therapien im alten China ursprünglich parallel durchgeführt.

Menschen in psychotherapeutischer Behandlung können von der Akupressur profitieren, indem sie mit ihrer Hilfe das Körperbewußtsein steigern und besser mit Streß umgehen lernen. Wenn starke Gefühlsregungen kein Ziel finden und ungelöst bleiben, »speichert« der Körper die dadurch entstehenden Spannungen in den Muskeln. Die Akupressur kann helfen, das emotionelle Gleichgewicht wiederzuherstellen, indem sie die von unterdrückten Gefühlen herrührenden aufgestauten Spannungen löst.

Nach ihrer Art und Wirkungsweise lassen sich zwei Typen von Akupressurpunkten unterscheiden. Wenn man einen Punkt in demjenigen Bereich stimuliert, in dem man Schmerz oder Spannung empfindet, nennt man ihn einen lokalen Punkt. Derselbe Punkt kann aber auch bei Schmerzen in einem entfernt gelegenen Körperteil helfen; in diesem Fall spricht man von einem Fernpunkt. Die Fernwirkung wird über einen elektrischen Kanal des menschlichen Körpers vermittelt, einen sogenannten *Meridian*. Diese Meridiane sind Bahnen, die die Aku-

pressurpunkte untereinander wie auch mit den inneren Organen verbinden. Die Meridiane sind Kanäle, durch die elektrische Energie durch den Körper fließt. Man stellt sie sich als Teil eines übergeordneten Kommunikationssystems der universellen Lebensenergie vor, die die Organe mit allen sensorischen, physiologischen und emotionellen Aspekten des Körpers verbindet. In diesem physischen Energienetz gibt es Schlüsselpunkte, mit deren Hilfe wir unsere spirituelle Bewußtheit vertiefen und uns selbst heilen können.

Weil die Stimulation eines bestimmten Punktes ein heilendes Signal in andere Körperbereiche auszusenden vermag, kann jeder Akupressurpunkt bei mehreren Beschwerden und Symptomen hilfreich sein. Deshalb sind in den folgenden Kapiteln für jeden Akupressurpunkt mehrere Beschwerden angegeben. Der hochwirksame Akupressurpunkt in der Daumen-Zeigefinger-Falte[1] zum Beispiel lindert

---

1   **Achtung:** Dieser Punkt darf während der Schwangerschaft nicht behandelt werden, da seine Stimulierung zu vorzeitigen Gebärmutterkontraktionen führen kann.

nicht nur Gelenkschmerzen in der Hand, sondern wirkt auch auf den Dickdarm und hilft bei Beschwerden im Gesichts- und Kopfbereich wie zum Beispiel Kopfschmerzen, Zahnschmerzen und Nebenhöhlenproblemen.

Tonisierende Punkte[1] verbessern die Kondition und wirken allgemein gesundheitserhaltend. Sie kräftigen den gesamten Körper und stärken verschiedene innere Organe und lebenswichtige Körpersysteme.

Das Auffinden der Punkte: Namen und Kurzbezeichnungen der Akupressurpunkte

Akupressurpunkte lokalisiert man mit Hilfe markanter Körperstellen. Damit der Leser sie leichter findet, ist in diesem Buch die Lage aller Punkte illustriert und genau beschrieben, zum Beispiel an Vertiefungen oder Vorsprüngen am Knochen. Manche Akupressurpunkte liegen unterhalb größerer Muskelgruppen. Punkte in der Nähe einer Knochenstruktur liegen meist in Vertiefungen, während Muskelpunkte in einem Muskelstrang, einem Band oder Spannungsknoten liegen. Um einen solchen Punkt zu stimulieren, drückt man direkt auf den Strang oder in die Vertiefung.

Als sich die Akupressur entwickelte, bekam jeder der 365 Punkte einen poetischen Namen, dem ursprünglich ein chinesisches Schriftzeichen zugeordnet war. Dieser Name verrät etwas über die Wirkung eines Punkts oder seine Lage. So bezieht sich zum Beispiel die Bezeichnung »Schulter-Treffpunkt« auf die Lage des Punkts. Der Dreimeilenpunkt hat seinen Namen daher, weil er einem Menschen »für drei Meilen zusätzliche Energie« gibt. Läufer und Radfahrer benutzen diesen effizienten Punkt, um das Durchhaltevermögen und die Ausdauer zu stärken.

Einige der Namen von Akupressurpunkten sind zugleich auch wirksame Meditationsmantras.

---

1 Weitere Informationen über tonisierende Punkte siehe bei Michael Reed Gach, *Greater Energy at Your Fingertips* (Berkeley: Celestial Arts, 1986), 9–25.

Wenn man einen Punkt drückt und still seinen Namen wiederholt, während man seine Wirkung visualisiert und tief atmet, kann man das volle Potential eines jeden Punkts ausschöpfen. Wenn man die Punkte Meer der Vitalität im Kreuzbereich gedrückt hält, atmet man tief ein und stellt sich vor, wie jeder Atemzug den eigenen Vorrat an Vitalität wieder auffüllt. So kann man mit der Kraft seines Geistes den Kreuzbereich kräftigen und heilend beeinflussen.

Man kann mit den Namen der Punkte Affirmationen schaffen, Bekräftigungen der Wirkung, die die Effektivität eines Punkts steigern. Man hält zum Beispiel mit den Fingerkuppen die Punkte des Loslassens im oberen äußeren Brustbereich und atmet tief. Stellen Sie sich vor, daß Sie Spannungen, Frustrationen und Streß loslassen. Halten Sie diesen Punkt und atmen Sie in diese Punkte hinein, wobei Sie für sich wiederholen, daß Sie jetzt alle Negativität und Reizbarkeit loslassen.

Neben seinem Namen bekam jeder Punkt ein Kürzel, das seine Lage am Körper bezeichnet. Die Kurzbezeichnungen der Punkte wie zum Beispiel Ma 3 oder GB 21 sind ein Standardbezugssystem, das professionelle Akupresseure und Akupunkteure benutzen, weshalb ich sie ebenfalls zur zusätzlichen Kennzeichnung verwende. Diese Kürzel sind im Anhang erklärt, doch braucht der Leser sie für die Durchführung der Selbstakupressurtechniken in diesem Buch nicht unbedingt zu wissen oder gar auswendig zu lernen.

Das Dritte Auge: Ein spiritueller Energiepunkt

Mit Hilfe der heilenden Berührung der Akupressur kann man auch sehr gut das eigene spirituelle Leben vertiefen. Wenn man zum Beispiel den Punkt des Dritten Auges knapp oberhalb der Nasenwurzel einige Minuten lang berührt, kann man damit die innere Bewußtheit steigern. Wenn man weitere Fortschritte erzielen möchte, kann man täglich fünf bis zehn Minuten über diesen Punkt meditieren, und man wird vielleicht innerhalb weniger Wochen feststellen, daß die Fähigkeit zur Intuition größer wird. Die Konzentration auf den Punkt des Dritten Auges ist Nahrung für die eigene spirituelle Natur. Spiritualität ist nichts Körperloses – gerade die stärksten spirituellen Erfahrungen wurzeln im eigenen Körper.

Wenn ich die Augen schließe und den Punkt des Dritten Auges leicht berühre und meine ganze Aufmerksamkeit auf diese Stelle zwischen meinen Augenbrauen richte, steigere ich meine Selbstwahrnehmung. Es wird mir ganz intensiv deutlich, wie sich mein Körper anfühlt, wie sich mein Atem anfühlt. Wenn ich das Blut durch meine Adern rinnen fühle, ist dies eine Wahrnehmung der strömenden Lebensenergie.

Wenn ich weiterhin mit geradem Rücken tief atme, wird mir jeder Teil meines Körpers gleichzeitig bewußt – als harmonische, einheitliche Gegenwart. Wenn ich meditiere, führt dies oft zu einer starken Empfindung des Einsseins mit der Welt. Die Macht der Akupressur kann uns körperlich und geistig heilen.

Die heilende Wirkung der Akupressur besteht in einer Entspannung des Körpers einerseits und positiven Auswirkungen auf den Geist andererseits. Wenn die Spannungen beseitigt werden, fühlt man sich nicht nur körperlich gut, sondern auch emotionell und geistig. Wenn sich der Körper entspannt, entspannt sich auch der Geist, wodurch ein anderer Bewußtseinszustand entsteht. Diese erweiterte Bewußtheit führt zu geistiger Klarheit und einer körperlichen und emotionellen Heilung, durch die die Trennung von Körper und Geist aufgehoben wird.

2 Die Praxis der Selbstakupressur

Es werden heute verschiedene Arten von Akupressur praktiziert, doch benutzen alle Akupressurtechniken dieselben alten Wirkpunkte. Durch unterschiedliche Rhythmen, variierende Druckstärken und veränderte Techniken entstehen verschiedene Stilrichtungen der Akupressur, ähnlich wie auch verschiedene Arten von Musik dieselben Noten benutzen, diese aber in unterschiedlicher Art miteinander verbinden. Shiatsu zum Beispiel, die bekannteste Akupressurform, kann recht kräftig sein, wobei jeder Punkt nur drei bis fünf Sekunden lang intensiv gedrückt wird. Bei einer anderen Akupressurform wird jeder Punkt eine Minute oder länger nur ganz leicht gedrückt. Drücken im schnellen Rhythmus ist stimulierend; ein langsamerer Rhythmus hat eine nachhaltig entspannende Wirkung auf den Körper.

Massagetechniken in der Akupressur

Bei den Übung in diesem Buch werden die folgenden Techniken angewandt.

Fester Druck ist die Grundtechnik. Üben Sie mit Daumen, Fingern, Handflächen, Handkanten oder Knöcheln gleichmäßigen Druck aus. Um einen Bereich zu entspannen oder Schmerzen zu lindern, drückt man sanft und hält diesen Druck ohne Bewegung jeweils einige Minuten aus. Eine Minute gleichmäßigen Drucks (der weich einsetzend aufgebaut wird) beruhigt und entspannt das Nervensystem und verbessert die Heilung. Um den Bereich zu stimulieren, wendet man nur vier bis fünf Sekunden Druck an.

Beim *langsamen Kneten* benutzt man Daumen und Finger sowie die Handballen, um große Muskelgruppen zu walken. Die Bewegung ist ähnlich wie beim Kneten eines großen Teigkloßes. Man setzt dabei das Gewicht seines Oberkörpers ein und drückt den Muskel, um ihn weich und geschmeidig zu machen. Dies löst allgemeine Steifigkeit, Verspannungen an Schultergürtel und Nacken, Verstopfung und Wadenkrämpfe.

Kräftiges Reiben ist eine Friktionsmassage, die Blut und Lymphe stimuliert. Die Haut leicht reiben, um Unterkühlung, Schwellung und Taubheit von Gliedern zu beseitigen. Diese Anwendung regt die Durchblutung an, beruhigt die Nerven und tonisiert die Haut.

Schnelles Klopfen mit den Fingerspitzen stimuliert die Muskeln auf unbedeckten, empfindlichen Körperbereichen wie zum Beispiel dem Gesicht. Auf größeren Körperflächen, etwa dem Rücken oder dem Gesäß, mit der locker geschlossenen Faust arbeiten. Dies verbessert die Funktion der Nerven und erschlaffter Muskulatur.

Achtung: Bei ernsthaften Erkrankungen, chronischen oder lebensbedrohlichen Krankheiten wie Herzleiden, Krebs oder Bluthochdruck dürfen die nachfolgenden Techniken in den Übungen nicht angewandt werden: kräftiges Reiben, tiefgehender Druck, Kneten oder andere Empfehlungen, die zu einer übermäßigen Stimulierung führen.

Die Druckanwendung

Üben Sie mit dem Finger anhaltenden Druck direkt am Punkt aus, weich einsetzender, stetiger, eindringender Druck für die Dauer von etwa drei Minuten ist ideal. Jeder Punkt fühlt sich beim Drücken etwas anders an, manche Punkte fühlen sich gespannt an, während andere beim Drücken schmerzen. Wie stark man einen Punkt drückt, hängt von der persönlichen Verfassung ab. Als allgemeine Richtlinie gilt, daß der Druck gerade so fest sein sollte, daß es »wohltuend schmerzt«, daß der Druck, mit anderen Worten, irgendwo zwischen angenehm fest und regelrechtem Schmerz liegt. Je besser die Muskeln entwickelt sind, desto mehr Druck kann man anwenden. Wenn die Empfindlichkeit oder der Schmerz sehr stark ist oder zunimmt, sollte man den Druck allmählich verringern, bis man ein Gleichgewicht zwischen schmerzhaft und wohltuend erreicht. Akupressur dient nicht dem Zweck, die Schmerzgrenze anzuheben, das heißt, man sollte sie nicht als »Härtetest« mißverstehen und die Punkte nicht unerbittlich drücken, wenn man den Schmerz kaum mehr ertragen kann. Normalerweise läßt allerdings der Schmerz nach, wenn man den Punkt lange genug, das heißt bis zu etwa zwei Minuten, gedrückt läßt, wobei man den Mittelfinger benutzt und diesen seitlich mit Zeige- und Ringfinger unterstützt.

Man beachte, daß man manchmal beim Drücken eines Punkts Schmerz in einem anderen Teil des Körpers empfindet. Dieses Phänomen nennt man reflektorischen Schmerz; er ist ein Hinweis darauf, daß die Bereiche zusammenhängen. Zur Behebung von Blockierungen sollte man die Punkte in diesen zusammenhängenden Bereichen ebenfalls drücken.

Der Mittelfinger ist der längste und kräftigste Finger und eignet sich am besten für die Selbstakupressur. Der Daumen ist ebenfalls kräftig, jedoch meist weniger sensibel. Wenn die Hand schwach ist oder bei der Anwendung von Fingerdruck schmerzt, kann man auch die Knöchel oder die Faust oder auch Hilfsmittel einsetzen wie zum Beispiel einen Golfball oder einen Radiergummi.

Auch wenn man vielleicht versucht ist, den ganzen Bereich zu massieren oder zu reiben, ist es besser, direkten stetigen Fingerdruck nur am Punkt anzuwenden. Grundsätzlich sollte man den Punkt langsam und fest im Winkel von 90 Grad zur Hautoberfläche drücken. Wenn sich die Haut verschiebt, stimmt der Winkel der Druckanwendung nicht. Man muß den Druck bewußt und allmählich zunehmend in die Mitte des Körperteils richten, das man bearbeitet. Es ist wichtig, den Fingerdruck allmählich zu- und wieder abnehmen zu lassen, weil dies dem Gewebe Zeit zur Reaktion läßt und die Heilung begünstigt. Je besser man sich konzentriert, während man den Finger langsam in den Punkt senkt und wieder zurücknimmt, desto wirksamer ist die Behandlung.

Nach mehreren Akupressursitzungen mit unterschiedlichen Druckstärken wird man an dem betreffenden Punkt ein Pulsieren wahrnehmen. Dieses Pulsieren ist ein gutes Zeichen, es bedeutet, daß die Durchblutung verbessert ist. Achten Sie auf die Art des wahrgenommenen Pulsierens. Wenn es sehr schwach oder pochend ist, sollten Sie den Punkt länger gedrückt lassen, bis das Pulsieren gleichmäßiger wird.

Wenn die Hand ermüdet, nehmen Sie langsam den Druck vom Punkt weg. Schütteln Sie die Hand locker aus und atmen Sie einige Male tief durch. Danach sollten Sie den Punkt weiterbehandeln und allmählich zunehmend drücken, bis Sie die Tiefe erreicht haben, in der der Schmerz gerade anfängt. Auch hier drückt man wiederum direkt auf die schmerzende Stelle (die oft wandert [dann mitwandern]), bis man ein eindeutiges, gleichmäßiges Pulsieren verspürt oder bis der Schmerz nachläßt. Dann können Sie allmählich den Fingerdruck verringern und zuletzt den Finger noch zwanzig Sekunden auf der Haut liegenlassen.

Sobald man den Punkt ausfindig gemacht hat und die Finger in einer bequemen Stellung genau auf der Stelle liegen, verlagert man das Gewicht langsam nach vorne und wendet Druck an. Wenn man zum Beispiel einen Punkt am Fuß drückt, sollte man das Bein abwinkeln und durch langsames Neigen des Oberkörpers Druck anwenden. Wenn man das Gewicht des Oberkörpers (und nicht nur die Hände) einsetzt, kann man ermüdungsfrei kräftigen Druck anwenden. Den Druck richten Sie senkrecht auf die Hautoberfläche und atmen dabei mehrmals langsam und tief. Einige Minuten drücken, bis man ein regelmäßiges Pulsieren verspürt oder die Empfindlichkeit des Punkts nachläßt. Dann allmählich den Druck verringern und die Behandlung mit einer leichten, beruhigenden Berührung abschließen.

Jeder Körper – und jeder Körperbereich – erfordert eine andere Druckstärke. Wenn die Anwendung von Druck an einem

Punkt sehr weh tut, arbeiten Sie lieber nur mit einer leichten Berührung statt mit Druck. Wangen, Gesicht und Genitalbereich sind besonders empfindlich. Der Rücken, das Gesäß und die Schultern brauchen meist tieferen, festeren Druck, vor allem wenn die Muskulatur gut entwickelt ist. Da bestimmte Körperbereiche wie zum Beispiel Rücken und Schultern schlecht zu erreichen sind, empfehle ich hier Aku-Yoga-Haltungen[1], bei denen man sich auf den Fußboden legt, um den nötigen Druck auf die Punkte zu erzeugen.

Um den ganzen Nutzen aus der Selbstakupressur ziehen zu können, sollte man eine behagliche Umgebung wählen, in der man ungestört ist und sich gründlich entspannen kann. Man kann Akupressur jedoch auch während der Arbeitszeit anwenden, wenn man eine zehnminütige Pause einlegt. Man wähle eine Position im Sitzen oder Liegen, je nachdem, wie man sich am wohlsten fühlt. Wenn man Punkte in den verschiedenen Bereichen drückt, darf man jederzeit auch eine andere Position einnehmen, in der man sich völlig entspannen kann (siehe »Anleitung zur Tiefentspannung« am Anfang von Teil II).

Man sollte möglichst bequeme Kleider tragen. Enge Gürtel, Hosen oder Schuhe können die Blutzirkulation behindern. Ich empfehle atmende Naturfasern wie zum Beispiel Baumwolle oder Wollmischungen. Es empfiehlt sich auch, die Fingernägel ziemlich kurz zu schneiden, damit man sich nicht weh tut oder die Haut verletzt.

Akupressur sollte man nicht unmittelbar vor einer Hauptmahlzeit oder mit vollem Magen durchführen. Man sollte nach einer leichten Mahlzeit mindestens eine Stunde, nach einer schweren Mahlzeit noch länger warten. Wenn man ein vollständiges Akupressurprogramm mit vollem Magen durchführt, kann dies den Blutstrom behindern und zu Übelkeit führen. Dage-

---

1   Weitere Hinweise zur Selbsthilfe siehe Michael Reed Gach, *Acu-Yoga* (Tokio: Japan Publications, 1981), 121–247. Deutsch: Aku-Yoga. Gesundheit durch freien Fluß der Lebenskräfte (München: Kösel, [2]1991).

gen ist es bedenkenlos möglich, einen oder zwei Punkte zu drücken, um Verdauungsstörungen oder einen Schluckauf zu beseitigen. Eisgekühlte Getränke sollte man vermeiden, vor allem während der Wintermonate, da extreme Kälte die Körpersysteme generell schwächt und die Wirkungen der Akupressur zunichte macht. Nach einer Akupressursitzung empfiehlt sich vielmehr eine Tasse heißen Kräutertees mit anschließender Tiefentspannung.

Um ein optimales Ergebnis zu erzielen, sollte man die Akupressurprogramme täglich durchführen, ob man damit nun die Gesundheit erhalten oder eine Gesundheitsstörung beseitigen möchte. Wenn man Akupressur aus letzterem Grund durchführt, sollte man mit denselben Punkten auch nach dem Eintreten einer Besserung weiterarbeiten. Dadurch verhindert man ein erneutes Auftreten. Wenn man nicht jeden Tag üben kann, wird auch eine Akupressurbehandlung zwei- bis dreimal wöchentlich von Nutzen sein.

Die Anwendung von Selbstakupressur sollte man auf höchstens eine Stunde beschränken. Wenn man mit Akupressur beginnt, empfindet man es vielleicht am angenehmsten, wenn man einen Punkt zwei bis drei Minuten lang drückt. Mit der Zeit, das heißt nach zwei bis drei Monaten, lernt man vielleicht, die Punkte länger zu drücken, doch sollte man zehn Minuten nicht überschreiten. Auch ist nicht zu empfehlen, einen einzelnen Körperbereich wie zum Beispiel den Unterleib oder das Gesicht länger als fünfzehn Minuten zu behandeln. Die Wirkungen der Akupressur können sehr stark sein. Wenn man zu lange arbeitet, wird zuviel Energie freigesetzt, und es können Komplikationen wie Übelkeit und Kopfschmerz auftreten.

Tiefatmung

Atmen ist das wirksamste Mittel zur Reinigung und Revitalisierung des Körpers, das wir kennen. Wenn die Atmung flach ist, arbeiten alle Vitalsysteme des Körpers auf einem Mindestniveau. Wenn der Atem dagegen lang und tief ist, funktioniert das

Atemsystem richtig, und die Körperzellen werden gut mit Sauerstoff versorgt. Durch Tiefatmung können die Energiepunkte Schmerzen oder Spannungen besser beseitigen, und die heilende Energie strömt besser durch den Körper. Wenn man die Selbstakupressurprogramme in diesem Buch praktiziert und sich darauf konzentriert, tief in den Unterleib zu atmen, hilft man dem Körper, sich zu heilen und ein intensives Gefühl des Wohlbefindens zu schaffen.

Konzentriertes Atmen hilft insbesondere, einen schmerzenden Energiepunkt besser zu nutzen. Schließen Sie die Augen, richten Sie Ihre Aufmerksamkeit auf die schmerzende Stelle, atmen Sie tief, und stellen Sie sich vor, daß Sie, während Sie den Punkt ganz leicht drücken, heilende Energie in den betroffenen Bereich atmen. Tief in den Unterleib atmen und den Bauch hervortreten lassen. Fühlen Sie, wie der Atem ganz tief in den Bauch gelangt. Langsam ausatmen und die Energie, die Sie aufgenommen haben, durch den ganzen Körper kreisen lassen. Nicht massieren.

Drei volle Minuten konzentriert in den Schmerz atmen. Eine schlechte Durchblutung wird oft durch einen Punkt angezeigt, der beim Drücken schmerzt. Wenn man lange, tiefe Atemzüge nimmt und sanft drei Minuten lang drückt, schließt man die Schmerztore des Nervensystems und unterstützt die Heilung des Bereichs. Diese Atemtechnik fördert die heilende Wirkung aller Akupressurroutinen in diesem Buch.

Hinweise zur Beachtung

• Langsamen, rhythmischen Fingerdruck anwenden, damit die Gewebeschichten und die inneren Organe reagieren können. Niemals abrupt, gewaltsam oder ruckartig drücken.

• Bei den Unterleibspunkten vorsichtig vorgehen, insbesondere wenn man krank ist. Den Unterleibsbereich gänzlich meiden, wenn man an einer lebensbedrohlichen Krankheit leidet, insbesondere bei Eingeweidekrebs, Tuberkulose, schweren Herzleiden und Leukämie.

• Bei Schwangerschaft ebenfalls nicht im Unterleibsbereich arbeiten.

• Während der Schwangerschaft sind besondere Vorsichtsregeln zu beachten. Weitere Hinweise hierzu siehe in Kapitel 38.

• Lymphgebiete wie die Leiste, der Halsbereich unterhalb der Ohren und der äußere Brustbereich in der Nähe der Achselhöhlen sind sehr empfindlich. Diese Bereiche dürfen nur leicht berührt und nicht gedrückt werden.

• Nicht unmittelbar an schweren Verbrennungen, Geschwüren oder an einem infizierten Bereich arbeiten; hierfür ist der Arzt zuständig.

• Nicht unmittelbar an frischen Narben arbeiten. Während des ersten Monats nach einer Verletzung oder Operation die betreffende Stelle nicht direkt drücken. Vorsichtiges, stetiges Drücken einige Zentimeter von der Peripherie der Verletzung entfernt kann dagegen den Bereich stimulieren und die Heilung fördern.

• Nach einer Akupressursitzung ist die Körperwärme niedriger. Damit ist auch die Widerstandsfähigkeit gegen Kälte niedriger. Weil die Spannungen beseitigt sind, sind die Lebensenergien des Körpers im Inneren konzentriert, damit die Heilwirkung möglichst groß ist. Der Körper ist in diesem Zustand anfälliger, weshalb man sich besonders warm anziehen und nach Abschluß eines Akupressurprogramms warm halten sollte.

Grenzen der Akupressur

Patienten mit lebensbedrohlichen Krankheiten und schweren Gesundheitsproblemen sollten immer mit ihrem Arzt sprechen, bevor sie Akupressur oder andere alternative Therapien anwenden. Der Anfänger sollte bei allen medizinischen Notsituationen wie zum Beispiel Schlaganfall oder Herzanfall sowie bei allen schweren Gesundheitsstörungen wie Arteriosklerose oder einem bakteriellen Infekt größere Vorsicht walten lassen. Akupressur ist auch keine geeignete Alleinbehandlung für Krebs, ansteckende Hautkrankheiten oder sexuell übertragbare Erkrankungen. In Verbindung mit einer entsprechenden ärztlichen Behandlung kann Akupressur jedoch (in sicherer Entfernung vom erkrankten Bereich und den inneren Organen) lindernd wirken und die Schmerzen eines Patienten günstig beeinflussen.

Dr. Katsusuke Serizawa, ein japanischer Arzt, der Akupressur regelmäßig in seiner medizinischen Forschung und Praxis anwendet, führt hierzu aus:»Die Beschwerden, bei denen Akupressur helfen kann, sind zahlreich und umfassen unter anderem Frösteln, Hitzegefühl, Schmerzen und Taubheitsgefühl … Kopfschmerz, Druck im Kopf, Schwindelgefühl, Ohrensausen, steife Schultern aufgrund von Störungen des autonomen Nervensystems, Verstopfung, Darmträgheit, kalte Hände und Füße, Schlaflosigkeit, Verformungen der Wirbelsäule, wie sie im mittleren Lebensalter häufig sind und Schmerzen in Schultern, Armen und Händen hervorrufen, Rük-kenschmerzen, Schmerzen in den Knien beim Stehen oder Treppensteigen.«[1]

In den nachfolgenden Kapiteln ist dargestellt, wie man sich bei diesen und anderen Beschwerden selbst helfen kann. Bevor Sie jedoch die speziellen Beschwerden nachschlagen, über die Sie etwas wissen möchten, sollten Sie sich einige Minuten Zeit nehmen und die Fragen auf dem nachfolgenden Formblatt beantworten.

Akupressur-Tagebuch

Die Wirkungen der Akupressur können sehr subtil sein. Manchmal tritt eine sofortige Befreiung von Streß und Schmerzen ein, doch kann es manchmal auch einige Wochen dauern, ehe man eine größere Veränderung in seiner gesamten Verfassung feststellt. Bis dahin kann man die folgende Checkliste verwenden, um den wöchentlichen Fort-

---

1 Katsusuke Serizawa, M. D., *Tsubo: Vital Points for Oriental Therapy* (Tokio: Japan Publications, 1976), 38. Deutsch: *Tsubo: Gesundheitspunkte fernöstlicher Therapie. Handbuch der Akupressur* (Schorndorf: WBV Biologisch-medizinische Verlagsgesellschaft, 1979).

schritt aufzuzeichnen. Achten Sie auf die Reaktionen Ihres Körpers auf bestimmte Punkte und Selbsthilfetechniken. Die Aufzeichnungen darüber, welche Punkte man benutzt, welche Techniken am besten helfen und wie lange es dauert, bis sich Ergebnisse einstellen, können sehr viel dazu beitragen, daß man mehr über seinen Körper erfährt und mehr Klarheit über seine Bedürfnisse gewinnt.

> *Verfolgen Sie die Ergebnisse Ihrer Selbstakupressur, achten Sie genau auf Ihre Fortschritte und die Entwicklung Ihres Wohlbefindens.*

Fortschritte bei der Selbstakupressur (Checkliste)

Ich möchte die folgenden Beschwerden beseitigen:

☐ Schmerzen in _____

☐ Verspannungen in _____

☐ Taubheitsgefühl in _____

☐ Hautprobleme an _____

☐ Sonstiges _____

Durchgeführte Anweisungen zur Selbstakupressur:

Kapitel Nr. ____ Titel _____ Seite ____ – ____

Kapitel Nr. ____ Titel _____ Seite ____ – ____

Ich möchte diese Übungen ☐ 10 ☐ 20 ☐ 30 ☐ 45 ☐ 60 Minuten täglich durchführen.

Geben Sie auf den Zeichnungen rechts mit Rotstift an, wo Sie Beschwerden verspüren, die bearbeiteten Punkte bitte mit blauer Farbe markieren.

Die nachfolgenden Zustände oder Situationen verschlimmern meine Beschwerden: ☐ Stehen ☐ kalte Witterung ☐ Menstruation ☐ Verstopfung ☐ mangelnde Bewegung ☐ Streß ☐ Reisen ☐ Sonstiges _____

Beschreiben Sie die Veränderungen, die Sie während der ersten drei Tage feststellten, an denen Sie regelmäßig Übungen an den Energiepunkten durchführten: _____

_____

_____

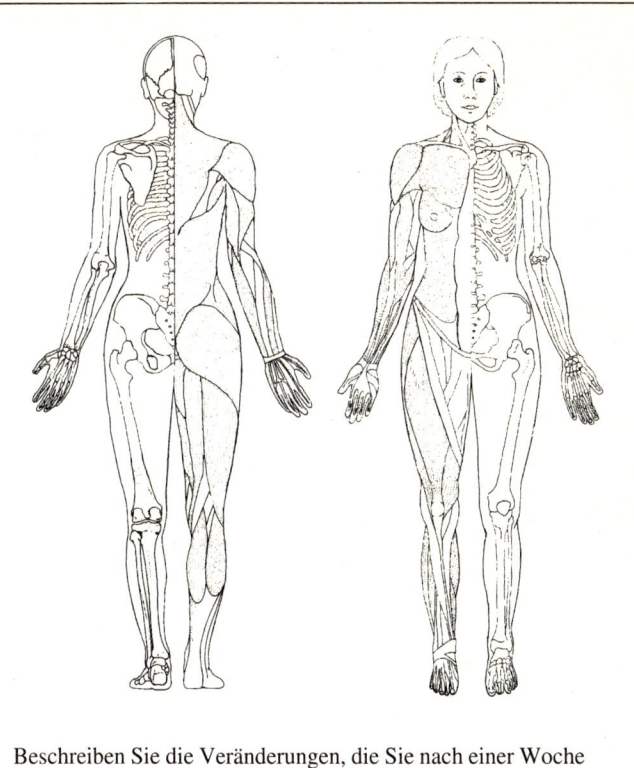

Beschreiben Sie die Veränderungen, die Sie nach einer Woche
Selbstakupressur wahrnahmen: _____

_____

_____

Beschreiben Sie die Veränderungen, die Sie in Ihrer allgemeinen
Verfassung und Ihrem allgemeinen Wohlbefinden nach zwei oder
drei Wochen Selbstakupressur feststellten: _____

_____

_____

Teil II

Praxis der Akupressur

Punkte und Techniken

Die Kapitel in Teil II sind alphabetisch nach Symptomen geordnet, damit der Leser die Punkte und Techniken für die Behandlung eines spezifischen Problems schneller auffinden kann. Jedes Kapitel ist in sich abgeschlossen, damit man dasjenige auswählen kann, an dem man besonders interessiert ist, und alle für ein bestimmtes Problem notwendigen Informationen erhält. Die nachfolgende Inhaltsübersicht erleichtert zusätzlich das Auffinden der Kapitel, in denen das jeweils interessierende Thema behandelt wird.

Jedes Kapitel enthält eine kurze Information zu der Erkrankung, eine Darstellung der Akupressurpunkte, die heilende Wirkung haben, und in Einzelschritte gegliederte Anleitungen für die Druckanwendung an den Punkten. Am Ende eines jeden Kapitels finden Sie Hinweise auf weitere Kapitel mit zusätzlichen Punkten und weiteren Informationen zu dieser Gesundheitsstörung. Weil jeder Akupressurpunkt auf viele verschiedene Beschwerden wirkt, habe ich weiterhin aufgeführt, welche sonstigen Wirkungen der Punkt hat. Wenn ich also zum Beispiel im Kapitel über Kopfschmerzen einen Punkt erörtere, findet sich dort auch eine vollständige Liste der Anwendungen dieses Punkts, die nicht ausschließlich mit Kopfschmerzen zu tun haben.

Wenn man zum ersten Mal diese Akupressurtechniken durchführt, dauert es natürlich eine gewisse Zeit, bis man die Übungen beherrscht. Wenn man den Ablauf jedoch einmal gelernt hat, dürfte jede Übung höchstens zehn bis zwanzig Minuten in Anspruch nehmen. Die in den nachfolgenden Kapiteln dargestellten Programme haben die beste Wirkung, wenn sie vollständig durchgeführt werden, doch nützt es auch schon, wenn man nur einen oder zwei der aufgeführten Punkte bearbeitet. Nach meiner Erfahrung erhält man die besten Ergebnisse, wenn man die Punkte mehrmals täglich stimuliert. Dabei empfehle ich, die Selbstakupressur zwei- bis dreimal täglich zu passenden Gelegenheiten durchzuführen. Man wird jedoch auch dann noch einen Nutzen davon haben, wenn man die Übungen nur einige Male pro Woche macht.

Inhaltsübersicht

Verdauungsapparat

Selbstakupressur mit Tiefentspannung

Diese Übungen sollten möglichst in einer ruhigen, entspannenden Umgebung durchgeführt werden, die den Heilungsprozeß günstig beeinflußt. Am Anfang eines Selbstakupressurprogramms würde ich empfehlen, den ganzen Körper etwas zu lockern. Strecken Sie zunächst die Arme nach oben, wie man es beim morgendlichen Aufstehen macht. Dann den Oberkörper nach vorn neigen und die Rückseite der Beine strecken, jedoch nur so weit, wie es ohne Anstrengung möglich ist. Setzen Sie sich dann in Ihren bequemsten Sessel, oder legen Sie sich einfach auf einen Teppich.

Wenn man ein Akupressurprogramm abgeschlossen hat, sollte man die nachfolgende Tiefentspannungsübung anschließen.

Statt sich sofort wieder in Aktivitäten zu stürzen, sollte man am Ende der Akupressursitzung mindestens fünf bis zehn Minuten ruhen, um die ganze Wirkung dieses entspannenden und heilenden Zustands zu erfahren.

Die leichte Anwendbarkeit der Selbstakupressur

Mit ein wenig Kreativität oder Konzentration kann man auch in einer weniger idealen Umgebung Selbstakupressur anwenden, zum Beispiel am Flughafen, im Büro oder im Flugzeug. Man kann sich einen Kopfhörer aufsetzen und eine Symphonie oder harmonische Klänge hören, und man kann sich vorstellen, daß man sich in einer entspannenden Umgebung zu Hause oder an einem ruhigen Strand befindet und dem heilenden Geräusch der Wellen lauscht. Die meisten Akupressurübungen kann man auch während der Arbeitszeit auf einem Stuhl durchführen. Man lehnt sich mit unterstütztem Rücken zurück, Füße flach auf dem Boden, die Augen auf einen niedrigen Punkt vor sich gerichtet, und atmet mehrmals tief durch, während man ganz selbstverständlich die Punkte drückt.

Anleitung zur Tiefentspannung

Schließen Sie die Augen, und spüren Sie, wie sich Ihr Körper entspannt. Wippen Sie mit den Zehen, und lassen Sie sie entspannen. Lassen Sie die Füße kreisen, damit sich die Knöchel entspannen. Bewegen Sie die Beine locker hin und her, und fühlen Sie, wie sich Waden, Knie und Oberschenkel entspannen ... Spannen Sie jetzt die Gesäßmuskeln an, lassen Sie sie entspannen ... Spüren Sie, wie sich Ihre Unterleibsorgane und der Beckenbereich entspannen ... Atmen Sie mehrmals lange und tief in den Unterleib, und lassen Sie Ihren Bauch sich entspannen. Was auch immer Sie in Ihrem Kopf bewegen, lassen Sie es los ...

Lassen Sie Ihren ganzen Rücken sich entspannen ... Entspannen Sie Ihre Arme ... Spüren Sie, wie sich jeder Finger entspannt ... Befehlen Sie Ihren Schultern und Ihrem Nacken, daß Sie sich entspannen ... Lassen Sie alle Spannungen an Stirn und Augenbrauen los ... Lassen Sie Ihre Schläfen und Ihre Ohren sich entspannen ... Lippen, Zähne und Zunge entspannen sich ... Bewegen Sie Ihren Kiefer nach beiden Seiten, damit er sich entspannt ... Entspannen Sie Nase und Hals, und befehlen Sie Ihren Augen, sich völlig zu entspannen ... Spüren Sie schließlich, wie sich Ihr ganzer Körper völlig entspannt. Lassen Sie Ihren Gedanken freien Lauf, und lassen Sie Geist und Körper sich vollständig entspannen.

Bei der Tiefentspannung wandelt sich das ganze Bewußtsein. Wenn kein körperlicher oder geistiger Widerstand mehr da ist, kann Ihr Geist seine Einheit mit dem Körper erfahren und den Zusammenhang aller Dinge im Leben wahrnehmen.

Da Sie jetzt wissen, was Akupressur ist, wie man einen Punkt findet und wie man mit Akupressur arbeiten kann, sind Sie soweit, daß Sie die Behandlung von vierzig häufigen Beschwerden selbst in die Hand nehmen können.

Wenn Ihnen nach einer Akupressursitzung etwas schwindlig ist, seien Sie vorsichtig, und lenken Sie kein Fahrzeug, bis Sie sich wieder stabil und ganz wach fühlen.

3 Akne, Ekzem und andere Hautprobleme

Hautbeschwerden[1], die durch Streß, nervöse Anspannung oder Erschöpfung verursacht oder verschlimmert werden, können mit Hilfe der Akupressurpunkte gebessert werden. Akupressur bessert unser Befinden und unser Aussehen durch die Beseitigung von Muskelspannungen und eine Anregung der Durchblutung. Es gibt viele Punkte, die Akne beseitigen, die Gesichtsmuskeln tonisieren und den Zustand der Haut verbessern. Die Forschungen von Dr. Katsusuke Serizawa an der Tokioter Universität haben gezeigt, daß die Akupressurtherapie die Körperfunktionen normalisieren und dabei Haut- und Muskelprobleme bessern kann.[2] Viele Hautbeschwerden können durch Anwendung der nachfolgenden Akupressurformel gebessert werden, die drei Arten von Energiepunkten kombiniert: lokale, Fern- und tonisierende Punkte. Zunächst benutzt man die lokalen Punkte, um die Durchblutung in demjenigen Bereich anzuregen, in dem der Ausschlag aufgetreten ist. Dann arbeitet man mit den Fernpunkten, um die Organe und Drüsen zu stimulieren, die die Hautfunktionen steuern. Nach der traditionellen chinesischen Medizin sind diese Organe hauptsächlich die Lunge, der Dickdarm, die Leber und der Magen. Zuletzt werden die tonisierenden Punkte für die allgemeine Verjüngung eingesetzt. Der tonisierende Punkt im Kreuzbereich kräftigt das Immunsystem, die Nieren und die Nebennieren,

---

1 Bei Malen, die sich verfärben oder anderweitig auffällig sind, ist stets ein Arzt zu befragen.
2 Katsusuke Serizawa, M. D., *Tsubo: Vital Points for Oriental Therapy* (Tokio: Japan Publications, 1976), 38.

wodurch wiederum der gesamte Körper gestärkt wird. Der tonisierende Punkt hilft nicht nur, mit Streß im Leben fertig zu werden, sondern verbessert auch die emotionelle Stabilität – ein wichtiger Faktor bei der Beseitigung vieler Hautprobleme.

Akne

Die entspannenden und beruhigenden Wirkungen der Akupressur helfen, Hautunreinheiten und Pickel zu beseitigen, indem sie emotionelle Belastungen und hormonelle Ungleichgewichte abbauen, die häufig die Akne verschlimmern.

Dr. Serizawa hat festgestellt, daß bei Patienten weniger Pickel auftraten, nachdem er mit Hilfe der Akupressur verschiedene Körperfunktionen harmonisiert hatte.[1]

Energiepunkte wie Schönheit des Antlitzes und Himmlische Erscheinung, die nachfolgend illustriert werden, sind besonders wirksam.

Ergänzende Therapie: Außer Akupressur sollte man unbedingt täglich Atemübungen sowie auch Aerobic-Übungen durchführen. Eine sorgfältige Reinigung der Haut mit einer antibakteriellen Seife beugt Infektionen vor.

Ernährungsweise: Aus der Sicht der östlichen Ernährungstherapie sollte man unbedingt Zucker, Milchprodukte (einschließlich Eiscreme), Schokolade, Kaffee, sowie alle schweren, fetten Speisen meiden.

Ekzem

Ekzem ist ein juckender Ausschlag. Die Haut wird vielfach rot und entzündet sich. Es entstehen trockene Schuppen, die aufbrechen und aus denen eine wäßrige Flüssigkeit austritt.

In Japan herrscht traditionell die Vorstellung, daß die Haut den Zustand der inneren Organe verrät. Wenn die inneren Organe erschöpft sind, zeigt sich die Wirkung sofort auf der Haut.[2]

---

1 Ebenda, 240.
2 Katsusuke Serizawa, M. .D., *Effective Tsubo Therapy* (Tokio: Japan Publications, 1980), 37.

Ergänzende Therapie

Zusätzlich zu dem nachfolgenden Akupressurprogramm, das man zwei- bis dreimal täglich durchführt, kann man das Verschwinden von Ekzemen mit Hilfe traditioneller östlicher Atemübungen beschleunigen. Man stellt sich zum Beispiel mit seitlich herabhängenden Armen hin. Einatmen und die Arme nach oben über den Kopf führen. Beim Absenken der Arme wieder ausatmen. Dies zehn- bis zwanzigmal wiederholen.

Ernährungsweise

Alle Schalen- und Krustentiere, insbesondere Shrimps, Krebse und Hummer, sind vom Speiseplan zu streichen. Reichlich Löwenzahnblätter in Salaten essen und einen Tee aus Löwenzahnwurzeln bereiten.

Im folgenden ist angegeben, wie man mit Hilfe der tonisierenden, lokalen und Fernpunkte Hauterkrankungen positiv beeinflußt.

Energiepunkte bei Akne und anderen Hauterkrankungen

Meer der Vitalität (B 23 und B 47)

Achtung: Nicht auf schwache Bandscheiben oder gebrochene Knochen drücken. Wenn man einen schwachen Rücken hat, können einige Minuten gleichbleibender, leichter Berührung anstelle von Druck sehr heilend sein. Wenn man Fragen hat oder Rat braucht, sollte man zuerst zum Arzt gehen.

Lage: Im Kreuzbereich (zwischen dem zweiten und dritten Lendenwirbel) zwei bis vier Fingerbreit von der Wirbelsäule entfernt in Höhe der Taille.

Anwendungsgebiete: Akne, Ekzem und Quetschungen.

Dreimeilenpunkt (Ma 36)

Lage: Vier Fingerbreit unterhalb der Kniescheibe außen am Schienbein.

Anwendungsgebiete: Kräftigt und tonisiert die Muskeln und verbessert den Zustand der Haut am ganzen Körper.

Himmlische Säule (B 10)

Lage: 1 cm unterhalb der Schädelbasis auf den Muskelsträngen 1 cm zu beiden Seiten der Wirbelsäule.

Anwendungsgebiete: Beseitigt Streß im Zusammenhang mit Hautbeschwerden wie Akne.

Vier Weiße (Ma 2)

Lage: Einen Fingerbreit unterhalb der Augenhöhle auf der Li-

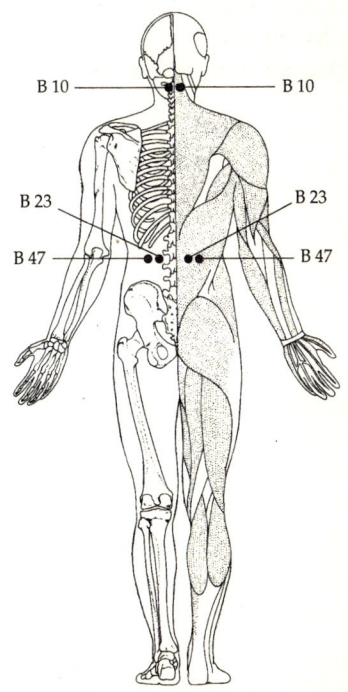

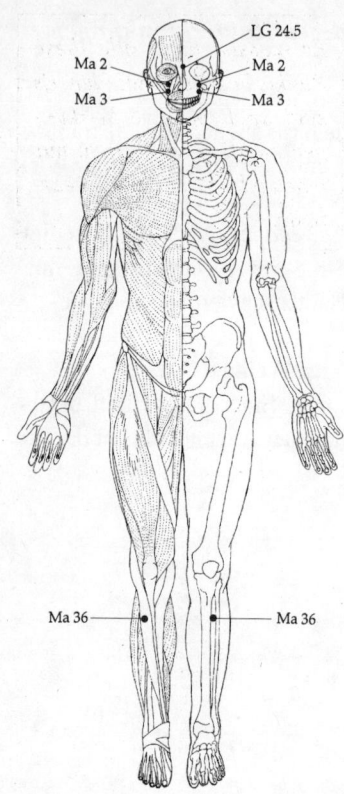

nie durch die Mitte der Iris in einer Vertiefung der Wange.
Anwendungsgebiete: Bei Akne und unreiner Gesichtshaut.

Schönheit des Antlitzes (Ma 3)
Lage: Am unteren Rand des Backenknochens genau unterhalb der Pupille.
Anwendungsgebiete: Bei Akne,

unreiner Gesichtshaut, schlecht durchbluteter Haut und Hängebacken; verbessert die Durchblutung des Gesichts.

Windschutz (DW 17)
Lage: In der Vertiefung unmittelbar hinter dem Ohrläppchen.
Anwendungsgebiete: Harmonisiert die Schilddrüse und verleiht der Haut Glanz; bei Nesselsucht.

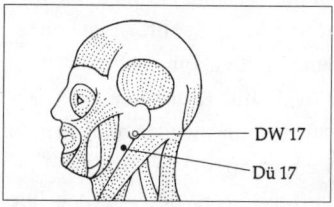

Himmlische Erscheinung (Dü 17)
Lage: In der Vertiefung direkt unterhalb des Ohrläppchens und hinter dem Kieferknochen.
Anwendungsgebiete: Harmonisiert die Schilddrüse und macht dadurch die Haut glänzend; bei Nesselsucht.

Punkt des Dritten Auges (LG 24.5)
Lage: Genau zwischen den Augenbrauen in der Vertiefung

zwischen der Nasenwurzel und der Mitte der Stirn.

Anwendungsgebiete: Stimuliert die Hypophyse, die wichtigste endokrine Drüse. Zur Verbesserung des Zustands der Haut am ganzen Körper.

Es müssen nicht alle diese Punkte bearbeitet werden. Es sind auch positive Wirkungen möglich, wenn man nur einen oder zwei Punkte bearbeitet.

Übungen

Aufrecht auf der Vorderkante des Stuhls sitzen.

Schritt 1
B 23 und B 47 kräftig reiben: Mit dem Handrücken Kreuzbereich eine Minute reiben; dabei tief atmen. Durch dieses Reiben werden der innere und der äußere Punkt des Meers der Vitalität gleichzeitig stimuliert.

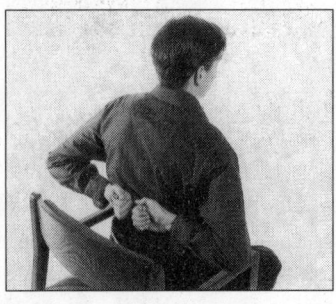

Schritt 2
Ma 36 kräftig reiben: Mit der Ferse den Punkt Ma 36 am anderen Bein außen unterhalb des Knies kräftig reiben. Ferse einen Fingerbreit außerhalb des Schienbeins ansetzen. Wenn man an der richtigen Stelle ist, muß ein Muskel hervortreten, wenn man den Fuß auf und ab

bewegt. Diesen Punkt eine Minute kräftig reiben. Dann Ma 36 am anderen Bein stimulieren. Dieser wichtige tonisierende Punkt kräftigt die Verfassung der Haut und ist traditionell beim Ekzem indiziert.

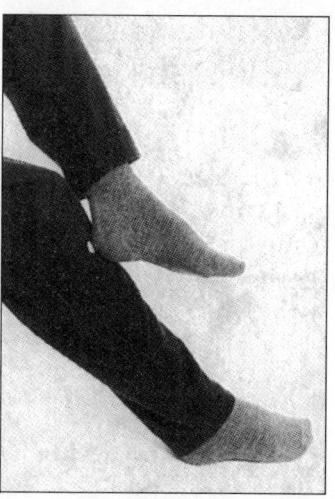

Bequem im Stuhl angelehnt sitzen.

Schritt 3
B 10 kräftig drücken: Die Hand flach in den Nacken legen. Mit den Fingern auf der einen Seite und dem Handballen auf

der anderen die Stränge der Nackenmuskeln kräftig drücken. Dieser Energiepunkt wirkt positiv auf die Haut wie auch auf das Nervensystem.

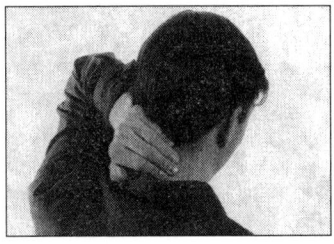

Schritt 4
Gegen unreine Gesichtshaut.
Ma 2 und Ma 3 fest, aber gefühlvoll drücken: Diese Punkte auf den Wangen eine Minute so fest gedrückt halten, bis man gerade einen ganz geringen Druck in den Augen verspürt.

Schritt 5
DW 17 und Dü 17 leicht drücken: Mit den Kuppen von Mittel- und Zeigefinger direkt unterhalb der Ohrläppchen drücken und eine Minute lang tief atmen. Diese Punkte sind meist sehr empfindlich.

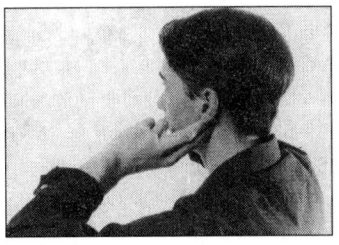

Schritt 6
LG 24.5 berühren: Handflächen aneinanderlegen und mit Mittel- und Zeigefinger Punkt des Dritten Auges leicht berühren. Die Aufmerksamkeit auf diesen Punkt richten und zwei Minuten lang tief atmen.

Zusätzliche Punkte bei Akne, Ekzem und anderen Hautproblemen

Darstellungen weiterer Punkte bei Akne und anderen Hautproblemen siehe in Kapitel 4, »Allergien«, Kapitel 11, »Depressionen und emotionelle Harmonisierung«, und Kapitel 8, »Aufgetriebensein und Wasserretention«.

4 Allergien

Eine Allergie ist eine Überempfindlichkeit gegenüber einem bestimmten Stoff, einem bestimmten Nahrungsmittel, einer Pflanze oder einem Tier. Zu den häufigsten allergischen Erscheinungen gehören Schwindel, Kopfschmerzen, Heuschnupfen, Müdigkeit, Atembeschwerden, Verstopfung, Magenkrämpfe, Fieber, Nesselsucht und Depression. Es gibt viele verschiedene Arten von Allergien, die teilweise auch erblich sind. Akupressur kann Allergien nicht heilen, ist aber ein wirksames Verfahren zur Linderung vieler Symptome allergischer Reaktionen durch Harmonisierung der Körpersysteme. Zuvor sollte man jedoch mit seinem Arzt die Ursache und den Schweregrad der Allergie abklären.[1]

Da es so viele unterschiedliche Allergiesymptome gibt, ist es unmöglich, in einem einzigen Kapitel darzustellen, wie man Akupressur für jede spezifische kleinere allergische Reaktion wie zum Beispiel Keuchatmung, Juckreiz und blutunterlaufene Augen anwenden kann. Dieses Kapitel enthält statt dessen eine allgemeine Punktesequenz, mit deren Hilfe man seinen Körper bei auftretenden Reaktionen harmonisieren und stabilisieren sowie auch zur Vorbeugung gegen künftige Reaktionen kräftigen kann.

Janet, eine meiner Klientinnen, die jetzt in Rente ist und früher als Sozialarbeiterin arbeitete, litt beständig an Allergien, unter erschwerter Atmung, Husten und einer laufenden Nase. Janet war

---

1 **Achtung:** Bei schweren allergischen Reaktionen, die zu Komplikationen führen können, sollte man sofort zum Arzt gehen. Dieses Kapitel ist kein Ersatz für Medikation oder Behandlung einer Allergie, derentwegen man sich in ärztlicher Behandlung befindet oder befinden sollte.

noch von einer Reise nach England sehr mitgenommen, wo sie sich eine Nebenhöhlenentzündung zugezogen hatte. Ein ungewöhnlicher warmer Wind in den beiden letzten Nächten hatte auch ihre Allergien zum Ausbruch gebracht, weshalb sie gerötete Augen und eine verstopfte Nase hatte. Der Arzt hatte ihr Penicillin verordnet, doch wollte sie es nicht einnehmen. Ich zeigte Janet, welche Punkte sie gegen die verstopfte Nase drücken sollte (siehe Seite 59). Ich empfahl ihr, diese Punkte mindestens dreimal täglich zu drücken. Mit Hilfe eines Entspannungstonbands brachte sie ihre Körpersysteme nach den Strapazen der Reise allmählich wieder ins Gleichgewicht. Zwei Wochen später rief mich Janet an und berichtete mir, daß das Husten, Niesen und die verstopfte Nase fast völlig verschwunden waren. »Ich glaube, ich habe mich seit Jahren nicht mehr so gesund und entspannt gefühlt«, freute sie sich. Sie hat ihre täglichen Übungen beibehalten und ist jetzt viel seltener erkältet.

Die nachfolgend genannten Übungen helfen, die Symptome und Nachwirkungen vieler allergischer Reaktionen zu lindern. Ich habe ein »Schnellrezept« entwickelt – eine sehr wirksame Kombination von Punkten zur vorläufigen Behandlung von Allergiesymptomen, wenn man wenig Zeit hat. Wer die Möglichkeit hat, sollte diese Punkte im Rahmen des längeren Programms anwenden. Dieses Programm kann je nach dem speziellen persönlichen Problem auch mit anderen Punkten aus anderen Kapiteln kombiniert werden. Man kann diese Punkte von Fall zu Fall zur Linderung der mit Allergien verbundenen Symptome anwenden, doch ist es am besten, die volle Punktesequenz täglich durchzuführen.

Energiepunkte bei Allergien

Verbindung mit dem Tal (Hoku) (Di 4)

Achtung: Diesen Punkt nicht bei Schwangeren anwenden, sofern nicht bereits die Wehen eingesetzt haben, da die Stimulierung eine vorzeitige Wehentätigkeit auslösen kann.

Lage: In der Hautfalte zwischen Daumen und Zeigefinger. Auf der Rückseite der Hand die höchste Stelle des Muskels aufsuchen, wenn Daumen und Zeigefinger zusammengepreßt werden.

Anwendungsgebiete: Bei allen Arten von Allergien wie Kopfschmerzen, Heuschnupfen, Niesen und Juckreiz.

Höchste Flut (Le 3)

Lage: Am Rist in der Senke zwischen der großen und der zweiten Zehe.

Anwendungsgebiete: Bei allen allergischen Reaktionen, insbesondere blutunterlaufenen Augen und neuromuskulären Störungen.

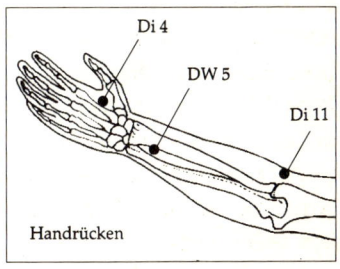

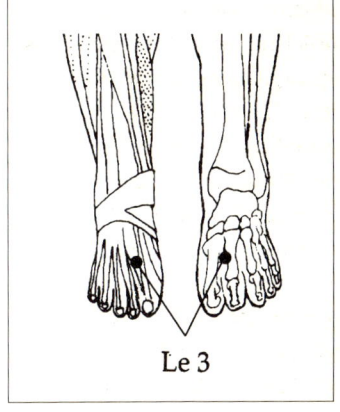

Schnellprogramm bei Allergien

Schritt 1
Diesen Schritt bei Schwangerschaft überspringen.
Di 4 kräftig drücken: Die ge-
öffnete linke Hand mit der
Handfläche nach unten vor sich
halten. Di 4, ein Antihistamin-
punkt, befindet sich in der Mitte
der Hautfalte zwischen Daumen
und Zeigefinger. Den rechten
Daumen so oben auf die Mitte
der Hautfalte legen, daß der
rechte Zeigefinger unter der
Handfläche liegt, und in die
Hautfalte drücken. Den Druck
zu dem Knochen unter dem Zeigefinger richten. Diesen Punkt
fest drücken, dabei mehrmals
langsam und tief atmen.

Anschließend Di 4 der rechten
Hand mit dem linken Daumen
und Zeigefinger drücken. Tief
atmen und den Punkt eine Minute halten.

Schritt 2
Punkt Le 3 stimulieren: Mit
den Zeigefingern zwischen die
Knochen an der Oberseite des
Fußes zwischen der großen und
der zweiten Zehe drücken.
Kräftig in die Vertiefungen reiben und den Druck zu dem Knochen richten, der mit der zweiten
Zehe verbunden ist, um diesen
wichtigen Punkt zur Bekämpfung von Allergien zu stimulieren.

Äußere Pforte (Dw 5)
Lage: Oben auf dem Oberarm zwischen Elle und Speiche, ein-einhalb Fingerbreit oberhalb der Gelenkfalte.
Anwendungsgebiete: Lindert allergische Reaktionen durch Kräftigung des Immunsystems.

Teich an der Biegung
(Di 11)
Lage: Am oberen äußeren Ende der Ellbogenfalte.
Anwendungsgebiete: Lindert Allergien, insbesondere ent-zündliche Prozesse (wie zum Beispiel Nesselsucht), Juckreiz und Fieber.

Himmlische Säule (B 10)
Lage: 1 cm unterhalb der Schä-delbasis auf den Muskelsträngen 1 cm zu beiden Seiten der Wir-belsäule.
Anwendungsgebiete: Bei aller-gischen Reaktionen wie Er-schöpfung, Kopfschmerz und geschwollenen Lidern.

Elegante Villa (N 27)
Lage: In der Vertiefung unter-halb des Schlüsselbeins am Brustbein.
Anwendungsgebiete: Bei Aller-

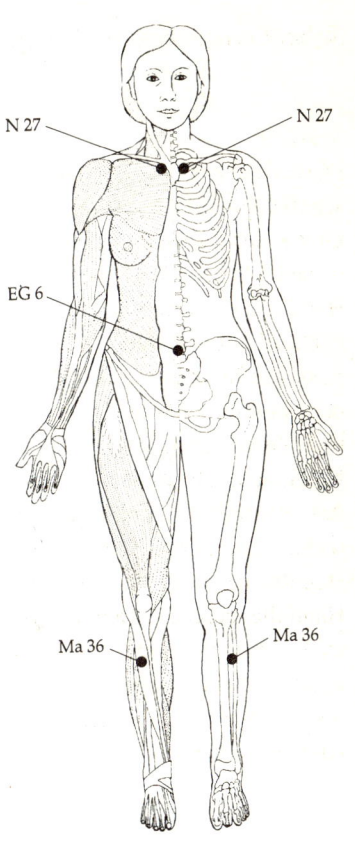

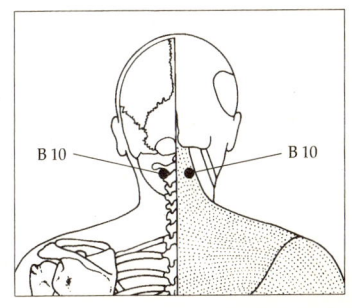

gien mit Druckgefühl in der Brust, sowie Atembeschwerden, Asthma, Husten und rauhem Hals.

Meer der Energie (EG 6)
Lage: Zwei Fingerbreit unterhalb des Nabels.
Anwendungsgebiete: Bei Allergien, die mit Verstopfung, Blähungen, Erschöpfung, allgemeiner Schwäche und Schlaflosigkeit einhergehen.

Dreimeilenpunkt (Ma 36)
Lage: Vier Fingerbreit unterhalb der Kniescheibe außen am Bein.
Anwendungsgebiete: Kräftigt den ganzen Körper, um Allergien vorzubeugen und zu lindern.

Es müssen nicht alle diese Punkte bearbeitet werden. Es genügt oft schon, wenn man nur einen oder zwei Punkte drückt.

Übungen

Für das nachfolgende Akupressurprogramm setzt man sich auf einen bequemen Stuhl.

Schritt 1
Punkt DW 5 stimulieren: Mit dem Daumen DW 5 zweieinhalb Fingerbreit oberhalb der äußeren Handgelenkfalte reiben und drücken.

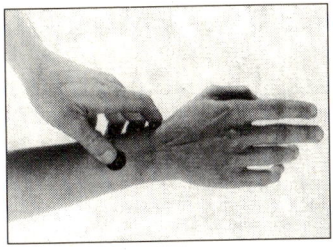

Schritt 2
Di 11 kräftig drücken: Arm abwinkeln und Daumen der anderen Hand am Ende der Ellbogen-

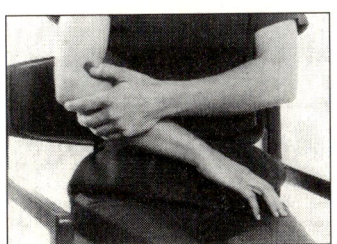

falte am Gelenk einsetzen. Einige Sekunden kräftig drücken und dann loslassen; dies fünf- bis zehnmal wiederholen. Auf der anderen Seite den festen Druck fünfmal wiederholen.

Schritt 3
B 10 kräftig halten: Mit den Fingerspitzen und dem Handballen die Muskeln zu beiden Seiten des Nackens eine Minute kräftig fassen.

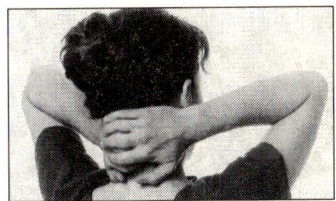

Schritt 4
N 27 drücken: Zunächst die Fingerkuppen auf die beiden Höcker des Schlüsselbeins unterhalb der Kehle legen. Dann senkrecht nach unten zur ersten Vertiefung gehen. Diese Vertiefungen eine ganze Minute kräftig drücken; dabei langsam und tief atmen.

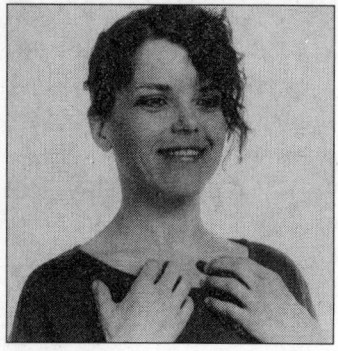

Schritt 5
EG 6 kräftig halten: Die Fingerkuppen fünf Zentimeter unterhalb des Nabels auflegen. Eine Minute lang zwei bis vier Zentimeter tief in den Unterleib drücken; dabei langsam und tief atmen.

Schritt 6
Ma 36 kräftig reiben: Die rechte Ferse auf Ma 36 des linken Beins legen. Wenn man an der richtigen Stelle ist, müßte beim Anziehen und Strecken des Fußes ein Muskel hervortreten. Diesen eine Minute kräftig reiben. Auf der anderen Seite in derselben Weise verfahren, um weiteren Allergien vorzubeugen.

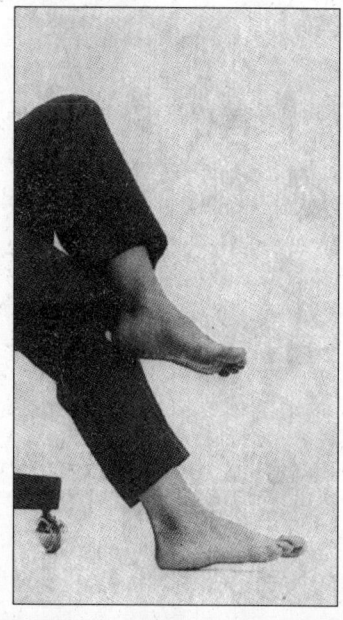

Zusätzliche Punkte gegen Allergien

Weitere Punkte für die Linderung von Allergien siehe Kapitel 10, »Chronisches Ermüdungssyndrom«, Kapitel 17, »Kräftigung des Immunsystems«, und Kapitel 28, »Nebenhöhlenbeschwerden und Heuschnupfen«.

5 Angst und Nervosität

Es gibt eine Vielzahl von Akupressurpunkten, die entspannend wirken und die Durchblutung des ganzen Körpers verbessern und auf diesem Wege Angst und Nervosität mildern. Wenn die Anspannung beseitigt ist und man sich physisch besser fühlt, faßt man auch wieder neuen Mut und gewinnt eine neue Perspektive hinsichtlich der Konflikte und Probleme, die den Ängsten zugrunde liegen.

Dorothy, eine Verwaltungsangestellte, litt unter Panikanfällen und Nervosität. Sie machte sich Sorgen wegen ihres Übergewichts, um ihren Arbeitsplatz und wegen der finanziellen Schwierigkeiten ihrer Familie und schließlich um ihren Sohn, der an Asthmaanfällen litt. Nachdem sie ihre vierte Akupressursitzung absolviert hatte, fühlte sie sich mit einem Mal entspannt und zentriert. Nach zweimonatiger Behandlung war sie mit ihren Gewichtsproblemen einen großen Schritt weitergekommen,[1] und ihre Lebensfreude war wiedergekehrt.

Wenn Sie die nachfolgenden Akupressurschritte und Tiefatemübungen durchführen, achten Sie auf die an die Oberfläche kommenden Gedanken und Empfindungen. Weil diese Übungen nachhaltig entspannen, lösen sie oft eine Kette neuer Erkenntnisse aus, mit deren Hilfe man Angst oder Nervosität überwinden kann.

Angstzustände

Angstzustände sind eine nur allzu häufige Folge der Belastun-

---

1 Michael Reed Gach, *For Woman Only: Weight Loss* (New York, Simon & Schuster Audio Division, 1989).

gen des modernen Lebens.[1] Bei einem akuten Angstzustand kann man den Punkt Meer der Ruhe (EG 17) in der Mitte des Brustbeins halten und sich dadurch Erleichterung verschaffen. Dabei langsam und tief atmen, um die beruhigende Wirkung zu steigern. Die übrigen in diesem Kapitel dargestellten Punkte können dazu dienen, das Körpersystem zu kräftigen und zu harmonisieren, und dadurch Nervenanfällen vorbeugen.

Wenn man die nachfolgenden Punkte und Tiefatemübungen eine Woche lang zweimal zwanzig Minuten täglich anwendet und die Angstzustände nicht aufhören, sollte man einen ganzheitlich arbeitenden Arzt oder Therapeuten aufsuchen.

Die Bedeutung der Tiefatmung

Man kann lernen, Angstzustände innerhalb weniger Minuten zu überwinden, indem man sich auf seinen Atem konzentriert. Lange, tiefe Atemzüge sind wichtig für die Beseitigung von Spannungen und für die emotionelle Harmonisierung. Wenn man wieder einmal nervös oder ängstlich ist, sollte man seinen Atem prüfen: Bei Angstzuständen ist oft die Atmung flach. Wenn man die Tiefe und das Volumen des Atems steigert, kann man sich von seiner Nervosität befreien.

Manchmal erschweren es emotionelle Faktoren, tief zu atmen – Beklemmung in der Brust wegen emotioneller Belastungen oder Ängste, schwerer Kummer oder Traurigkeit, Festhalten an einer unerfüllten Erwartung –, oder auch ein körperliches Gebrechen. Versuchen Sie es mit der Tiefentspannungsübung in diesem Kapitel, und nehmen Sie sich Zeit dafür, die Atemtechniken regelmäßig durchzuführen; es wird eine Besserung eintreten!

---

1 Gerald Epstein, M. D., *Healing Visualizations* (New York, Bantam Books, 1989), 59.

Lebensweise

Täglich viel körperliche Bewegung; Dehnungs-, Atem- und Aerobic-Übungen; Schwimmen, Radfahren, Tanzen oder Laufen.

Ernährung

Denaturierte Speisen mit weißem Mehl und Zucker sowie Kaffee und salzige Speisen meiden.

Energiepunkte bei Angstzuständen und Nervosität

Himmliche Verjüngung (DW 15)

Lage: Auf den Schultern in der Mitte zwischen dem Halsansatz und der Außenseite der Schultern 1 cm unterhalb der Oberseite der Schultern.

Anwendungsgebiete: Nervöse Anspannung und steifer Nakken; verbessert die Widerstandsfähigkeit gegenüber Erkältungen und Grippe und ist gut für die Lungen.

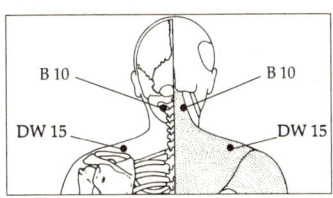

Himmliche Säule (B 10)

Lage: Einen Fingerbreit unterhalb der Schädelbasis auf den Muskelsträngen 1 cm zu beiden Seiten der Wirbelsäule.

Anwendungsgebiete: Streß, Erschöpfung, Schlaflosigkeit, Druckgefühl im Kopf, übermüdete Augen, steifer Nacken, geschwollene Augen und Halsschmerzen.

Gekrümmter Sumpf (P 3)

Lage: An der Arminnenseite am unteren Ende der Ellbogenfalte bei gebeugtem Arm.

Anwendungsgebiete: Nervöser Magen, Angstzustände, Armschmerzen, Ellbogenschmerzen und Beschwerden in der Brust.

Innere Pforte (P 6)

Lage: In der Mitte der Innenseite des Unterarms zweieinhalb Fingerbreit von der Handgelenkfalte entfernt.

Anwendungsgebiete: Übelkeit, Angstzustände, Herzklopfen und Gelenkschmerzen.

Tor des Geistes (H 7)

Lage: Am Unterarm auf der Sei-

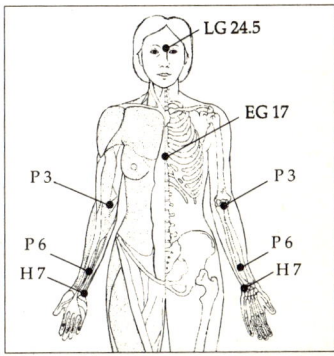

te des kleinen Fingers in der Handgelenkfalte.

Anwendungsgebiete: Emotionelles Ungleichgewicht, Furcht, Nervosität, Angstzustände und Vergeßlichkeit.

Punkt des Dritten Auges
(LG 24.5)

Lage: Genau zwischen den Augenbrauen in der Vertiefung zwischen der Nasenwurzel und der Mitte der Stirn.

Anwendungen: Beruhigt den Körper zur Beseitigung von Nervosität.

Meer der Ruhe (EG 17)

Lage: In der Mitte des Brustbeins drei Daumenbreit oberhalb der Basis des Knochens.

Anwendungsgebiete: Abbau von Nervosität, Angstzuständen, Beklemmung, Ängstlichkeit, Depressionen, Hysterie und anderen emotionellen Störungen.

> *Es müssen nicht alle diese Punkte bearbeitet werden. Es genügt oft schon, wenn man nur einen oder zwei der Punkte drückt.*

Übungen

Schritt 1
Den Himmel stützen:
eine Atemübung
Die Beine sind locker und leicht gegrätscht, die Arme an den Seiten. Einatmen, die Arme mit nach oben gekehrten Handflächen nach außen und über den Kopf führen.

absenken und die Arme wieder seitlich nach unten führen. Fünfmal wiederholen.

Die Finger mit aneinanderliegenden Handflächen verschränken. Handflächen nach außen drehen, so daß sie zum Himmel weisen. Einatmen und mit leicht zurückgeneigtem Kopf sanft noch etwas nach oben strecken.
Ausatmen, das Kinn zur Brust

In bequemer Sitzhaltung mit Schritt 2 bis 5 fortfahren.

Schritt 2
Beide Punkte DW 15 drücken:
Mit gekrümmten Finger rechte Hand auf die rechte Schulter, linke Hand auf die linke Schulter legen. Augen schließen. Mit den

Fingerkuppen DW 15 oben auf den Schultern drücken und dreimal langsam und tief atmen. Die Hände in den Schoß legen und entspannen und noch mehrmals langsam und tief atmen.

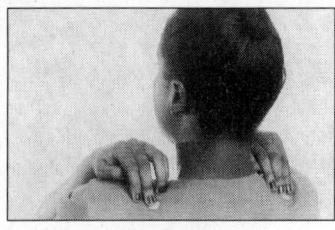

Schritt 3
B 10 kräftig drücken: Wiederum mit gekrümmten Fingern Fingerkuppen auf die Muskelstränge des Nackens legen. Kräftig drücken und dabei erneut dreimal langsam tief atmen. Die Hände in die Schoß legen und entspannen.

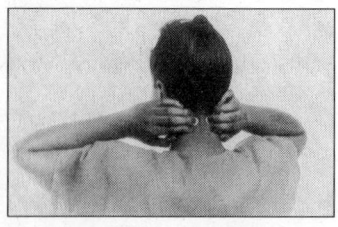

Schritt 4
P 3 halten; P 6 und H 7 drücken: P 3 mit dem Daumen halten. P 6 und H 7 mit Zeige- und Mittelfinger jeweils dreißig bis sechzig Sekunden lang drücken. Auf der anderen Seite ebenso verfahren. Wenn man weiterhin tief durch die Nase atmet, wird man feststellen, daß der Körper seinen Streß und seine nervöse Anspannung verliert.

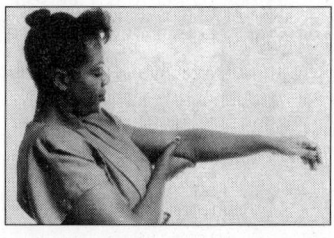

Schritt 5
LG 24.5 berühren: Augen schließen und Handflächen aneinanderlegen. Mit Mittel- und Zeigefinger den Punkt des Dritten Auges zwischen den Augenbrauen leicht berühren. Augen

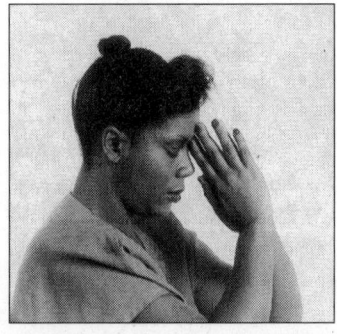

geschlossen halten und langsam und tief atmen, während man sich eine ganze Minute auf diesen Punkt konzentriert.

Schritt 6
EG 17 drücken: Handflächen aneinanderlegen. Rückseite der Daumen an das Brustbein legen und EG 17 in Höhe des Herzens kräftig drücken. Augen geschlossen halten und sich darauf

konzentrieren, langsam, gleichmäßig und tief in das Herz zu atmen, um alle Ängstlichkeit zu zerstreuen.

Zwei weitere Minuten tief atmen. Sanft das Atemsystem kontrollieren und jeden Atemzug tiefer und länger machen als den letzten. Alle Spannungen herausatmen, die die Lungen daran hindern, sich frei und natürlich zu bewegen. Spüren Sie, wie Ihr Geist mit jedem Atemzug klarer wird.

Achten Sie auf die Widerstände, die Ihr Geist schafft, die Besorgnisse und vorgefaßten Meinungen, die ihn beschäftigen. Mehrmals tief atmen und diese Schranken beseitigen. Tief und sanft atmen und dabei daran denken, daß man in das Leben selbst atmet.

Wenn man ganz eingeatmet hat, den Atem einen Augenblick anhalten und seine Fülle spüren. Dann ganz ruhig ausatmen, die Hände in den Schoß gleiten lassen, sich entspannen und fühlen, wie der lebendige Atem durch den ganzen Körper kreist.

**Zusätzliche Punkte bei Angst-
zuständen und Nervosität**

Darstellungen weiterer Punkte
bei Angstzuständen siehe in Kapitel 7, »Asthma und Atembeschwerden«, Kapitel 11, »Depression und emotionelle Harmonisierung«, Kapitel 32,
»Reizbarkeit, Frustration und
Bewältigung von Veränderungen«.

6 Arthritis und Weichteilrheumatismus

Leslie, eine fünfzigjährige Witwe und eine meiner Lieblingsschülerinnen, war auf der Suche nach einer nichtmedikamentösen Behandlung für die arthritischen Schmerzen und Schwellungen in ihren Händen und Zehen sowie für verschiedene Allergien. Sie hatte kein Gefühl mehr in ihren Zehen, und ihr Arzt hatte ihr gesagt, daß sich dies wohl kaum mehr bessern würde. Nach dreimonatiger Akupressurbehandlung einmal pro Woche konnte sie ihre Zehen auf- und abwärts beugen und schmerzlos frei bewegen. Allmählich kehrte auch das Gefühl in ihren Zehen wieder. Ich werde es nie vergessen, wie aufgeregt Leslie war, als sie wieder mit den Zehen wippen konnte.

Wenn die speziellen Energiepunkte dieses Kapitels täglich einige Minuten in der richtigen Weise gehalten werden, können sie Muskelschmerzen und arthritische Schmerzen lindern, die Beweglichkeit der Gelenke verbessern, die Gelenke kräftigen und einem weiteren Verschleiß vorbeugen.

Es gibt über einhundert verschiedene Arten von Arthritis. Bei manchen Arten, zum Beispiel primär chronischer Polyarthritis, dauert es länger, bis die Gelenkbeweglichkeit wiederhergestellt und Schmerzfreiheit erreicht ist. Die meisten Arthritispatienten müssen diese Selbstakupressurtechniken über sechs Monate zwei- bis dreimal täglich durchführen und zur Erhaltung der Gesundheit weiterhin vorbeugend eine Behandlung täglich vornehmen.

Besonders gute Erfolge erzielt man mit Akupressur bei Weichteilrheumatismus. Die Symptome dieser Erkrankung sind ähnlich denjenigen der primär chronischen Polyarthritis, unter anderem morgendliche Steifigkeit, Empfindlichkeit der Muskulatur, starke Ermüdung und häufig auch Depressionen.

Dr. Murray C. Sokoloff stellt fest: »Bei leicht umkehrbaren Zuständen wie Fibromyalgie, Fibrositis und myofaszialem Syndrom ist mit Hilfe von Akupressurbehandlungen eine Vollremission möglich. Akupressur bietet eine risikolose Möglichkeit der Besserung und ist zudem kostengünstig und läßt sich leicht in das persönliche Leben integrieren.«[1]

Ärzte haben festgestellt, daß Patienten, die an Fibrositis leiden – einer Erkrankung, die mit Schmerzen der Skelettmuskulatur, insbesondere am Morgen, Taubheitsgefühl, Schlafstörungen und Ermüdung einhergeht – empfindliche Bereiche aufweisen, die Forscher als »empfindliche Punkte« bezeichnet haben.[2]

Diese empfindlichen Stellen am Körper entsprechen den in der traditionellen chinesischen Medizin benutzten Akupressur-

punkten. Arthritispatienten können viele dieser Punkte einfach dadurch auffinden, daß sie die Stellen drücken, an denen der Schmerz konzentriert ist. Wenn man den betreffenden Bereich gefunden hat, nicht massieren, reiben oder kneten, sondern einfach einige Minuten gedrückt halten. Wenn die Stelle sehr empfindlich ist, den Druck allmählich verringern, bis ein Gleichgewicht zwischen angenehmer und unangenehmer Empfindung erreicht ist.

Dr. Norman Shealy, ein weltberühmter Schmerzspezialist und Leiter des Schmerzrehabilitationszentrums in La Crosse, Wisconsin, hat festgestellt, daß verschiedene Akupressurpunkte zur Schmerzbehandlung geeignet sind, und hat diese in sein Schmerzbeseitigungsprogramm integriert, das bei arthritischen Schmerzen eingesetzt werden kann.[3]

Akupressur besitzt auch eine außerordentliche Wirksamkeit bei

1 Murray C. Sokoloff, M. D., »Foreword«. Aus *Arthritis Relief at Your Fingertips,* von Michael Reed Gach (New York: Warner Books, 1989), viii.

2 Hugh Smythe, M. D., »Fibrositis«, *American Journal of Medicine,* 81, Nr. 3A (1986), 2–6.

3 Norman Shealy, M. D., *The Pain Game* (Berkeley: Celestial Arts, 1976), 95.

der Bekämpfung von Entzündungen, die mit Arthritis einhergehen. Die in diesem Kapitel vorgestellten Punkte sind aus zwölf entzündungshemmenden Punkten ausgewählt.[1] Wenn diese Punkte regelmäßig täglich stimuliert werden, verbessern sie die Durchblutung, was Entzündungen entgegenwirkt und zugleich die Beweglichkeit der Gelenke verbessert.

1   Weitere Informationen über die Anwendung dieser Akupressurpunkte zur Linderung arthritischer Schmerzen siehe bei Michael Reed Gach, *Arthritis Relief at Your Fingertips* (New York: Warner Books, 1989), 27–38.

Energiepunkte bei Arthritis

Verbindung mit dem Tal (Hoku) (Di 4)

Achtung: Diesen Punkt nicht bei Schwangeren anwenden, sofern nicht bereits die Wehen eingesetzt haben, da die Stimulierung eine vorzeitige Wehentätigkeit auslösen kann.

Lage: In der Hautfalte zwischen Daumen und Zeigefinger am Handrücken an der höchsten Stelle des Muskels, wenn Daumen und Zeigefinger zusammengepreßt werden.

Anwendungsgebiete: Schmerzen und Entzündungen von Hand, Handgelenk, Ellbogen, Schultern und Nacken.

Äußere Pforte (DW 5)

Lage: Zweieinhalb Fingerbreit über der Mitte der Handgelenkfalte außen am Unterarm in der Mitte zwischen Elle und Speiche.

Anwendungsgebiete: Rheumatismus, Sehnenentzündung, Gelenkschmerzen und Schulterschmerzen.

Dreimeilenpunkt (Ma 36)

Lage: Vier Fingerbreit unterhalb der Kniescheibe, einen Fingerbreit außerhalb des Schienbeins.

Anwendungsgebiete: Stärkt den Körper, hat günstige Wirkung auf die Gelenke und lindert die Ermüdung, die sich oft aus der

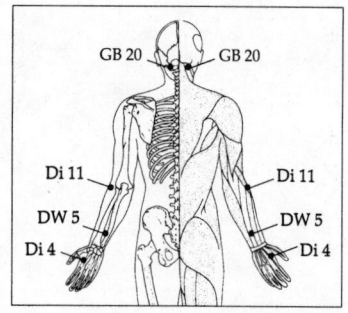

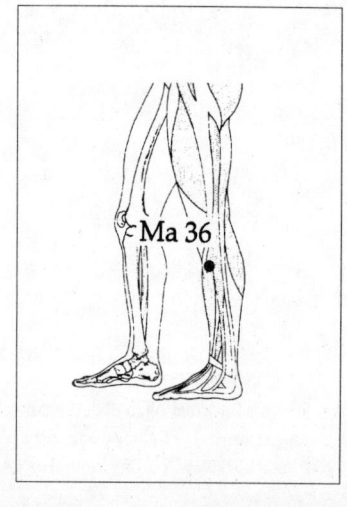

zehrenden Belastung arthritischer Schmerzen ergibt.

Teich an der Biegung (Di 11)
Lage: Am oberen äußeren Ende der Ellbogenfalte.
Anwendungsgebiete: Arthritische Schmerzen, insbesondere in Ellbogen und Schulter.

Tore des Bewußtseins (GB 20)
Lage: Unterhalb der Schädelbasis in der Vertiefung zwischen den beiden großen senkrechten Nackenmuskeln, je nach Größe des Kopfes 5 bis 8 cm voneinander entfernt.

Anwendungsgebiete: Hilft bei Arthritis sowie auch den folgenden Allgemeinbeschwerden, die oft mit arthritischen Schmerzen einhergehen: Kopfschmerzen, Schlaflosigkeit, steifer Hals, Nackenschmerzen, Ermüdung und allgemeine Gereiztheit.

> *Es müssen nicht alle diese Punkte bearbeitet werden. Es genügt oft schon, wenn man nur einen oder zwei der Punkte drückt.*

Übungen

Für das folgende Programm eine bequeme sitzende Haltung einnehmen.

Schritt 1
In Di 4 drücken: Um diesen entzündungshemmenden Punkt an der linken Hand zu drücken, den rechten Daumen in die Hautfalte zwischen Daumen und Zeigefinger legen und allmählich zunehmend unter den Knochen drücken, der mit dem Zeigefinger verbunden ist. Einige Minuten drücken und dabei tief atmen; dann in derselben Weise an der rechten Hand verfahren.

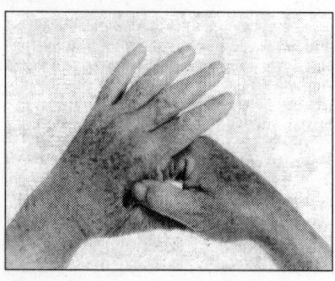

Schritt 2
DW 5 drücken: Diesen Punkt findet man, indem man die Knöchel der linken Hand zweiein-

halb Fingerbreit von der Hautfalte des Armgelenks entfernt auf den rechten Oberarm legt. Mit den Knöcheln kräftig eine Minute lang auf diesen Punkt drücken; dabei tief atmen. Mit der anderen Hand am linken Arm in derselben Weise verfahren.

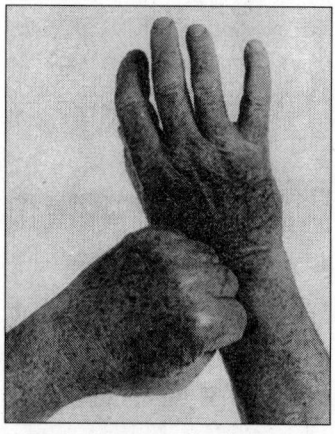

Schritt 3
Di 11 drücken: Den rechten Arm vor der Brust mit nach unten weisendem Handgelenk abwinkeln. Um diesen Punkt zu finden, die Fingerkuppen der linken Hand dort, wo die Ellbogenfalte endet, auf den rechten

Arm legen. Mit den linken Fingern kräftig in das Ellbogengelenk drücken; dabei eine Minute lang tief atmen. Den linken Ellbogen in derselben Weise bearbeiten.

gen einsetzen. Zunehmenden Druck anwenden, dabei den Kopf langsam nach hinten führen. Eine Minute lang kräftig nach oben und unter den Schädel drücken.

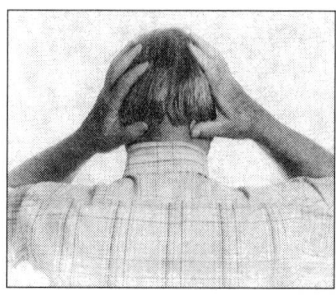

Schritt 5
Ma 36 kräftig drücken: Dies ist einer der wirksamsten Akupressurpunkte gegen Schmerzen und Ermüdung. Diesen Punkt findet man, indem man vier Fingerbreit von der Kniescheibe nach unten geht und die Fingerkuppen 1 cm außerhalb des Schienbeins einsetzt. Wen man an der richtigen Stelle ist, muß ein Muskel hervortreten, wenn man den Fuß mehrmals auf- und abwärts bewegt. Jetzt beide Fäuste ballen und diese außen an beiden Beinen unterhalb der Knie einsetzen. Mit den Fäusten außen an den Schienbeinen eine

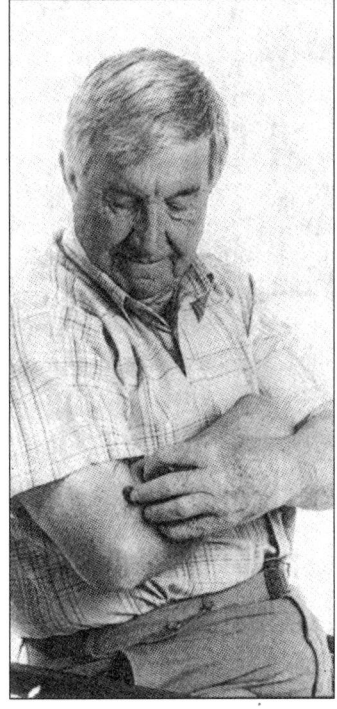

Schritt 4
GB 20 kräftig drücken: Beide Daumen unterhalb der Schädelbasis 5 bis 8 cm voneinander entfernt in die beiden Vertiefun-

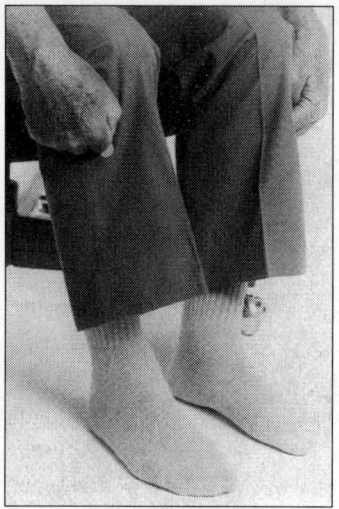

führt. Wenn dies aus zeitlichen Gründen nicht möglich ist, erzielt man auch mit zwei Anwendungen wöchentlich noch eine gute Wirkung.

Weitere Punkte zur Anwendung bei Arthritis

Minute lang kräftig auf- und abwärts massieren. Dies belebt alle Körpersysteme.

Die besten Ergebnisse erzielt man, wenn man dieses Programm zweimal täglich durch-

Darstellungen weiterer Punkte gegen Arthritisschmerzen siehe in Kapitel 33, »Rückenschmerzen und Ischias«, Kapitel 23, »Krämpfe«, Kapitel 22, »Kopfschmerzen und Migräne«, Kapitel 20, »Knieschmerzen«, Kapitel 26, »Nackenschmerzen und steifer Nacken«, Kapitel 36, »Schmerzen«, Kapitel 37, »Schulterverspannungen« und Kapitel 15, »Handgelenkschmerzen«.

7 Asthma und Atembeschwerden

Atembeschwerden können zur Ansammlung von Giftstoffen, zu Abgeschlagenheit und einer Beeinträchtigung der Selbstheilungskraft des Körpers führen. Alle Zellen, Organe und Systeme unseres Körpers brauchen für ihre Funktionen Sauerstoff. Die Akupressurpunkte im oberen Brustbereich unmittelbar unterhalb der Vorsprünge des Schlüsselbeins, die man einige Minuten gedrückt hält, sind für die Wiederherstellung einer regelmäßigen Atmung besonders wirksam. Bei anderen Punkten hat sich gezeigt, daß sie die Lungenkapazität erhöhen können, die mit dem Atemsystem zusammenhängenden großen Muskelgruppen entspannen und die Atmung erleichtern und die Lungen kräftigen können.

Asthma

Bei einer Asthmaerkrankung treten Atembeschwerden, Beklemmung in der Brust und ziehendes Atmen (Giemen) auf, und viele Patienten husten Schleim aus. Die Wände der Bronchien ziehen sich spastisch zusammen, und die Atemwege verengen sich, wodurch die Ausatmung erschwert ist. Durch emotionelle Belastungen, hormonale Störungen und kleinere Infekte kann die Neigung zu allergischen Reaktionen und Asthmaanfällen zunehmen. Häufig kann man jedoch die Atemwege einfach durch Entspannung der Muskeln in den Bronchien mittels Bearbeitung der in diesem Kapitel gezeigten Energiepunkte wieder öffnen.

Eine vorläufige (noch nicht veröffentlichte) Forschungsstudie, die das Akupressur-Institut in Berkeley, Kalifornien, durchführte, hat ergeben, daß bei vier von fünf untersuchten erwachsenen Asthmapatienten die vitale Lungenkapazität unmittelbar nach der Anwendung einer zwanzigminütigen Akupressur um 20 Prozent verbessert war. Das Institut wandte dabei hauptsächlich die in diesem Kapitel gezeigten Energiepunkte an.

Energiepunkte bei Asthma und Atembeschwerden

Lungenpunkt (B 13)
Lage: Einen Fingerbreit unterhalb der oberen Spitze des Schulterblatts zwischen Wirbelsäule und Schulterblatt.
Anwendungsgebiete: Asthma, Husten, Niesen und schwere Muskelkrämpfe in Schultern und Nacken.

Elegante Villa (N 27)
Lage: In der Vertiefung unterhalb des Schlüsselbeins neben dem Brustbein.
Anwendungsgebiete: Beklemmung in der Brust, Atembeschwerden, Asthma, Husten und Angstzustände.

Loslassen (Lu 1)
Lage: Im äußeren Brustbereich drei Fingerbreit unterhalb des Schlüsselbeins.
Anwendungsgebiete: Asthma, Atembeschwerden, Anspannung und Beklemmung in der Brust, Husten und Anspannung durch emotionelle Belastungen.

Großer Abgrund (Lu 9)
Lage: In der Furche an der

Handgelenkfalte unterhalb der Daumenbasis.
Anwendungsgebiete: Lungenbeschwerden, Husten und Asthma.

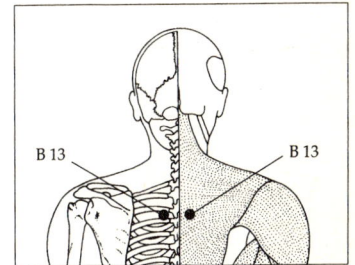

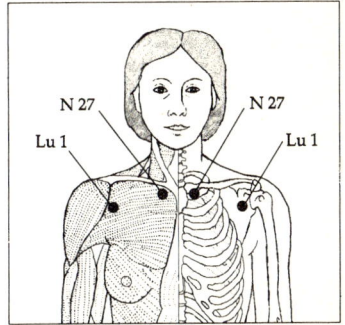

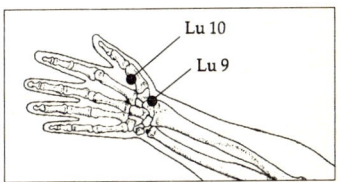

Handfläche

Fischgrenze (Lu 10)
Lage: Auf der Handflächenseite der Hand in der Mitte des Daumenballens.
Anwendungsgebiete: Bei flacher Atmung, Husten und geschwollenem Hals.

Es müssen nicht alle diese Punkte bearbeitet werden. Es genügt oft schon, wenn man nur einen oder zwei der Punkte drückt.

Übungen

Für das folgende Akupressur-programm in bequemer aufrechter Haltung sitzen.

Schritt 1

B 13 kräftig drücken: Die rechte Hand über die linke Schulter führen. Punkt B 13 liegt zwischen der Spitze des Schulterblattes und der Wirbelsäule. Die Finger krümmen und in diesem Bereich drücken. Den Punkt kräftig gedrückt halten und fünfmal langsam tief atmen. Dann auf der anderen Seite B 13 ebenso drücken und wiederum fünfmal tief atmen.

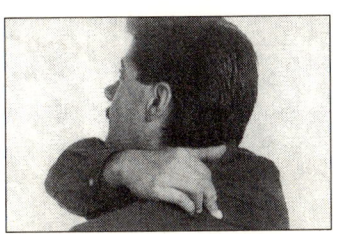

Schritt 2

Beide Punkte N 27 drücken: Mit den Daumen in die Vertiefungen unmittelbar unterhalb des Schlüsselbeins drücken. Wiederum fünfmal langsam und tief atmen und langsam einsetzenden festen Druck an diesen Punkten im oberen Brustbereich anwenden.

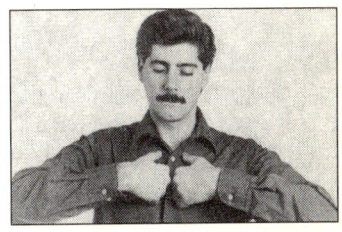

Schritt 3

Lu 1 kräftig drücken: Die Hände vor der Brust mit nach oben weisenden Daumen zur Faust schließen. Die Daumen auf den äußeren Brustbereich legen und die Muskeln drücken, die waagerecht unterhalb des Schlüsselbeins verlaufen. Nach einem Knoten oder einer empfindlichen Stelle in der Brustmuskulatur tasten. Unterhalb dieses Kno-

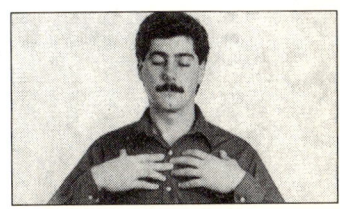

tens liegt Lu 1, ein wichtiger Akupressurpunkt für Atembeschwerden. Kopf nach vorne zur Brust sinken lassen, Nacken entspannen und diese Muskeln mit den Daumen kräftig drücken. Diese Punkte gedrückt halten und zwei Minuten tief atmen.

Schritt 4
Lu 9 und Lu 10 halten: Zunächst Lu 9 in der Vertiefung der Handgelenkfalte unterhalb der Daumenbasis aufsuchen. Nach einigen langen, langsamen, tiefen Atemzügen zu Lu 10 in der Mitte der Daumenbasis gehen. Lu 10 gedrückt halten und mehrmals tief atmen. Anschließend

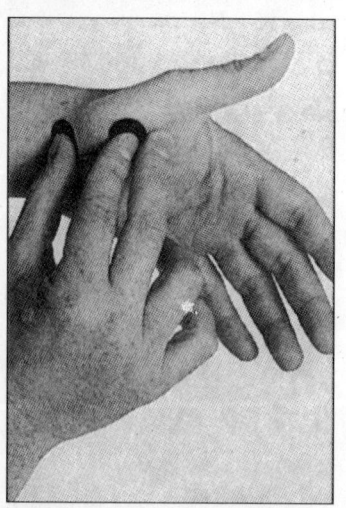

mit der anderen Hand eine Faust machen und beide Punkte durch kräftiges Reiben stimulieren. Nach etwa einer Minute an der anderen Hand ebenso verfahren.

Tiefatemübung

1. Flach auf dem Rücken liegen und beide Hände nach oben führen. Tief einatmen, Atem halten, Hände fest zur Faust schließen und pressen und dabei alle Armmuskeln anspannen.

2. Langsam ausatmen, Arme gespannt halten und Fäuste so zur Brust führen, daß die Ellbogen nach außen wandern.
3. Fäuste öffnen; beim Einatmen wiederum beide Arme nach oben führen.
4. Fäuste fest schließen und wiederum Armmuskeln anspannen. Ausatmen und die Fäuste

nach unten zur Brust ziehen, wie wenn man Energie direkt in seine Lungen ziehen würde.

Nachdem man diese Übung mehrmals durchgeführt hat, Arme mit nach oben weisenden Handflächen seitlich ablegen und entspannen. Tief atmen und sich vorstellen, wie die heilende Energie im ganzen Körper kreist.

Zusätzliche Punkte gegen Asthma

Darstellungen weiterer Punkte gegen Asthma und andere Atembeschwerden siehe in Kapitel 13, »Erkältungen und Grippe«, Kapitel 11, »Depressionen und emotionelle Harmonisierung« und Kapitel 32, »Reizbarkeit, Frustration und Bewältigung von Veränderungen«.

8 Aufgetriebensein und Wasserretention

Mit Hilfe der Energiepunkte der Akupressur kann man die Beschwerden beseitigen, die durch Wasserretention (verlangsamte Flüssigkeitsausscheidung) hervorgerufen werden. Der traditionellen chinesischen Medizin zufolge hängen Ödeme (Flüssigkeitsansammlungen) mit einer Schwäche des Milz- und Nierenmeridians zusammen. Durch Behandlung der Punkte längs dieser Meridiane stellt die Akupressur den richtigen Wassergehalt in Ihrem Körper wieder her, tonisiert Muskeln und Gewebe und verbessert den Flüssigkeitshaushalt des Körpers.

Wenn die Schwellung anhält oder von Kopfschmerzen, Fieber, starken Schmerzen, Übelkeit oder Hautanomalien begleitet ist, muß stets der Arzt abklären, ob nicht ein behandlungsbedürftiger Zustand vorliegt.

Wenn man über längere Zeit in derselben Körperhaltung bleibt, zum Beispiel steht, behindert die mangelnde Bewegung und die ständige Belastung der Füße die Blutzirkulation und ruft eine Schwellung hervor. Auch zu enge Schuhe können geschwollene Füße und Knöchel zur Folge haben.

Vor allem übergewichtige Menschen neigen zu Flüssigkeitsansammlungen. Menschen, die eine Schlankheitskur machen, schränken die Nahrungsaufnahme ein, haben aber oft Schwierigkeiten, das Gewicht ihres Wassers abzubauen. Die Akupressurpunkte in diesem Kapitel erleichtern den Gewichtsverlust durch Anregung des Stoffwechsels, so daß der Körper überschüssiges Wasser ausscheiden kann.

Bei regelmäßiger Anwendung zusammen mit Entspannungs- und Tiefatemübungen zügeln diese Punkte auch den Appetit – ein zusätzlicher Vorteil für Menschen, die abnehmen wollen. Viele Frauen leiden unter prämenstrueller Aufgedunsenheit wodurch es zu Reizbarkeit und Niedergeschlagenheit kommt. Die regelmäßige Anwendung dieser Punkte zusammen mit Tiefatem- und Entspannungsübungen vor und während der Periode kann solchen Zuständen vorbeugen und Linderung schaffen. Dieselben Punkte helfen nicht nur bei Aufgetriebensein und den Symptomen des prämenstruellen Syndroms, sondern regulieren auch die Menstruation.

Zur Vorbeugung gegen Aufgetriebensein empfiehlt sich eine salzarme Diät, weil zuviel Salz die Ansammlung von Wasser im Körper begünstigt.

Die nachfolgenden Akupressurpunkte helfen auch bei geschwollenen Füßen und Knöcheln, prämenstrueller Aufgedunsenheit, einem aufgedunsenen Gesicht aufgrund von Stauungen und anderen Schwellungen durch Wasseransammlung.

Energiepunkte für Aufgetriebensein und Flüssigkeitsansammlung

Meer der Energie (EG 6)

Lage: Zwei Fingerbreit unterhalb des Nabels.

Anwendungsgebiete: Bei Wasserretention, chronischer Diarrhöe, Verstopfung und Blähungen.

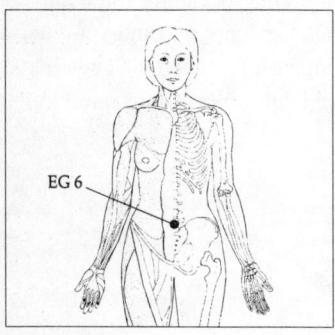

Schattige Seite des Berges (Mi 9)

Lage: An der Innenseite des Beins unterhalb der Vorwölbung unter der Innenseite des Knies und unter dem Schienbeinkopf.

Anwendungsgebiete: Bei Kniebeschwerden, Schwellungen, Spannungen in den Beinen, Krampfadern, Ödem, Wasserretention und Krämpfen.

Dreifache Yin-Kreuzung (Mi 6)

Achtung: Diesen Punkt im achten und neunten Schwangerschaftsmonat nicht mehr stimulieren.

Lage: Vier Fingerbreit oberhalb des inneren Fußknöchels nahe der Rückseite des Schienbeins.

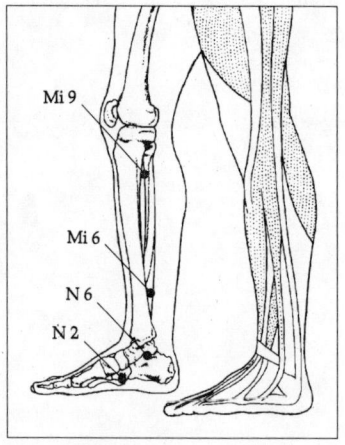

Anwendungsgebiete: Bei Wasserretention und Ödemen; ein spezieller Fernpunkt für vaginale Beschwerden und Schwellungen.

Sonnendurchflutetes Tal (N 2)

Lage: In der Mitte des Fußgewölbes auf halbem Wege zwischen dem äußeren Ballen der großen Zehe und der Rückseite der Ferse.

Anwendungsgebiete: Bei Ödemen, insbesondere geschwollenen Füßen.

Beleuchtetes Meer (N 6)

Lage: Einen Daumenbreit unterhalb des inneren Fußknöchels.

Anwendungsgebiete: Bei Wasserretention, insbesondere geschwollenen Knöcheln.

> *Es müssen nicht alle diese Punkte bearbeitet werden. Es genügt oft schon, wenn man nur einen oder zwei dieser Punkte drückt.*

Übungen

Dieses Programm kann auch im Sitzen durchgeführt werden, ist jedoch am wirksamsten, wenn man mit angezogenen Knien und flach auf dem Boden liegenden Füßen auf dem Rücken liegt.

Schritt 1
EG 6 kräftig drücken: Die Fingerkuppen beider Hände zwischen Schambein und Nabel auf den Unterleib legen. Langsam und tief atmen und weich 3 bis 5 cm tief in den Unterleib drükken. Langsam und tief atmen und eine Minute lang kräftig drücken.

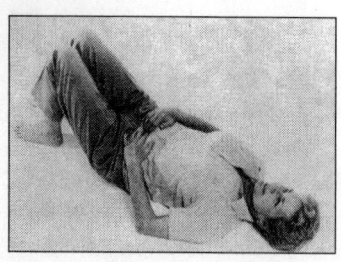

Wenn man vor kurzem am Unterleib operiert wurde oder an einer schweren, lebensbedrohlichen Krankheit leidet (siehe Warnhinweis auf Seite 27) wie zum Beispiel Herzkrankheiten, Krebs oder Bluthochdruck, muß man den Arzt befragen, bevor man diesen Unterleibspunkt drückt. Vielleicht wendet man in diesem Fall besser nur leichten, sanften Druck an.

Schritt 2
Mi 9 mit Mi 6 leicht drücken: Mit angezogenen Knien und flach auf dem Boden liegenden Füßen den rechten Fuß locker auf den linken Oberschenkel legen. Mit dem rechten Daumen den rechten Punkt Mi 9 in der Vertiefung des Schienbeins unterhalb der Innenseite des Knies drücken. Den Druck in Richtung des Knochens nach oben zum Knie richten. Dieser Punkt ist oft empfindlich, deshalb vorsichtig drücken. Mit dem linken Dau-

men in eine leichte Vertiefung an der Innenseite des Schienbeins vier Fingerbreit oberhalb des Innenknöchels drücken. Die Augen schließen, tief atmen und diese beiden Energiepunkte eine Minute lang halten. Abschließend diese Punkte zwei tiefe Atemzüge lang nur noch leicht halten. Dann dieselben Punkte am anderen Bein ebenfalls eine Minute halten. Wenn ein Bein stärker geschwollen ist, dieses Bein mit sanftem Druck doppelt so lange halten.

Schritt 3
N 2 und N 6 drücken: Den rechten Fuß nochmals auf den linken Oberschenkel legen. Mit den Fingerkuppen der rechten Hand N 6 am rechten Fuß in der Ver-

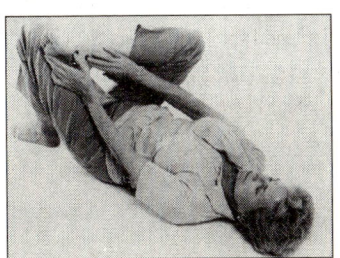

tiefung zwischen dem Innenknöchel und der Ferse drücken. Nach einem feinen, drahtartigen Band oder einer schmerzenden Stelle tasten. Den linken Daumen auf die Mitte des Gewölbes des rechten Fußes legen. Den Fingerdruck nach oben unter die Knochenstruktur richten, während die anderen Finger oben am Fuß ruhen. Diese Punkte eine Minute lang halten.

Am anderen Fuß ebenso verfahren und wiederum tief atmen.

Weitere Punkte gegen Aufgetriebensein und Wasserretention

Darstellungen weiterer Punkte gegen Aufgetriebensein und Wasserretention siehe in Kapitel 21, »Knöchel und Füße«, Kapitel 25, »Menstruationsbeschwerden, Krämpfe und prämenstruelles Syndrom«, und Kapitel 28, »Nebelhöhlenbeschwerden und Heuschnupfen«.

9 Augenüberanstrengung

Eine Überlastung der Augen kann verschiedene Ursachen haben, unter anderem übermäßige Beanspruchung durch Autofahren, Lesen, Fernsehen oder Bildschirmarbeit. Auch die Luftverschmutzung und Müdigkeit können Augenbeschwerden verursachen oder verschlimmern. Wenn die Augen schmerzen oder überbeansprucht sind, ist dies oft ein Zeichen dafür, daß man unter Streß ist und der ganze Körper ermüdet ist. Weitere Ermüdungssymptome, die meist mit einer Überanstrengung der Augen einhergehen, sind Kopfschmerzen, Reizbarkeit und Verspannungen an Nacken und Schultern.

Edward, von Beruf Programmierer, nahm Akupressurunterricht, um mit dem Streß am Arbeitsplatz besser fertig zu werden. Im Umgang mit anderen Menschen war er recht gehemmt.
Nachdem er die Punkte für die Überanstrengung der Augen gelernt hatte, änderte sich sein ganzes Verhalten, und er gab sich ungezwungener.

Die nachfolgenden Selbsthilfetechniken und Akupressurpunkte für Überanstrengung der Augen können bei Müdigkeit, Überarbeitung und Angespanntheit zu mehr Wohlbefinden verhelfen.

Energiepunkte bei überanstrengten Augen

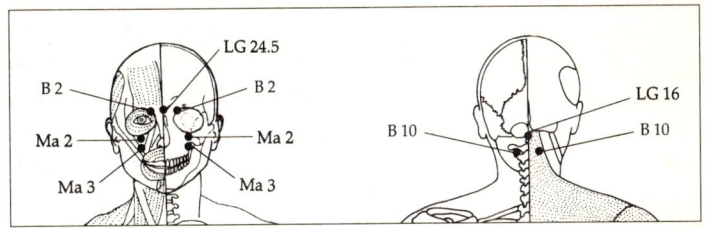

Bambusbohren (B 2)

Lage: In den Vertiefungen der Augenhöhlen zu beiden Seiten der Stelle, an der der Nasenrükken in die Nasenwurzel übergeht.

Anwendungsgebiete: Bei geröteten und schmerzenden Augen, Kopfschmerzen, Schleier vor den Augen und Heuschnupfen.

Vier Weiße (Ma 2)

Lage: 1 cm unterhalb des unteren Randes der Augenhöhle in einer Vertiefung der Wange.

Anwendungsgebiete: Bei brennenden oder schmerzenden Augen, Nebenhöhlenschmerzen, Kopfschmerzen und trockenen Augen.

Schönheit des Antlitzes (Ma 3)

Lage: Am unteren Rand des Backenknochens genau unterhalb der Pupille.

Anwendungsgebiete: Ermüdung der Augen und Augendruck, verstopfte Nase und Blutandrang zum Kopf.

Himmlische Säule (B 10)

Lage: 1 cm unterhalb der Schädelbasis auf den Muskelsträngen 1 cm zu beiden Seiten der Wirbelsäule.

Anwendungsgebiete: Streß, Abgeschlagenheit, Erschöpfung, Druckgefühl im Kopf, Überanstrengung der Augen und geschwollene Augen.

Windvilla (LG 16)

Lage: In der Mitte der Rückseite des Kopfes in der großen Vertiefung unter der Schädelbasis.

Anwendungsgebiete: Wohltuend für Augen, Ohren, Nase und

Kehle; bei seelischen Problemen
und Kopfschmerzen.

Punkt des Dritten Auges
(LG 24.5)

Lage: Genau zwischen den Augenbrauen in der Vertiefung
zwischen der Nasenwurzel und
der Mitte der Stirn.

Anwendungsgebiete: Wirkt auf
das endokrine System, insbesondere die Hypophyse, und lindert Heuschnupfen, Kopf-
schmerzen und Überanstrengung der Augen.

Höchste Flut (Le 3)

Lage: Am Rist in der Senke zwischen der großen und der zweiten Zehe.

Anwendungsgebiete: Kopfschmerzen, ermüdete Augen
und Kater.

> *Es müssen nicht alle diese
> Punkte bearbeitet werden. Es
> genügt oft schon, wenn man
> nur einen oder zwei der
> Punkte drückt.*

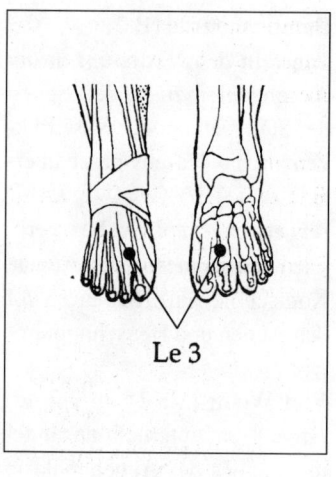

Le 3

Übungen

Vor diesem Programm zur Vorbeugung gegen Augeninfektionen die Hände mit Wasser und Seife waschen.

In einer bequemen Position sitzen und jeden der nachfolgenden Akupressurpunkte mindestens eine Minute halten. Die Augen schließen und tief atmen.

Schritt 1

B 2 drücken: Die Daumen an den oberen Rand der Augenhöhlen in der Nähe der Nasenwurzel

legen. Nach oben in die Vertiefungen der Augenhöhlen drükken; dabei eine Minute tief atmen.

Schritt 2

Ma 2 und Ma 3 halten: Die Zeigefinger in der Mitte der Backen unterhalb des unteren Randes der Augenhöhlen senkrecht unterhalb der Pupille legen. Dann die Mittelfinger direkt unterhalb der Zeigefinger unter die Backenknochen legen. Mit geschlossenen Augen leichten Druck anwenden und eine Minute lang tief atmen.

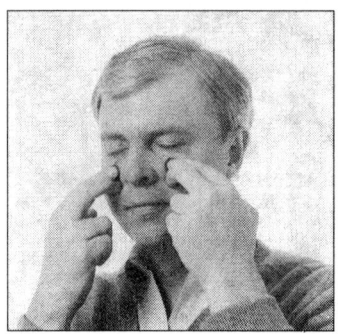

Schritt 3

B 10 kräftig drücken: Die Finger krümmen und kräftig B 10 auf den Muskelsträngen drükken, die parallel zur Wirbelsäule verlaufen. Eine Minute halten und tief atmen.

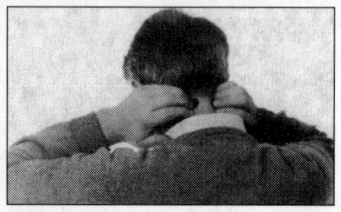

Schritt 4
LG 16 und LG 25.4 halten:
Den Mittelfinger der linken
Hand auf LG 16 in der großen
Vertiefung in der Mitte der
Schädelbasis legen. Mit dem

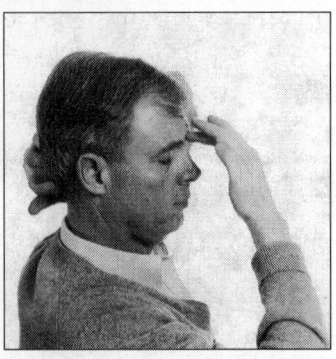

Mittelfinger der rechten Hand
LG 24.5 leicht berühren und sich
mit geschlossenen Augen auf
diese Stelle konzentrieren. Tief
atmen und diese sehr wirksame
Kombination heilender Punkte
eine oder zwei Minuten lang halten.

Schritt 5
Le 3 stimulieren: Die Schuhe
ausziehen. Zwischen der großen
und zweiten Zehe an beiden Füßen Mittel- und Zeigefinger in
der Vertiefung zwischen den
Knochen am Fuß nach oben
gleiten lassen. Kräftig in die
Vertiefung kurz vor der Stelle
drücken, an der die Knochen V-
förmig zusammenlaufen. Auf
der Haut hin und her reiben, um
diese Fernpunkte für überan-
strengte Augen zu stimulieren.

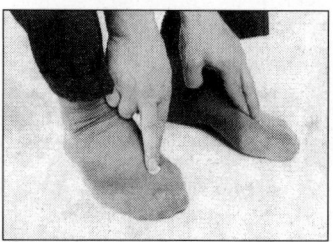

**Weitere Punkte bei überan-
strengten Augen**

Weiterer Punkter bei überan-
strengten Augen in Kapitel 30,
»Ohrenschmerzen«, Kapitel 22,
»Kopfschmerzen und Migräne«,
Kapitel 36, »Schmerzen« und
Kapitel 28, »Nebenhöhlenbe-
schwerden und Heuschnupfen«.

10 Chronisches Ermüdungssyndrom

Vom amerikanischen Nachrichtenmagazin *Newsweek* als »Krankheit der achtziger Jahre« bezeichnet, wird der Symptomenkatalog des chronischen Ermüdungssyndroms immer länger, je mehr Daten man sammelt. Zu diesen Symptomen gehören unter anderem chronische Müdigkeit, Muskelschmerzen und -schwäche, Kopfschmerzen, Schwindel, Übelkeit, Depression, verwirrtes Denken und Reizbarkeit.

Das chronische Ermüdungssyndrom (Epstein-Barr) wird weitgehend als Virusinfektion betrachtet. Die Schwächung des Immunsystems, die die Ausbreitung des Virus ermöglicht, kann infolge eines Kontakts mit Umweltgiften[1] oder infolge von schwerem Streß auftreten.

Dr. Gerald Epstein stellt fest: »Bei denjenigen Patienten, bei denen das Epstein-Barr-Virus festgestellt wurde, bestanden zum Zeitpunkt des Auftretens der Krankheit eindeutig überlastende Lebenssituationen.«[2] Nach der traditionellen chinesischen Medizin hängt die Leistungsfähigkeit des Immunsystems hauptsächlich von der Verfassung von Niere, Leber, Lungen und Milz ab. Bei dem folgenden Programm kommen Punkte zur Anwendung, die diese Organe kräftigen, um den Körper zu regenerieren, und seinen Widerstand gegenüber Umwelt- und Situationsbelastungen zu stärken. Indem Akupressur die Nieren stärkt, regt sie gleichzeitig die Selbstheilungskräfte des Körpers an und verbessert

1 Robert A. Buist, Ph. D., »New Light on Chronic Fatigue Syndrome«, *Health and Nutrition Update,* 4, Nr. 1 (1989).
2 Gerald Epstein, M. D., *Creating Health Through Imagery* (New York: Bantam Books, 1989), 103.

die Gesamtverfassung des Körpers.[1]

Jenny, eine meiner Patientinnen, die oft schwach und deprimiert war, litt an Kopfschmerzen und chronischem Ermüdungssyndrom. Nachdem ich kurz ihre Schultern und ihren Nacken behandelt hatte, zeigte ich ihr, wie sie mit Hilfe von Selbstakupressur ihren Zustand bessern könnte: kräftiges Reiben im Kreuzbereich, außen an den Beinen unterhalb der Knie und schließlich am Fußrücken. Jenny empfand schon nach der einen Sitzung eine große Entspannung und Revitalisierung, doch empfahl ich ihr, die Akupressurpunkte mindestens dreimal täglich zu bearbeiten. Ich sagte ihr, daß einige Monate harter Arbeit und lebenslängliche bewußte Ernährung notwendig seien, wenn wirklich eine Besserung eintreten sollte; heute praktiziert sie täglich Akupressur und ist mit den Ergebnissen überaus zufrieden.

Die unten dargestellten Punkte zur Linderung des chronischen Ermüdungssyndroms wurden mit dem Ziel ausgewählt, die primären Symptome der Erkrankung anzugehen, sowie auch das Immunsystem und die körpereigene Abwehr zu kräftigen. Lu 1 verbessert den Zustand der Lunge. B 23 und B 47 im Kreuzbereich wirken auf die Nieren und kräftigen Ihre Lebensenergie zur Bekämpfung der chronischen Ermüdung. EG 6 im Unterleibsbereich fördert die optimale Funktion der inneren Organe. P 6, ein berühmter Fernpunkt am Handgelenk, wirkt gegen Übelkeit. GB 20 unter der Schädelbasis stellt das Gleichgewicht wieder her und wirkt dabei dem Schwindelgefühl entgegen. Der Punkt des Dritten Auges zwischen den Augenbrauen kann den Geist von Verwirrung befreien. GB 21 oben auf der Schulter hat positive Wirkung bei Schulterverspannung und allgemeinem Streß. Alle oben genannten Energiepunkte sowie Ma 36, Le 3 und DW 5 verschaf-

---

1   Weitere Selbsthilfetechniken bei Ermüdung und einer schlechten Allgemeinverfassung siehe bei Michael Reed Gach, *Acu-Yoga* (Tokio: Japan Publications, 1981), 162–167.

fen dem Körper zusätzliche Energie, regen das Immunsystem an und lassen die inneren Organe optimal arbeiten. Diese Punkte gegen das chronische Ermüdungssyndrom sollten Sie unbedingt in Ihr allgemeines Behandlungsprogramm für die Erhaltung von Gleichgewicht und Wohlbefinden aufnehmen.

Energiepunkte beim chronischen Ermüdungssyndrom

Loslassen (Lu 1)
Lage: Im äußeren Brustbereich vier Fingerbreit oberhalb der Achselhöhle und einen Fingerbreit innerhalb.

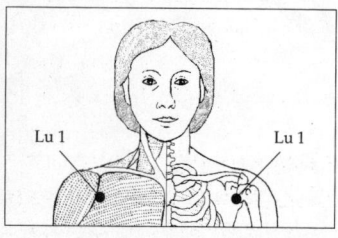

Anwendungsgebiete: Bei Atembeschwerden, Erschöpfung, Verwirrung, Beklemmungszuständen, Bedrückung, Husten und Asthma.

Schulterquelle (GB 21)
Achtung: Schwangere dürfen diesen Punkt nur *leicht* drücken.
Lage: Am höchsten Punkt des Schultermuskels 3 bis 5 cm seitlich des Nackens.
Anwendungsgebiete: Ängstlichkeit, Reizbarkeit, Ermüdung, verspannte Schultern, Kreislaufbeschwerden, kalte Hände oder Füße, Nervenprobleme und Kopfschmerzen.

Tore des Bewußtseins (GB 20)
Lage: Unterhalb der Schädelbasis in der Vertiefung zwischen den beiden großen senkrechten Nackenmuskeln, je nach Größe des Kopfes 5 bis 8 cm voneinander entfernt.
Anwendungsgebiete: Bei Kopfschmerzen, Arthritis, Schlaflosigkeit, Schwindelgefühl, steifem Hals, Nackenschmerzen, Verletzungen, Trauma, Schock, Bluthochdruck, Koordinationsstörungen, Übermüdung der Augen und Reizbarkeit.

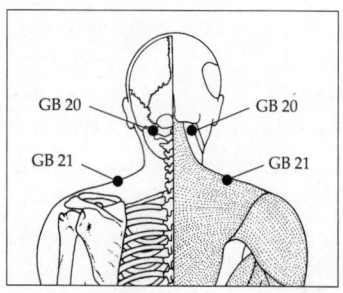

Innere Pforte (P 6)
Lage: Zweieinhalb Fingerbreit von der inneren Handgelenkfalte entfernt in der Mitte zwischen den beiden Unterarmknochen.

Anwendungsgebiete: Verdauungsstörungen, Übelkeit, Schlaflosigkeit, Nervosität, Herzklopfen und Handgelenkschmerzen.

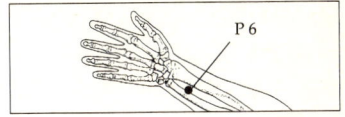

Handfläche

Äußere Pforte (DW 5)

Lage: Zweieinhalb Fingerbreit über der Mitte der Handgelenkfalte außen am Unterarm zwischen den beiden Unterarmknochen.

Anwendungsgebiete: Rheumatismus, Sehnenentzündung, Handgelenkschmerzen und Schulterschmerzen. Erhöht die Widerstandskraft gegenüber Erkältungen und Grippe.

Meer der Vitalität (B 23 und B 47)

Achtung: Nicht auf schwache Bandscheiben oder gebrochene Knochen drücken. Wenn man einen schwachen Rücken hat, können einige Minuten gleichbleibender, leichter Berührung anstelle von Druck sehr heilend sein. Wenn man Fragen hat oder Rat braucht, sollte man zuerst zum Arzt gehen.

Lage: Im Kreuzbereich zwei (B 23) bzw. vier (B 47) Fingerbreit zu beiden Seiten der Wirbelsäule in Höhe der Taille.

Anwendungsgebiete: Bei vielen Symptomen des chronischen Ermüdungssyndroms wie zum Beispiel Muskelschwäche, starke Ermüdung, Reizbarkeit, Schwindel und Verwirrung.

Dreimeilenpunkt (Ma 36)

Lage: Vier Fingerbreit unterhalb der Kniescheibe einen Fingerbreit außerhalb des Schienbeins. Wenn man an der richtigen Stelle ist, tritt ein Muskel hervor, wenn man mit dem Fuß wippt.

Anwendungsgebiete: Bei Ermü-

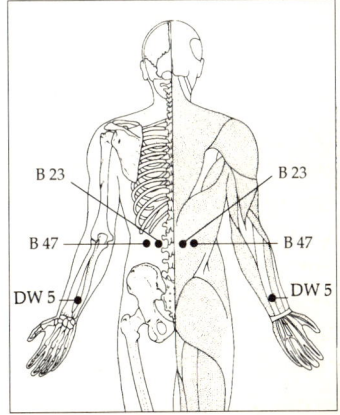

dung, Schwindel und allgemeiner Schwäche; kräftigt und tonisiert die Muskeln des ganzen Körpers.

Höchste Flut (Le 3)
Lage: Am Fußrücken in der Senke zwischen der großen und der zweiten Zehe.
Anwendungsgebiete: Bei Ohnmacht, Schwindel, Ermüdung, Verwirrung, Kopfschmerzen, Übelkeit und Reizbarkeit.

Punkt des Dritten Auges (LG 24.5)
Lage: Genau zwischen den Augenbrauen in der Vertiefung zwischen der Nasenwurzel und der Mitte der Stirn.
Anwendungsgebiete: Beschwerden bei chronischem Ermüdungssyndrom, insbesondere Reizbarkeit, Verwirrung und Kopfschmerzen.

Meer der Energie (EG 6)
Lage: Zwei bis drei Fingerbreit unterhalb des Nabels.
Anwendungsgebiete: Bei allgemeiner Schwäche, starker Ermüdung und Verwirrung, bei chronischem Ermüdungssyndrom.

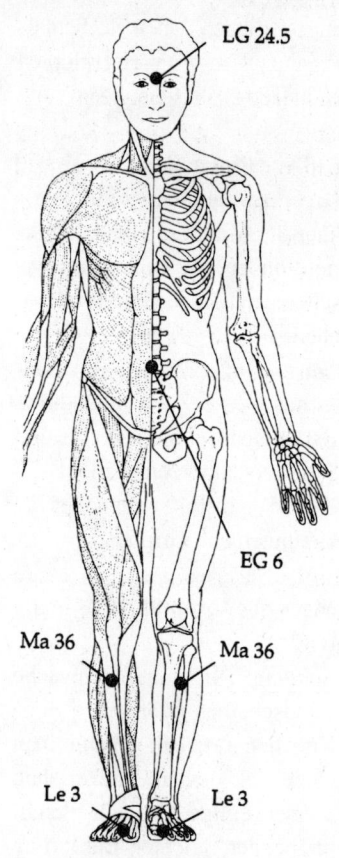

LG 24.5

EG 6

Ma 36   Ma 36

Le 3   Le 3

Es müssen nicht alle diese Punkte bearbeitet werden. Es genügt oft schon, wenn man nur einen oder zwei der Punkte drückt.

Übungen

Sich hinlegen oder bequem hinsetzen und auf tiefe Atmung achten, wenn man die einzelnen Energiepunkte drückt. Tiefe Bauchatmung verbessert die Durchblutung in jedem Teil des Körpers, beseitigt Steifigkeit der Muskeln und gibt Ihrem Körper Lebenskraft. Die ersten drei Punkte entspannen die Schultern und kräftigen das Immunsystem.

Schritt 1
Lu 1 drücken: Die Daumen auf den oberen, äußeren Teil der Brust legen und nach Span-

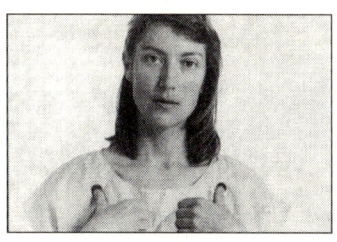

nungs»knoten« suchen. Festen Kontakt mit den Muskeln herstellen, die sich vier Fingerbreit oberhalb und einen Fingerbreit innerhalb der Achselhöhlen befinden. Augen schließen und tief

in die Brust atmen, während man den Punkt eine Minute gleichmäßig hält.

Schritt 2
GB 21 kräftig drücken: Die Finger beider Hände krümmen und oben auf den Schultern ein-

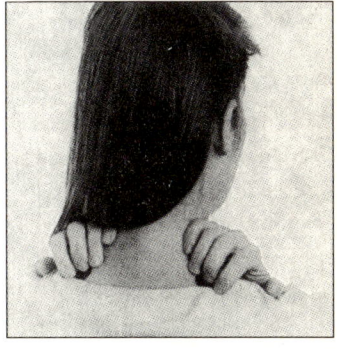

haken, wo sich häufig Spannungen konzentrieren. Die Augen schließen und eine Minute lang tief atmen, wobei man sich vorstellt, wie die heilende Energie in die Schultern strömt.

Schritt 3
In GB 20 drücken: Die Daumen unterhalb der Schädelbasis in die Vertiefungen zwischen

den beiden senkrechten Nackenmuskeln einsetzen, die je nach
der Größe des Kopfes 5 bis 8 cm
voneinander entfernt liegen.
Langsam Druck unterhalb der
Schädelbasis anwenden; dabei
den Kopf allmählich nach hinten
neigen und eine Minute lang tief
atmen.

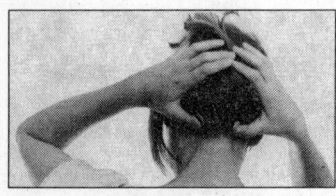

Die nächsten beiden Punkte auf
ihren Armen harmonisieren das
Immunsystem.

Schritt 4

P 6 und DW 5 fassen: Den rechten Daumen zweieinhalb Fingerbreit über der Gelenkfalte an
der Innenseite des linken Hand-

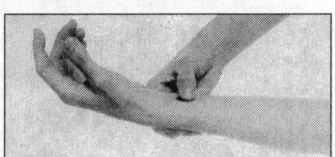

gelenks einsetzen. Die Fingerkuppen auf die Außenseite des
Arms unmittelbar hinter dem

Daumen auf DW 5 legen. Diese
Punkte dreißig Sekunden kräftig
fassen, dann auf der anderen Seite den Punkt ebenfalls dreißig
Sekunden halten.

Die folgenden vier Schritte des
Energiepunktprogramms stimulieren und kräftigen das Immunsystem.

Schritt 5

B 23 und B 47 reiben: Die Handrücken auf den Kreuzbereich legen. Mit den Knöcheln den
Kreuzbereich eine Minute lang
kräftig reiben, um Wärme zu erzeugen. Dieses Reiben des Kreuzbereichs sollte so kräftig geschehen, daß man außer Atem gerät.
Durch die Stimulation wird das
Immunsystem gekräftigt.

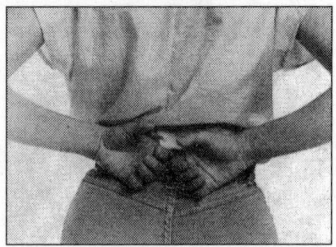

Schritt 6

Ma 36 kräftig reiben: Die Ferse des rechten Fußes auf den

Punkt Ma 36 am linken Bein einige Zentimeter unterhalb der Kniescheibe und einen Fingerbreit außerhalb des Schienbeins einsetzen. Den Punkt eine Minute lang kräftig reiben, dann an der anderen Seite wiederum eine Minute lang ebenso verfahren.

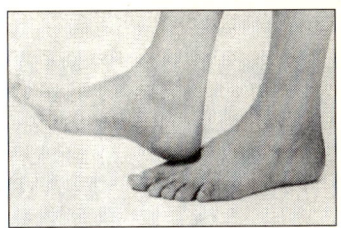

Schritt 8
LG 24.5 und EG 6 halten: Mit dem rechten Mittelfinger den Punkt des Dritten Auges zwischen den Augenbrauen leicht berühren. Die Finger der linken Hand zwischen dem Nabel und dem Schambein einsetzen und EG 6 kräftig drücken. Die Augen schließen, tief atmen und diese Punkte zwei Minuten lang halten.

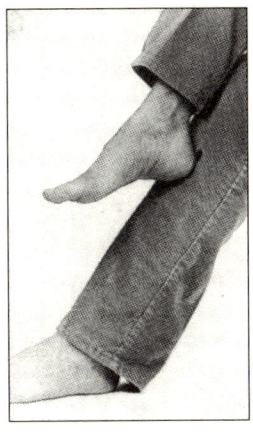

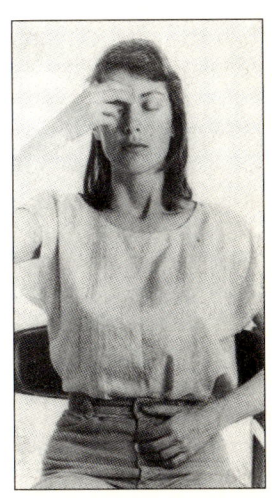

Schritt 7
Le 3 kräftig reiben: Die rechte Ferse über dem linken Fuß an der Verbindungsstelle zwischen den Knochen einsetzen, die mit der großen und der zweiten Zehe verbunden sind. Mit der Ferse diesen wichtigen Leberpunkt dreißig Sekunden lang reiben. Anschließend auf der anderen Seite denselben Punkt in derselben Weise bearbeiten.

Zusätzliche Punkte für das chronische Ermüdungssyndrom

Darstellungen weiterer Punkte beim chronischen Ermüdungssyndrom siehe in Kapitel 13, »Erkältungen und Grippe«, Kapitel 17, »Kräftigung des Immunsystems«, und Kapitel 39, »Sexualprobleme«.

11 Depressionen und emotionelle Harmonisierung

Depressionen sind eine emotionelle Störung, die durch Traurigkeit, Antriebslosigkeit, Niedergeschlagenheit, Konzentrationsschwierigkeiten, Ratlosigkeit oder emotionellen Rückzug gekennzeichnet sind. Depressionen können ein Anzeichen sein, daß etwas im eigenen Leben fehlt oder aus dem Gleichgewicht geraten ist. So werden wir zum Beispiel oft depressiv, wenn wir kein Ziel in diesem Leben haben oder uns enge persönliche Beziehungen fehlen. Depressionen können sich zu einem Teufelskreis von Ursache und Wirkung auswachsen, der oft zu selbstdestruktivem Verhalten führt, das wiederum die Depression verschärft. Wenn unser Selbstwertgefühl leidet, schließen wir uns emotionell und physisch ab.

Man muß dabei zwischen einer kurzfristigen »Allerwelts«depression – wenn man »seinen Moralischen« hat – und einer schweren chronischen Depression unterscheiden. Bei letzterer ist eine therapeutische Behandlung unumgänglich. Dagegen sind die Akupressur- und Tiefentspannungstechniken, die in diesem Kapitel beschrieben sind, außerordentlich wirksame Selbstbehandlungen bei leichteren Depressionen oder Niedergeschlagenheit.

Depressionen können auch durch unterdrückte Emotionen und Energien entstehen. Die depressionslindernden Punkte in diesem Kapitel machen Energien in unserem Inneren frei, die bisher blockiert waren. Wenn man die Punkte frei macht, öffnen sich die blockierten Teile des Körpers, und die durch diese Blockierung unterdrückten Empfindungen können an die Oberfläche kommen. Dann kann man diese Gefühle in einer neuen Art wahrnehmen und die

Wurzeln der Depression bekämpfen.

Lebensweise

Die folgenden vier Punkte fördern die persönliche Erfüllung,
und dies ist ein wichtiges Mittel
zur Vorbeugung gegen Depressionen.
• *Selbstliebe:* Schaffen Sie oder
pflegen Sie positive Situationen,
die die persönlichen Bedürfnisse
erfüllen, das Wachstum fördern
und die Selbstachtung steigern.
• *Zwischenmenschliche Beziehungen:* Suchen Sie den Umgang mit Menschen, die eine positive Einstellung haben, die gerne geben und nehmen und ihre
Zuneigung zeigen.
• *Sinnerfüllte berufliche Tätigkeit:* Suchen Sie sich eine Beschäftigung, die den eigenen
Zielsetzungen und der eigenen
Identität entgegenkommt.
• *Ziele und Visionen für die Zukunft:* Machen Sie sich Gedanken darüber, welche Veränderungen in Ihrem Leben notwendig sind, und setzen Sie sich
Etappenziele, um diese zu erreichen.

Ernährung

Depressionen können auch
durch Hypoglykämie (niedrigen
Blutzucker) entstehen. Typisch
ist hierbei der Wechsel zwischen
extremer Hochstimmung und
extremer Niedergeschlagenheit.
Hypoglykämie kann durch zuviel Zucker in der Ernährung
verursacht werden. Kurzfristig
hebt der Genuß von Zucker den
Blutzuckerspiegel an, wodurch
ein plötzlicher Energieschub
entsteht. Um diesen extremen
Anstieg des Blutzuckers auszugleichen, erzeugt jedoch die
Bauchspeicheldrüse anschließend übermäßig viel Insulin,
wodurch der Blutzuckerspiegel
wieder drastisch absinkt, was
wiederum Ermüdung, Niedergeschlagenheit und Ängstlichkeit
auslöst.
Hypoglykämie-Kranke sollten
Zucker, Alkohol, Kaffee und
Obst mit hohem Zuckergehalt
meiden. Frisches Gemüse, Vollkorn, Miso-Suppe, Rosenkohl
und Meeresalgen sind vorzügli-
che Nahrungsmittel, die ein Gegengewicht gegen die obigen
Speisen schaffen.
Depressionen können auch

durch einen Mangel an Vitamin C und E hervorgerufen werden. Salate aus Petersilie und Gurken, mit frischem Zitronensaft angerichtet, gewährleisten eine gute Versorgung mit diesen Vitaminen.

Emotionelles Ungleichgewicht kann auch durch eine flache Atmung hervorgerufen werden, wodurch im Blut zuwenig Sauerstoff vorhanden ist. Diesem Mangel kann man auf zweierlei Weise abhelfen: erstens durch Drücken der in diesem Kapitel beschriebenen Energiepunkte, die den Blutkreislauf anregen, und zweitens durch Tiefatmung, die die Sauerstoffversorgung verbessert und die Wirkung der Akupressur steigert.

Achten Sie einmal auf Ihre Atmung, wenn Sie sich niedergeschlagen fühlen: Sie ist meist flach und kurz. Eine ganz einfache, aber wirksame Technik zur Bekämpfung leichter Depressionen ist die Steigerung der Atemtiefe. Dies klingt ganz einfach, erfordert aber eine tiefe Konzentration. Die Augen schließen und die ganze Aufmerksamkeit auf eine tiefe Atmung richten. Dies entspannt den Körper und öffnet den Geist in ganz natürlicher Weise für positive Gedanken und kreative Bilder. Wenn man die Atmung so vertieft, daß man nicht öfter als viermal in der Minute atmet, wird diese Übung innerhalb von fünf Minuten das ganze Befinden ändern. Probieren Sie es aus!

Ein paar kurze Tips gegen Depressionen

Wenn Sie nur zwei der nachfolgenden Tips befolgen, kann Ihre Depression schon verschwinden!

• *Aerobic-Übungen:* Zwanzig bis dreißig Minuten radfahren, Schwimmen, Tanzen (stellen Sie einfach gute Musik an, und machen Sie rhythmische Bewegungen!), Laufen oder ein tüchtiger Spaziergang können die meisten leichten Depressionen lindern.

• *Eine anregende Dusche nehmen:* Mit warmem Wasser beginnen und die Temperatur allmählich steigern. Dann die Dusche so kalt machen, wie Sie es ertragen können. Kaltes Wasser stimuliert die Nerven unter der Oberfläche der Haut und wirkt verjüngend. *Nicht anwenden bei schweren Erkrankungen (siehe Warnhinweis auf Seite 27), bei Schwangerschaft,* vor oder während der Regel.

• *Tiefatemübungen:* In nur zehn Minuten können Sie mit Tiefatmung und Entspannung den Körper wieder mit ausreichend Sauerstoff versorgen und die Depression lindern.

• *Bewegungs- und Atemmeditation:* In nur fünf Minuten vertieft die folgende Akupressuratemübung die Atmung, schafft Wohlbefinden und Selbstsicherheit.

Depressionen loslassen

1. Auf den Rücken legen oder sich bequem mit geradem Rükken hinsetzen, Füße flach auf dem Boden.

2. Beide Hände nach oben führen; tief atmen, Atem anhalten, die Fäuste ballen und zusammenpressen und dabei alle Armmuskeln anspannen.

3. Langsam ausatmen, die Arme anspannen und die Fäuste zur Brust führen.

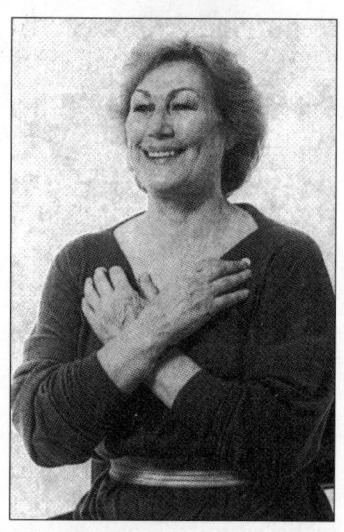

4. Schritt 2 und 3 mehrmals wiederholen.

5. Jetzt die Arme so vor der Brust kreuzen, daß die Finger auf dem oberen äußeren Brustbereich liegen, der möglicherweise angespannt ist (Lu 1); die Handgelenke überkreuzen sich in der Mitte des oberen Brustbereichs.

6. Kinn auf die Brust legen.

7. In vier Atemzügen durch die Nase einatmen (ohne auszuatmen); beim vierten Atemzug die Lungen ganz füllen. Den Atem einige Sekunden lang mit gefüllter und gedehnter Brust anhalten.

8. Langsam durch den Mund ausatmen.

9. Diese Übung zwei bis drei Minuten lang wiederholen und sich dabei auf die Tiefe und den Rhythmus des Atems konzentrieren.

Energiepunkte bei Depressionen

Vitales Zwerchfell (B 38)

Lage: Zwischen dem Schulterblatt und der Wirbelsäule in Höhe des Herzens.

Anwendungsgebiete: Dieser beruhigende Punkt hilft die Emotionen harmonisieren. Er beseitigt Ängstlichkeit, Niedergeschlagenheit und andere emotionelle Störungen.

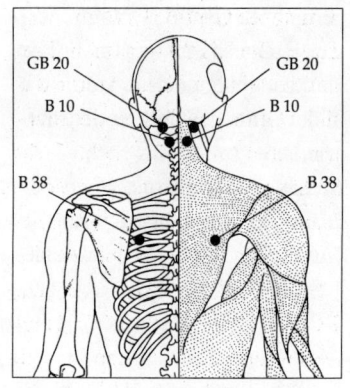

Himmlische Säule (B 10)

Lage: 1 cm unterhalb der Schädelbasis auf den Muskelsträngen
1 cm zu beiden Seiten der Wirbelsäule.

Anwendungsgebiete: Kummer,
Erschöpfung, Zerschlagenheit,
Depression und Druckgefühl im
Kopf.

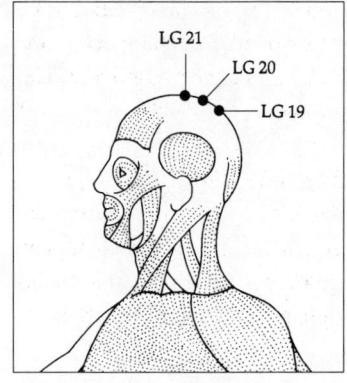

Tore des Bewußtseins (GB 20)

Lage: Unterhalb der Schädelbasis in den je nach Größe des
Kopfes 5 bis 8 cm voneinander
entfernten Vertiefungen zwischen den beiden großen senkrechten Nackenmuskeln.

Anwendungsgebiete: Depressionen, Kopfschmerzen, Schwindelgefühl, steifer Hals und Reizbarkeit.

Die nachfolgenden depressionslindernden Punkte befinden sich
auf dem Schädeldach.

Hinterer Gipfel (LG 19)
Hundert Übereinstimmungen
(LG 20)
Vorderer Gipfel (LG 21)
Lage: Bei LG 20 beginnen: Finger der linken Hand hinter das linke Ohr legen, Finger der rechten Hand hinter das rechte. Mit den Fingerkuppen zum Schädeldach gehen und nach der Vertiefung (LG 20) etwas hinter der Mitte des Schädeldachs tasten. LG 19 liegt ebenfalls in einer Vertiefung 2 cm hinter LG 20. LG 21 liegt 2 cm vor LG 20.
Anwendungsgebiete: Bei Depressionen, Kopfschmerzen und Schwindel; verbessert das Gedächtnis.

Elegante Villa (N 27)
Lage: In der Vertiefung zwischen der ersten Rippe und dem unteren Rand des Schlüsselbeins neben dem oberen Brustbein.

Anwendungsgebiete: Bei Ängstlichkeit, Depressionen, Beklemmung in der Brust, Atembeschwerden, Asthma, Husten, Halsschmerzen und prämenstruellen Spannungen.

Loslassen (Lu 1)
Lage: Im äußeren Brustbereich drei Fingerbreit unterhalb des Schlüsselbeins.
Anwendungsgebiete: Depressionen, Kummer, unterdrückte Gefühle, flache Atmung, Spannung oder Beklemmung in der Brust, Husten, Asthma und Hautleiden.

Meer der Vitalität (B 23 und B 47)
Achtung: Nicht auf schwache Bandscheiben oder gebrochene Knochen drücken. Wenn man einen schwachen Rücken hat, können einige Minuten gleich-

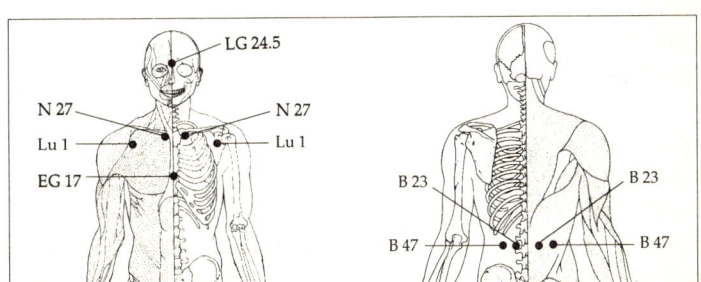

bleibender, leichter Berührung ohne Druck sehr heilend sein. Wenn man Fragen hat oder Rat braucht, sollte man zuerst zum Arzt gehen.

Lage: Im Kreuzbereich zwei (B 23) und vier (B 47) Fingerbreit von der Wirbelsäule entfernt in Höhe der Taille.

Anwendungsgebiete: Depressionen, Ermüdung, Erschöpfung, Trauma und Angst.

Punkt des Dritten Auges (LG 24.5)

Lage: Genau zwischen den Augenbrauen in der Vertiefung zwischen der Nasenwurzel und der Mitte der Stirn.

Anwendungsgebiete: Bei Depressionen und hormonellen und emotionellen Ungleichgewichten.

Meer der Ruhe (EG 17)

Lage: In der Mitte des Brustbeins drei Daumenbreit oberhalb der Basis des Knochens.

Anwendungsgebiete: Bei Nervosität, Stauungen in der Brust, Kummer, Depression, Hysterie und anderen emotionellen Störungen.

Dreimeilenpunkt (Ma 36)

Lage: Vier Fingerbreit unterhalb der Kniescheibe einen Fingerbreit außen am Schienbein.

Anwendungsgebiete: Kräftigt den ganzen Körper, tonisiert die Muskeln, harmonisiert die Emotionen, beseitigt Ermüdung und wirkt Depressionen entgegen.

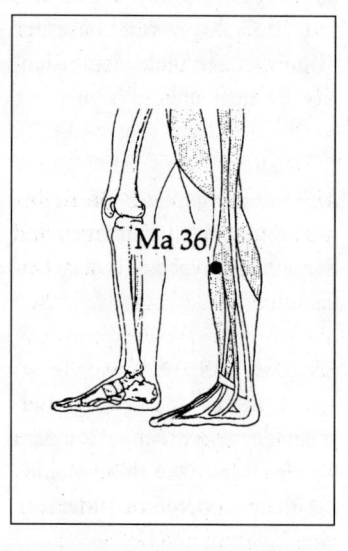

Es müssen nicht alle diese Punkte bearbeitet werden. Es genügt oft schon, wenn man nur einen oder zwei der Punkte drückt.

Übungen

Die ersten vier Schritte dieses Programms im Liegen durchführen. Während dieser Selbstakupressurtechniken auf langsame und tiefe Atmung achten. Tiefatmung verbessert die Durchblutung aller Körperteile, löst Spannungen auf, beseitigt Depressionen und erfüllt den Körper mit Vitalität.

Schritt 1
Mit Tennisbällen B 38 drücken: Auf den Rücken legen und zwei Tennisbälle auf den Boden unter den Rücken zwischen die Schulterblätter legen. (Wenn der Druck der Tennisbälle zu schmerzhaft ist, ein doppelt gelegtes Handtuch über die Tennisbälle legen.) Die Augen schließen und zwei Minuten lang langsam und tief atmen.

Schritt 2
B 10 und GB 20 kräftig drücken: Mit den Fingerkuppen B 10 zu beiden Seiten der Muskelstränge des Nackens eine Minute lang drücken. Dann mit den Daumen unterhalb des Schädels

weich nach oben in GB 20 drücken; dabei den Kopf leicht zurückneigen und eine weitere Minute tief atmen.

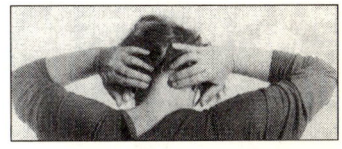

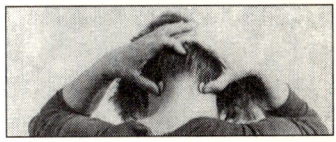

Schritt 3
LG 19, LG 20 und LG 21 stimulieren: Die Fingerkuppen auf die Mitte oben am Kopf le-

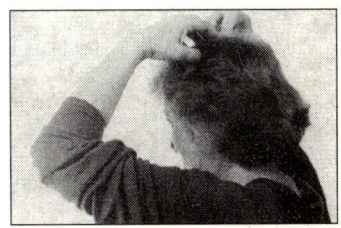

gen, dann mit allen Fingerkuppen kräftig reiben und diese antidepressiven Punkte eine Minute lang stimulieren.

Schritt 4
N 27 und Lu 1 kräftig drüc-
ken: Mit den Fingerkuppen auf

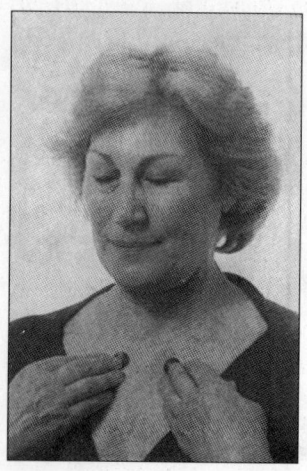

beiden Seiten der Brust N 27 und
anschließend Lu 1 jeweils eine
Minute lang kräftig drücken.

Langsam aufsitzen und fortfahren.

Schritt 5
B 23 und B 47 kräftig reiben:
Fäuste machen und die Knöchel
im Kreuzbereich 5 cm voneinander entfernt zu beiden Seiten
der Wirbelsäule einsetzen. Den
Rücken kräftig nach oben und
unten reiben, um Wärme zu erzeugen.

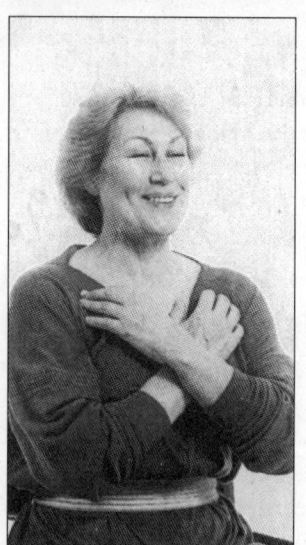

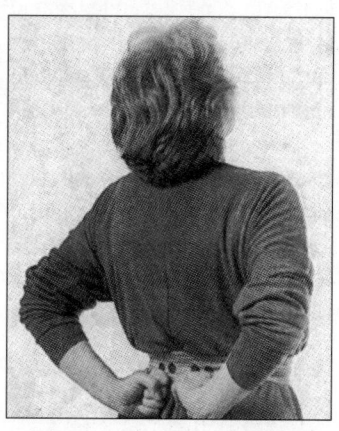

Schritt 6
Ma 36 stimulieren: Die linke
Faust auf Ma 36 am linken Bein
legen und eine Minute lang kräf-

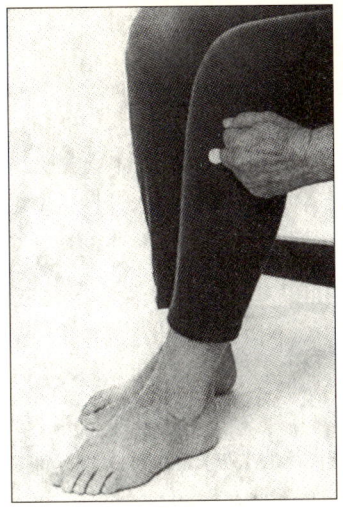

tig reiben. Anschließend auf der anderen Seite ebenso verfahren.

Schritt 7

Visualisierung mit Hilfe des Dritten Auges: Mit geradem Rücken, geschlossenen Augen, leicht nach unten geneigtem Kinn Handflächen aneinanderlegen und die Spitzen von Mittel- und Zeigefinger leicht an

den Punkt des Dritten Auges legen. Langsam und tief atmen und sich vorstellen, daß man an einen Ort geht, an dem man sich ruhig, gelassen und sicher fühlt – einen Ort, an dem man das Gefühl hat, die richtigen Schritte zu unternehmen, um in seinem Leben Erfüllung zu erlangen.

Schritt 8

EG 17 drücken: Mit allen Fingerkuppen einer Hand sanft die Mitte des Brustbeins drücken; dabei wiederum mehrmals langsam und tief atmen, um die Wirkung zu steigern.

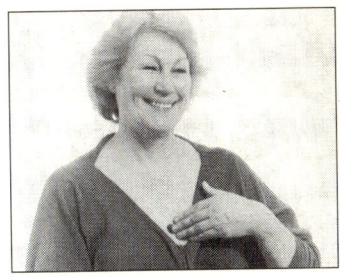

Weitere Punkte bei Depressionen

Weitere Punkte gegen Depressionen siehe in Kapitel 5, »Angst und Nervosität«, Kapitel 7, »Asthma und Atembeschwerden«, und Kapitel 10, »Chronisches Ermüdungssyndrom«.

12 Diarrhöe

Akupressur kann durch eine Tonisierung des Unterleibsgebiets und Harmonisierung des Verdauungssystems bei Diarrhöe helfend wirken. Die Punkte im Magenbereich beeinflussen direkt den Zustand der Eingeweide. Fingerdruck in diesem Gebiet wird wie eine Pumpe eingesetzt, wodurch die Unterleibsmuskeln und Verdauungsorgane trainiert werden. Die Akupressurpunkte an Beinen und Füßen senden ebenfalls Signale an das Verdauungssystem, die der Diarrhöe entgegenwirken. Bei schwerem Durchfall ist unbedingt der Arzt zu befragen. Bei Kindern ist Diarrhöe nur nach Diagnose und Zustimmung des Kinderarztes sanft mit Akupressur zu behandeln.

Die Unterleibspunkte Mi 16 und EG 6 tonisieren den Unterleibsbereich; die Energiepunkte Ma 36, Mi 4, und Le 2 an Beinen und Füßen harmonisieren das Magen-Darm-System mittels einer Fernwirkung, die die Wasserabsorption in den Eingeweiden stimuliert. Wenn man diese Punkte drei- bis viermal täglich drückt, kann man das Gleichgewicht der inneren Organe wiederherstellen, so daß sie wieder harmonisch arbeiten und die Diarrhöe verschwindet.

Ernährungsweise

Eine Diät für die Beseitigung von Diarrhöe sollte reich an Eiweiß und Kohlehydraten, jedoch wasserarm sein. Kalte, süße Speisen (Eiskrem, kalte Limonade und Zucker) sind zu meiden; der Genuß von Obst und Obstsäften sollte eingeschränkt werden. Auch ein eintägiges Fasten kann Diarrhöe günstig beeinflussen, doch sollte regelmäßig Wasser oder Tee getrunken werden, um eine Austrocknung zu vermeiden, die bei Diarrhöe immer droht. Vor dem Fasten ist der Arzt zu befragen. Vielleicht versucht man es einmal mit einem Teelöffel Ingwer (vorzugsweise frischer Ingwer), mit einer Tasse Wasser überbrüht. Täglich drei Tassen dieses Ingwertees haben eine günstige Wirkung auf Diarrhöe.

Energiepunkte bei Diarrhöe

Unterleibskummer (Mi 16)
Lage: Am unteren Rand des Brustkorbs 1 cm innerhalb der Linie durch die Brustwarze.
Anwendungsgebiete: Bei Diarrhöe, Geschwürschmerz, Verdauungsschwäche, unregelmäßigem Appetit und Unterleibskrämpfen.

Meer der Energie (EG 6)
Lage: Zwei Fingerbreit unterhalb des Nabels.
Anwendungsgebiete: Bei chronischer Diarrhöe, Verstopfung und Blähungen; kräftigt die Unterleibsmuskulatur.

Dreimeilenpunkt (Ma 36)
Lage: Vier Fingerbreit unterhalb der Kniescheibe einen Fingerbreit außen am Schienbein. Wenn man an der richtigen Stelle ist, tritt ein Muskel hervor, wenn man mit dem Fuß wippt.
Anwendungsgebiete: Kräftigt den ganzen Körper, tonisiert die Muskeln, unterstützt die Verdauung und hilft bei Magenbeschwerden.

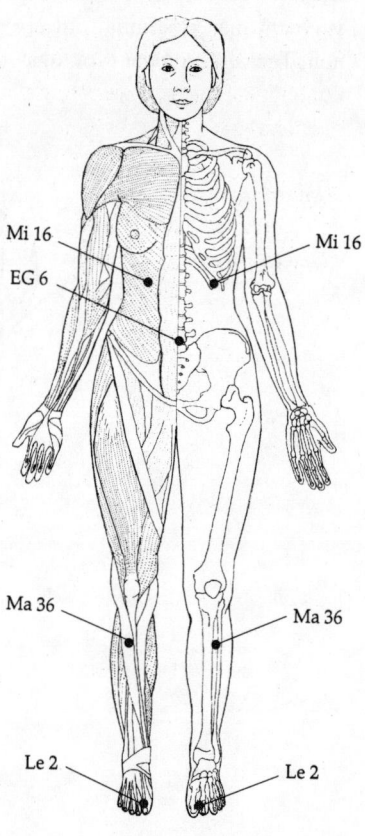

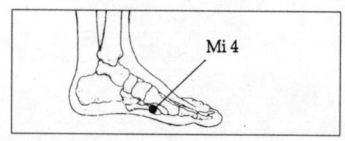

Großvater Enkel (Mi 4)
Lage: Am Fußgewölbe einen Daumenbreit hinter dem Fußballen.
Anwendungsgebiete: Bei Verdauungsstörungen, Diarrhöe, Magenschmerzen und Übelkeit.

Reise dazwischen (Le 2)
Lage: Am Übergang zwischen großer und zweiter Zehe.

Anwendungsgebiete: Bei Diarrhöe, Magenbeschwerden, Kopfschmerzen und Übelkeit.

> *Es müssen nicht alle diese Punkte bearbeitet werden. Es genügt oft schon, wenn man nur einen oder zwei der Punkte drückt.*

Übungen

Sich auf den Rücken legen oder in einer bequemen Haltung sitzen.

Schritt 1
Beide Punkte Mi 16 halten: Die Finger krümmen und die Fingerkuppen unterhalb der Basis der Rippen direkt unterhalb der Linie durch die Brustwarzen einsetzen. Eine Minute lang tief atmen, während man die Vertiefungen unterhalb des Brustkorbs drückt. Dies harmonisiert das Magen-Darm-System.

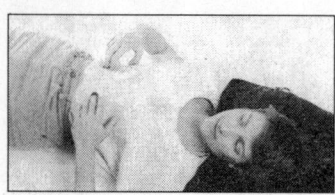

Schritt 2
EG 6 kräftig drücken: Alle Fingerkuppen unmittelbar zwischen dem Nabel und der Mitte des Schambeins einsetzen. Den Druck auf den Unterleib langsam steigern. Die Augen schließen, tief atmen und EG 6 zwei Minuten lang drücken; dies harmonisiert und tonisiert den Dickdarm.

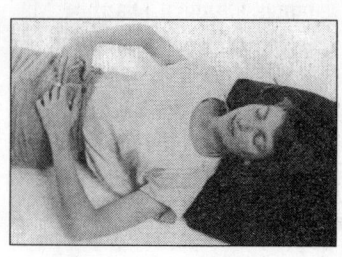

Schritt 3
Ma 36 kräftig reiben: Die rechte Ferse auf Ma 36 am linken Bein legen und diesen Punkt eine Minute lang kräftig reiben. Dann die andere Seite eine Minute lang stimulieren.

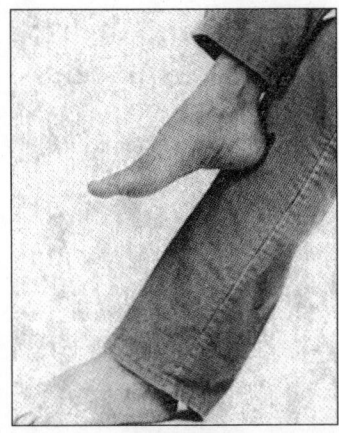

Schritt 4

Mi 4 fassen: Das rechte Bein beugen, den rechten Fuß auf das linke Knie legen. Mit dem rechten Daumen Mi 4 am Gewölbe des rechten Fußes drücken. Eine Minute lang kräftig halten, dann auf der anderen Seite wiederholen.

Schritt 5

Le 2 an beiden Seiten halten: In die Hautfalte zwischen großer und zweiter Zehe drücken und den Druck zur Basis der großen Zehe richten. Kräftig drükken und dreimal langsam tief atmen.

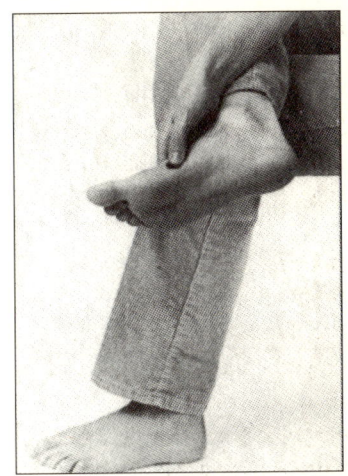

Schritt 6

Ma 36 nochmals stimulieren: Nochmals mit der Ferse Ma 36 außen am Bein unterhalb des Knies reiben. Diese und anschließend die andere Seite so kräftig reiben, daß sich die Haut warm und pulsierend anfühlt.

Schritt 7

Mi 16 nochmals halten: Mit den Fingerkuppen die Basis des Brustkorbs an beiden Seiten unterstützen. Die Augen schließen

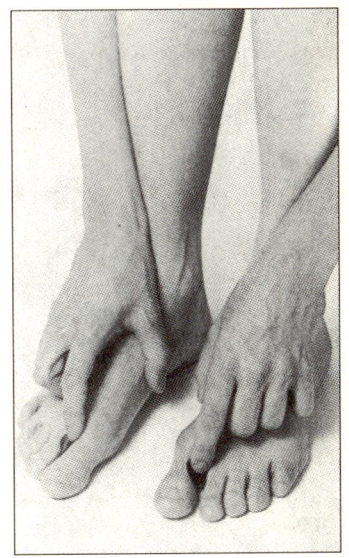

und zwei Minuten lang langsam und tief in den Unterleib atmen (siehe Schritt 1).

Weitere Punkte bei Diarrhöe

Darstellungen weiterer Punkte bei Diarrhöe siehe in Kapitel 5, »Angst und Nervosität«, Kapitel 31, »Reisekrankheit, morgendliches Erbrechen und Übelkeit«, und Kapitel 24, »Magenschmerzen, Verdauungsstörungen und Sodbrennen«.

13 Erkältungen und Grippe

Erkältungen werden von Viren hervorgerufen, die sich im Nasen-Rachen-Raum bei geeigneter Temperatur, Azidität und Feuchtigkeit vermehren können. Wenn man erschöpft und die Abwehrkraft gering ist, ist die Anpassungsfähigkeit an Umweltveränderungen geringer, wodurch man sich schneller erkältet, weil die Schleimhäute zum idealen Nährboden für die Viren werden. Erkältungssymptome sind der Versuch des Körpers, diese Eindringlinge abzuwehren. Wenn ein Virus in die Nase eindringt, sondert der Körper unter anderem mehr Schleim ab, um es auszuschwemmen.

Weil Akupressur den Körper dazu anregt, die Viren schneller auszuscheiden, scheint sich die Erkältung zunächst zu verschlimmern. In Wirklichkeit ist es so, daß der Körper die Symptome nur schneller als sonst durchläuft. Akupressur kann zwar keine Erkältungen heilen, doch kann die Arbeit an bestimmten Punkten die Genesung beschleunigen und die Abwehrkraft gegenüber künftigen Erkältungen steigern.

Jahreszeitenwechsel

Der Energiepunkt B 36, Tragende Stütze genannt, stimuliert die natürliche Abwehrkraft des Körpers gegenüber Erkältungen und Grippe besonders gut. Er befindet sich in der Nähe der Wirbelsäule vor den Spitzen der Schulterblätter. Nach der traditionellen chinesischen Medizin dringen Wind und Kälte an diesem Punkt durch die Poren der Haut ein.[1]

---

1 Felix Mann, *Treatment of Disease by Acupuncture* (London: William Heinemann Medical Books, Ltd., 1976) 32 und 37. Deutsch: *Akupunktur. Ein Weg zur Heilung von vielen Krankheiten* (Heidelberg: Haug, 1976).

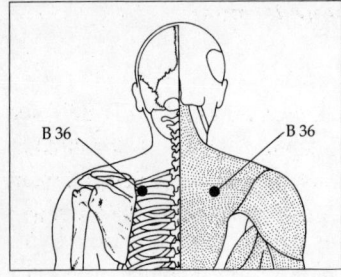

Die Muskeln in diesem oberen Rückenbereich sind oft verspannt, wenn sich eine Erkältung oder Grippe festzusetzen beginnt.[1]

Vor kurzem litt einer meiner besten Freunde, ein Grundstücksmakler, an einer schweren Erkältung mit verstopfter Nase, Reizhusten, verquollenen Augen und sehr blassem Aussehen.

Er hatte wegen dieser Störung die beiden letzten Nächte sehr schlecht geschlafen und war sehr müde. Nachdem ich kurz Rücken, Schultern, Nacken und Brust massiert hatte, zeigte ich ihm, wie man die Dekongestionspunkte unterhalb der Schädelbasis und des Gesichts drückt. Ich riet ihm auch, mindestens zweimal täglich Ingwertee zu trinken.

Als ich ihn dann am nächsten Tag wiedersah, sagte er mir, daß er gut geschlafen hätte und sich viel frischer fühlte. Seine Augen waren wieder klarer, und er hustete schon nicht mehr und mußte sich nicht mehr schneuzen.

---

1   Weitere Informationen und Selbsthilfetechniken für Erkältungen und Grippe siehe bei Michael Reed Gach, *Acu-Yoga* (Tokio: Japan Publications, 1981) 138–142.

Energiepunkte für Erkältungen und Grippe

Bambusbohren (B 2)
Lage: In den Vertiefungen der Augenhöhlen zu beiden Seiten der Stelle, an der der Nasenrükken in die Nasenwurzel übergeht.
Anwendungsgebiete: Bei Erkältungen, verstopften Nebenhöhlen, stirnseitigen Kopfschmerzen und übermüdeten Augen.

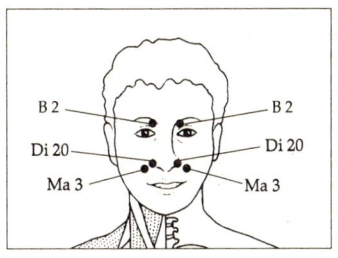

Schönheit des Antlitzes (Ma 3)
Lage: Am unteren Rand des Backenknochens genau unterhalb der Pupille.
Anwendungsgebiete: Bei verstopfter Nase, Blutandrang zum Kopf, brennenden Augen, ermüdeten Augen und Augendruck.

Willkommensduft (Di 20)
Lage: Auf beiden Wangen neben den Nasenlöchern.

Anwendungsgebiete: Bei verstopfter Nase, Nebenhöhlenschmerzen, Gesichtslähmung und Schwellung des Gesichts.

Teich an der Biegung (Di 11)
Lage: Am oberen äußeren Ende der Ellbogenfalte.
Anwendungsgebiete: Bei Erkältungssymptomen, Fieber, Verstopfung und Ellbogenschmerzen; kräftigt das Immunsystem.

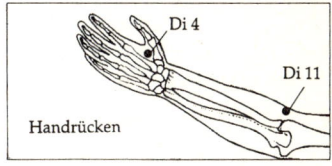

Verbindung mit dem Tal (Hoku) (Di 4)
Achtung: Diesen Punkt nicht bei Schwangeren anwenden, da die Stimulierung eine vorzeitige Wehentätigkeit auslösen kann.
Lage: An der höchsten Stelle des Muskels am Handrücken, wenn Daumen und Zeigefinger zusammengepreßt werden.
Anwendungsgebiete: Bei Erkäl-

tungen, Grippe, Blutandrang zum Kopf, verstopfter Nase und Kopfschmerzen.

Tore des Bewußtseins (GB 20)
Lage: Unterhalb der Schädelbasis in den Vertiefungen auf beiden Seiten, die je nach Größe des Kopfes 5 bis 8 cm voneinander entfernt sind.
Anwendungsgebiete: Bei Kopfschmerzen, Blutandrang zum Kopf, Arthritis, Nackenschmerzen und Reizbarkeit.

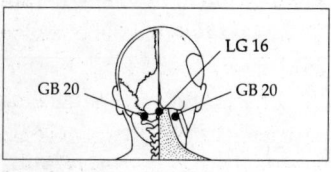

Windvilla (LG 16)
Lage: In der Mitte der Rückseite des Kopfes in der großen Vertiefung unter der Schädelbasis.
Anwendungsgebiete: Blutandrang zum Kopf, gerötete Augen, geistige Überlastung, Kopfschmerzen und steifer Nacken.

Punkt des Dritten Auges
(LG 24.5)
Lage: Genau zwischen den Augenbrauen in der Vertiefung

zwischen der Nasenwurzel und der Mitte der Stirn.
Anwendungsgebiete: Bei Blutandrang zum Kopf, Schnupfen und Kopfschmerzen.

Elegante Villa (N 27)
Lage: In der Vertiefung unterhalb des Schlüsselbeins neben dem Brustbein.
Anwendungsgebiete: Beklemmung in der Brust, Atembeschwerden, Husten und Halsschmerzen.

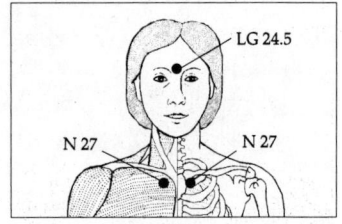

Es müssen nicht alle diese Punkte bearbeitet werden. Es genügt oft schon, wenn man nur einen oder zwei der Punkte drückt.

Übungen

Sich hinlegen oder bequem hinsetzen.

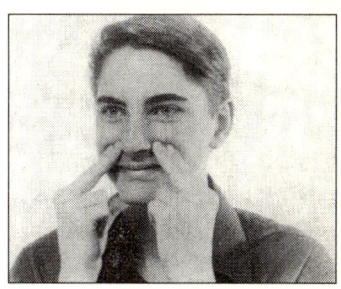

Schritt 1
In B 2 drücken: Die Daumen am oberen Rand der Augenhöhle einsetzen und eine Minute in die leichte Vertiefung in der Nähe der Nasenwurzel drücken. Die Augen schließen und einige Male tief atmen; dabei das Gewicht des Kopfs auf den Daumen ruhen lassen.

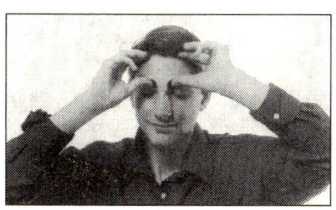

Schritt 3
Beide Di 11 drücken: Den Arm abwinkeln und den Daumen am Ende der Ellbogenfalte außen am Oberarm einsetzen. Die Finger krümmen und kräftig eine Minute in das Ellbogengelenk drücken. Auf der gegenüberliegenden Seite ebenso verfahren.

Schritt 2
Ma 3 und Di 20 drücken: Mittel- und Zeigefinger neben die Nasenlöcher legen; eine Minute lang nach oben und unter die Backenknochen drücken. Diesen Schritt kann man sehr gut auch schon Kindern beibringen, um etwas gegen eine verstopfte Nase zu tun.

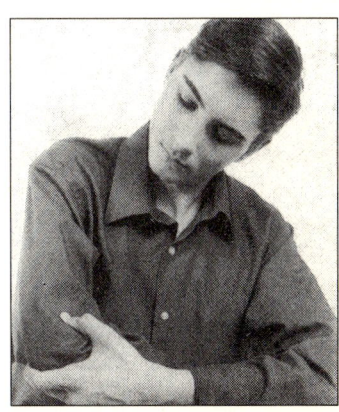

Schritt 4

Di 4 kräftig drücken: Linken Daumen und Zeigefinger auseinanderspreizen. Den rechten Daumen in die Hautfalte auf der Rückseite der linken Hand und die Fingerkuppen auf die Handfläche direkt hinter dem Daumen legen. Daumen und Zeigefinger der rechten Hand kräftig zusammenkneifen und in die Falte drücken. Den Druck gegen den Knochen richten, der am Zeigefinger anschließt, und eine Minute halten. Dasselbe an der anderen Hand.

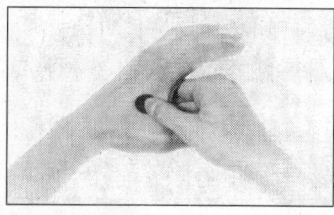

Schritt 5

GB 20 kräftig drücken: Nun die Augen schließen und die Daumen unterhalb der Schädelbasis in einer Entfernung von 5 bis 8 cm voneinander einsetzen. Langsam den Kopf gegen den Widerstand der Daumen nach hinten drücken und diese Position eine Minute lang beibehalten, um diese wichtigen Erkältungspunkte voll wirksam werden zu lassen.

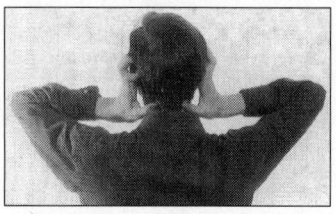

Schritt 6

LG 16 kräftig drücken: Die Spitzen der Mittelfinger in die Vertiefung in der Mitte der Schädelbasis einsetzen. Die Finger an dieser Stelle lassen und einatmen, während man den Kopf zurückneigt, und ausatmen, wenn man den Kopf nach vorne entspannt. Den Kopf nun in dieser Weise vor- und zurückneigen und tief atmen, während man diesen wichtigen Punkt für die Beseitigung von Blutandrang zum Kopf hält.

Schritt 7
LG 24.5 berühren: Handflächen aneinanderlegen und mit Mittel- und Zeigefinger leicht den Punkt des Dritten Auges zwischen den Augenbrauen berühren. Tief atmen, während man diesen Punkt zur Harmonisierung des Hormonsystems hält.

Schritt 8
N 27 kräftig drücken: Die Fingerkuppen auf die Vorsprünge des Schlüsselbeins legen, dann die Finger nach unten und außen zur ersten Vertiefung zwischen den Knochen führen. In diese Vertiefung drücken; dabei tief atmen und sich vorstellen, wie sich die Stauung auflöst.

Energiepunkte für Husten

Ein schwerer, wiederholt auftretender oder unkontrollierter Husten ist nicht harmlos, und man sollte in diesem Fall stets zum Arzt gehen. Viele Krankheiten wie Grippe, Lungenentzündung und chronische Bronchitis können schwere Verläufe nehmen, wenn sie nicht beobachtet werden.

Manchmal kann der Arzt es für ratsam halten, den Husten medikamentös zu unterdrücken, um eine weitere Reizung der Bronchien zu vermeiden. Wenn man Hustenmittel einnimmt, kann die Akupressur eine wirksame Zusatztherapie sein. Bei einem Hustenanfall können in vielen der großen Muskelgruppen des oberen Rückenbereichs Krämpfe auftreten. Bestimmte Punkte an Brust, Hals, Nacken und obe-rem Rücken helfen dem Atemsystem, entspannen den Körper und wirken dem Husten entgegen.

Vitales Zwerchfell (B 38)
Lage: Zwischen dem Schulterblatt und der Wirbelsäule in Höhe des Herzens.

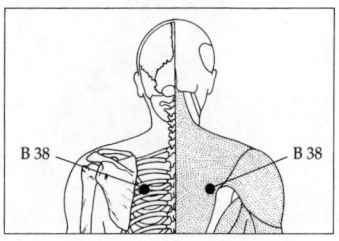

Anwendungsgebiete: Husten, Atembeschwerden und Erkrankungen der Atemwege. Dieser beruhigende Punkt kann auch die Emotionen harmonisieren.

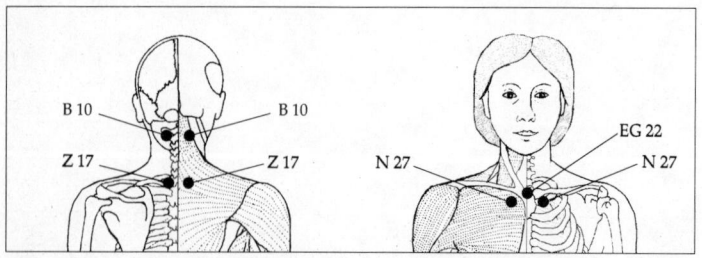

Ding Chuan (Z 17)

Lage: Seitlich und etwas oberhalb des Wirbels, der oben an der Wirbelsäule hervorragt, wenn man den Kopf nach vorne neigt.

Anwendungsgebiete: Bei Halsbeschwerden, Husten, Schulterund Nackenschmerzen und Schilddrüsenstörungen.

Himmlische Säule (B 10)

Lage: Einen Fingerbreit unterhalb der Schädelbasis auf den Muskelsträngen 1 cm zu beiden Seiten der Wirbelsäule.

Anwendungsgebiete: Halsschmerzen, Streß, Abgespanntheit, Überanstrengung und Blutandrang zum Kopf.

Herausstürmender Himmel (EG 22)

Lage: Unten am Hals in der groβen Vertiefung direkt unterhalb des Kehlkopfs.

Anwendungsgebiete: Trockener Husten, Bronchitis, Halsschmerzen, Beklemmung in der Brust und Sodbrennen.

Elegante Villa (N 27)

Lage: In der Vertiefung unterhalb des Schlüsselbeins neben dem Brustbein.

Anwendungsgebiete: Beklemmung in der Brust, Atembeschwerden, Asthma, Husten und Angstgefühle.

Es müssen nicht alle diese Punkte bearbeitet werden. Es genügt oft schon, wenn man nur einen oder zwei der Punkte drückt.

Übungen

Viele der nachfolgenden Punkte
können auch im Sitzen gedrückt
werden, doch ist es besser, sich
bequem auf den Rücken zu legen.

Schritt 1
Beide Punkte N 27 halten: Die
Fingerkuppen auf die Brust legen und kräftig in die Vertiefungen direkt unterhalb der
Vorsprünge des Schlüsselbeins
drücken. Auch diesen Punkt
kann man leicht einem Kind beibringen.

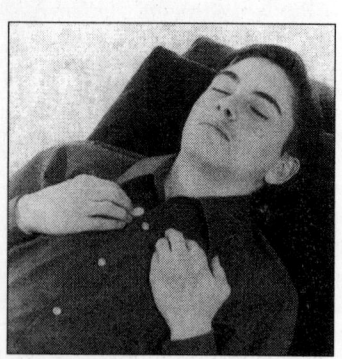

Schritt 2
Tennisbälle[1] an B 38 benutzen:
Zwei kleine Gummibälle oder
Tennisbälle nebeneinander auf
einen sauberen Teppich legen.
Sich so hinlegen, daß die Bälle
in Höhe des Herzens zwischen
den Schulterblättern liegen. Die
Augen schließen und dreimal
langsam tief einatmen und
gleichzeitig die Punkte N 27 im
oberen Brustbereich drücken.

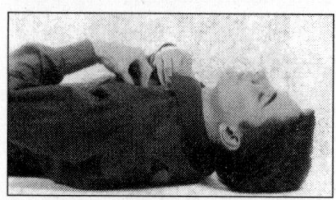

Schritt 3
**Den zusätzlichen Punkt 17
kräftig drücken:** Langsam die
Tennisbälle einige Zentimeter
höher zur Basis des Nackens rollen. Wenn die Tennisbälle weg-
rutschen oder man ohne Tennis-

---

1   Dieser Schritt ist freigestellt. Wenn man keine Tennisbälle oder kleine Gummibälle
    zur Verfügung hat, kann man diesen Punkt auch auslassen

bälle arbeitet, einfach mit beiden
Mittelfingern diesen wichtigen
Akupressurpunkt an der Basis
des Nackens drücken.

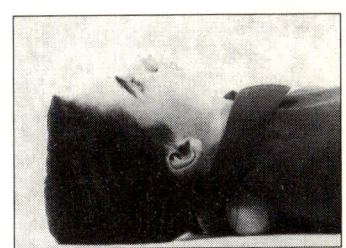

Schritt 4
**Beide Punkte B 10 und EG 22
halten:** B 10 im oberen Nackenbereich mit einer Hand mit den
Fingerkuppen drücken. Mit der
anderen Hand EG 22 zwei cm
unterhalb des Kehlkopfs leicht
halten und leicht nach unten
drücken. Die Augen schließen
und tief atmen, während man
sich vorstellt, daß heilende Energie die Kehle beruhigt.

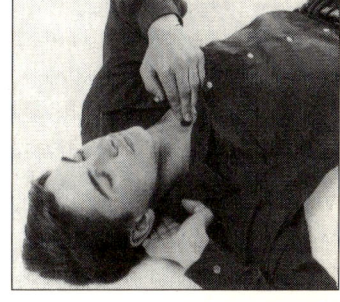

Bei Halsschmerzen und Husten

Ein kleines Stück frischen Ingwers kann eines der natürlichsten und wirksamsten Mittel bei Halsschmerzen sein. Man legt einfach eine ganz dünne Scheibe frischen Ingwers hinten auf die Zunge. Wenn der Hals empfindlich ist und der Ingwer brennt, ein kleineres, dünneres Stück nehmen und dieses näher zum Hals legen. Den Ingwer zehn Minuten hinten im Hals belassen. Dies gegebenenfalls mehrmals täglich mit einem frischen Stück wiederholen. Man kann auch einen Kaffeelöffel gehackten Ingwer in einigen Tassen Wasser ziehen lassen und dies als Tee zur Linderung des Hustens und der Halsschmerzen trinken.

Weitere Punkte bei Erkältungen und Grippe

Darstellungen weiterer Punkte für Erkältungen und Grippe siehe in Kapitel 7, »Asthma und Atembeschwerden«, Kapitel 22, »Kopfschmerzen und Migräne«, und Kapitel 28, »Nebenhöhlenbeschwerden und Heuschnupfen«.

14 Gedächtnis und Konzentration

Mit einer Kombination von Akupressur und geeigneter Ernährung kann man die Konzentrationsfähigkeit steigern. Wenn man unter starkem Streß steht oder wenn das Magen-Darm-System schwach oder gestaut ist, fällt es schwer, klar zu denken. Ebenso hat man nach einer schweren Mahlzeit Schwierigkeiten, sich zum Beispiel auf einen anspruchsvollen Fachartikel zu konzentrieren. Chronische Verspannungen in Schulter und Nacken können ebenfalls Ursache von Gedächtnisschwierigkeiten sein, weil sie die Durchblutung des Gehirns behindern. Wenn solche Verspannungen im Laufe der Jahre zunehmen, kann es zu einer chronischen Ermüdung und Konzentrationsschwäche kommen. Wer stundenlang angestrengt geistig arbeitet oder sich bei seiner Tätigkeit sehr auf Details konzentrieren muß, sollte die in diesem Kapitel beschriebenen Punkte und die in Kapitel 37, »Schulterverspannungen«, beschriebenen Selbstakupressurtechniken anwenden. Gedächtnisleistung und Konzentrationsfähigkeit müssen mit dem Alter nicht abnehmen. Man kann den Alterungsprozeß erheblich hinauszögern, indem man an sich selbst Akupressur anwendet und sich richtig ernährt. Bei chronisch schlechtem Gedächtnis sollte man auch zum Arzt gehen und prüfen lassen, ob nicht ein Grundleiden wie Herzbeschwerden oder hoher Blutdruck die geistigen Funktionen beeinträchtigt. Auch viele Arzneimittel haben schädliche Wirkungen auf das Kurzzeitgedächtnis.

Ernährung

Wenn man Schwierigkeiten hat, sich zu konzentrieren, oder

wenn man sein Gedächtnis verbessern möchte, sollte man keine stark zuckerhaltigen Nahrungsmittel mehr zu sich nehmen. Zucker kann süchtig machen und hält davon ab, andere, gesündere Nahrungsmittel zu sich zu nehmen. Übermäßiger Zuckergenuß belastet auch die Bauchspeicheldrüse, was sich nach der traditionellen chinesischen Medizin nachteilig auf das Gedächtnis wie auch die geistige und emotionelle Stabilität auswirkt.

Gedächtnis- und Konzentrationsschwäche kann auch die Folge eines niedrigen Blutzuckerspiegels sein. Nach dem Genuß von Zucker steigt der Blutzuckerspiegel rasch an, was einen Energieschub auslöst. Um diesen starken Anstieg auszugleichen, erzeugt aber die Bauchspeicheldrüse einen Überschuß an Insulin; zuviel Insulin senkt wiederum den Blutzuckerspiegel drastisch ab, was Ermüdung zur Folge hat und das Gedächtnis und die Konzentrationsfähigkeit schwächt. Zur Stabilisierung des Blutzuckerspiegels sollte man mehr komplexe Kohlenhydrate in Form von frischem Gemüse und Vollkorn zu sich nehmen. Komplexe Kohlehydrate werden im Blut langsamer zu Zucker abgebaut, wodurch der Blutzuckerspiegel gleichmäßig bleibt. Miso-Suppe, frischer Quecketee und Rosenkohl (alles im Naturkostladen oder Reformhaus erhältlich) sind ebenfalls hervorragend zum Ausgleich des Blutzuckerspiegels und zur Stärkung des Gedächtnisses geeignet.

Akupressur für geistige Klarheit

Das Akupressurprogramm in diesem Kapitel stärkt durch eine Verbesserung der Durchblutung des Gehirns die geistige Wachheit und das Gedächtnis. Fingerdruck an diesen Punkten für die Dauer von bis zu zwei Minuten hilft gegen geistige Erschöpfung und Kopfschmerzen und verbessert das Gedächtnis. Diese Punkte können eine sofortige Erfrischung und Klärung des Geistes bewirken. Ein ruhiger, gelassener Geisteszustand erhöht die Produktivität und bewirkt eine positivere Einstellung zum Leben. Diese Punkte kann man auch seine Kinder lehren.

Jeden der nachfolgend genannten Akupressurpunkte an beiden Körperseiten in der angegebenen Reihenfolge ein bis zwei Minuten lang stimulieren.

Dieses Programm bequem sitzend oder im Liegen mehrmals wöchentlich (am besten täglich) durchführen, um das Gedächtnis zu stärken und die Konzentrationsfähigkeit zu steigern.

Energiepunkte zur Verbesserung des Gedächtnisses und der Konzentration

Hundert Übereinstimmungen (LG 20)

Lage: Auf dem Scheitel zwischen den Schädelknochen. Zum Auffinden des Punkts hinter den Ohren nach oben zum Kopf gehen. Nach einer Vertiefung etwas hinter der höchsten Stelle des Kopfes tasten.

Anwendungsgebiete: Für die geistige Konzentration und zur Verbesserung des Gedächtnisses; hilft bei Kopfschmerzen.

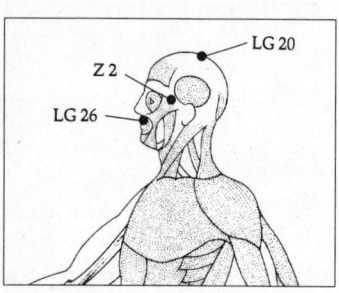

Sonnenpunkt (Z 2)

Lage: In der Schläfenvertiefung 1 cm außerhalb der Augenbrauen.

Anwendungsgebiete: Stärkt das Gedächtnis und die Konzentration; hilft bei geistiger Überlastung, Kopfschmerzen und Schwindel.

Mitte eines Menschen (LG 26)

Lage: Zwei Drittel der Strecke von der Oberlippe bis zur Nase.

Anwendungsgebiete: Verbessert das Gedächtnis und die Konzentration; hilft bei Krämpfen, Ohnmacht und Schwindel. Die Wirksamkeit dieses Punktes läßt sich noch dadurch steigern, daß man ihn über einige Wochen täglich kräftig drückt.

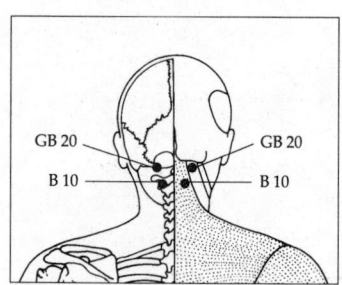

Himmlische Säule (B 10)

Lage: 1 cm unterhalb der Schädelbasis auf den Muskelsträngen 1 cm zu beiden Seiten der Wirbelsäule.

Anwendungsgebiete: Hilft bei Streß, Abgeschlagenheit, Überanstrengung, Schwere im Kopf und unklarem Denken. Dieser Punkt kann den Nacken entspannen, so daß das Gehirn besser durchblutet wird.

Tore des Bewußtseins
(GB 20)
Lage: Unterhalb der Schädelbasis in den je nach Größe des Kopfes 5 bis 8 cm voneinander entfernten Vertiefungen zwischen den beiden großen senkrechten Nackenmuskeln.
Anwendungsgebiete: Hilft bei Kopfschmerzen, Gedächtnisschwäche und arthritischen Schmerzen, die die Konzentrationsfähigkeit beeinträchtigen, unabhängig vom Sitz des Schmerzes.

Punkt des Dritten Auges
(LG 24.5)
Lage: Genau zwischen den Augenbrauen in der Vertiefung zwischen der Naselwurzel und der Mitte der Stirn.
Anwendungsgebiete: Zur Verbesserung der Konzentration und des Gedächtnisses; klärt und erfrischt den Geist.

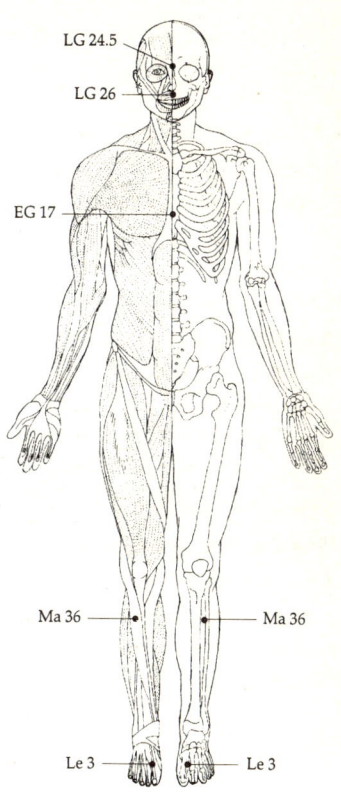

Meer der Ruhe (EG 17)
Lage: In der Mitte des Brustbeins drei Daumenbreit oberhalb der Basis des Knochens.
Anwendungsgebiete: Stärkt die Konzentrationsfähigkeit; beseitigt Nervosität, Druckgefühl in der Brust, Schlaflosigkeit, Niedergeschlagenheit, Ängstlichkeit und andere emotionelle Stö-

rungen, die die Konzentration und das klare Denken beeinträchtigen.

Dreimeilenpunkt (Ma 36)
Lage: Vier Fingerbreit unterhalb der Kniescheibe einen Fingerbreit außerhalb des Schienbeins. Wenn man an der richtigen Stelle ist, tritt ein Muskel hervor, wenn man mit dem Fuß wippt.
Anwendungsgebiete: Stärkt Körper und Geist und unterstützt die Klarheit des Denkens.

Höchste Flut (Le 3)
Lage: Am Fußrücken in der Senke zwischen der großen und der zweiten Zehe.
Anwendungsgebiete: Bei Gedächtnisschwäche, Kopfschmerzen, Ermüdung und mangelnder Konzentrationsfähigkeit.

> *Es müssen nicht alle diese Punkte bearbeitet werden. Es genügt oft schon, wenn man nur einen oder zwei der Punkte drückt.*

Übungen

Das nachfolgende Programm bequem sitzend oder im Liegen durchführen. Die besten Ergebnisse erzielt man mit täglich zweimaliger Anwendung.

Schritt 1

LG 20 zusammen mit LG 26 halten: Die Fingerkuppen der linken Hand in die Vertiefung etwas hinter der Mitte oben auf den Kopf legen. Mit dem rechten Zeigefinger kräftig auf den Punkt in der Mitte zwischen der Oberlippe und der Nase in Richtung des Zahnfleisches drücken.

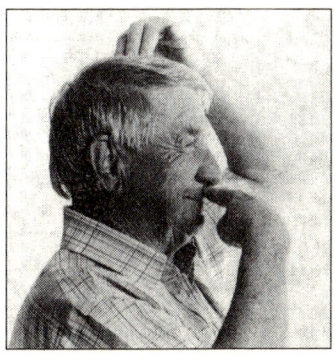

Diese Energiepunktekombination eine Minute lang halten und tief atmen.

Schritt 2

B 10 kräftig drücken: Mit allen Fingerkuppen kräftig in die Muskelstränge im Nacken drücken. Diesen Punkt eine Minute lang halten und tief atmen.

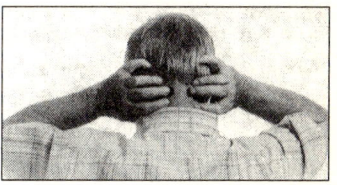

Schritt 3

GB 20 drücken: Die Daumen unterhalb der Schädelbasis in die Vertiefungen drücken, die etwa 5 bis 8 cm voneinander entfernt liegen. Langsam den Kopf nach hinten neigen und weich einsetzend nach oben und unter den Schädel drücken. Die Augen schließen und diese Punkte kräftig zwei Minuten lang drücken; dabei tief atmen. Diese Punkte zuletzt leicht halten und das Pulsieren spüren. Dieses Pulsieren zeigt an, daß das Gehirn besser durchblutet ist, was das Gedächtnis und die Konzentration verbessern kann. Wenn

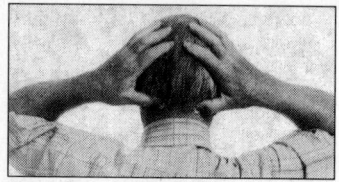

man diese Punkte lange genug hält, synchronisiert sich das Pulsieren auf beiden Seiten und harmonisieren sich die beiden Gehirnhälften. Dann den Druck ganz langsam zurücknehmen.

Schritt 4

Mit der Handfläche Z 2 drücken: Die Handballen in die Vertiefungen außerhalb der Augenbrauen auf die Schläfen legen. Wenn man an einem Tisch oder Schreibtisch sitzt, sich mit den Ellbogen abstützen und mit den Handflächen auf die Schläfen drücken. Nach einer Minute kräftigem Druck auf die Schläfen die Backenzähne wie beim Kaugummikauen rhythmisch zusammenbeißen. Beim Aufeinanderpressen der Zähne muß ein Muskel in den Schläfen hervortreten. Die Augen schließen und mindestens eine Minute lang weiter kräftig gegen die Schläfen drücken; dabei kauen und tief atmen. Dies bewirkt eine

kräftige Stimulierung dieses Punktes und stärkt das Gedächtnis und die Konzentration.

Schritt 5

LG 24.5 zusammen mit LG 17 halten: Die Kuppe des Mittelfingers leicht in die Vertiefung zwischen den Augenbrauen legen, an der Nase und Stirn zusammentreffen. Mit den Fingerkuppen der linken Hand in die

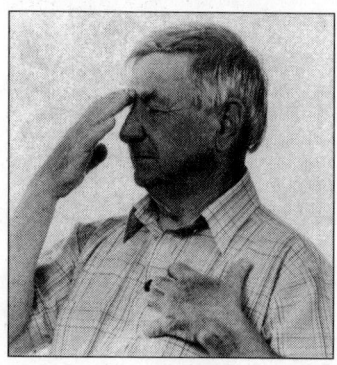

Vertiefungen in der Mitte des Brustbeins drücken. Die Augen schließen, die Augen nach oben drehen und sich eine bis zwei Minuten lang vorstellen, daß man in den Punkt des Dritten Auges atmet.

Schritt 6

Ma 36 kräftig reiben: Die rechte Ferse auf die Außenseite des linken Beins unterhalb des Knies legen. Etwas außerhalb des Schienbeins dreißig Sekunden lang auf- und abwärts rei-

ben, bis Wärme entsteht. Dann Ma 36 am anderen Bein dreißig Sekunden lang reiben.

Schritt 7

Le 3 drücken oder reiben: Die rechte Ferse oben auf dem linken Fuß in die Vertiefung zwischen den Knochen legen, die mit der großen und der zweiten Zehe verbunden sind. In dieser Vertiefung kräftig auf- und abwärts reiben. Dann am rechten Fuß denselben Punkt wiederum dreißig Sekunden lang drücken.

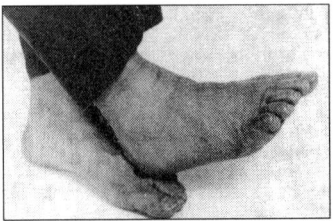

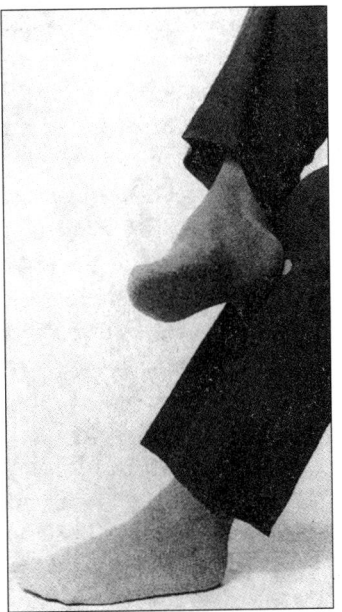

Weitere Punkte zur Stärkung von Gedächtnis und Konzentration

Darstellungen weiterer Punkte für die Verbesserung von Gedächtnis und Konzentration siehe in Kapitel 40, »Verstopfung«, Kapitel 29, »Ohnmacht«, und Kapitel 22 »Kopfschmerzen und Migräne«.

15 Handgelenkschmerzen
(Karpaltunnelsyndrom und Tendinitis)

Ein bekannter Baseballspieler kam einmal nach einem Zusammenprall zu mir. Er hielt sich sein schmerzendes rechtes Handgelenk. Nachdem ich an Handgelenk, Arm und Schulter tiefen Fingerdruck angewandt hatte, sagte er mir, daß er schon befürchtet hätte, wegen dieser Gelenkschmerzen wäre die Saison für ihn schon zu Ende – doch jetzt war der Schmerz verschwunden, und er war zuversichtlich, wieder spielen zu können.

Wenige Gelenke des Körpers sind für die täglichen Aktivitäten so wichtig wie die Gelenke an Hand und Handgelenk. Wenn Schmerzen im Handgelenk auftreten, ist es nützlich, natürliche Selbsthilfeverfahren zu kennen. Es hat sich gezeigt, daß die Akupressur bei vielen Schmerzen im Bereich der Hand hilfreich sein kann, vom verstauchten Handgelenk bis zum Karpaltunnelsyndrom und zur Handgelenktendinitis. Dr. Keith Kenyon hat auch festgestellt, daß Akupressur bei Handgelenkarthritis helfen kann.[1]

Das Karpaltunnelsyndrom wird durch eine Schwellung hervorgerufen, die Druck auf den Nervus medianus hervorruft. Tendinitis ist eine Entzündung der Sehnen aufgrund übermäßiger Beanspruchung. Tägliche Akupressur an den in diesem Kapitel gezeigten Energiepunkten kann Handgelenkschmerzen und Entzündungen günstig beeinflussen und die Heilung fördern.

Die nachfolgenden Akupressurpunkte und -verfahren können

---

1   Keith Kenyon, M. D., *Do-It-Yourself, Acupuncture Without Needles* (New York: Arco Publishing, 1977), 71. Deutsch: *Die nadellose Akupunktur. Erfolgreiche Selbstbehandlung durch Akupressur* (Stuttgart: Motorbuch, 1985).

die Sehnen und Muskeln entspannen, die am Handgelenk angreifen, wodurch die Finger mit weniger Schmerzen betätigt werden können. Ich habe festgestellt, daß weiche Handbewegungen wie zum Beispiel Handkreisen, während man die Punkte am Handgelenk mit den Knöcheln der anderen Hand drückt, vielfach die Wirksamkeit der Akupressur steigern.[1]

1   Siehe Michael Reed Gach, *Arthritis Relief at Your Fingertips* (New York: Warner Books, 1989), 71–74, 88–90.

Energiepunkte bei Handgelenkschmerzen

Innere Pforte (P 6)
Lage: In der Mitte der Innenseite des Unterarms zweieinhalb Fingerbreit von der Handgelenkfalte entfernt.
Anwendungsgebiete: Bei Übelkeit, Ängstlichkeit und Handgelenkschmerzen.

Großer Hügel (P 7)
Lage: In der Mitte der Innenseite der Handgelenkfalte.
Anwendungsgebiete: Bei Handgelenkproblemen, zum Beispiel Karpaltunnelsyndrom, Rheuma und Handgelenktendinitis.

Äußere Pforte (DW 5)
Lage: Zweieinhalb Fingerbreit über der Mitte der Handgelenkfalte außen am Unterarm zwischen den beiden Unterarmknochen (Elle und Speiche).
Anwendungsgebiete: Bei Rheuma, Tendinitis, Handgelenkschmerzen; steigert die Widerstandskraft gegen Erkältungen.

Aktiver Teich (DW 4)
Lage: Der Außenseite des Arms zur Vertiefung in der Mitte des Handgelenks in der Handgelenkfalte folgen.
Anwendungsgebiete: Bei Handgelenktendinitis und Rheuma, Schmerzen beim Greifen, Karpaltunnelsyndrom und Handgelenkschmerzen; kräftigt auch das Handgelenk.

> *Es müssen nicht alle Punkte bearbeitet werden. Es genügt oft, wenn man nur einen oder zwei der Punkte drückt.*

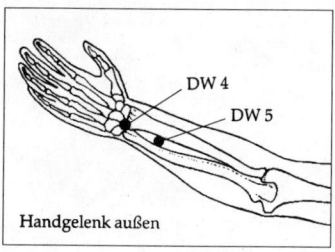

Handgelenk außen

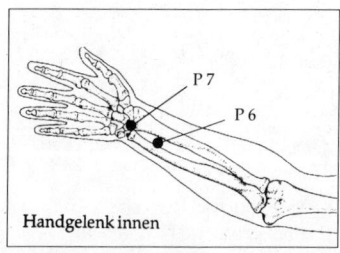

Handgelenk innen

Übungen

Dieses kurze Programm soll bequem sitzend durchgeführt werden.

Schritt 1

DW 5 und P 6 kräftig drücken:
Die Finger der linken Hand auf den rechten Unterarm und den Daumen direkt gegenüber den Fingern zweieinhalb Fingerbreit unterhalb der Handgelenkfalte auf die andere Seite legen. Diese Punkte zur Kräftigung des Handgelenks eine Minute lang fest fassen. Dann auf der anderen Seite das linke Handgelenk ebenfalls eine Minute bearbeiten. Wenn das Fassen mit den Fingern Schmerzen bereitet, statt dessen mit den Knöcheln arbeiten.

Schritt 2

P 7 und DW 4 halten: Den linken Daumen so auf die Mitte der äußeren Handgelenkfalte legen, daß die Finger genau auf der anderen Seite an der Innenseite des Handgelenks liegen. Daumen und Zeigefinger wie gezeigt in den Hohlräumen zwischen den Knochen einsetzen. Langsam kräftigen Druck anwenden und langsam und tief atmen. Diese Punkte eine Minute lang drücken oder bis der Schmerz im Handgelenk nachläßt. Am Schluß nur leicht halten und noch mehrmals langsam und tief

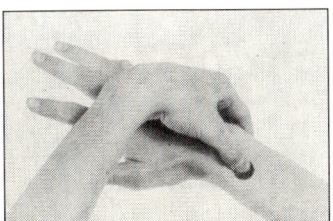

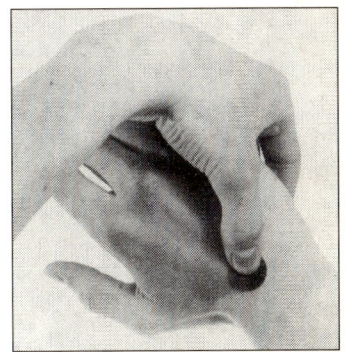

atmen. Fühlen, ob an der Stelle ein Pulsieren auftritt. Dann am anderen Handgelenk ebenfalls eine Minute in derselben Weise verfahren.

Wichtig! Bei allen Handgelenkverletzungen zur Verringerung der Schwellung die Hand hoch lagern!

16 Hitzewallungen

Carol, stolze Mutter dreier Kinder und früher Chefsekretärin, klagte über Hitzewallungen, als sie ihre Ausbildung am Akupressur-Institut begann. Carol gab mir die Anregung, dieses Kapitel zu schreiben, weil sie sich von ihren Hitzewallungen einfach dadurch befreite, daß sie Unterricht nahm und die Punkte zwei Monate lang an sich selbst anwandte. In diesem Kapitel werden die wichtigsten Punkte behandelt, mit denen Carol arbeitete.

Hitzewallungen und kalte Füße gehören zu den häufigsten Symptomen der Wechseljahre. Hitzewallungen können aber auch durch Arteriosklerose und Disharmonien des autonomen Nervensystems bedingt sein. Sie treten meist in Spannungssituationen auf, wenn man zum Beispiel vor vielen Menschen einen Vortrag halten muß. Die meisten Menschen, die unter Hitzewallungen leiden, neigen auch zu hohem Blutdruck und Beschwerden wie Ängstlichkeit, Schlaflosigkeit, Kopfschmerzen und Reizbarkeit.

Hitzewallungen während der Wechseljahre sind dadurch bedingt, daß der Östrogenspiegel in den Eierstöcken plötzlich abfällt. Die Östrogenausschüttung wird von der Hirnanhangdrüse (Hypophyse) gesteuert. Der Gehirnbereich, der die Körpertemperatur reguliert – eine Art »Thermostat des Körpers« –, liegt in der Nähe des Bereichs, der die Erzeugung der Hormone der Eierstöcke wie auch der Hypophyse steuert. Forschungen über die Hitzewallungen haben gezeigt, daß der Neurotransmitter, der diese Gehirnmechanismen auslöst, das Noradrenalin, auch diesen »Thermostaten« im Gehirn beeinflußt.

Hitzewallungen treten normalerweise in den ersten beiden

Jahren der Menopause am intensivsten auf, doch leiden manche Frauen bis zu neun Jahren an diesen Beschwerden. Wenn bei einer Frau Hitzewallungen nachts auftreten, kann dies den Schlaf stören, was zu Müdigkeit und Reizbarkeit am nächsten Tag führt.

Viele Frauen stellen fest, daß heiße Getränke und Mahlzeiten, Alkohol, Kaffee, warmes Wetter und warme Räume Hitzewallungen auslösen. Emotioneller Streß und Koffein spielen eine wichtige Rolle. Insbesondere bei Koffein hat sich gezeigt, daß es den Stoffwechsel beschleunigt und die Körpertemperatur erhöht. Außerdem löst es die Ausschüttung von Noradrenalin aus. Zur Vorbeugung sollte man sich relativ kühl halten, nicht zu warm anziehen und Alkohol und Koffein meiden.

Streßbekämpfende Übungen wie Akupressur, sanftes Dehnen und Atemübungen senken den Noradrenalinspiegel, wodurch man Hitzewallungen reduzieren und ihnen sogar vorbeugen kann.[1]

Die Anwendung der nachfolgenden Akupressurpunkte ein- bis viermal täglich harmonisiert den Körper, stabilisiert den Blutdruck und verringert die Hitzewallungen.

---

1 Sadja Greenwood, M. D.; *Menopause Naturally* (Volcano: Volcano Press, 1989), 30.

Energiepunkte bei Hitzewallungen

Sprudelnde Quellen (N 1)
Lage: An der Unterseite des Fußes zwischen den beiden Ballen.
Anwendungsgebiete: Hitzewallungen, Ohnmachtsanfälle und Krämpfe.

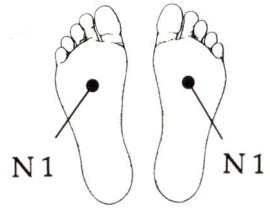

Elegante Villa (N 27)
Lage: In der Vertiefung unterhalb des Schlüsselbeins neben dem Brustbein.
Anwendungsgebiete: Bei Hitzewallungen sowie Beklemmung in der Brust, Atembeschwerden, Asthma, Husten, Ängstlichkeit und Depressionen.

Verbindung mit dem Tal (Hoku) (Di 4)
Achtung: Diesen Punkt nicht bei Schwangeren anwenden, da die Stimulierung eine vorzeitige Wehentätigkeit auslösen kann.
Lage: In der Hautfalte zwischen Daumen und Zeigefinger auf der Rückseite der Hand an der höchsten Stelle des Muskels, wenn Daumen und Zeigefinger zusammengepreßt werden.

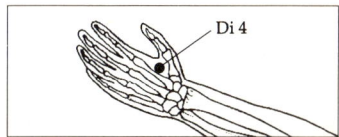

Handrücken

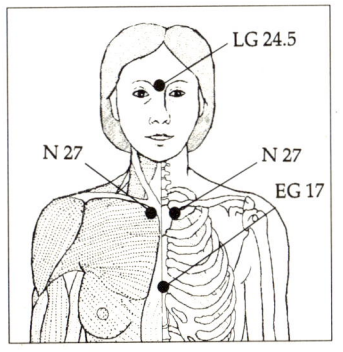

Anwendungsgebiete: Wirkt gegen Hitzewallungen und ist ein Fernpunkt für Arthritis in der Hand, Kopfschmerzen und Zahnschmerzen.

Tore des Bewußtseins
(GB 20)

Lage: Unterhalb der Schädelbasis in den je nach Größe des Kopfes 5 bis 8 cm voneinander entfernten Vertiefungen zwischen den beiden großen senkrechten Nackenmuskeln.

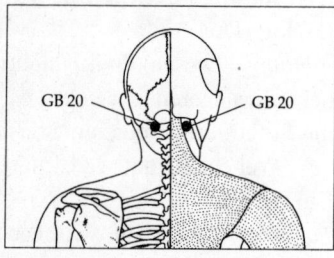

Anwendungsgebiete: Bei Hitzewallungen sowie Kopfschmerzen, Schwindel, steifem Nakken, Nackenschmerzen, Verletzungen, Trauma, Schock, hohem Blutdruck und Reizbarkeit.

Meer der Ruhe (EG 17)

Lage: In der Mitte des Brustbeins drei Daumenbreit oberhalb der Basis des Knochens.
Anwendungsgebiete: Bei Hitzewallungen sowie Nervosität, Ängstlichkeit, Schlaflosigkeit, Depressionen und emotionellen Belastungen.

Punkt des Dritten Auges
(LG 24.5)

Lage: Genau zwischen den Augenbrauen in der Vertiefung zwischen der Nasenwurzel und der Mitte der Stirn.
Anwendungsgebiete: Dieser Akupressurpunkt wirkt auf das endokrine System, insbesondere die Hypophyse, und hilft bei Hitzewallungen, Heuschnupfen und Kopfschmerzen.

Hundert Übereinstimmungen
(LG 20)

Lage: Auf dem Scheitel in einer Vertiefung oder »weichen Stelle« zwischen den Schädelknochen. Zum Auffinden des Punkts hinter den Ohren nach oben zum Kopf gehen.

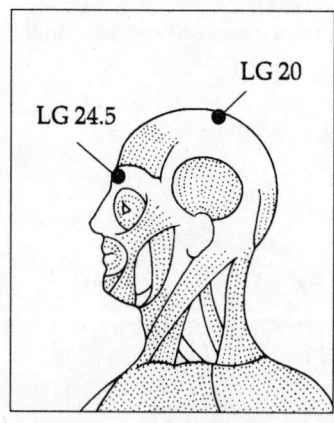

Anwendungsgebiete: Dieser Punkt verbessert die Konzentration und das Gedächtnis; er hilft bei Kopfschmerzen, Hitzewallungen und Hitzschlag.

Es müssen nicht alle diese Punkte bearbeitet werden. Es genügt oft schon, wenn man nur einen oder zwei der Punkte drückt.

Übungen

Sich bequem hinlegen oder hinsetzen und beim Halten der Punkte tief atmen.

Schritt 1
N 1 drücken: Mit dem Daumen weich N 1 unten am linken Fuß drücken. Eine Minute lang halten und anschließend N 1 am rechten Fuß drücken.

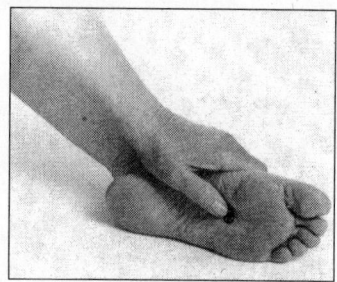

Schritt 2
Beide Punkte N 27 kräftig halten: Die Mittelfinger in die Vertiefungen direkt unterhalb der Vorsprünge des Schlüsselbeins auf der Brust legen. Eine Minute lang kräftig drücken und langsam und tief atmen.

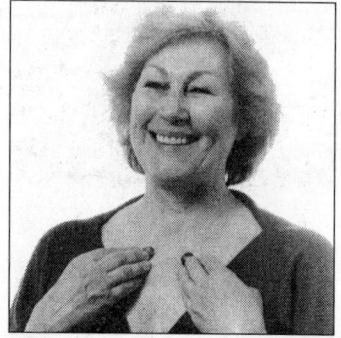

Schritt 3
Di 4 fassen: Den rechten Daumen so auf die Daumen-Zeigefinger-Falte oben auf der linken Hand legen, daß die Fingerkuppen unmittelbar unterhalb des Daumens liegen. Daumen und Zeigefinger der rechten Hand zusammenpressen und kräftig in die Hautfalte drücken. Den Druck zu dem Knochen richten, der mit dem linken Zeigefinger verbunden ist. Eine Minute lang halten, dann zur anderen Seite übergehen.

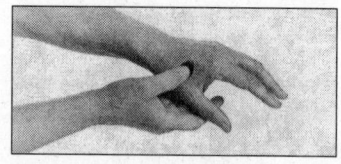

Schritt 4

GB 20 kräftig drücken: Den Daumen in die je nach Größe des Kopfes 5 bis 8 cm auseinander liegenden Vertiefungen unterhalb der Schädelbasis einsetzen. Langsam den Kopf zurückneigen und dabei tief atmen. Den Daumen weich einsetzen und eine Minute lang kräftig drücken, dabei langsam und tief atmen.

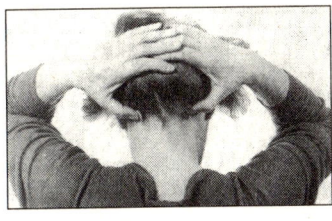

Schritt 5

LG 20 und LG 24.5 berühren: Mit den Fingerkuppen der rechten Hand LG 20 in der leichten Vertiefung hinten oben am Kopf drücken. Die Spitze des Mittelfingers der rechten Hand leicht zwischen den Augenbrauen auf LG 24.5 in eine Vertiefung legen, die man Punkt des Dritten Auges nennt. Mit geschlossenen Augen die Aufmerksamkeit auf diesen Punkt richten. Den Rücken strecken und diesen Punkt zur Harmonisierung des Nervensystems zwei Minuten halten, dabei tief atmen.

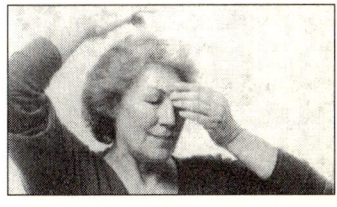

Schritt 6

EG 17 halten: Alle Fingerkuppen in Höhe des Herzens so auf die Mitte des Brustbeins legen, daß sie jeweils in die Vertiefungen passen. Die Augen schließen und eine Minute lang tief atmen.

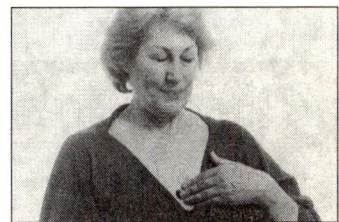

**Weitere Punkte bei Hitze-
wallungen**

Darstellungen weiterer Punkte
bei Hitzewallungen siehe in Kapitel 5, »Angst und Nervosität«,
Kapitel 11, »Depressionen und
emotionelle Harmonisierung«,
Kapitel 22, »Kopfschmerzen
und Migräne«, und Kapitel 32,
»Reizbarkeit, Frustration und Bewältigung von Veränderungen«.

17 Immunsystem-Kräftigung

In unserer hektischen Welt geschieht es immer wieder, daß man sich überarbeitet, zu viele Verpflichtungen übernimmt und sich bis zur Erschöpfung strapaziert. Dieses Energiedefizit schwächt das Immunsystem. Wenn wir auf unser Wohlbefinden achten, indem wir uns richtig ernähren, uns genügend Ruhe und Bewegung gönnen und Techniken anwenden, die Spannungen abbauen und unseren Körper harmonisieren, dann besitzen wir auch eine gute Abwehrkraft gegenüber Krankheit. Wenn wir dagegen nicht mit unseren Kräften haushalten, uns überfordern, schlecht ernähren, uns nicht bewegen und Spannungen nicht abbauen, schwächt dies unser Immunsystem, und wir werden anfällig für Krankheiten. Akupressur und Tiefatmung kräftigen das Immunsystem und helfen bei der Krankheitsabwehr.

Der Alltagsstreß sammelt sich in unserem Körper an und verursacht Verspannungen in Schulter und Nacken sowie Ängste, die uns oft das Atmen erschweren. Ich wende täglich Akupressur, Tiefatmung und Dehnungsübungen an, um den alltäglichen Belastungen in meinem Leben besser gewachsen zu sein.

Wir vertragen nur ein gewisses Maß an Streß. Jeder Mensch hat eine andere Belastungsgrenze, und jeder muß selbst herausfinden, wieviel zuviel ist. Wenn man eine innere Wachheit dafür kultiviert, was emotionell und physisch in einem selbst vorgeht, entdeckt man das optimale Gleichgewicht von Aktivität und Ruhe.

Die traditionelle chinesische Medizin hat entdeckt, daß ein Übermaß bei bestimmten Aktivitäten das Immunsystem schwächt, weil bestimmte Akupressurmeridiane überlastet werden (die nachfolgend erwähnten Energiepunkte werden weiter unten in diesem Kapitel ausführlich beschrieben).

• *Übermäßiges Stehen* schädigt die Blasen- und Nierenmeridiane, was zu Ermüdung und Kreuzschmerzen führen kann. Um diese Meridiane wiederaufzubauen, die Punkte B 23 und B 47 (Meer der Vitalität) durch einminütiges Reiben des Kreuzbereichs stimulieren. Anschließend N 27 (Elegante Villa) unmittelbar unterhalb des Schlüsselbeins eine weitere Minute halten. Zuletzt die Punkte N 3 (Größerer Bach) an der Innenseite der Knöchel eine Minute lang halten und dabei tief atmen.

• *Übermäßiges Sitzen* kann die Magen- und Milzmeridiane schädigen, wodurch Anämie oder Verdauungsstörungen verursacht werden können. Die Punkte Ma 36 (Dreimeilenpunkt) außen an den Waden stimulieren, um diese Meridiane zu kräftigen.

• *Übermäßiges Liegen* kann die großen Eingeweide- und Lungenmeridiane schädigen, was sich auf die Atmung und die Ausscheidung auswirken kann.

Für diese Meridiane sind die Punkte Di 4 (Verbindung mit dem Tal [Hoku]) in der Vertiefung zwischen Daumen und Zeigefinger und Di 11 (Teich an der Biegung) am oberen Rand der Ellbogenfalte, wie auf Seite 169 gezeigt, zu benutzen.

• *Übermäßige Belastung der Augen* (wie zum Beispiel bei Schreibtischarbeiten) oder *emotioneller Streß* können die Dünndarm- und Herzmeridiane schädigen, wodurch emotionelles Ungleichgewicht entstehen kann. EG 17 (Meer der Ruhe) in der Mitte des Brustbeins ist ein ausgezeichneter Punkt zur Harmonisierung dieser Meridiane.

• *Übermäßige körperliche Anstrengung* kann die Gallenblase- und Lebermeridiane schädigen, wodurch Krämpfe und Spasmen entstehen können. Diese Meridiane behandelt man mit Le 3 (Höchste Flut) oben an den Füßen.

Durch regelmäßige Behandlung dieser Akupressurpunkte, Ausgleich der eigenen Aktivitäten und Tiefatmung kann man den Belastungen entgegenwirken, Ermüdung vermeiden und das Immunsystem kräftigen. Tiefatmung allein kann schon den eigenen Energiespiegel kräftig anheben und das Immunsystem stärken (siehe Seite 173).

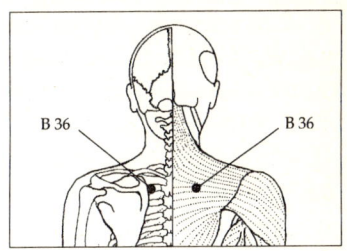

Auch die Ernährung spielt eine wichtige Rolle für die Widerstandskraft gegenüber Erkrankungen. Wenn man verarbeitete, konservierte oder denaturierte Nahrungsmittel zu sich nimmt, schwächt man sein Immunsystem und seine Widerstandskraft, weil diesen Nahrungsmitteln wichtige Nährstoffe und Fasern entzogen wurden. Bestimmte Speisen wie Miso-Suppe, Petersilie, Bohnen, Tofu, Meeresgemüse, frisches Gemüse und leicht geröstete Sesamsamen können das Immunsystem kräftigen und die Abwehrkraft des Körpers stärken.

Akupressurpunkte für die Stärkung des Immunsystems

Es gibt einen speziellen Akupressurpunkt, Tragende Stütze (B 36), der die Widerstandsfähigkeit beeinflußt, insbesondere

gegenüber Erkältungen und Grippe. Er befindet sich in der Nähe der Wirbelsäule vor den Spitzen der Schulterblätter. In *Des Gelben Kaisers klassischem Buch der Inneren Medizin* (siehe Seite 18, Fußnote 1) heißt es, daß an dieser Stelle »Wind und Kälte in die Poren der Haut eindringen«.[1]

Dieser und andere Punkte in diesem Bereich wirken kräftigend auf das Immunsystem. Umgekehrt werden gerade diese Punkte um die Spitzen der Schulterblätter als erste blockiert, wenn sich eine Krankheit, insbesondere eine Erkältung oder Grippe festsetzen will.

Die nachfolgenden Akupressurpunkte eignen sich für die Behandlung von Beschwerden, die durch ein geschwächtes Immun-

---

1 Felix Mann, *Treatment of Disease by Acupuncture* (London: Heinemann Medical Books, 1967), 32, 37.

system verursacht sein können. Elegante Villa (N 27) verbessert die Funktion des Immunsystems durch Kräftigung des Atemsystems. Stetiger, fester Druck auf die Punkte B 23 und B 47 (Meer der Vitalität) macht das Immunsystem kräftiger, revitalisiert die inneren Organe und beseitigt Schmerzen im Zusammenhang mit Kreuzbeschwerden. Meer der Energie (EG 6) tonisiert die Unterleibsmuskeln und Eingeweide und wirkt kräftigend auf das Immunsystem und den Urogenitaltrakt. Kräftiger Druck auf den Dreimeilenpunkt (Ma 36) versorgt das Immunsystem mit einem Schub neuer Energie. Er wirkt tonisierend und stärkend auf die großen Muskelgruppen und sorgt für eine größere Ausdauer. Größerer Bach (N 3) auf der Innenseite der Knöchel trägt zu einer Harmonisierung des Nierenmeridians und zu einer Stärkung des Immunsystems bei. Höchste Flut (Le 3) und Teich an der Biegung (Di 11) sind wichtigste Punkte für die Schmerzlinderung und Kräftigung des Immunsystems. Der Punkt DW 5 (Äußere Pforte) wirkt harmonisierend auf das Immunsystem und kräftigend für den ganzen Körper. Verbindung mit dem Tal (Hoku), Punkt Di 4, ist ein berühmter stauungslösender und entzündungshemmender Punkt; er lindert arthritische Schmerzen und stärkt das Immunsystem.

Einer der wichtigsten Punkte überhaupt ist das Meer der Ruhe (EG 17): Er steuert die Widerstandskraft des Körpers gegenüber Krankheiten und verringert Ängstlichkeit durch eine Regulierung der Thymusdrüse. Jeder dieser wichtigen Punkte hat eine positive Wirkung auf das Immunsystem, indem er für eine optimale Funktion der inneren Organe sorgt.

Energiepunkte für die Kräftigung des Immunsystems

Elegante Villa (N 27)
Lage: In der Vertiefung zwischen der ersten Rippe und dem unteren Rand des Schlüsselbeins neben dem oberen Brustbein.

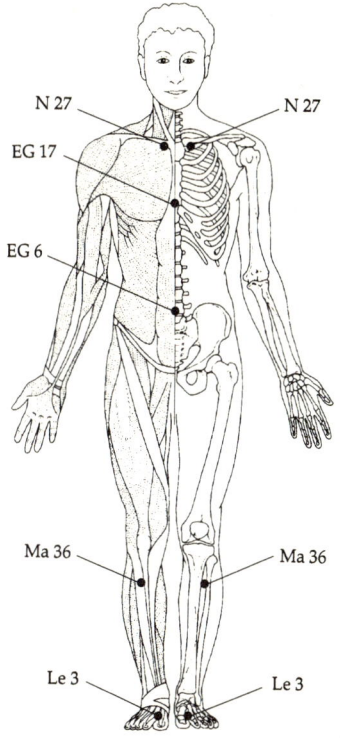

Meer der Vitalität (B 23 und B 47)
Achtung: Nicht auf schwache Bandscheiben oder gebrochene Knochen drücken. Wenn man einen schwachen Rücken hat, können einige Minuten gleichbleibender, leichter Berührung anstelle von Druck sehr heilend sein. Wenn man Fragen hat oder Rat braucht, sollte man zuerst zum Arzt gehen.
Lage: Im Kreuzbereich zwei bzw. vier Fingerbreit zu beiden Seiten der Wirbelsäule in Höhe der Taille.

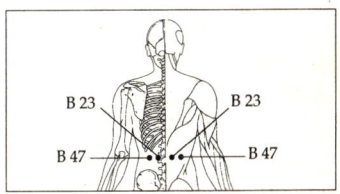

Anwendungsgebiete: Stärkt das Immunsystem; hilft bei Beklemmung in der Brust, Atembeschwerden, Asthma, Husten, Ängstlichkeit und Depression.

Anwendungsgebiete: Kräftigt das Immunsystem und hilft bei Kreuzschmerzen und Ermüdung.

Meer der Energie (EG 6)
Lage: Zwei Fingerbreit unterhalb des Nabels zwischen Nabel und Schambein.
Anwendungsgebiete: Verbessert den Zustand des Immunsystems und der inneren Organe, hilft bei Muskelschmerzen im Unterleib, Verstopfung, Blähungen und allgemeiner Schwäche.

Dreimeilenpunkt (Ma 36)
Lage: Vier Fingerbreit unterhalb der Kniescheibe einen Fingerbreit außerhalb des Schienbeins. Wenn man an der richtigen Stelle ist, tritt ein Muskel hervor, wenn man mit dem Fuß wippt.
Anwendungsgebiete: Kräftigt den ganzen Körper, insbesondere das Immunsystem; tonisiert die Muskeln, unterstützt die Verdauung und wirkt gegen Ermüdung.

Größerer Bach (N 3)
Achtung: Dieser Punkt darf nach dem dritten Schwangerschaftsmonat nicht mehr kräftig stimuliert werden.
Lage: In der Mitte zwischen dem inneren Knöchel und der Achillesferse hinter dem Knöchel.

Anwendungsgebiete: Stärkt das Immunsystem; hilft bei Ermüdung, geschwollenen Füßen und Knöchelschmerzen.

Höchste Flut (Le 3)
Lage: Am Rist in der Senke zwischen der großen und der zweiten Zehe.
Anwendungsgebiete: Bringt das Immunsystem in Schwung; hilft bei Ohnmacht, ermüdeten Augen, Kopfschmerzen und Kater.

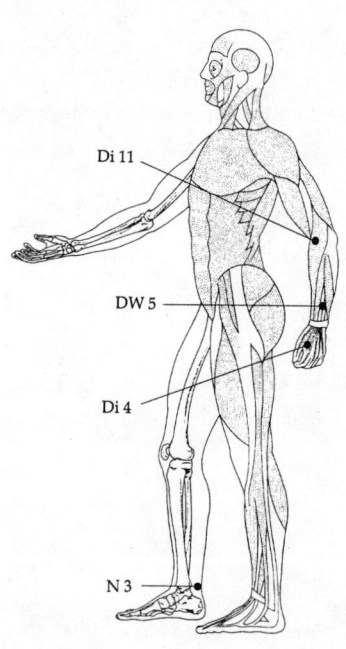

Teich an der Biegung
(Di 11)
Lage: Am oberen äußeren Ende der Ellbogenfalte.
Anwendungsgebiete:
Geschwächtes Immunsystem, Fieber, Verstopfung und Ellbogenschmerzen.

Äußere Pforte (DW 5)
Lage: Zweieinhalb Fingerbreit über der Mitte der Gelenkfalte außen am Unterarm in der Mitte zwischen Elle und Speiche.
Anwendungsgebiete: Rheumatismus, Sehnenentzündung und Handgelenkschmerzen; steigert die Widerstandsfähigkeit gegenüber Erkältungen.

Verbindung mit dem Tal
(Hoku) (Di 4)
Achtung: Diesen Punkt nicht bei Schwangeren anwenden, da die Stimulierung eine vorzeitige Wehentätigkeit auslösen kann.
Lage: In der Hautfalte zwischen Daumen und Zeigefinger auf der Rückseite der Hand an der höchsten Stelle des Muskels, wenn Daumen und Zeigefinger zusammengepreßt werden.
Anwendungsgebiete: Bei Arthritis, Verstopfung, Kopfschmerzen, Zahnschmerzen, Schulterschmerzen und Wehenschmerzen.

Meer der Ruhe (EG 17)
Lage: In der Mitte des Brustbeins drei Daumenbreit oberhalb der Basis des Knochens.
Anwendungsgebiete: Bei Ängstlichkeit, Kummer und Depressionen; bringt das Immunsystem in Schwung und reguliert die Thymusdrüse.

Es müssen nicht alle Punkte bearbeitet werden. Es genügt oft schon, wenn man nur einen oder zwei der Punkte drückt.

Übungen

Sich für dieses Programm bequem hinsetzen und gegebenenfalls Kleidung lockern.

Schritt 1

N 27 kräftig halten: Mittelfinger in die Vertiefungen unmittelbar unterhalb der Vorsprünge des Schlüsselbeins etwas außerhalb des oberen Brustbeins legen. Tief atmen und diesen Punkt eine Minute halten.

Schritt 2

B 23 und B 47 kräftig reiben: Handrücken in den Kreuzbereich legen.
Eine Minute lang kräftig auf- und abwärts reiben, um Wärme zu erzeugen. Diese Selbstmassage stimuliert beide Kreuzbereiche.

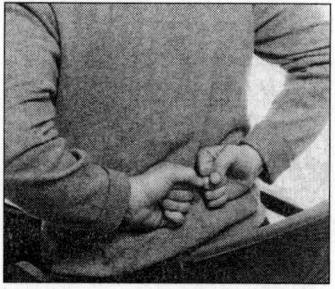

Sich wieder bequem nach hinten setzen und fortfahren.

Schritt 3

EG 6 kräftig drücken: Fingerkuppen in die Mitte des Unterleibsbereichs zwischen Nabel und Schambein legen. Weich 2 bis 4 cm tief in den Unterleib drücken. Die Augen schließen und tief atmen.

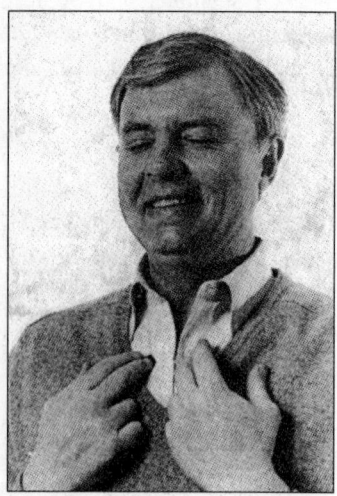

Für die nächste Übung vorne auf der Stuhlkante sitzen.

Schritt 4
Ma 36 kräftig reiben: Die rechte Ferse auf den Dreimeilenpunkt (Ma 36) des linken Beins

legen und außen am Schienbein etwas unterhalb des Knies kräftig auf- und abwärts reiben. Nach einer Minute auf der anderen Seite ebenso verfahren.

Schritt 5
N 3 und anschließend Le 3 reiben: Die rechte Ferse zwischen dem inneren Knöchel und der Achillesferse aufsetzen. N 3 dreißig Sekunden reiben, dann die rechte Ferse in die Vertiefung zwischen den Knochen legen, die mit der großen und der

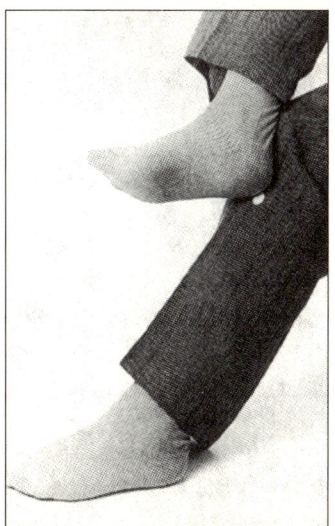

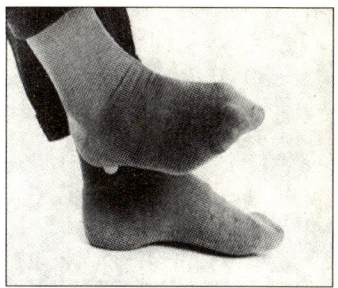

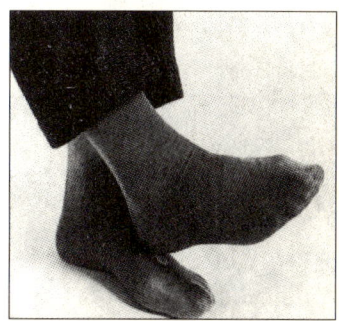

zweiten Zehe verbunden sind, und Le 3 dreißig Sekunden reiben. Dann auf der anderen Seite dieselben Punkte am anderen Fuß ebenfalls dreißig Sekunden reiben.

Schritt 6
Di 11 kräftig reiben: Die Arme vor der Brust mit nach unten weisenden Handflächen anwinkeln. Die Handflächenseite der rechten Faust oben auf die Ellbogenfalte der linken Hand legen. Dreißig Sekunden lang mit der Handfläche über das Ellbo-

gengelenk reiben, um Wärme zu erzeugen. Am anderen Arm ebenso verfahren.

Schritt 7
DW 5 und anschließend Di 4 reiben: Die rechte Hand zur Faust schließen und zwei Fingerbreit von der Handgelenkfalte entfernt außen auf den Oberarm legen. DW 5 dreißig Sekunden lang reiben. Anschließend die rechte Faust auf die Hautfalte zwischen Daumen und Zeigefinger der linken Hand legen. Mit den Knöcheln den Hoku-

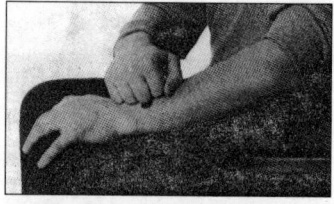

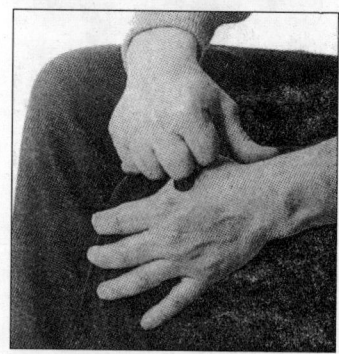

Punkt dreißig Sekunden lang kräftig reiben. Anschließend dieselben Punkte auf der anderen Seite stimulieren.

Schritt 8
Schritt 1 und 2 wiederholen: Dies wird das Immunsystem weiter kräftigen.

Schritt 9
EG 17 drücken: Die Handflächen aneinanderlegen; Rückseite der Daumen fest an das Brustbein legen und EG 17 in Höhe des Herzens drücken (Lage siehe Seite 117 und 121). Die Augen geschlossen halten und konzentriert langsam, gleichmäßig und tief in das Herz atmen, um alle Ängstlichkeit zu zerstreuen. Dann die nachfolgende Übung durchführen.

Atemübung für das Immunsystem

Zwei weitere Minuten konzentriert tief atmen. Das Atemsystem sanft kontrollieren und jeden Atemzug länger und tiefer machen als den vorangegange-

nen. Alle Spannungen herausatmen, die eine freie und natürliche Bewegung der Lungen behindern. Fühlen Sie, wie sich Ihr Geist mit jedem Atemzug klärt. Achten Sie auf die Widerstände, die Ihr Geist erzeugt: die Besorgnisse und vorgefaßten Meinungen, die auftauchen. Diese Barrieren mit mehreren tiefen Atemzügen auflösen. Tief und weich atmen; daran denken, daß man in das Leben selbst atmet. Wenn man ganz eingeatmet hat, einen Augenblick den Atem anhalten und seine Fülle spüren. Dann weich ausatmen, die Hände in den Schoß gleiten lassen und sich entspannen. Spüren, wie der lebendige Atem im ganzen Körper kreist.

Weitere Punkte für die Kräftigung des Immunsystems

Darstellungen weiterer Punkte für die Kräftigung des Immunsystems siehe in Kapitel 13, »Erkältungen und Grippe«, und Kapitel 10, »Chronisches Ermüdungssyndrom«.

18 Kater

Mit Akupressur kann man viele der unerfreulichen Wirkungen eines Katers lindern: pochenden Kopfschmerz, Augenschmerzen, auch Überempfindlichkeit, Übelkeit und Müdigkeit. Akupressur verbessert die Durchblutung und beseitigt Muskelverspannungen. Wenn das Blut und die Energie richtig zirkulieren, funktionieren alle Körpersysteme besser, und wir fühlen uns gesünder und wohler. Die verbesserte Durchblutung gibt dem Körper auch die Möglichkeit, sich zu entgiften und die Wirkungen des Katers zu lindern.

In diesem Kapitel sind die wichtigsten Punkte für Katerbeschwerden dargestellt, doch können dieselben Punkte auch benutzt werden, wenn man die Körpersysteme harmonisieren und das Verhalten regulieren möchte, um einen Hang zum Alkohol zu überwinden.

Wer zu Alkoholexzessen neigt oder trunksuchtgefährdet ist, kann durch zweimal tägliche Anwendung von Selbstakupressur über drei Wochen dieser Neigung entgegenwirken.

Selbstverständlich empfiehlt es sich immer, die professionelle Beratung und Unterstützung einer Selbsthilfegruppe wie der Anonymen Alkoholiker in Anspruch zu nehmen, um die Haltungen und Einstellungen zu ändern.

Einer meiner Freunde, den ich beim Football kennenlernte, profitierte sehr viel von dem nachfolgenden Energiepunkteprogramm. Wenn diese Akupressurpunkte ein- bis zweimal täglich gedrückt werden, helfen sie, Muskelkontraktionen und Druckgefühl im Zusammenhang mit einem Kater zu beseitigen und die Harmonie des Körpers wiederherzustellen.

Energiepunkte bei Kater

Verbindung mit dem Tal (Hoku) (Di 4)

Achtung: Diesen Punkt nicht bei Schwangeren anwenden, sofern nicht bereits die Wehen eingesetzt haben, da die Stimulierung eine vorzeitige Wehentätigkeit auslösen kann.

Lage: In der Hautfalte zwischen Daumen und Zeigefinger auf der Rückseite der Hand an der höchsten Stelle des Muskels, wenn Daumen und Zeigefinger zusammengepreßt werden.

Anwendungsgebiete: Schmerzen (im allgemeinen), insbesondere Stirnkopfschmerz bei Kater, Schulterschmerzen und Wehenschmerz.

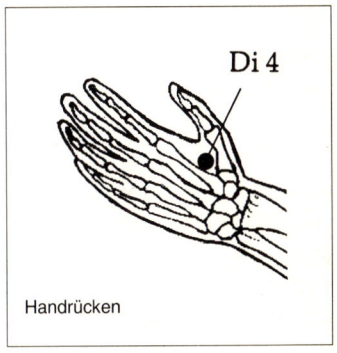

Di 4

Handrücken

Himmlische Säule (B 10)

Lage: 1 cm unterhalb der Schädelbasis auf den Muskelsträngen 1 cm zu beiden Seiten der Wirbelsäule.

Anwendungsgebiete: Bei Streß, Erschöpfung und Mattigkeit, Schlaflosigkeit, Druckgefühl im Kopf, Überanstrengung der Augen, steifem Nacken und Halsschmerzen.

Tore des Bewußtseins (GB 20)

Lage: Unterhalb der Schädelbasis in den je nach Größe des Kopfes 5 bis 8 cm voneinander entfernten Vertiefungen zwischen den beiden großen senkrechten Nackenmuskeln.

Anwendungsgebiete: Bei Augenschmerzen, pochendem Kopfschmerz, Schwindelgefühl, steifem Nacken, Koordinationsproblemen und Reizbarkeit.

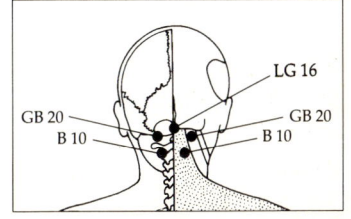

LG 16

GB 20   GB 20
B 10   B 10

Unterleibskummer (Mi 16)

Lage: Am unteren Rand des Brustkorbs 1 cm innerhalb der Linie durch die Brustwarze.

Anwendungsgebiete: Bei Kater, Übelkeit, Magengeschwürschmerz, Verdauungsstörungen, Appetitlosigkeit, Unterleibskrämpfen und Schluckauf.

Höchste Flut (Le 3)

Lage: Am Rist in der Senke zwischen der großen und der zweiten Zehe.

Anwendungsgebiete: Bei Kopfschmerzen, überanstrengten Augen, Kater, Allergien und Arthritis.

Punkt des Dritten Auges (LG 24.5)

Lage: Genau zwischen den Augenbrauen in der Vertiefung zwischen der Nasenwurzel und der Mitte der Stirn.

Anwendungsgebiete: Bei Kopfschmerzen, Verdauungsstörungen und Niedergeschlagenheit; hilft denjenigen, die das Gefühl haben, daß ihr spirituelles Wachstum blockiert ist.

Windvilla (LG 16)

Lage: In der Mitte der Rückseite des Kopfes in der großen Vertiefung unter der Schädelbasis.

Anwendungsgebiete: Bei Kater, Kopfschmerzen, Schwindel, steifem Nacken, Blutandrang zum Kopf und seelischen Belastungen.

Schönheit des Antlitzes (Ma 3)

Lage: Am unteren Rand des

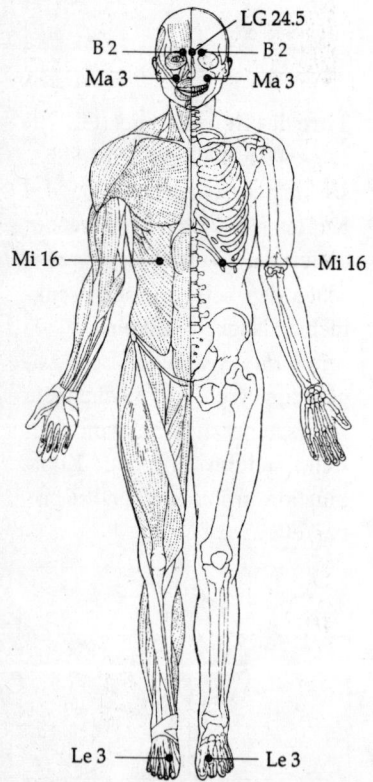

Backenknochens genau unterhalb der Pupille.
Anwendungsgebiete: Bei Blutandrang zum Kopf, brennenden
Augen und blutunterlaufenen
oder geschwollenen Augen.

Bambusbohren (B 2)
Lage: In den Vertiefungen der
Augenhöhlen zu beiden Seiten
der Stelle, an der der Nasenrükken in die Nasenwurzel übergeht.

Anwendungsgebiete: Bei Kater,
geröteten und schmerzenden
Augen, Kopfschmerzen, Schlei-
ern vor den Augen, Nebenhöhlenschmerzen, Heuschnupfen
und Blutandrang zum Kopf.

---

*Es müssen nicht alle diese
Punkte bearbeitet werden. Es
genügt oft schon, wenn man
nur einen oder zwei Punkte
drückt.*

Übungen

Sich bequem hinsetzen.

Schritt 1
Di 4 fassen: Daumen und Zeigefinger auseinanderspreizen und in den Muskel der Daumen-Zeigefinger-Falte drücken. Den Druck mehr in Richtung des Knochens richten, der am Zeigefinger anschließt. Beide Seiten eine Minute stimulieren.

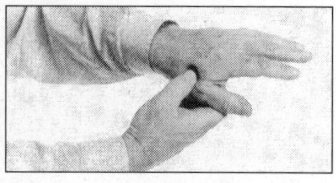

Schritt 2
B 10 kräftig drücken: Die Finger krümmen und die kräftigen, strangartigen Muskeln im Nakkenbereich drücken. Eine Minute halten, dabei tief atmen.

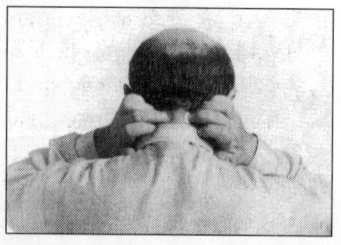

Schritt 3
GB 20 drücken: Die Daumen an der Schädelbasis in den 5 cm voneinander entfernten Höhlungen einsetzen. Die Augen schließen und den Kopf gegen den kräftigen Druck unter den Schädel etwa eine Minute oder bis man ein regelmäßiges Pulsieren auf beiden Seiten verspürt nach hinten drücken. Dann den Punkt nur noch leicht halten, damit er sich öffnet und pulsieren kann.

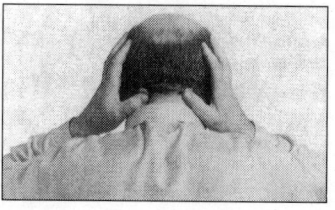

Schritt 4
Beide Punkte B 2 zusammen mit Ma 3 halten: Daumen und Zeigefinger einer Hand auf den oberen Rand der Augenhöhle (B 2) in der Nähe der Nasenwurzel legen. Nach oben in die Vertiefungen der Augenhöhle drücken. Dann mit Zeige- und

Mittelfinger der anderen Hand Ma 3 unterhalb der Backenknochen direkt unter den Augen drücken. Diese Kombination eine Minute lang mit geschlossenen Augen halten, dabei tief atmen.

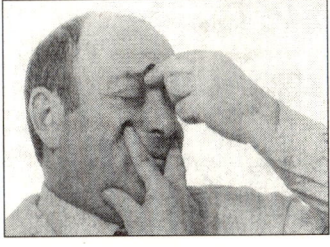

Schritt 5

Mi 16 halten: Die Finger krümmen und auf die Basis des Brustkorbs auf der Linie durch die Brustwarze drücken. Eine Minute sanft nach oben in die leichten Vertiefungen an der Unterseite des Brustkorbs drücken, dabei tief durch die Nase atmen.

Schritt 6

LG 16 und LG 24.5 halten: Den rechten Daumen in der Mitte des Schädels einsetzen und in eine große Vertiefung drücken (LG 16). Den Mittelfinger der linken Hand in LG 24.5 in der Vertiefung zwischen den Augenbrauen einsetzen. Diese Punkte eine Minute lang mit geschlossenen Augen halten und sich auf den Punkt des Dritten Auges konzentrieren. Tief atmen, um den Geist zu klären.

Schritt 7

Übung zur Lockerung des Rückens: Im Stehen die Finger hinter dem Rücken verschränken. Den Oberkörper langsam nach vorne und unten beugen und die Arme nach oben strecken. In dieser Stellung mehrmals tief atmen, dann die Arme entspannen und mehrmals vor- und zurückschwingen lassen. Die

Knie beugen und langsam wieder eine entspannte aufrechte Haltung einnehmen. Diese Dehnübung fördert den Blutstrom zum Kopf und verbessert die Durchblutung.

Die Schuhe ausziehen und sich bequem hinsetzen, um den letzten Punkt zu bearbeiten.

Schritt 8
Le 3 stimulieren: Nach unten beugen und die Zeigefinger zwischen die große und die zweite Zehe legen. Die Finger 5 cm nach oben in eine Vertiefung zwischen den Knochen oben am Fuß schieben. Kräftig in einem Winkel zu dem Knochen drücken, der mit der zweiten Zehe verbunden ist, oder einfach dreißig Sekunden kräftig reiben. Dies ist ein vorzüglicher Punkt für Klarheit im Kopf.

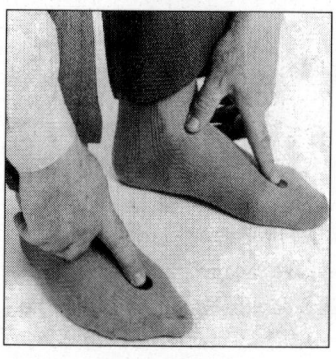

Zusätzliche Punkte gegen Kater

Darstellungen weiterer Punkte gegen Kater siehe in Kapitel 9, »Augenüberanstrengung«, Kapitel 22, »Kopfschmerzen und Migräne«, Kapitel 32, »Reizbarkeit, Frustration und Bewältigung von Veränderungen«, und Kapitel 37 »Verspannungen«.

19 Kieferprobleme

Viele Menschen pressen im Schlaf die Kiefer zusammen oder knirschen mit den Zähnen (Bruxismus). Dies führt zu »Zahnstreß«, der die Zähne beschädigt, und verursacht Kiefergelenkprobleme. Das Kiefergelenk verbindet den Kieferknochen mit dem Schädel und liegt unterhalb und neben dem Ohr. Man findet den Punkt, indem man die Finger kräftig in die Seite der Wange in der Nähe des Ohrs drückt und den Kiefer auf und ab bewegt. Polyarthritisleidende haben oft Probleme in diesem Bereich – Entzündungen, Krämpfe, Schwellungen und Schmerzen. Akupressur und Übungen der Gesichtsmuskulatur sind eine ausgezeichnete Möglichkeit, Kiefergelenkschmerzen und -beschwerden zu beseitigen.

Manche Menschen haben Schwierigkeiten, ihren Mund weit zu öffnen. Eine einfache Bewegung wie zum Beispiel der Versuch, in ein dickes belegtes Brot zu beißen, kann einen spontanen Krampf der Kiefermuskulatur auslösen. Um diesen Krampf zu beseitigen, hält man den Punkt Ma 6 »Kieferwagen« und übt weich einsetzenden, festen Druck zwei bis drei Minuten unmittelbar auf den Kieferkrampf aus.

Mahlen mit den Zähnen

Morgen für Morgen wachte ich mit fest aufeinandergepreßten Zähnen auf. Mein Zahnarzt sagte mir, daß ich ein Kiefersyndrom hätte. Er meinte, ich hätte im Schlaf mit den Zähnen geknirscht. Er erklärte mir, daß das Zähneknirschen den Kieferknochen belastet und verschleißt. Dadurch können sich die Zähne lockern und müssen schließlich gezogen werden.

»Wenn Sie weiterhin mit den Zähnen knirschen, müssen Sie bald eine Prothese tragen«, sagte er. Ich nahm diese Diagnose ernst und beschloß, ein Akupressurprogramm für mein Kieferproblem zu entwickeln.

Ich benutzte nur einen zweiseitigen Akupressurpunkt (Ma 6) und drückte ihn dreimal täglich zwei Minuten mit kräftigem, anhaltendem Druck. Nach einem Monat war der wiederkehrende Schmerz in meinem Kiefer verschwunden.

Nun wende ich schon seit einem Jahr Akupressur für mein Kieferproblem an, und ich wache nur noch selten mit zusammengepreßten Kiefern auf. Hin und wieder stelle ich fest, daß meine Kiefer verspannt sind. Wenn ich den Punkt Ma 6 nur wenige Minuten mit festem, anhaltendem Druck akupressiere, hört die Spannung auf. Ich neige immer noch dazu, meine Kiefer zu verspannen, und oft drücke ich ganz automatisch diesen Kieferpunkt gegen das Zähneknirschen, vor allem im Bett vor dem Einschlafen.

Energiepunkte bei Kieferproblemen

Kieferwagen (Ma 6)
Lage: Zwischen Ober- und Unterkiefer am Kaumuskel, der beim Aufeinanderbeißen der Zähne hervortritt.

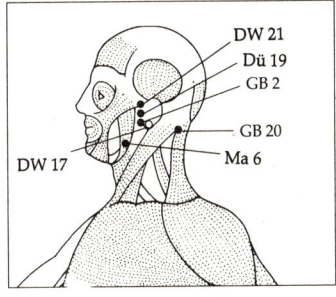

Anwendungsgebiete: Bei Kieferschmerzen und -krämpfen, Kieferproblemen, Kaumuskelkrämpfen, Zahnneuralgie, und Zahnschmerzen.

Windschutz (DW 17)
Lage: In der Vertiefung unterhalb des Ohrläppchens.
Anwendungsgebiete: Bei Ohrenschmerzen und Gesichtslähmung, Gesichtskrämpfen, Kieferschmerzen, feuchten und jukkenden Ohren, geschwollenem Hals, Mumps und Zahnschmerzen.

Ort des Zuhörens (Dü 19)
Ohrenpforte (DW 21)
Vereinigung des Hörens (GB 2)
Lage: Dü 19 befindet sich unmittelbar vor dem Gehörgang in einer Vertiefung, die tiefer wird, wenn man den Mund öffnet. DW 21 befindet sich 1 cm über diesem Punkt, GB 2 liegt 1 cm darunter.
Anwendungsgebiete: Bei Kieferschmerzen und den folgenden Kopfbeschwerden: Ohrenschmerzen, Druck im Ohr, Kieferprobleme, Zahnschmerzen und Kopfschmerzen.

Tore des Bewußtseins (GB 20)
Lage: Unterhalb der Schädel-

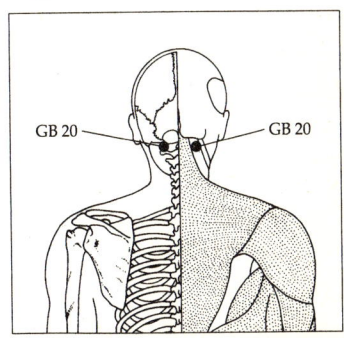

basis in den je nach Größe des Kopfes 5 bis 8 cm voneinander entfernten Vertiefungen zwischen den beiden großen senkrechten Nackenmuskeln.

Anwendungsgebiete: Bei Kieferschmerzen und anderen damit zusammenhängenden Beschwerden wie Kopfschmerzen, steifem Nacken und Nackenschmerzen.

Es müssen nicht alle diese Punkte bearbeitet werden. Es genügt oft schon, wenn man nur einen oder zwei Punkte drückt.

Übungen

Wenn man das nachfolgende Selbstakupressurprogramm ein- bis zweimal täglich durchführt, kann man seine Kiefermuskeln entspannen, die volle Beweglichkeit dieses Gelenks erhalten, chronische Spannungen beseitigen und weiteren Kieferproblemen vorbeugen.

Schritt 1
Ma 6 auf zweierlei Art drücken: Zuerst den Handballen vor dem Ohrläppchen zwischen Ober- und Unterkiefer legen und weich einsetzend kräftigen Druck anwenden. Wenn man die

bewegen und noch einige Male tief atmen. Jetzt die Kieferkuppen auf dieselben Kiefermuskeln legen und Ma 6 eine weitere Minute kräftig drücken, dabei tief atmen. Allmählich den Druck auf den Kiefermuskel mit den Kuppen der Mittelfinger (mit aneinandergelegtem Zeige- und Ringfinger) steigern, bis ein leichter, aber erträglicher Schmerz entsteht. Langsam und tief mit geschlossenen Augen in diesen Schmerz hineinatmen, um eine eventuell noch verbleibende Spannung in den Kiefer-

Kiefer fest schließt, fühlt man, wie ein Muskel hervortritt. Mit leicht geöffneten Zähnen direkt auf den Kiefermuskel drücken und eine Minute lang atmen. Den Kiefer nach links und rechts

muskeln zu lösen. Abschließend dreißig Sekunden lang leicht drücken und tief atmen. An den Fingerkuppen sollte ein Pulsieren spürbar sein. Dieses Pulsieren zeigt an, daß heilende Energie durch den Kiefer kreist.

Schritt 2
DW 17 leicht drücken: Die Mittelfinger unter die Ohrläppchen legen und weich leichten Druck an DW 17 in den Vertiefungen hinter dem Kieferknochen anwenden. Diese Akupressurpunkte sind oft sehr empfindlich. Eine Minute lang drücken und langsam und tief atmen.

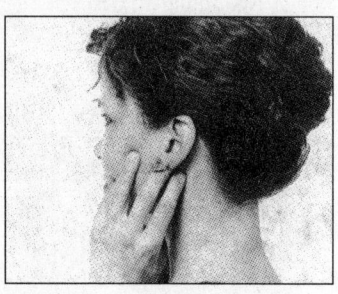

Schritt 3
Dü 19 und DW 21 und GB 2 drücken: Die Kuppen der Mittelfinger auf Dü 19 vor den Ohröffnungen in die Vertiefungen legen, die sich öffnen, wenn man

den Mund öffnet. Dann die Kuppen von Zeige- und Ringfinger zu beiden Seiten der Mittelfinger einsetzen und in die Vertiefungen zwischen den Knochen drücken. Konzentriert eine Minute lang festen Druck auf den unteren der drei Punkte (GB 2) ausüben, weil dies ein wichtiger Kieferakupressurpunkt ist.

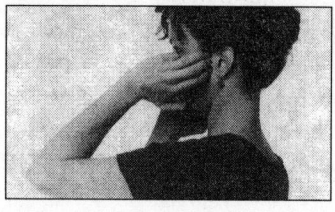

Schritt 4
Schritt 1 wiederholen: Ma 6 nochmals zwei Minuten kräftig drücken, tief atmen.

Schritt 5
GB 20 drücken und sich entspannen: Die Daumen unterhalb der Schädelbasis in die Vertiefungen legen, die je nach Größe des Kopfes 5 bis 8 cm voneinander entfernt liegen. Den Kopf langsam zurückneigen und nach oben und unter den Schädel drücken; dabei weiterhin langsam und tief atmen. Die-

se Punkte zwei Minuten lang oder so lange halten, bis man auf beiden Seiten ein gleichmäßiges Pulsieren verspürt. Dann den Druck ganz langsam zurücknehmen.

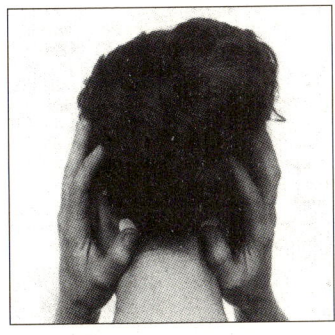

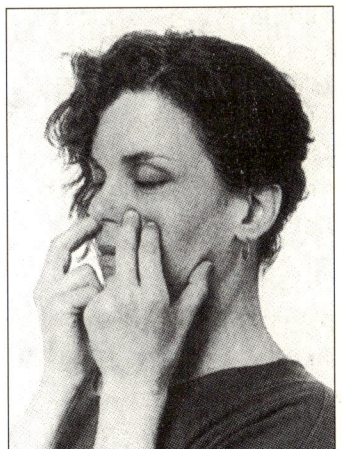

Selbstakupressur-Gesichtsmassage

Die nachfolgende Selbstakupressur-Gesichtsmassage kann im Anschluß an diese Kiefergelenksequenz oder für sich alleine durchgeführt werden, um Kieferprobleme zu beseitigen und das allgemeine Wohlbefinden zu verbessern.

1. Mit den Kuppen der Mittelfinger langsam mehrmals von der Nasenwurzel nach unten zu den Nasenlöchern massieren.

2. Die Fingerkuppen kräftig auf die Kiefermuskeln legen (die Muskeln, die sich zusammenziehen, wenn man die hinteren Zähne fest schließt) und diese mit einer langsamen Kreisbewegung massieren. Mit den Fingerkuppen etwas weiter zurück zu einer anderen angespannten Stelle des Kiefers gehen und wiederum mit einer langsamen Kreisbewegung massieren und dabei tief atmen. Einen Bereich von der Größe eines Zehnpfennigstücks bearbeiten.

3. Mit den Handballen langsam die Haut an der Seite des Gesichts von den Schläfen zum Kiefer massieren. Dies mehrmals wiederholen und langsam und tief atmen.

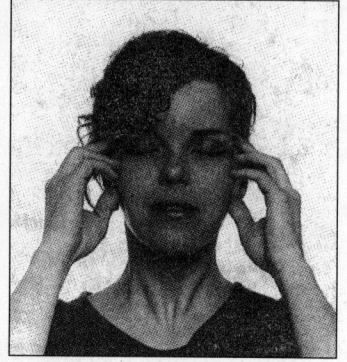

Diese Übung ist gut bei Nebenhöhlenbeschwerden, Kopfschmerzen, für das Gehirn, das Nervensystem und bei Kieferproblemen.

Weitere Punkte für Kieferschmerzen

4. Nochmals die Seite des Gesichts massieren, diesmal in einer Kreisbewegung mit den Fingerkuppen und dabei kräftig auf die Kiefermuskeln drücken. Auch die Schläfen profitieren von einer solchen Massage.

Darstellungen weiterer Punkte für Kieferschmerzen siehe in Kapitel 30, »Ohrenschmerzen«, Kapitel 22, »Kopfschmerzen und Migräne«, und Kapitel 42, »Zahnschmerzen«.

20 Knieschmerzen

Die Kniegelenke müssen beim Stehen oder Gehen einen großen Teil des Körpergewichts tragen. Läufer, Skifahrer, Schlittschuhläufer und Übergewichtige klagen oft über Knieschmerzen. Bei akuter Überlastung wie bei chronischen Muskelbeschwerden hilft Akupressur, die Schmerzen zu verringern, reduziert die Schwellung und verbessert die Durchblutung des Kniebereichs.

Um die Schmerzen in einem betroffenen Knie zu lindern und Verletzungen an gesunden Knien zu vermeiden, sollte man das schmerzende Knie einige Wochen lang dreimal täglich zehn Minuten massieren. Dabei die folgenden Verfahren und Punkte anwenden: Zunächst mit einem dicken, schweren Handtuch, das in heißes Wasser getaucht wurde, eine heiße Kompresse machen oder ein Heizkissen auflegen, bis die Wärme tief in das Kniegelenk eindringt. Wenn das Gelenk durchwärmt ist, die nachfolgenden Akupressurübungen für Knieschmerzen durchführen. Während dieser Zeit das Knie möglichst schonen (zum Beispiel keine Treppen steigen), damit das Knie die nötige Ruhe hat und heilen kann.

Energiepunkte bei Knieschmerzen

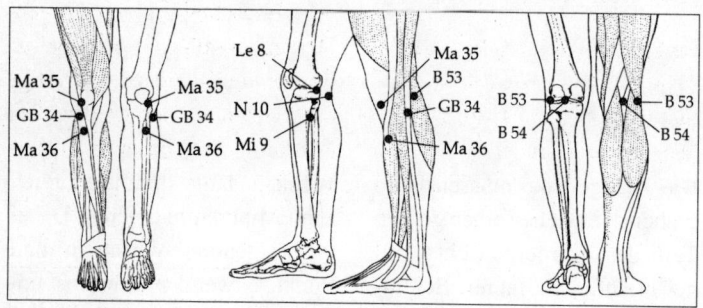

Befehlende Mitte (B 54)
Lage: In der Mitte der Kniekehle in der Kniegelenkfalte.
Anwendungsgebiete: Bei Knieschmerzen, Steifigkeit, Arthritis, Rückenschmerzen und Ischias.

Gewundene Quelle (Le 8)
Lage: In der Kniekehle an der Stelle, an der die Falte bei gebeugtem Knie endet.
Anwendungsgebiete: Bei Knieschmerzen, Geschwulsten und Schwellung im Knie.

Nährendes Tal (N 10)
Lage: An der Innenseite der Kniefalte in der Vertiefung zwischen zwei Sehnen.
Anwendungsgebiete: Bei Knieschmerzen, Störungen im Ge-

nitalbereich und Unterleibsschmerzen.

Schattige Seite des Berges (Mi 9)
Lage: An der Innenseite des Beins unterhalb der Vorwölbung unter der Innenseite des Knies unter dem Schienbeinkopf.
Anwendungsgebiete: Bei Knieproblemen und Schwellungen, Spannung in den Beinen, Krampfadern, Ödem, Wasserretention und Krämpfen.

Sonnige Seite des Berges (GB 34)
Lage: Außen am unteren Bein unterhalb und vor dem Schienbeinkopf.
Anwendungsgebiete: Bei über-

mäßigen Knieschmerzen, Muskelspannungen und Zerrungen.

Befehlshabende Stelle (B 53)
Lage: Außen am Knie an der Stelle, an der die Falte bei gebeugtem Knie endet.
Anwendungsgebiete: Bei Knieschmerzen und Steifigkeit.

Kalbsnase (Ma 35)
Lage: Unterhalb der Kniescheibe in der äußeren Vertiefung.
Anwendungsgebiete: Bei Knieschmerzen, steifem Knie, Fußrheumatismus und Ödem.

Dreimeilenpunkt (Ma 36)
Lage: Vier Fingerbreit unterhalb der Kniescheibe einen Fingerbreit außerhalb des Schienbeins.
Anwendungsgebiete: Kräftigt den ganzen Körper, tonisiert die Muskeln und beseitigt Knieschmerzen.

Es müssen nicht alle diese Punkte bearbeitet werden. Es genügt oft schon, wenn man nur einen oder zwei der Punkte drückt.

Übungen

Sich an einer Wand zur Ab-
stützung des Rückens bequem
auf einen Teppich oder eine
Matte setzen. Die Beine vor sich
ausstrecken. Beim Stimulieren
der nachfolgenden Akupressurpunkte tief atmen.

Schritt 1

**Mit einem Tennisball B 54
drücken:** Den Tennisball in die
Mitte der Falte hinter dem betroffenen Knie legen. Wenn man
den Tennisball auf ein dickes
Kissen legt, kann er nicht we-
grutschen, und das Knie ist besser unterstützt.

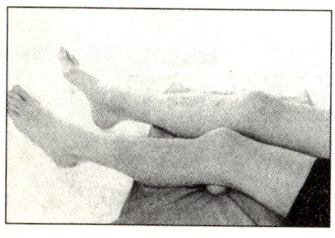

Bei allen weiteren Schritten den
Ball in dieser Lage lassen.

Schritt 2

**Le 8, Mi 9, N 10, B 53 und
GB 34 reiben:** Mit den Handflächen beide Seiten des Knies
über diesen Punkten umfassen.
Beide Seiten eine Minute kräftig
reiben, bis sich eine Erwärmung
einstellt.

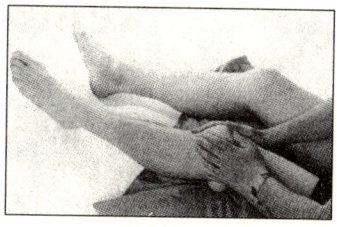

Schritt 3

**Rings um die Kniescheibe und
auf Ma 35 drücken:** Mit Daumen und Zeigefingern beider
Hände rings um und unter die
Kniescheibe drücken. Dadurch
werden Ma 35 und andere spezielle Kniepunkte stimuliert.
Das Gewicht nach vorn verlagern und zehn Minuten lang
Druck anwenden. Anschließend
den Druck verringern, mit den
Fingerkuppen einen halben Zentimeter weiter gehen und wiederum weich einsetzend unter
die Kniescheibe drücken. Dies
mehrmals wiederholen und zwei
Minuten lang den ganzen Um-

fang der Kniescheibe akupressieren.

> *Wenn das Kreisen der Kniescheibe Schmerzen bereitet, diesen Schritt überspringen und zur nächsten Übung gehen.*

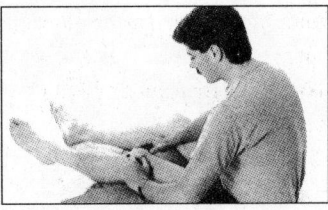

Schritt 4
Kniescheibe kreisen lassen: Kniescheibe in der Handfläche fassen, dann zehnmal langsam in der einen Richtung und zehnmal in Gegenrichtung kreisen lassen, dabei tief atmen.

Schritt 5
Ma 36 kräftig reiben: Die Ferse auf Ma 36, 7 cm unterhalb der

Kniescheibe außen am Bein, legen. Mit der Ferse dreißig Sekunden lang kräftig über den Punkt reiben und Wärme erzeugen.

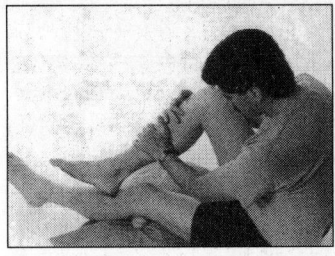

Schritt 6
Bein und Knie dehnen: Sich langsam nach vorne neigen, die Zehen anziehen und die Fersen von sich wegdrücken; dabei langsam bis fünf zählen, dann tief atmen und die Beine wieder entspannen. Diese Dehnungsübung noch zweimal wiederholen.

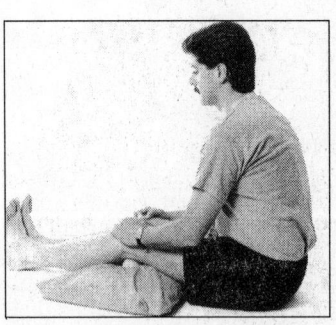

Schritt 7
Schritt 2 wiederholen.

Schritt 8
Das andere Bein bearbeiten:
Schritt 1 bis 7 am anderen Bein
wiederholen. Das Bein oder
Knie, das die meisten Beschwerden macht, doppelt so lange behandeln.

**Weitere Punkte für
Knieschmerzen**

Abbildungen weiterer Punkte
für Knieschmerzen siehe in Kapitel 21, »Knöchel und Füße«,
Kapitel 33, »Rückenschmerzen
und Ischias«, und Kapitel 36
»Schmerzen«.

21 Knöchel und Füße

Weil unsere Fußknöchel unser Gewicht tragen müssen, macht uns das Stehen und Gehen Beschwerden, wenn die Knöchel schmerzen und steif sind. Der ganze Körper gerät aus dem Gleichgewicht. Schwache Knöchel führen zu einer übermäßigen Belastung der Hüften und Knie, was schließlich zu einer degenerativen Arthritis führen kann.

Lokale Akupressurpunkte an den Knöcheln können bei Schmerzen, Schwellungen und Steifigkeit der Knöchel helfen. Diese Punkte sollten stets weich einsetzend gedrückt werden. Man kann mit ihrer Hilfe das Knöchelgelenk kräftigen, wodurch man entsprechenden Beschwerden vorbeugen kann. Wenn man sich den Knöchel verstaucht oder gezerrt hat, muß man ihn zwei bis drei Wochen schonen, damit er möglichst rasch heilt; zusätzlich kann man die Energiepunkte dieses Kapitels anwenden.

Ich selbst verstauchte mir vor einigen Jahren den Knöchel, und die Verletzung wollte nicht richtig ausheilen. Der Knöchel war steif und schmerzte sehr, vor allem am Morgen. Weil das Gelenk schwach und anfällig war, verstauchte ich es mir noch mehrmals in diesem Jahr. Nachdem so mehrere Monate vergangen waren, zwang ich mich, Punkt GB 40 am Knöchel zweimal täglich fünfzehn Minuten zu halten. Nach gerade einer Woche waren die Schmerzen und die Steifigkeit verschwunden. Weil ich diesen Punkt auch heute noch täglich drücke, ist das Gelenk kräftiger geworden, und ich habe mir den Knöchel seit Jahren nicht mehr verstaucht.

Menschen mit schwachen, geschwollenen, unelastischen Knöcheln meiden oft jeden Sport und andere anstrengende kör-

perliche Aktivitäten wie Radfahren oder auch Wandern. In-
aktive Menschen aber neigen zu
Übergewicht, wodurch das Gelenk noch mehr belastet wird.
Dadurch fällt es inaktiven Menschen noch schwerer, sich körperlich zu betätigen. Durch
Selbstakupressur kann man das
Gelenk kräftigen und die
Schwellung reduzieren, so daß
man im täglichen Leben wieder
einer Fülle körperlicher Betäti-
gungen nachgehen kann.

Sylvia, eine meiner Patientinnen, eine Krankengymnastin im
vierten Lebensjahrzehnt, hatte
eine Knieverletzung und konnte
ihre regelmäßige Gymnastik
nicht mehr durchführen. Sie war
deprimiert, weil sie zugenom-
men hatte und weil es mit ihrem
Mann Probleme gegeben hatte.
Sylvias Füße und Knöchel waren durch das viele Stehen bei
der Arbeit angeschwollen. Ich
behandelte ihre Beine und Füße
und legte besonderen Nach-
druck auf die im folgenden dargestellten Akupressurpunkte.
Am Ende der Sitzung war die
Schwellung der Knöchel und
Füße verschwunden, und sie
fühlte sich ungemein erleichtert.

Die nachfolgenden Akupressurpunkte können helfen, Schwellungen, Schmerzen und Druck
in den Knöcheln zu beseitigen;
sie fördern die Heilung nach
Verstauchungen und kräftigen
einen schwachen Knöchel.

Energiepunkte bei Knöchelbeschwerden

Größerer Bach (N 3)
Achtung: Dieser Punkt darf nach dem dritten Schwangerschaftsmonat nicht mehr kräftig stimuliert werden.
Lage: In der Vertiefung in der Mitte zwischen dem Vorsprung des inneren Knöchels und der Achillesferse, die die Rückseite der Wade mit der Rückseite der Ferse verbindet.
Anwendungsgebiete: Bei geschwollenen Füßen und Knöchelschmerzen; kräftigt das Knöchelgelenk.

Hohe Berge (B 60)
Lage: Gegenüber N 3 in der Vertiefung zwischen dem äußeren Knöchel und der Achillesferse.
Anwendungsgebiete: Bei geschwollenen Füßen, Knöchel-

schmerzen, Schmerzen im Oberschenkel, Rheumatismus der Fußgelenke und Kreuzschmerzen.

Beleuchtetes Meer (N 6)
Lage: Einen Daumenbreit unterhalb des inneren Knöchels.
Anwendungsgebiete: Geschwollene Knöchel, Schmerzen in Ferse und Knöchel.

Ruhiger Schlaf (B 62)
Lage: In der ersten Vertiefung unmittelbar unterhalb des äußeren Fußknöchels. Diese Vertiefung liegt auf einem Drittel der Strecke vom äußeren Knöchel zur Unterseite der Ferse.
Anwendungsgebiete: Bei Fersenschmerzen, Knöchelschmerzen, Schlaflosigkeit und allgemeinen Fußschmerzen.

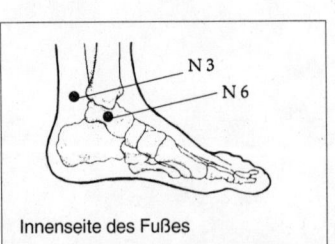

Innenseite des Fußes

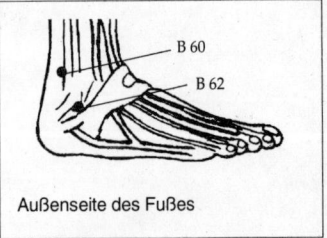

Außenseite des Fußes

Verstauchter Knöchel

Verstauchungen des Knöchels treten bei Sportlern häufig auf. Der nachfolgende Punkt an der Außenseite des Fußes, der den Namen Hügel in der Wildnis trägt, ist sehr wirksam für die Beseitigung von Knöchelverstauchungen. Diesen Punkt fünf bis zehn Minuten halten und dabei alle sechzig Sekunden zwischen leichtem und kräftigem Druck wechseln. Die Anwendung mit einer Minute leichter Berührung ohne Druck abschließen. Die Heilwirkung ist am größten, wenn man so lange hält, bis man in diesem Bereich ein gleichmäßiges Pulsieren verspürt.

Hügel in der Wildnis (GB 40)
Lage: In der großen Vertiefung unmittelbar vor dem äußeren Knöchel.
Anwendungsgebiete: Bei Verstauchungen des Knöchels, Zehenkrämpfen, und Ischiasschmerz, der seitlich zum Fuß zieht.

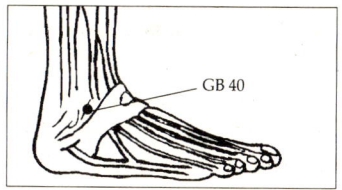

Es müssen nicht alle diese Punkte bearbeitet werden. Es genügt oft schon, wenn man nur einen oder zwei der Punkte drückt.

Übungen

Sich auf den Rücken legen oder
bequem hinsetzen.

Schritt 1
**N 3 gleichzeitig mit B 60 kräf-
tig drücken:** Das rechte Bein
abwinkeln und den rechten Fuß
auf das linke Knie setzen. Den
linken Daumen auf den rechten
Knöchel setzen und N 3 (an der
Innenseite des Knöchels) weich
einsetzend drücken. Mit den
Fingerspitzen B 60 (außen am
Knöchel) in eine Vertiefung
zwischen dem Knöchel und der
Achillessehne drücken. Eine bis
zwei Minuten kräftig halten und
dabei den Fingerdruck unter den
Knöchel richten. Anschließend
in derselben Weise mit der rechten Hand am linken Knöchel
verfahren.

Schritt 2
N 6 und B 62 stimulieren: N 6
(innerer Knöchel) und B 62 (äußerer Knöchel) direkt unterhalb
des Knöchels leicht fassen. Zehn
Sekunden kräftig halten und
langsam loslassen. Dies fünf- bis
zehnmal an beiden Knöcheln
wiederholen.

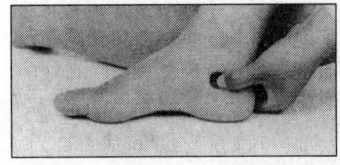

Schritt 3
GB 40 halten: Langsam, aber
kräftig in GB 40 (die große Vertiefung vor dem äußeren Knöchel) drücken. Diesen wichtigen
Kräftigungspunkt für die Knö-

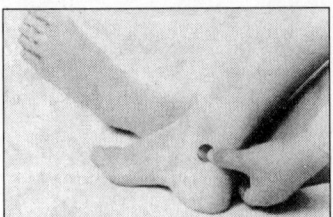

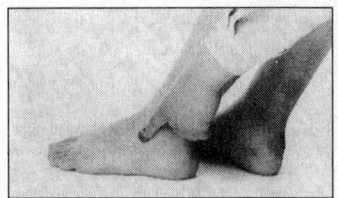

chel drei bis fünf Minuten oder solange halten, bis man ein ausgeprägtes Pulsieren verspürt. Dann denselben Punkt auf der anderen Seite halten, bis ein Pulsieren eintritt.

Schritt 4
Entspannung: Nach dem Stimulieren dieser Knöchelpunkte einige Minuten lang die Augen schließen und sich entspannen oder die nachfolgende höchst wohltuende Fußmassage durchführen.

Fußmassage

Diese Fußmassage stimuliert eine Reihe von Akupressur- und Reflexzonenpunkten an Fuß und Knöcheln zur Wiederherstellung und Stimulierung des natürlichen Energiesystems des Körpers.

Die Schuhe ausziehen. Den linken Knöchel so auf das rechte Knie legen, daß man den linken Fuß gut erreichen kann. Beide Daumen an der Unterseite des Fußes in der Nähe der Zehen einsetzen, wobei die Finger auf dem Fußrücken liegen. Die Zehen gründlich massieren, dabei tief durchatmen. Dann mit den Daumen kräftig über die Fußsohlen gehen und die ganze Unterseite des Fußes kräftig zur Ferse hin massieren. Während dieser Massage der Fußsohle bewußt langsam und tief atmen. Dann mit den Daumen das Fußgewölbe von der Ferse beginnend massieren und langsam mit den Händen zur Basis der großen Zehe arbeiten.

Mit den Fingerspitzen sanft zwischen die Knochen an der Oberseite des Fußes drücken und gleichzeitig mit den Daumen die Unterseite des Fußes drücken. Dann mit der Hand zum Knöchel gehen und beide Seiten der Achillessehne bis zur Basis des Wadenmuskels massieren. Dann am anderen Fuß in derselben Weise verfahren.

Zusätzliche Punkte bei Knöchel- und Fußproblemen

Darstellungen weiterer Punkte für die Behandlung von Knöchelproblemen siehe Kapitel 6, »Arthritis und Weichteilrheumatismus«, Kapitel 20, »Knieschmerzen«, und Kapitel 8, »Aufgetriebensein und Wasserretention«.

22 Kopfschmerzen und Migräne

Die meisten Kopfschmerzen entstehen primär durch Verspannung der Muskeln an Kopf, Nacken und Schultern, wodurch die Blutgefäße verengt werden, die die Nervenzellen im Gehirn mit Sauerstoff versorgen. Kopfschmerz ist das Warnsignal des Körpers, daß das Gehirn nicht genügend Sauerstoff bekommt. Allzuoft unterdrücken wir aber diese Signale, indem wir meist Schmerztabletten nehmen, statt den Streß oder die Muskelspannung zu beseitigen, die für den Kopfschmerz verantwortlich ist. Bei schweren Kopfschmerzen, die länger als einige Tage anhalten, sollte man immer zum Arzt gehen.

Migränekopfschmerz ist außerordentlich intensiv und oft von Übelkeit und Sehstörungen begleitet. Dies ist eine schwere Erkrankung, die in die Hand des Arztes gehört. Akupressur kann aber eine wirksame Komplementärbehandlung für Migräne-schmerzen sein. Einer meiner Patienten, Larry, ein Bauunternehmer, leidet gelegentlich an Migräne. Er fragte mich einmal, was er zusätzlich zu seinen Medikamenten tun könne. Ich zeigte ihm zwei Energiepunkte: einen in der Magengrube genau 5 cm über dem Nabel, den anderen oben am Fuß in der Vertiefung zwischen dem Knochen der vierten und fünften Zehe. Einige Wochen später berichtete mir Larry, daß er diese Punkte auf einer Bauunternehmertagung bei einem pochenden, schweren Migräneanfall angewandt hatte und daß die Symptome innerhalb von fünf Minuten weitgehend verschwunden waren.

Vor kurzem traf ich mich mit meiner Freundin Carrie, die unter gräßlichen Kopfschmerzen litt, nachdem sie sich über einen Anruf ihrer Eltern sehr aufgeregt hatte. Ich bearbeitete ihre Schultern und ihren Nacken, dann die Unterseite ihrer Schädelbasis,

ihre Nasenwurzel und schließlich ihre Füße. Mittendrin holte sie tief Atem, seufzte und sagte, sie wisse jetzt, wie sie mit ihren Eltern umgehen müsse. Nach einer halben Stunde Akupressur sagte mir Carrie, daß ihre Kopfschmerzen verflogen waren und sie sich wieder ganz sich selbst fühlte.

Aus der Sicht der chinesischen Medizin sind Kopfschmerzen und andere Symptome nicht nur Ausdruck einer körperlichen Störung, sondern auch der seelischen und geistigen Aspekte des Menschen in seiner Gesamtheit. Die Akupressur kann helfen, die Gründe für wiederkehrende Kopfschmerzen zu entdecken.

Häufige Ursachen für Kopfschmerzen

• *Deformationen der Wirbelsäule*: Wenn die Halswirbel verschoben sind, verlagert sich die Position des Kopfes, wodurch eine Belastung des Nackens und der Kopfmuskulatur entsteht. Durch eine Verschiebung der Wirbel können die Bandscheiben auf einen Nerv drücken und Kopfschmerzen auslösen. Bei starken Schmerzen ist immer ein Arzt aufzusuchen.

Kleinere Wirbelverschiebungen und Kopfschmerzen können durch Drücken von B 10 auf den Muskelsträngen am oberen Nackenbereich 1 cm außerhalb der Wirbelsäule beeinflußt werden. Auf den Rücken legen und drei Minuten lang unter tiefem Atmen B 10 halten, wobei man die Nackenmuskeln unterstützt. Dann die Hände seitlich ablegen, die Augen schließen und fünf Minuten völlig entspannen.

• *Darmträgheit:* Stirnseitige Kopfschmerzen gehen oft mit Verstopfung einher. Der Punkt Di 4, Verbindung mit dem Tal (Hoku),[1] der in der Daumen-Zeigefinger-Falte liegt, wirkt gegen

---

1 **Achtung:** Für Schwangere bis zum Einsetzen der Wehen verboten, da seine Stimulierung zu vorzeitiger Wehentätigkeit führen kann. Um Kopfschmerzen während der Schwangerschaft zu lindern, die Augen schließen und die Punkte an den Schläfen, an der Nasenwurzel und der Schädelbasis massieren (siehe Seite 97–100). Anschließend kräftigen, aber weichen Druck unten und oben an den Füßen zwischen den Zehenknochen anwenden. Abschließend die Zehen stimulieren.

Stauungen im Kopf wie im Verdauungssystem. Wenn man diesen Punkt an jeder Hand zwei Minuten lang drückt, wirkt dies stirnseitigen Kopfschmerzen entgegen.

Auch die Massage des Unterleibs wirkt gegen Verstopfung und Kopfschmerzen. Punkte in einem Umkreis von 7 cm um den Nabel drücken (man stelle sich eine Uhr vor und drücke einen Punkt für jede Zahl auf dem Zifferblatt). Im Uhrzeigersinn, auf den Unterleib blickend, arbeiten.

• Nebenhöhlen-Kopfschmerzen: Wenn Flüssigkeitsansammlungen im hinteren Nasenraum nicht ablaufen können, entsteht Druck in den Nebenhöhlen, der Kopfschmerzen auslöst. Zur Beseitigung von Nebenhöhlenblokkierungen und Kopfschmerzen Punkt B 2, anschließend Ma 3 und zuletzt Le 3 anwenden. Alle drei Punkte sind auf den nachfolgenden Seiten beschrieben.

Energiepunkte bei Kopfschmerzen und Migräne

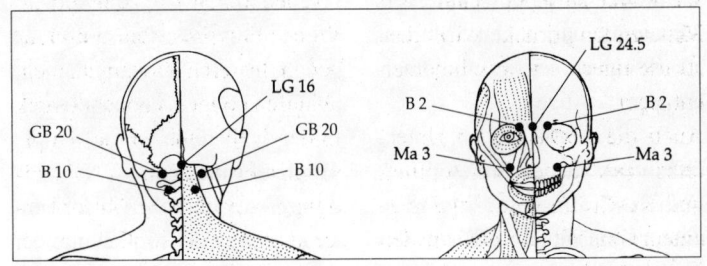

Tore des Bewußtseins (GB 20)
Lage: Unterhalb der Schädelbasis in den je nach Größe des
Kopfes 5 bis 8 cm voneinander
entfernten Vertiefungen zwischen den beiden großen senkrechten Nackenmuskeln.
Anwendungsgebiete: Bei Arthritis, Kopfschmerzen (einschließlich Migräne), Schwindel, steifem Nacken, Nackenschmerzen, motorischen Koordinationsproblemen, Überanstrengung der Augen und Reizbarkeit.

Windvilla (LG 16)
Lage: In der Mitte der Rückseite
des Kopfes in der großen Vertiefung unter der Schädelbasis.
Anwendungsgebiete:
Bei Schmerzen in Augen, Ohren, Nase und Hals, bei seeli-

schen Problemen, Kopfschmerzen, Schwindel und steifem
Nacken.

Bambusbohren (B 2)
Lage: In den Vertiefungen der
Augenhöhlen zu beiden Seiten
der Stelle, an der der Nasenrükken in die Nasenwurzel übergeht.
Anwendungsgebiete: Bei Augenschmerzen, Kopfschmerzen,
Heuschnupfen, Ermüdung der
Augen und Nebenhöhlen-
schmerzen.

Punkt des Dritten Auges
(LG 24.5)
Lage: Genau zwischen den Augenbrauen in der Vertiefung
zwischen der Nasenwurzel und
der Mitte der Stirn.
Anwendungsgebiete: Dieser

Punkt harmonisiert die Hypophyse und wirkt gegen Heuschnupfen und Kopfschmerzen,
Verdauungsstörungen, Magen-
geschwürschmerzen und über-
anstrengte Augen.

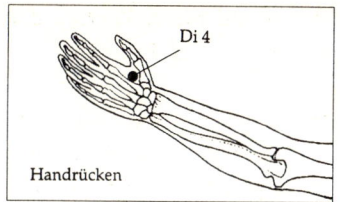

Handrücken

Schönheit des Antlitzes
(Ma 3)
Lage: Am unteren Rand des
Backenknochens genau unter-
halb der Pupille.
Anwendungsgebiete: Bei ermü-
deten Augen und Augendruck,
Stauungen in Nase und Kopf,
überanstrengten Augen und
Zahnschmerzen.

**Verbindung mit dem Tal
(Hoku)** (Di 4)
Achtung: Diesen Punkt nicht bei
Schwangeren anwenden, da die
Stimulierung eine vorzeitige
Wehentätigkeit auslösen kann.
Lage: In der Hautfalte zwischen
Daumen und Zeigefinger am
Handrücken an der höchsten
Stelle des Muskels, wenn Dau-
men und Zeigefinger zusam-
mengepreßt werden.
Anwendungsgebiete: Bei stirn-
seitigen Kopfschmerzen, Zahn-
schmerzen, Schulterschmerzen
und Wehenschmerz.

Höchste Flut (Le 3)
Lage: Am Fußrücken in der Senke zwischen der großen und der
zweiten Zehe.
Anwendungsgebiete: Bei Fußkrämpfen, Kopfschmerzen, ermüdeten Augen, Kater, Allergien und Arthritis.

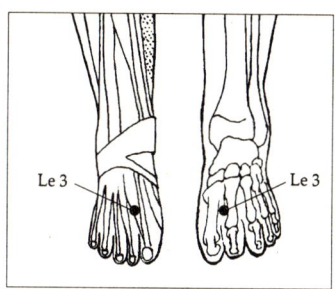

Über den Tränen (GB 41)
Lage: Oben am Fuß 2 cm oberhalb der Hautfalte zwischen der

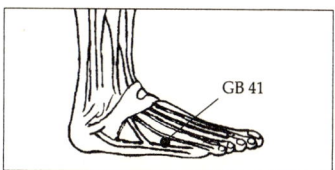

vierten und fünfte Zehe in der Vertiefung zwischen den Knochen.

Anwendungsgebiete: Bei Hüftschmerz, verspannten Schultern, arthritischen Schmerzen, die über den ganzen Körper wandern, Kopfschmerzen, Seitenstechen, Wasserretention und Ischias.

> *Es müssen nicht alle Punkte bearbeitet werden. Es genügt oft, wenn man nur einen oder zwei der Punkte drückt.*

Übungen

Das folgende Programm kann im Liegen oder bequem sitzend durchgeführt werden.

Schritt 1
Den Kopf reiben, anschließend den Magen drücken: Mit den Fingerkuppen alle Teile des Schädels eine Minute lang kräftig reiben, als ob man sich den Kopf wäscht. Dann die Fingerkuppen 5 cm unmittelbar über den Nabel legen und weich in die Magengrube drücken, dabei eine Minute lang tief atmen.

Schritt 2
GB 20 kräftig drücken: Mit den Daumen unterhalb der Schädelbasis in die hohlen, je nach Größe des Kopfes 5 bis 8 cm auseinanderliegenden hohlen Bereiche drücken. Den Kopf mit geschlossenen Augen langsam zurückneigen und ein bis zwei Minuten lang kräftig nach oben unter die Schädelbasis drücken und dabei langsam und tief atmen.

Dies kann man auch einem Kind beibringen.

Schritt 3
LG 16 mit B 2 halten: Mit dem rechten Daumen LG 16 in der zentralen Vertiefung an der Schädelbasis drücken. Mit dem linken Daumen und Zeigefinger B 2 in den oberen Vertiefungen der Augenhöhle in der Nähe der

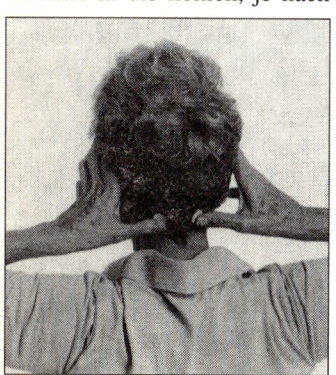
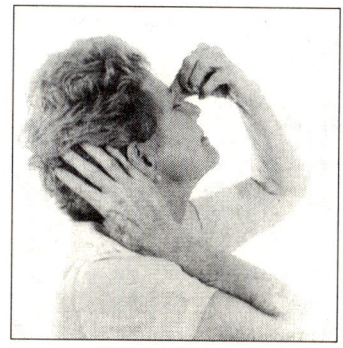

Nasenwurzel drücken. Wiederum den Kopf zurückneigen und eine bis zwei Minuten tief atmen.

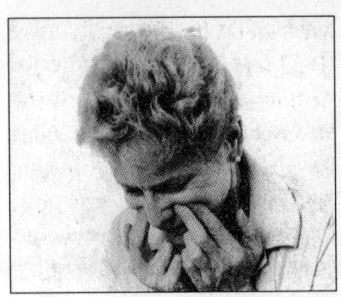

Schritt 4
LG 24.5 leicht drücken: Mit aneinandergelegten Handflächen den Kopf nach unten sinken lassen und Zeige- und Mittelfinger auf LG 24.5 legen.
Sich zwei Minuten auf diesen Punkt konzentrieren und tief atmen.

Schritt 6
Di 4 kräftig drücken: Die rechte Hand auf die linke legen. Mit dem rechten Daumen die Hautfalte zwischen Daumen und Zeigefinger der linken Hand drükken. Den Druck gegen den Knochen richten, der am Zeigefinger anschließt. Eine Minute lang halten. Dann eine Minute lang denselben Punkt an der anderen Hand drücken.

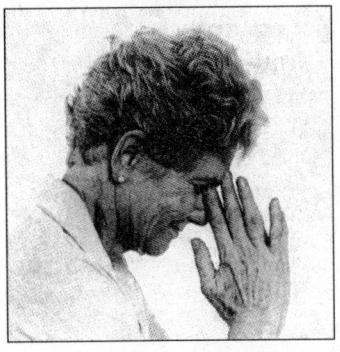

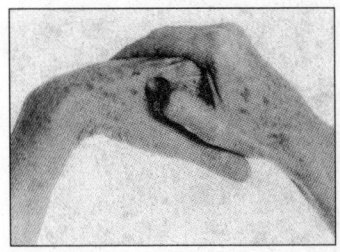

Schritt 5
Ma 3 drücken: Mit Mittel- und Zeigefinger beider Hände sanft nach oben unter die Backenknochen direkt unter der Augenmitte eine Minute lang drükken.

Die Schuhe ausziehen und sich für die Bearbeitung dieser beiden letzten Fernpunkte für Kopfschmerzen bequem hinsetzen.

Schritt 7

Le 3 und GB 41 stimulieren:
Die rechte Ferse oben auf den
linken Fuß legen und eine Minute lang zwischen den Knochen
oben am Fuß reiben. Die empfindlichen Stellen zwischen der
großen und zweiten Zehe sowie
die Knochen stimulieren, die mit
der vierten und kleinen Zehe
verbunden sind. Dasselbe am
anderen Fuß wiederholen.

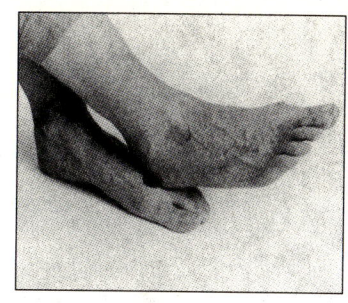

**Weitere Punkte bei Kopf-
schmerzen und Migräne**

Darstellungen weiterer Punkte
bei Kopfschmerzen und Migräne siehe in Kapitel 9, »Augenüberanstrengung«, Kapitel 18,
»Kater«, Kapitel 26, »Nackenschmerzen und steifer Nacken«,
und Kapitel 36, »Schmerzen«.

23 Krämpfe

Barbara, eine Freundin im vierten Lebensjahrzehnt, litt häufig an Fußkrämpfen. Wenn sie einen Zehenkrampf bekam, konnte sie fast nicht mehr gehen. Als Krankenschwester aber mußte sie den ganzen Tag auf den Beinen sein. Früher hatte sie Schmerztabletten gegen die Krämpfe genommen. Nach zehnminütigem Halten der drei Punkte an ihren Knöcheln und Füßen, die in der nächsten Übung beschrieben sind, waren ihre Krämpfe und Schmerzen verschwunden. Als ich ihr die Punkte zum ersten Mal zeigte, waren wir beide überrascht, wie schnell ein sehr schmerzhaftes und schon lange bestehendes Problem nach wenigen Minuten Akupressur verschwunden war. Barbara arbeitet heute fast täglich selbst an diesen Punkten, und es ist ihr gelungen, die Häufigkeit der Krämpfe drastisch zu verringern.

Krämpfe werden meist durch Muskelverspannungen verursacht oder verschlimmert. Bei einem Krampf sind die Nerven des betroffenen Muskels überaktiv, wodurch es zu einer extremen und plötzlichen Kontraktion des Muskels kommt, dem Krampf oder Spasmus. Angespannte Muskeln, die bereits kontrahiert sind, sind schlechter durchblutet, so daß sich Milchsäure und Toxine ansammeln können. Damit gerät der Bereich weiter aus dem Gleichgewicht, und die Muskelspannung nimmt weiter zu.

Krämpfe können sich in jedem Muskel des Körpers entwickeln, treten jedoch meist in überanstrengten Muskeln auf. Läufer zum Beispiel bekommen leicht Krämpfe in den Füßen oder Beinen.

Auch können Muskeln, die einmal stark beansprucht wurden, Jahre später zu Krämpfen nei-

gen, wenn der Muskeltonus nicht aufrechterhalten wird.

Wenn man beim Laufen einen Krampf bekommt und diesen mit Hilfe der Akupressur beseitigt, sollte man an diesem Tag nicht mehr laufen. Wenn der Krampf völlig beseitigt ist, ruhig gehen, damit die Beinmuskulatur wieder ins Gleichgewicht kommt.

Akupressurpunkte

Akupressurpunkte wirken in zweierlei Weise bei Muskelkrämpfen: indem man einen spezifischen Punkt gegen Krämpfe bearbeitet und indem man Punkte direkt auf dem verkrampften Muskel drückt.

Beim ersten Verfahren kommt der krampflösende Fernpunkt LG 26 und der Punkt Le 3 zur Verhütung von Krämpfen und Spasmen zur Anwendung. Le 3 befindet sich oben auf dem Fuß in der Vertiefung zwischen der großen und der zweiten Zehe. Wenn man einen Krampf bekommt, sofort LG 26 kräftig drücken. Anhaltender kräftiger Druck auf diesen Punkt löst den Krampf sehr rasch. Dies kann man leicht auch einem Kind beibringen.

Bei dem zweiten Verfahren arbeitet man mit einem Punkt in dem betroffenen Bereich. Bei diesem direkten Verfahren drückt man ganz weich in das Zentrum des verkrampften Muskels und hält diesen Druck etwa zwei bis drei Minuten. Dieser stetige Druck wirkt der Kraft des Krampfs entgegen. Solange man den Punkt mit stetigem, festem Druck hält, schafft man ein Gegengewicht gegen die Kraft des Krampfs. Der Spasmus gibt gegenüber Ihrem Druck nach und hört auf. Wenn der Krampf nachgelassen hat, Le 3 und den lokalen Punkt noch einige Minuten sanft halten, um den Bereich zu harmonisieren.

Ernährung

Bestimmte Speisen wirken krampffördernd. Speisen, die die Muskeln zusammenziehen und verspannen können, schaffen die Grundlage für mögliche Krampfprobleme. Fleisch und Salz sind zum Beispiel Nah-

rungsmittel, die auf die Muskeln zusammenziehend wirken. Im Übermaß genossen, begünstigen diese Nahrungsmittel Muskelspannungen: Salz führt zu einer Wasseransammlung, und Fleisch, im Übermaß genossen, kann Verstopfungen auslösen. In der traditionellen östlichen Gesundheitslehre heißt es, daß zuviel Salz die Muskeln versteifen und eine insgesamt versteifende Wirkung haben kann.

Krämpfe können auch durch Kalziummangel hervorgerufen werden. Vitamin D und E begünstigen die Aufnahme von Kalzium, und man sollte die Versorgung mit diesen Vitaminen sicherstellen. Frischer Zitronensaft in einem Glas warmem Wasser zum Beispiel liefert dem Körper diese Vitamine.[1]

Nach der traditionellen chinesischen Medizin haben Muskelkrämpfe mit der Leber zu tun. Der zur Leber gehörende Geschmack ist sauer. Ein mäßiger Anteil säuerlicher Speisen in der Ernährung verbessert den Muskeltonus und hilft, Krämpfen vorzubeugen. Ein Übermaß saurer oder salziger Speisen kann dagegen zu Starre und Steifigkeit der Muskeln führen.[2]

Vorbeugung gegen Krämpfe

Vorbeugung ist das beste Mittel gegen Krämpfe. Aku-Yoga-Dehnungen,[3] bei denen die Punkte in Yogahaltungen gedrückt werden, und Akupressurmassage helfen, die Muskeln elastisch zu halten, und dies ist die sicherste Art der Krampfvorbeugung.

Aku-Yoga hilft in zweierlei Weise. Zum einen steigert es das Bewußtsein für Muskelspannungen, so daß man weiß, auf welche Körperbereiche man besonders achten muß. Zum anderen dehnen, lockern und entspannen die Yoga-Haltungen

---

1 Mildred Jackson, N. D., *The Handbook of Alternatives to Chemical Medicine* (Oakland: Lawton Teague Publications, 1975), 68.

2 Ilza Veith, *The Yellow Emperor's Classic of Internal Medicine* (Berkeley: University of California Press), 21–23; siehe auch Seite 18, Fußnote 1.

3 Michael Reed Gach, *Acu-Yoga: Self-Help Techniques to Relieving Tension* (Tokio: Japan Publications, 1981), 148–151.

die Muskeln und lösen dadurch die Spannungen, die zu Verkrampfungen und Spasmen führen.

Hilfreich ist auch eine Massage gespannter Muskeln, die zu Krämpfen neigen. Wenn man in einem bestimmten Bereich Krampfprobleme hat, helfen tägliche Massagen und die gelegentliche Anwendung warmer Kompressen, die Muskelspannung abzubauen. Wenn zum Beispiel die Wadenmuskeln zu Krämpfen neigen, knetet man den Muskel über die ganze Länge. Unbedingt den Energiepunkt B 57 drücken (Beschreibung siehe unten) und den Bereich von der Achillessehne über der Ferse bis zur Kniekehle massieren. Wenn sich ein Muskel besonders gespannt anfühlt, fünfzehn bis zwanzig Minuten lang massieren und dehnen und Wärme anwenden, um den Muskel zu lockern, bevor es zu Krämpfen kommt.

Die nachfolgenden Akupressurpunkte helfen, die Muskeln zu tonisieren und zu entspannen, um dadurch Krämpfen und Spasmen vorzubeugen.

Energiepunkte bei Krämpfen

Mitte eines Menschen (LG 26)
Lage: Zwei Drittel der Strecke von der Oberlippe bis zur Nase.
Anwendungsgebiete: Dieser Wiederbelebungspunkt aus der Ersten Hilfe wird traditionell bei Krämpfen, Ohnmacht und Schwindel angewandt.

Unterstützender Berg (B 57)
Bei Wadenkrämpfen ist der nachfolgende Akupressurpunkt besonders wichtig.
Lage: In der Mitte der Basis des Wadenmuskels auf halber Strecke zwischen der Kniekehle und der Ferse am unteren Rand der Wölbung des Wadenmuskels.
Anwendungsgebiete: Bei Beinkrämpfen (insbesondere im Wadenbereich), sowie Knieschmerzen, Hexenschuß und geschwollenen Füßen.

Höchste Flut (Le 3)
Lage: Am Fußrücken in der Senke zwischen der großen und der zweiten Zehe.

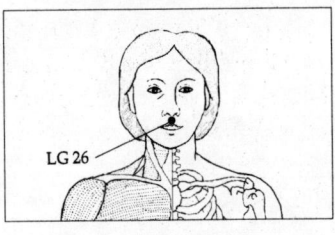

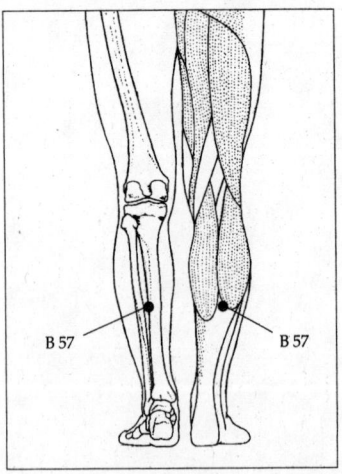

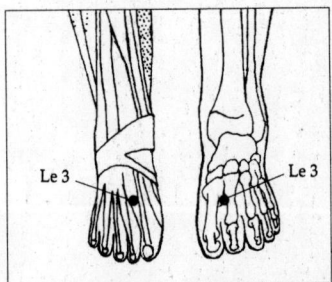

Anwendungsgebiete: Bei Fußkrämpfen, Kopfschmerzen, Augenüberanstrengung und Kater
sowie bei Allergien und Arthritis.

> *Es müssen nicht alle Punkte
> bearbeitet werden. Es genügt
> oft, wenn man nur einen oder
> zwei der Punkte drückt.*

Übungen

Für das folgende kurze Programm sich bequem hinsetzen.

Schritt 1
LG 26 kräftig drücken: Mit Zeigefinger oder Knöchel ausreichend Druck an Nase und Oberlippe ausüben, um diesen krampflösenden Punkt am Gaumen zu stimulieren. Eine Minute lang halten, dabei tief atmen.

Schritt 2
Druck an B 57 anwenden: Mit beiden Daumen in der Mitte der Basis der Wadenmuskeln drücken.

Dieser Punkt ist meist sehr empfindlich, daher weich einsetzenden Druck anwenden, eine ganze Minute halten.

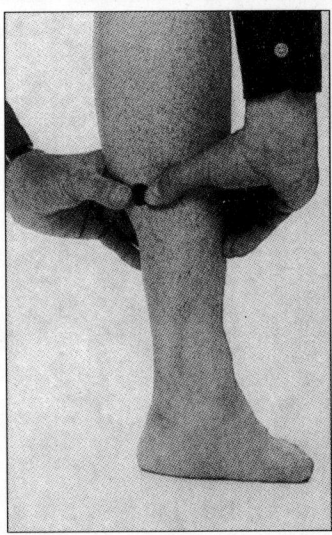

Schritt 3
Le 3 stimulieren: Zeige- und Mittelfinger oben auf den Füßen in die Vertiefung zwischen den Knochen legen, die mit der zweiten und großen Zehe verbunden sind. Eine Minute lang kräftig reiben und den Druck

zum Knochen der zweiten Zehe
richten.

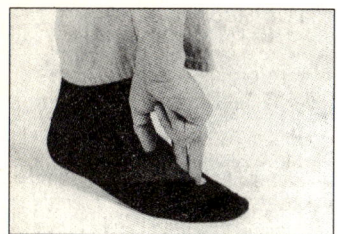

**Weitere Punkte bei
Krämpfen**

Darstellungen weiterer Punkte
bei Krämpfen siehe in Kapitel
21, »Knöchel und Füße«, Kapitel 20, »Knieschmerzen«, und
Kapitel 36, »Schmerzen«.

24 Magenschmerzen, Verdauungsstörungen und Sodbrennen

Magenschmerzen und Verdauungsstörungen können viele Ursachen haben: Verzehr denaturierter Nahrungsmittel wie zum Beispiel Produkte aus Weißmehl und raffiniertem Zucker, der Genuß schwerverdaulicher Speisen wie zum Beispiel schwerer Soßen, fritierter und gebackener Speisen und Desserts – oder auch zu reichliches Essen oder eine ungünstige Kombination von Speisen. Für unterschiedliche Speisen sind unterschiedliche Enzyme notwendig, und es dauert verschieden lange, bis sie völlig verdaut sind. Wenn man Obst und Bohnen zusammen verzehrt, führt dies zu Gärungsprozessen und Fäulnis im Verdauungstrakt.

Verspannungen im Unterleib, mangelnde Bewegung oder emotionelle Belastungen können ebenfalls zu Verdauungsstörungen führen. Dr. Katsusuke Serizawa von der Tokioter Universität, eine Autorität der östlichen Medizin, hat festgestellt, daß sich mit Akupressur Verdauungsstörungen erfolgreich behandeln lassen, die von emotionellen oder psychologischen Problemen herrühren.[1]

Wenn die Verdauungsorgane durch übermäßigen Streß und Spannungen belastet werden, kann dies ihre Funktion behindern, wodurch es zu Verdauungsstörungen, Unterleibsschmerzen, Aufstoßen oder Blähungen kommt. Verspannungen der Unterleibsmuskulatur, des Zwerchfells oder der Verdauungsorgane wirken sich immer auf die Verdauung aus, ungeachtet dessen, was oder wie man ißt.

---

1 Katsusuke Serizawa, M. D., *Tsubo: Vital Points for Oriental Therapy* (Tokio: Japan Publications, 1986), 114.

Unterleibsspannungen können zu einer nachhaltigen Reizung in der Magengrube führen und veranlassen den Betreffenden manchmal unbewußt, sich zu überessen, um sich von dieser Spannung zu befreien. Überessen belastet aber das Verdauungssystem zusätzlich und vermehrt die Spannungen im Unterleib, wodurch die Verdauungsmechanismen weiter aus dem Gleichgewicht geraten. Die in diesem Kapitel dargestellten Energiepunkte können Verdauungsbeschwerden lindern und helfen auch den Drang überwinden, sich zu überessen. Ted, einer meiner Klienten, klagte darüber, daß er Schwierigkeiten hätte, feste Nahrung zu verdauen. Nach dem Essen bekam er schwere Unterleibskrämpfe und Magenschmerzen, doch konnten zwei Ärzte bei ihm keine organische Ursache finden. Ich zeigte ihm die Anwendung eines wichtigen lokalen Punkts in der Magengrube. Nach einer Woche Selbstakupressur, die Ted zwei- bis dreimal täglich durchführte, berichtete er mir, daß er jetzt die unterschiedlichsten Speisen verdauen konnte.

Shelly, eine meiner fortgeschrittenen Akupressurschülerinnen, berichtete, wie sie ihrer Mutter, die an akuten Magenschmerzen litt, half, sich von zwei schweren Operationen zu erholen, bei denen ihr die Gallenblase und 30 cm des Dünndarms entfernt worden waren. Ihr Gang war gebeugt, das Gesicht blaß und ihre Stimme schwach und zitterig. Shelly konzentrierte sich auf die Akupressurpunkte im Kreuzbereich und im Fußgewölbe ihrer Mutter. Nach einer dreiviertel Stunde war die Aufgedunsenheit im Sonnengeflecht ihrer Mutter verschwunden; sie fühlte sich ruhiger, der Schmerz in ihrem Magen war weg, und ihr Gesicht hatte eine frische Farbe. Die Akupressur linderte nicht nur die körperlichen Schmerzen ihrer Mutter, sondern stärkte auch das Band zwischen Mutter und Tochter. »Ich empfand Freude, Befriedigung und Ganzheit, als Mama mir erlaubte, sie zu pflegen, zu heilen und ihr Liebe zu geben ... Dies war die tiefste Erfahrung, die ich je mit meiner Mutter hatte.«

Bei schweren Verdauungsstörungen oder Magenschmerzen

muß man sofort einen Arzt aufsuchen. Blinddarmentzündung oder ein Hiatusbruch können Ursache schwerer Unterleibsschmerzen sein und müssen sofort ärztlich versorgt werden. Wenn Verdauungsstörungen oder Magenschmerzen wiederholt auftreten, sollte man ebenfalls zum Arzt gehen und prüfen lassen, ob ein behandlungsbedürftiger Zustand vorliegt.

Der Punkt zur Linderung von Unterleibsschmerzen und zur Vorbeugung gegen Verdauungsstörungen vor dem Essen ist EG 12 in der Mitte zwischen dem Nabel und der Basis des Brustbeins. Dieser Punkt darf

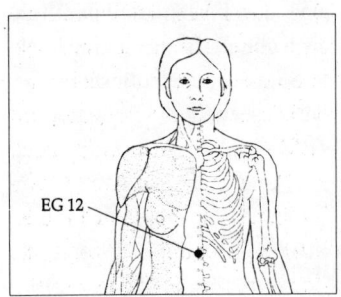

EG 12

nur angewandt werden, wenn der Magen weitgehend leer ist. Nach dem Essen sollte man mit der Anwendung zwei Stunden warten. Sich mit angezogenen Knien auf den Rücken legen, Füße flach auf dem Boden und Augen geschlossen; dann weich in die Magengrube in einem Winkel von 45 Grad nach oben zum Zwerchfell drücken. Langsam zwei Minuten lang in die Muskelmasse an diesem Unterleibspunkt drücken; dabei tief atmen, um alle Verspannungen im Unterleib aufzulösen. Wenn die Unterleibsmuskeln entspannt und im Gleichgewicht sind, können auch Magen und Eingeweide einwandfrei funktionieren. Bei entsprechend tiefer Atmung bewirken die rhythmischen Bewegungen des Zwerchfells eine innere Massage des Magens. Diese Selbstakupressur- und Atemübungen kann man ohne weiteres schon Kindern ab zwölf Jahren beibringen.

Tips zur Vorbeugung und Behebung von Magenschmerzen und Verdauungsbeschwerden

• *Die Magensäure verringern.* Eine Salzpflaume[1] in einer Tasse heißem Wasser zerdrücken. Menschen mit hohem Blutdruck sollten keine Salzpflaumen verzehren.

• *Kalte Speisen meiden.* Das Hinunterstürzen eisgekühlter Getränke kann zu einer zeitweiligen Lähmung des Magens führen. In der traditionellen chinesischen Medizin gelten kalte Speisen als eine der Hauptursachen für Verdauungsstörungen.

• *Entspannen.* Entspannung vor und während des Essens fördert eine gute Verdauung. Zur Beseitigung des Streß vor Beginn der Mahlzeit mehrmals mit geschlossenen Augen langsam und tief atmen, statt den Streß mit Essen zu unterdrücken.

• *Langsam essen.* Die Speisen gründlich kauen. Hastiges Essen und flüchtiges Kauen behindern die Verdauung, weil die im Speichel vorhandenen Enzyme fehlen, die die Verdauung einleiten. Dadurch wird der Magen zusätzlich belastet.

• *Gelegentlich fasten.* 24 Stunden mit Säften, Tee oder Mineralwasser fasten. Wenn sich Unwohlsein oder Schwäche einstellen, das Fasten vorzeitig mit einer Gemüsesuppe oder gedünstetem Gemüse brechen. Wenn man das Fasten durchhält, danach ebenfalls zuerst eine leichte Suppe oder gedünstetes Gemüse essen.

---

1   Salzpflaumen oder *Umiboshi* sind in manchen Naturkostläden und in japanischen Spezialitätengeschäften erhältlich.

Energiepunkte bei Magenschmerzen, Verdauungsstörungen und Sodbrennen

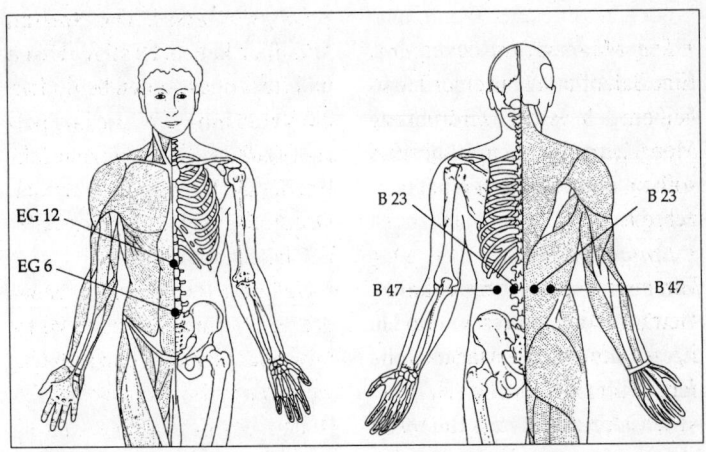

Zentrum der Macht (EG 12)

Achtung: Diesen Punkt bei chronischen oder lebensbedrohlichen Krankheiten wie Herzleiden, Krebs oder Bluthochdruck nicht tief drücken. Siehe Warnhinweis auf Seite 27. Aber auch wenn keine Krankheit vorliegt, sollte man diesen Punkt nicht länger als zwei Minuten halten und ihn nur bei relativ leerem Magen anwenden.

Lage: Auf der Mittellinie des Körpers in der Mitte zwischen der Basis des Brustbeins und dem Nabel.

Anwendungsgebiete: Bei Magenschmerzen, Unterleibskrämpfen, Verdauungsbeschwerden, Sodbrennen, Verstopfung sowie emotionellen Belastungen wie Kummer und Frustration, die oft ebenfalls Verdauungsbeschwerden verursachen.

Meer der Energie (EG 6)

Lage: Zwei Fingerbreit unterhalb des Nabels.

Anwendungsgebiete: Bei Unterleibsschmerzen, Kreuzschmerzen, Verstopfung, Blähungen und Verdauungsbeschwerden.

Meer der Vitalität

(B 23 und B 47)

Achtung: Nicht auf schwache Bandscheiben oder gebrochene Knochen drücken. Wenn man einen schwachen Rücken hat, können einige Minuten gleichbleibender, leichter Berührung anstelle von Druck sehr heilend sein. Wenn man Fragen hat oder Rat braucht, sollte man zuerst zum Arzt gehen.

Lage: Im Kreuzbereich zwei bzw. vier Fingerbreit zu beiden Seiten der Wirbelsäule in Höhe der Taille.

Anwendungsgebiete: Bei Verdauungsstörungen, Unterleibsschmerzen und Magenschmerzen.

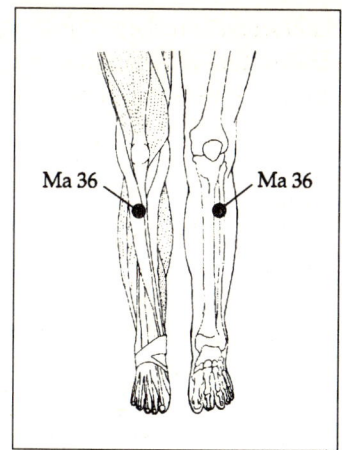

Dreimeilenpunkt

(Ma 36)

Lage: Vier Fingerbreit unterhalb der Kniescheibe einen Fingerbreit außerhalb des Schienbeins. Wenn man an der richtigen Stelle ist, tritt ein Muskel hervor, sobald man mit dem Fuß wippt.

Anwendungsgebiete: Bei Magenschmerzen, Verdauungsschwäche, Magenbeschwerden und Müdigkeit.

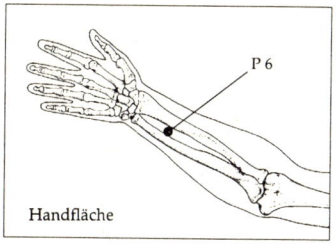

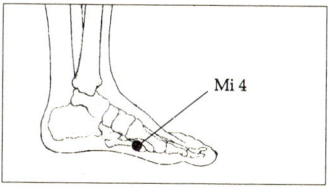

Innere Pforte (P 6)

Lage: In der Mitte der Innenseite des Unterarms zweieinhalb Fingerbreit von der Handgelenkfalte entfernt.

Anwendungsgebiete: Bei Ma-

genschmerzen, Verdauungsbeschwerden, Übelkeit, und
Ängstlichkeit.

Großvater Enkel (Mi 4)
Lage: Am Fußgewölbe einen
Daumenbreit hinter dem Fußballen.
Anwendungsgebiete: Bei Unterleibskrämpfen, Magenschmerzen, Verdauungsstörungen und

Diarrhöe. Eignet sich auch gut
zur Harmonisierung bei Menschen, die zu Ängstlichkeit oder
Hypochondrie neigen.

---

*Es müssen nicht alle diese
Punkte bearbeitet werden. Es
genügt oft schon, wenn man
nur einen oder zwei der
Punkte drückt.*

Übungen

Wenn unmittelbar nach dem Essen Sodbrennen auftritt und man nicht liegen kann, nur die letzten drei Punkte dieses Selbstakupressurprogramms anwenden: P 6 (Innere Pforte), Ma 36 (Dreimeilenpunkt) und Mi 4 (Großvater Enkel). Das volle Programm kann man auf dem Bett oder einem Teppich durchführen.[1]

Schritt 1
EG 12 und EG 6 drücken: Auf dem Bauch liegend die Handfläche der rechten Hand über das Sonnengeflecht (EG 12) in der Mitte zwischen dem Ende des Brustbeins und dem Nabel legen.

Bei schweren Erkrankungen – Herzleiden, Krebs oder hohem Blutdruck oder wenn man Medikamente einnimmt – sollte vor Durchführung dieser Übung der Arzt befragt werden.

Die Handfläche der linken Hand auf EG 6 zwischen dem Schambein und dem Nabel legen. Den Kopf zur Seite wenden, die Augen schließen und langsam und tief atmen. Möglicherweise tritt am Ende des Ausatmens ein leichter Unterleibsschmerz auf. Dieser Schmerz läßt meist innerhalb von fünf Minuten nach. Sich auf die tiefe Atmung konzentrieren, nicht auf den Schmerz. Wenn man leicht ermüdet oder sich oft schwach fühlt, diese Übung zunächst auf eine Minute beschränken. Nach einer Woche kann man die Zeitdauer allmählich steigern. Die Übung durchhalten – Ausdauer zahlt sich aus.

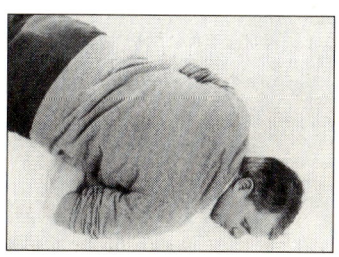

---

1 Bei der Durchführung dieses Programms auf dem Boden entsteht erheblich mehr Druck als auf dem Bett. Wenn die Punkte sehr empfindlich sind, auf dem Bett üben; wenn man stärkeren Druck wünscht, sich auf einen Teppichboden legen.

Wenn der Schmerz nachläßt, sich umdrehen und bequem auf den Rücken legen.

Schritt 2
B 23 und B 47 drücken: Mit angezogenen Knien, Füße flach auf dem Boden, auf den Rücken legen. Das Becken anheben und die Fäuste unter das Kreuz legen. Die Knöchel zwischen Wirbelsäule und die dicken Muskelstränge im Kreuzbereich schieben. Dadurch werden die inneren (B 23) und die äußeren (B 47) Punkte gedrückt. Den Körper entspannt auf die Fäuste ablegen, die Augen schließen und eine Minute lang tief in den Bauch atmen.

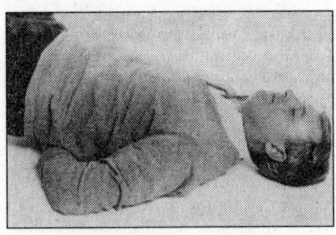

Das restliche Programm kann im Sitzen oder Liegen durchgeführt werden.

Schritt 3
P 6 kräftig drücken: Den linken Daumen auf die Innenseite des rechten Handgelenks zweieinhalb Fingerbreit unter die Mitte der Handgelenksfalte legen. Mit dem Daumen kräftig gegen den Druck der Fingerkuppen außen am Unterarm drücken. Dies beruhigt den Magen und hilft gegen Übelkeit. Eine Minute lang halten und tief atmen. Dann den Punkt am anderen Arm drücken.

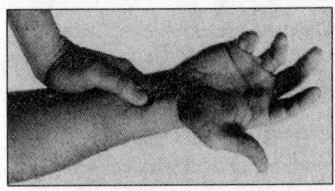

Schritt 4
Ma 36 kräftig reiben: Die rechte Ferse auf Punkt Ma 36 des ausgestreckten linken Beins legen. Den Punkt dreißig Sekunden lang kräftig reiben, bis Wärme entsteht. Anschließend zur Kräftigung und Stabilisierung des Verdauungssystems am anderen Bein in derselben Weise verfahren.

Schritt 5
Mi 4 mit der gegenüberliegenden Ferse drücken: Die Au-

ßenkante des linken Fußes liegt auf dem Boden. Dann die rechte Ferse in das Fußgewölbe des linken Fußes setzen und Mi 4 drücken.

Alternativ: Während die Ferse Mi 4 im Fußgewölbe drückt, den linken Daumen auf die Innenseite des rechten Unterarms drücken und P 6 auf der rechten Seite drücken. Diese Punktekombination eine Minute lang halten, dabei tief atmen. Dann auf der anderen Seite ebenso verfahren.

> *Die Wirkung dieses Programms ist wesentlich besser, wenn man dabei tief in den Bauch atmet. Bei jedem Einatmen muß der Bauch hervortreten. Bei jedem Ausatmen darauf achten, daß sich der ganze Körper entspannt.*

Bei Unterleibsschmerzen aufgrund von Blähungen

Sich auf den Rücken legen und die Knie zur Brust hochziehen. Die Arme um die Knie schließen und eine Minute lang tief atmen. Sich dann bequem mit angezo-

genen Beinen hinlegen, Füße am
Boden, die Augen geschlossen.
Zwei weitere Minuten tief in den
Bauch atmen.

Weitere Punkte bei Magenschmerzen, Verdauungsstörungen und Sodbrennen

Darstellungen weiterer Punkte
für Magenschmerzen, Verdauungsstörungen und Sodbrennen
siehe in Kapitel 40, »Verstopfung«, Kapitel 12, »Diarrhöe«,
und Kapitel 31, »Reisekrankheit, morgendliches Erbrechen
und Übelkeit«.

25 Menstruationsbeschwerden, Krämpfe und prämenstruelles Syndrom

Frauen leiden vor oder während der Menstruation häufig unter Kreuzschmerzen, Aufgedunsenheit, Schmerzen in den Brüsten und Unterleibskrämpfen. Die speziellen Akupressurpunkte in diesem Kapitel beseitigen nicht nur Spannungen in diesem Bereich, sondern wirken auch gegen die Störungen des Allgemeinbefindens und die Aufgedunsenheit, stabilisieren die Emotionen und helfen, mehr Herr des eigenen Lebens zu sein. Menstruationsbeschwerden können verursacht sein durch Spannungen im Beckenbereich, Entzündung und Schwellung des Uterus, Verstopfung, eine Verengung des Muttermundes und hormonelle Störungen im Bereich der Schilddrüsen, Nebenschilddrüsen oder der Eierstöcke. Man sollte die Ursache der Beschwerden stets mit dem Arzt abklären.

Tägliche Akupressur über einen längeren Zeitraum regt die endokrinen Drüsen zu einer natürlichen Regulierung des Hormonhaushalts an. Die Ergebnisse dieser natürlichen Behandlungsmethode dauern etwas länger, doch treten dabei keine Nebenwirkungen wie bei Arzneimitteln auf, weshalb man diese Alternative mit seinem Arzt besprechen sollte.

Verspannungen im Beckenbereich, eine andere häufige Ursache für prämenstruelles Syndrom und Menstruationskrämpfe, haben direkten Einfluß auf die Sexual- und Verdauungsorgane. Wenn sich die Muskeln des Beckenbereichs zusammenziehen, kann dies den Dickdarm blockieren, was die Versorgung der Genitalien mit Blut und Nervensignalen beeinträchtigt, und dies wirkt sich wiederum auf die Menstruation aus. Die Akupressurpunkte am Unterleib und an

der Basis der Wirbelsäule lösen Spannungen im Beckenbereich auf, indem sie die Durchblutung des gesamten Fortpflanzungsapparates verbessern.

Ernährung

Kalzium ist eines der wichtigsten Mineralien zur Vorbeugung gegen Menstruationskrämpfe. Es bewirkt eine Entspannung der Nerven und Muskeln. Der Kalziumspiegel sinkt in der Woche vor der Menstruation erheblich ab, wodurch es zu prämenstruellen Spannungen, Aufgedunsenheit und Kopfschmerzen kommt.

Es gibt viele Nahrungsmittel, die den Körper mit Kalzium versorgen und damit Krämpfe verhindern können. In der Woche vor der Menstruation sollte man viel frisches grünes Blattgemüse, grünen Salat und Kräuter – zum Beispiel Kopfsalat, Petersilie (mit der man einen Tee kochen kann), Grünkohl und Spinat – zu sich nehmen, die reich an Kalzium sind.

Daneben ist Magnesium wichtig, weil es die Aufnahme von Kalzium erleichtert. In Meeresgemüse, Samen und Nüssen sind beide Mineralien reichlich enthalten.

Tips zur Linderung von Menstruationsbeschwerden

• *Kamillentee* hilft bei prämenstruellem Syndrom und Menstruationskrämpfen. Er beruhigt und entspannt die Körpersysteme.

• *Frischer Tee aus Ingwerwurzeln* ist ebenfalls ein vorzügliches Heilmittel bei Menstruationskrämpfen. Ingwerwurzeln bekommt man in der Gemüseabteilung der meisten Supermärkte. Man schneidet eine Handvoll davon in Scheiben, überbrüht diese mit heißem Wasser und läßt sie fünfzehn Minuten ziehen. Mit etwas Honig und Milch abschmecken. Davon eine bis zwei Tassen trinken.

• *Eine Wärmflasche,* ein Heizkissen oder ein heißes Handtuch im Kreuzbereich auflegen. Mit einer Decke lose abdecken.

• *Ein leichtes Senfpflaster* am Unterleib auflegen. Einen Teil gemahlene Senfsamen mit fünf

Teilen Vollkornmehl mischen. Mit warmem Wasser zu einer dicken Paste vermischen und diese auf einem Mulltuch ausstreichen. Dann das Tuch über den Unterleib legen. Liegen lassen, bis der Unterleib ganz durchwärmt ist. Sich nach dem Abnehmen des Senfpflasters hinlegen und zudecken.

• *Wärme- oder Kälteanwendungen* können ebenfalls Menstruationsbeschwerden lindern. Eine Sauna oder ein heißes Bad regt den Menstruationsfluß an, Kälte verringert ihn.

Energiepunkte bei Menstruationsbeschwerden

Punkt	Wirkungen und Anwendungsgebiete
B 27, B 28	Bei Hüftschmerzen, Menstruationskrämpfen, Harnverhaltung und Störungen des Geschlechtsapparats
B 29, B 30	Bei Kreuzschmerzen, Ischias und Menstruationsbeschwerden
B 31, B 32	Bei prämenstruellem Syndrom und menstruellen Verspannungen.
B 33, B 34	Hexenschuß, Schmerzen im Genitalbereich, Impotenz und Unfruchtbarkeit.

Eilende Tür (Mi 12)
Hütte am Herrenhaus (Mi 13)
Diese beiden Punkte wirken besonders gut bei Menstruationsbeschwerden.
Lage: Im Beckenbereich in der Mitte der Leistenbeuge.
Anwendungsgebiete: Bei Menstruationskrämpfen und Unterleibsbeschwerden.

Kreuzpunkte (B 27 bis B 34)
Die Akupressurpunkte am Kreuzbein (an der Basis der Wirbelsäule unmittelbar über dem Steißbein) wirken lindernd bei Menstruationskrämpfen und Kreuzschmerzen. Zwei Minuten stetigen, festen Drucks auf diese Kreuzpunkte, wobei man sich auf den Rücken legt und die übereinandergelegten Hände unter die Basis der Wirbelsäule schiebt, helfen die Gebärmutter entspannen und Menstruationskrämpfe beseitigen.

Meer der Energie (EG 6)
Lage: Drei Fingerbreit unterhalb des Nabels.
Anwendungsgebiete: Bei prämenstruellem Syndrom, Menstruationskrämpfen, Beschwerden im Urogenitaltrakt, Ausfluß,

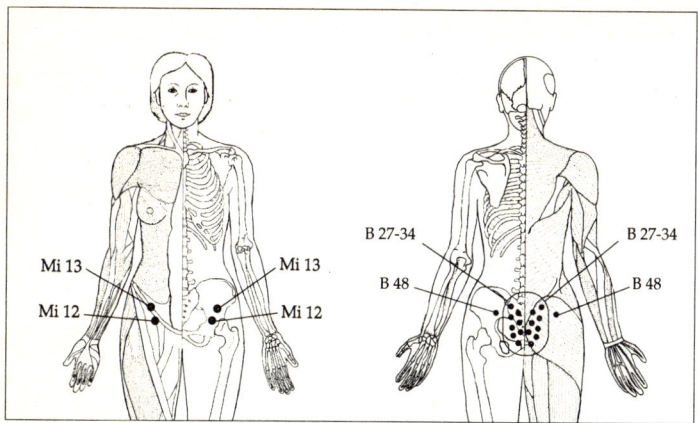

unregelmäßiger Periode und Verstopfung, die den Menstruationsschmerz verschlimmert.

Ursprung der Pforte (EG 4)
Lage: Vier Fingerbreit unterhalb des Nabels.

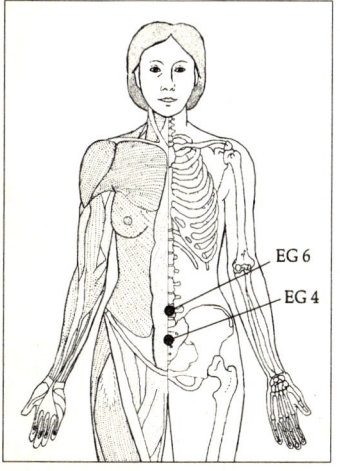

Anwendungsgebiete: Menstruationskrämpfe, Störungen im Urogenitaltrakt, Ausfluß, unregelmäßige Periode und Inkontinenz.

Genitalienpunkt
(B 48)
Lage: Einen bis zwei Fingerbreit außerhalb des Kreuzbeins (der Knochenverband am unteren Ende der Wirbelsäule) und in der Mitte zwischen der Oberseite des Hüftbeins (Darmbeinkamm) und der Basis des Gesäßes.
Anwendungsgebiete: Spannungen im Beckenbereich, prämenstruelles Syndrom, Menstruationskrämpfe und Beschwerden im Harntrakt.

Dreifache Yin-Kreuzung
(Mi 6)

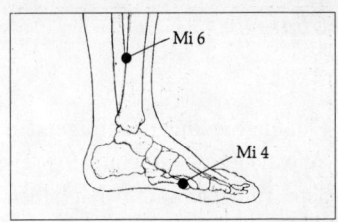

Achtung: Diesen Punkt im achten und neunten Schwangerschaftsmonat nicht mehr stimulieren.

Lage: Vier Fingerbreit oberhalb des inneren Knöchels nahe der Rückseite des Schienbeins.

Anwendungsgebiete: Bei Wasserretention, Menstruationskrämpfen und Schmerzen im Genitalbereich.

Großvater Enkel (Mi 4)

Lage: Im Fußgewölbe einen Daumenbreit hinter dem Fußballen.

Anwendungsgebiete: Bei prämenstruellen Syndrom, Aufgedunsenheit und Menstruations- und Unterleibskrämpfen.

Es müssen nicht alle diese Punkte bearbeitet werden. Es genügt oft schon, wenn man nur einen oder zwei der Punkte drückt.

Übungen

Führen Sie die nachfolgenden Selbstakupressurtechniken in einem ruhigen und behaglichen Raum durch. Die besten Ergebnisse erzielt man, wenn man in der Woche vor der Periode zwei- bis dreimal übt und während der übrigen Zeit einmal täglich. Dieses Programm wird in drei Stellungen durchgeführt: zunächst auf dem Bauch liegend zur Bearbeitung des Unterleibs, dann auf dem Rücken liegend zur Bearbeitung der Gesäßbacken und der Basis der Wirbelsäule und schließlich im Sitzen, wobei man zwei wichtige Punkte innen an den Beinen drückt, die das weibliche Genitalsystem harmonisieren.

Schritt 1

Mi 12 und Mi 13 drücken: Sich flach auf den Bauch legen und die Arme so unter den Körper schieben, daß die Fäuste mit der geschlossenen Handfläche nach oben unter dem Unterleib liegen. Stirn oder Kinn auf den Boden legen, wie man es als bequem empfindet. Die Füße

schließen. Einatmen und die Füße so anheben, daß die Oberschenkel nicht mehr auf dem Boden liegen. Die Beine dreißig Sekunden lang oben halten und langsam und tief in den Unterleib atmen. Beine langsam ablegen, Hände an die Seiten legen, den Kopf zur Seite drehen und völlig entspannt mindestens zwei Minuten liegen bleiben.

Sich langsam auf den Rücken rollen.

Schritt 2

B 48 und B 27 bis B 34 drücken: Mit abgewinkelten Beinen, Füße flach auf dem Boden, auf dem Rücken liegen. Die Hände mit den Handflächen nach unten neben der Basis der Wirbelsäule (Kreuzbein) flach auf den Boden

legen. Die Augen schließen, langsam und tief atmen und die Knie eine Minute lang von einer Seite zur anderen schwenken. Die Hände unter dem Gesäß in eine andere Position bringen, um unangenehmen Druck zu vermeiden und andere Teile der Gesäßmuskulatur zu drücken. Dann die Hände weiter nach innen unter die Basis der Wirbelsäule schieben. Wenn man einen besonders empfindlichen Punkt findet, den Bereich eine Minute lang halten und tief atmen.

Versuchen Sie diese Übung auch einmal mit hochgezogenen Knien, so daß die Füße nicht mehr auf dem Boden liegen. Die Hände unter den Gesäßbacken lassen und die Knie von einer Seite zur anderen schwenken. Nach einer weiteren Minute die Beine ausstrecken, die Hände auf den Bauch legen und tief atmen. Einige Minuten lang mit

geschlossenen Augen völlig entspannen.

Schritt 3

EG 4 und EG 6 weich drücken: Die Fingerkuppen der linken Hand in die Mitte des Unterleibs oberhalb des Schambeins legen (EG 4). Die Fingerkuppen der rechten Hand direkt darüber in die Mitte zwischen Nabel und Schambein legen (EG 6). Weich 3 bis 5 cm tief in den Unterleib drücken und zwei Minuten halten, dabei tief atmen. Dann mit geschlossenen Augen auf dem Rücken beliebig lange entspannen.

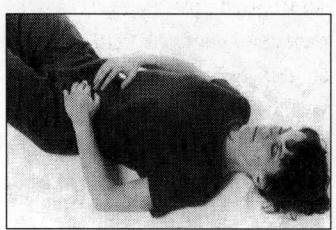

Sich auf die Seite rollen und sich langsam bequem aufsetzen.

Schritt 4

Mi 6 sanft drücken: Beide Daumen vier Fingerbreit oberhalb des Vorsprungs des Innenknöchels auf die Innenseite der

Knöchel legen. Mit den Daumen sanft am Innenrand des Schienbeins reiben und nach einer leichten Vertiefung tasten, in die man weich drückt. Wenn man unter prämenstruellem Syndrom oder Menstruationskrämpfen leidet, ist dieser Punkt möglicherweise sehr empfindlich. Eine Minute halten und tief atmen.

mit den Zehen wippen und nach einem hervortretenden Muskel tasten. Diesen Muskel eine Minute lang kräftig drücken.

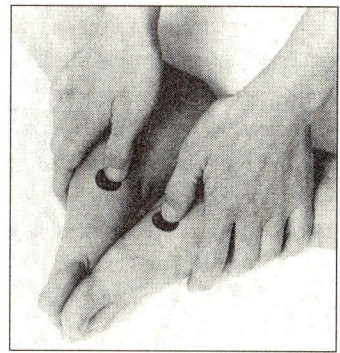

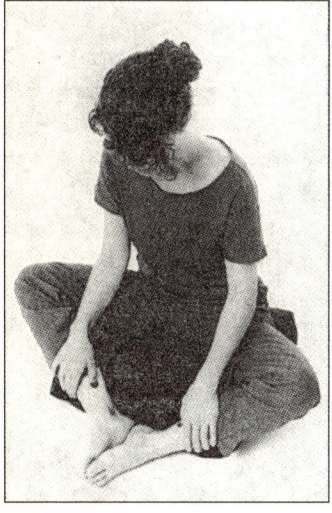

> *Die besten Ergebnisse erzielt man, wenn man dieses Programm in der Woche vor der Periode zwei- oder dreimal und in der übrigen Zeit einmal täglich durchführt.*

Schritt 5
Mi 4 kräftig drücken: Die Daumen auf das Fußgewölbe legen, wobei die rechte Hand den rechten Fuß und die linke Hand den linken Fuß bearbeitet. Mit dem Daumen auf dem Fußgewölbe

Zusätzliche Punkte bei Menstruationsbeschwerden

Darstellungen weiterer Punkte bei Menstruationsbeschwerden und prämenstruellem Syndrom siehe in Kapitel 33, »Rückenschmerzen und Ischias«, Kapitel 23, »Krämpfe«, und Kapitel 36, »Schmerzen«.

26 Nackenschmerzen und steifer Nacken

Weil sich der Nacken »zwischen Körper und Geist« befindet, ist er besonders empfänglich für Konflikte zwischen beiden, was zu Nackenschmerzen oder Verspannungen im Nackenbereich führt. Diese Beschwerden treten auf, wenn die Bedürfnisse des Körpers oder diejenigen des Geistes vernachlässigt werden, wodurch ein Energieungleichgewicht entsteht. So kann zum Beispiel der Körper müde sein und Entspannung brauchen, während der Geist meint, daß man arbeiten sollte. Leib-Seele-Konflikte dieser Art führen oft zu Nackenverspannungen, aber auch ein übermäßiges materielles oder intellektuelles Streben zu Lasten der spirituellen und emotionellen Dimensionen unseres Lebens. Wenn die Halsmuskulatur überlastet ist, kann sie den Kopf nicht mehr richtig tragen, der 5 bis 7 kg wiegt. Emotioneller Streß kann die Halsmuskeln zusätzlich belasten und weitere Verspannungen schaffen. Weil viele Menschen nicht wissen, wie sie diese Verspannungen lösen können, setzen sie sich fest und werden chronisch. Verspannungen, Schmerzen, Steifigkeit des Nackens und sogar eingeklemmte Nerven im Nackenbereich sind leider allzu häufig.

Hals und Nacken sind auch das Barometer für den Selbstausdruck und die Selbstwandlung. Sie sind die Mitte, von der aus wir unsere Empfindungen, Gedanken, Hoffnungen und Probleme mittels der Stimme ausdrücken. Eine Möglichkeit, Verspannungen der Hals- und Nackenmuskulatur vorzubeugen, besteht darin, sich in angemessener Weise auszudrücken und zu versuchen, ein harmonisches inneres Gleichgewicht zu erhalten. Leider zwingt uns die Dynamik des Lebens zu fort-

währenden Anpassungen, weshalb ein gewisses Maß an Verspannungen im Hals- und Nackenbereich wohl unausweichlich ist.

Schleudertrauma

Durch den heftigen Aufprall bei einem Autounfall können die Halsmuskulatur und -wirbel beschädigt werden. Ein Schleudertrauma kann viele langwierige Probleme wie Kopfschmerzen, Schmerzen und Steifigkeit im Hals- und Nackenbereich, Schulterprobleme, Schlaflosigkeit, taubes Gefühl in den Armen und Ohrensausen hervorrufen.

Nach einem Unfall sollte immer ein Arzt eine sorgfältige Untersuchung durchführen, um die Art der Verletzungen festzustellen. Falls Entzündungen zurückbleiben, kann milde Akupressur die Durchblutung verbessern und die Heilung begünstigen.

Menschen, die vor Monaten oder sogar Jahren ein Schleudertrauma erlitten und noch an Spätfolgen leiden, kann mit Akupressur gut geholfen werden. Wenn die Verletzungsfolgen chronisch geworden sind, können optimale Ergebnisse jedoch nur dann erzielt werden, wenn man über Monate ein- bis zweimal täglich Akupressur anwendet. Die Sängerin einer meiner Lieblingsmusikgruppen in meiner Gegend litt infolge zweier Autounfälle unter starken Nackenschmerzen. Nachdem sie drei Wochen lang regelmäßig Punkte an ihren Schultern und im Nacken gedrückt hatte, berichtete sie mir, daß sie zum ersten Mal seit drei Jahren schmerzfrei war.

Energiepunkte bei Verspannungen und Schmerzen im Hals- und Nackenbereich

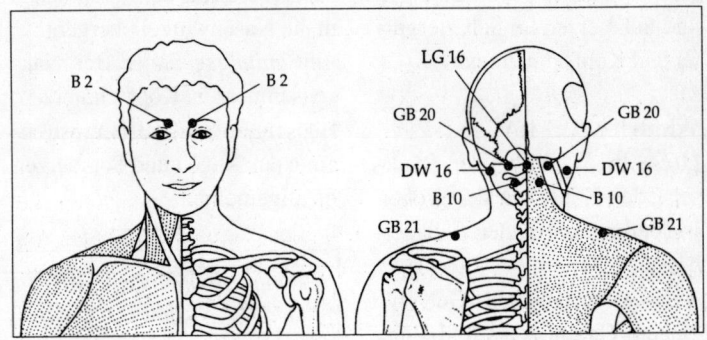

Schulterquelle (GB 21)
Achtung: Schwangere dürfen diesen Punkt nur leicht drükken.
Lage: Am höchsten Punkt des Schultermuskels 3 bis 5 cm seitlich des Nackens an der verspanntesten Stelle.
Anwendungsgebiete: Bei steifem Hals, Reizbarkeit, Verspannungen im Schultergürtel und Kreislaufbeschwerden.

Himmlische Säule (B 10)
Lage: 1 cm unterhalb der Schädelbasis auf den Muskelsträngen 1 cm zu beiden Seiten der Wirbelsäule.
Anwendungsgebiete: Bei Streß,

Erschöpfung, steifem Hals und Halsentzündung.

Tore des Bewußtseins
(GB 20)
Lage: Unterhalb der Schädelbasis in den je nach Größe des Kopfes 5 bis 8 cm voneinander entfernten Vertiefungen zwischen den beiden großen senkrechten Nackenmuskeln.
Anwendungsgebiete: Bei steifem Hals, Nackenschmerzen, Nackenarthritis und Kopfschmerzen.

Himmelsfenster (DW 16)
Lage: In der Vertiefung an der Schädelbasis 3 bis 5 cm hinter

dem Ohrläppchen, je nach der Größe des Kopfes.

Anwendungsgebiete: Bei steifem Nacken, Verspannungen und Schmerzen im Schultergürtel und Kopfschmerzen

Windvilla (LG 16)

Lage: In der Mitte der Rückseite des Kopfes in der großen Vertiefung unter der Schädelbasis.

Anwendungsgebiete: Gut für Augen, Ohren, Nase und Hals. Hilft auch bei Kopfschmerzen, Schwindel, steifem Nacken, und Nackenschmerzen.

Bambusbohren (B 2)

Lage: In den Vertiefungen der Augenhöhlen zu beiden Seiten der Stelle, an der der Nasenrücken in die Nasenwurzel übergeht.

Anwendungsgebiete: Bei Nackenschmerzen, Kopfschmerzen, Heuschnupfen, Überanstrengung der Augen und Schmerzen im allgemeinen.

Es müssen nicht alle diese Punkte bearbeitet werden. Es genügt oft schon, wenn man nur einen oder zwei der Punkte drückt.

Übungen

Das nachfolgende Akupressurprogramm, das im Sitzen oder Liegen durchgeführt werden kann, hilft Hals und Nacken elastisch und kräftig erhalten und wirkt gegen Verspannungen und Schmerzen im Nackenbereich.

Schritt 1
GB 21 fassen: Die Finger beider Hände krümmen und oben auf die Schultermuskeln nahe der Basis des Nackens legen. Weich einsetzenden kräftigen Druck unmittelbar im Bereich der Schulterspannung anwenden. Das Gewicht der Arme einfach nach vorne sinken lassen und die Finger hakenförmig krümmen.

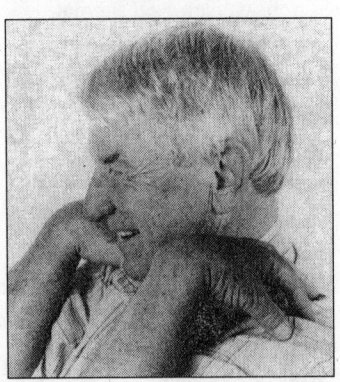

Wenn die Muskeln weicher werden und sich entspannen, mit den Fingerspitzen tiefergehen. Eine Minute lang halten und langsam und tief atmen. Die Hände locker in den Schoß legen und die Schultern mehrmals hochziehen und wieder sinken lassen, damit sie sich völlig entspannen.

Schritt 2
B 10 kräftig drücken: Die Finger wiederum krümmen und alle Fingerkuppen auf die kräftigen Muskelstränge im Nacken legen. Kräftigen Druck auf diese Muskeln beibehalten und den Kopf eine Minute lang nach oben und unten bewegen. Beim Heben des Kopfes einatmen, beim Senken ausatmen. Diese Bewegung gegen den ständigen Druck der Finger mehrmals wiederholen, dabei ständig tief atmen.

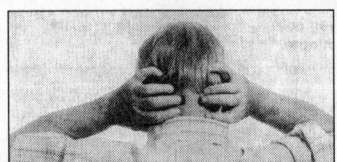

Schritt 3

GB 20 und DW 16 drücken:
Die Daumen unterhalb des
Schädels in die Vertiefungen legen, die 5 bis 8 cm voneinander
entfernt sind. Die Augen schließen und mindestens eine Minute
lang weich nach oben unter den
Schädel drücken. Dann die Daumen nach außen zu DW 16 in die
Vertiefungen hinter den Ohrläppchen führen. Weil dieser
Punkt oft sehr empfindlich ist,
vorsichtig weich nach oben in
die Schädelbasis drücken.

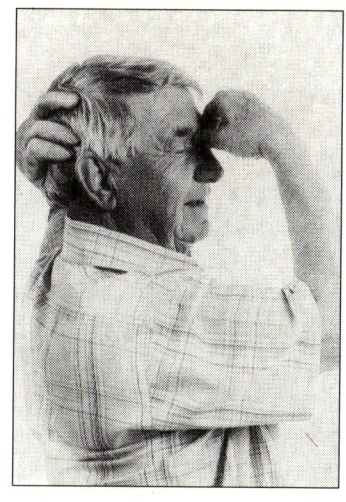

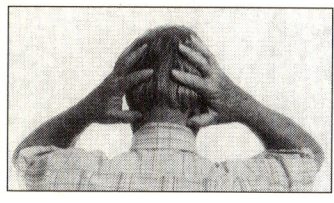

Nackendruckübung

Die Finger im Nacken ver-
schränken und den Kopf nach
vorn hängen lassen, wobei die
Ellbogen möglichst nahe beiein-
ander liegen und nach unten zum
Schoß weisen. Tief einatmen,
den Kopf anheben und die Ellbogen nach außen führen; den
Kopf nach hinten kippen lassen.

Schritt 4

**LG 16 zusammen mit B 2 hal-
ten:** Den linken Daumen in die
große Vertiefung unterhalb der
Mitte des Schädels einsetzen.
Mit Daumen und Zeigefinger
der rechten Hand in die Augenhöhle in der Nähe der Nasenwurzel fassen. Daumen und Zeigefinger zusammenpressen und
nach oben drücken.

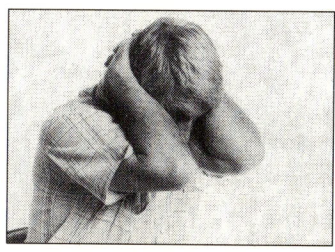

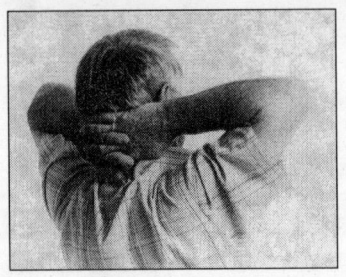

Noch eine Minute mit geschlossenen Augen sitzen und die Entspannung spüren.

Weitere Punkte für Verspannungen und Schmerzen im Nackenbereich

Ausatmen, während der Kopf entspannt nach vorne sinkt und die Ellbogen vor dem Kopf zusammenführt werden. Diese Übung eine bis zwei Minuten lang wiederholen, dann die Hände wieder in den Schoß legen.

Darstellungen weiterer Punkte für Verspannungen und Schmerzen im Nackenbereich siehe in Kapitel 13, »Erkältungen und Grippe«, Kapitel 22, »Kopfschmerzen und Migräne«, und Kapitel 36, »Schmerzen«.

27 Nasenbluten

Allgemeiner Streß, Verletzungen und trockene Luft können für Nasenbluten mit verantwortlich sein. Wenn jedoch Nasenbluten häufig oder regelmäßig auftritt, kann dies Symptom einer komplexeren Erkrankung wie hoher Blutdruck, Leukämie oder Arterioklerose sein, die alle in die Hand des Arztes gehören.

Akupressur kann neben direktem Druck wie zum Beispiel dem Tamponieren der Nase mit steriler Watte und Hochlagerung des Kopfs sehr hilfreich sein. In schweren Fällen können auch Eisbeutel zum Stoppen der Blutung angewandt werden. Weil Streß das autonome Nervensystem aus dem Gleichgewicht bringen und in vielen Fällen auslösend für Nasenbluten sein kann, muß man beim Halten der Akupressurpunkte völlig entspannt sein. Diese Punkte sind ungefährlich, und man kann sie auch seinen Kindern zeigen.

Energiepunkte bei Nasenbluten

Mitte eines Menschen (LG 26)
Lage: Zwei Drittel der Strecke von der Oberlippe bis zur Nase.
Anwendungsgebiete: Dieser Erste-Hilfe-Punkt wird traditionell bei Nasenbluten, Muskelkrämpfen, Ohnmacht und Schwindel angewandt.

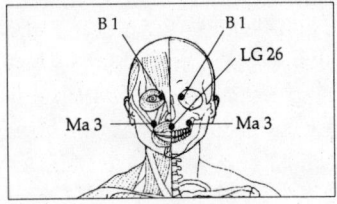

Schönheit des Antlitzes (Ma 3)
Lage: Am unteren Rand des Backenknochens genau unterhalb der Pupille.
Anwendungsgebiete: Bei Nebenhöhlenschmerzen, Übermüdung der Augen und Druck sowie Stauungen in Nase und Kopf.

Leuchtende Augen (B 1)
Lage: In der Vertiefung am Innenwinkel des Auges oberhalb des Tränenkanals.

Anwendungsgebiete: Erste-Hilfe-Akupressurpunkt bei schwerem Nasenbluten. Hilft auch bei Augenschmerzen.

Verbindung mit dem Tal (Hoku) (Di 4)
Achtung: Diesen Punkt nicht bei Schwangeren anwenden, sofern nicht bereits die Wehen eingesetzt haben, da die Stimulierung eine vorzeitige Wehentätigkeit auslösen kann.
Lage: In der Hautfalte zwischen Daumen und Zeigefinger am Handrücken an der höchsten Stelle des Muskels, wenn Daumen und Zeigefinger zusammengepreßt werden.

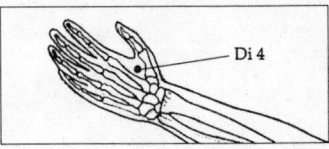

Handrücken

Anwendungsgebiete: Bei Nebenhöhlenschmerzen, Nasenbluten, Heuschnupfen, Kopfschmerzen und Zahnschmerzen.

Windvilla (LG 16)

Lage: In der Mitte der Rückseite des Kopfes in der großen Veriefung unter der Schädelbasis.

Anwendungsgebiete: Gut für Augen, Ohren, Nase und Hals. Hilft bei Kopfschmerzen, steifem Nacken, Nasenbluten und Nackenschmerzen.

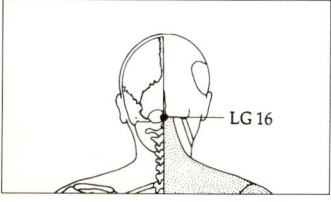

Es müssen nicht alle diese Punkte bearbeitet werden. Es genügt oft schon, wenn man nur einen oder zwei der Punkte drückt.

Übungen

Das nachfolgende Selbstakupressurprogramm bei Nasenbluten kann auf dem Rücken liegend oder im Sitzen mit zurückgeneigtem Kopf durchgeführt
werden.

Schritt 1
**LG 26 zusammen mit LG 16
drücken:** Bei beginnendem Nasenbluten sofort LG 26 (unterhalb der Nasenspitze) kräftig in Richtung des Zahnfleisches drücken. Mit der anderen Hand LG 16 in der großen
Vertiefung unterhalb der Mitte
der Schädelbasis eine Minute
lang drücken und dabei tief atmen.

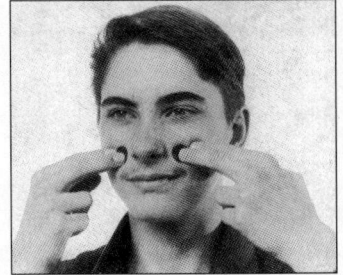

Schritt 2
Beide Punkte Ma 3 halten: Eine weitere Minute mit den Zeigefingern leicht nach oben in eine kleine Vertiefung unterhalb
des Backenknochens drücken
und sich mit jedem tiefem Atemzug entspannen.

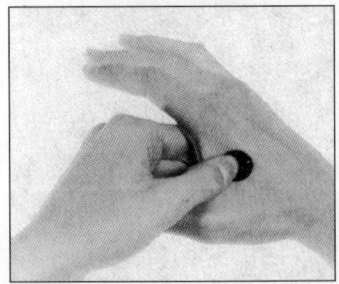

Schritt 3
Di 4 fassen: Daumen und Zeige-

finger auseinanderspreizen und
eine Minute lang in den Muskel
der Hautfalte drücken.
Anschließend die Hautfalte an
der anderen Hand ebenfalls eine
Minute lang drücken.

Weitere Punkte bei Nasenbluten

Darstellungen weiterer Punkte
für Nasenbluten siehe in Kapitel 28, »Nebenhöhlenbeschwerden und Heuschnupfen«.

28 Nebenhöhlenbeschwerden und Heuschnupfen

Akupressurtechniken können bei Nebenhöhlenproblemen helfen, doch ist es wichtig, nicht nur die Symptome zu behandeln, sondern auch die Ursachen des Problems festzustellen und zu beseitigen.

Bei chronischen Nebenhöhlenbeschwerden sollte man immer zum Arzt gehen. In vielen Fällen können Nebenhöhlenbeschwerden auch die Folge starker Emotionen wie Kummer oder von Schuldgefühlen sein. Wenn diese Empfindungen nicht aufgelöst werden, führen sie oft zu Muskelverspannungen in der Brust, wodurch oft auch die Nebenhöhlen verschlossen werden. Akupressur kann diese Spannungen beheben, so daß vielfach auch die Nebenhöhlen wieder frei werden.

Verstopfung, schlechte Ernährung oder mangelnde Bewegung können ebenfalls zu Nebenhöhlenproblemen führen. Um zu prüfen, ob die Ernährung Auswirkungen auf die Nebenhöhlen hat, könnte man – falls der Arzt nicht davon abrät – versuchen, zwei Wochen lang auf alle Molkereiprodukte zu verzichten; dann müßte sich zeigen, ob sich der Zustand der Nebenhöhlen gebessert hat.

Dennis, ein ehemaliger Klient, benutzte die Akupressurpunkte neben der Nase, um sich von der chronischen Nasenverstopfung zu befreien und die Geruchsempfindung wiederherzustellen. Nachdem er diese Punkte mehrmals täglich zwei Wochen lang bearbeitet hatte, stellte er fest, daß sich auch sein Geschmackssinn verbessert hatte.

Strukturell sind die Nebenhöhlen Taschen oder Vertiefungen. Der Akupressurpunkt, der traditionell für die Behandlung von Heuschnupfen und Nebenhöhlenproblemen empfohlen wird, ist Di 4, Verbindung mit dem Tal

(Hoku). Als Fernpunkt für allgemeines Stauungsgefühl und Schmerzen hilft Di 4, die Nebenhöhlen zu öffnen und frei zu machen. B 2 an der Nasenwurzel hilft bei Stirnkopfschmerz und Nebenhöhlenbeschwerden. Auf dem Schädel werden die Punkte LG 20 und B 7 ebenfalls traditionell für das Freimachen des Nasenraums benutzt. Di 20 und Ma 3 auf dem Gesicht sind die wichtigsten Punkte für die Oberkieferhöhlen. Diese Punkte kann man ohne weiteres auch Kindern beibringen.

Energiepunkte bei Nebenhöhlenbeschwerden und Heuschnupfen

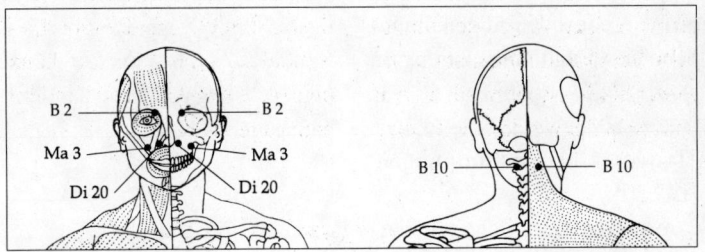

Bambusbohren (B 2)

Lage: In den Vertiefungen der Augenhöhlen zu beiden Seiten der Stelle, an der der Nasenrücken in die Nasenwurzel übergeht.

Anwendungsgebiete: Bei Nebenhöhlenschmerzen, Kopfschmerzen, undeutlichem Sehen, geröteten und tränenden Augen, Heuschnupfen und Überanstrengung der Augen.

Himmlische Säule (B 10)

Lage: Einen Fingerbreit unterhalb der Schädelbasis auf den Muskelsträngen 1 cm zu beiden Seiten der Wirbelsäule.

Anwendungsgebiete: Bei Druckgefühl im Kopf, Heuschnupfen, Streß, Erschöpfung, steifem Nacken, geschwollenen Augen und Halsschmerzen.

Den Himmel durchdringen (B 7)

Lage: Oben auf dem Schädel in einer Linie von der Rückseite der Ohren nach oben einen Daumenbreit neben der Mitte.

Anwendungsgebiete: Bei Kopfschmerzen, verstopfter Nase, Druckgefühl in Nebenhöhlen und Stirn und Störungen des Geruchssinns.

Willkommensduft (Di 20)

Lage: Neben dem Nasenloch.

Anwendungsgebiete: Bei Nebenhöhlenschmerzen, verstopfter Nase, Gesichtslähmung und Schwellung im Gesicht.

Schönheit des Antlitzes (Ma 3)

Lage: Am unteren Rand des

Backenknochens genau unterhalb der Pupille.
Anwendungsgebiete: Bei verstopfter Nase, Druckgefühl im
Kopf, brennenden Augen, Zahnschmerzen und überanstrengten
Augen.

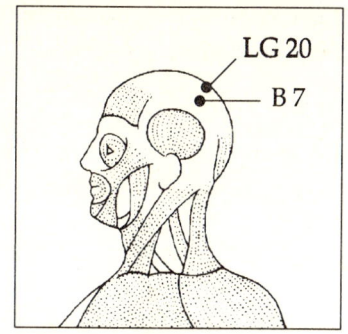

Hundert Übereinstimmungen
(LG 20)
Lage: Auf dem Scheitel zwischen den Schädelknochen.
Zum Auffinden des Punkts hinter den Ohren nach oben zum
Kopf gehen.
Anwendungsgebiete: Bei Druckgefühl in den Nebenhöhlen, Kon-
zentrations- und Gedächtnisschwäche und Kopfschmerzen.

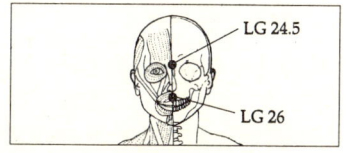

Punkt des Dritten Auges
(LG 24.5)
Lage: Genau zwischen den Augenbrauen in der Vertiefung
zwischen der Nasenwurzel und
der Mitte der Stirn.
Anwendungsgebiete: Bei Heuschnupfen, Druckgefühl in den
Nebenhöhlen, Kopfschmerzen
und überanstrengten Augen.

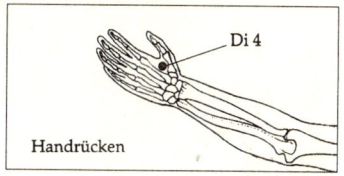

Mitte eines Menschen (LG 26)
Lage: Zwei Drittel der Strecke
von der Oberlippe bis zur Nase.

Anwendungsgebiete: Bei Heuschnupfen, Niesen, Ohnmacht
und Schwindel.

Verbindung mit dem Tal
(Hoku) (Di 4)
Achtung: Diesen Punkt nicht bei
Schwangeren anwenden, da die
Stimulierung eine vorzeitige
Wehentätigkeit auslösen kann.
Lage: In der Hautfalte zwischen
Daumen und Zeigefinger am

Handrücken an der höchsten Stelle des Muskels, wenn Daumen und Zeigefinger zusammengepreßt werden.

Anwendungsgebiete: Bei Kopfschmerzen, Nebenhöhlenschmerzen und Schnupfen sowie Druckgefühl im Kopf.

> *Es müssen nicht alle diese Punkte bearbeitet werden. Es genügt oft schon, wenn man nur einen oder zwei der Punkte drückt.*

Übungen

Die Anwendung des folgenden Programms zur Behandlung oder Vorbeugung kann im Liegen oder bequem sitzend erfolgen.

Schritt 1

B 2 zusammen mit B 10 kräftig drücken: Die linke Hand auf beide Punkte B 2 in der Nähe der Nasenwurzel legen, so daß der Daumen links und der Zeigefinger rechts liegt. Nach oben in die leichten Vertiefungen in den Augenhöhlen drücken. Mit der rechten Hand in den Nacken fassen, so daß die Fingerkuppen links und der Handballen rechts liegt, und die Nackenmuskeln kräftig drücken. Die Augen schließen, tief atmen und diese

Punkte mindestens eine Minute lang halten.

Schritt 2

B 7 halten: Zum Auffinden dieses Punkts legt man die Fingerkuppen beider Hände hinter die Ohren; dann nach oben zum Kopf gehen. Die Punkte befinden sich in den Vertiefungen oben am Kopf und sind etwa 3 cm voneinander entfernt. Tief atmen und diese Punkte eine Minute lang mit den Fingerkuppen halten.

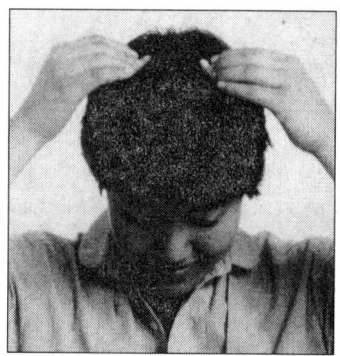

Schritt 3

Di 20 zusammen mit Ma 3 leicht drücken: Unterhalb der Backenknochen neben der Nase

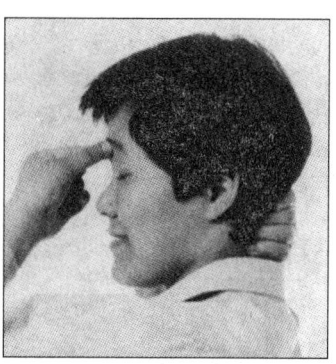

weich nach oben drücken. Beim Halten dieser Punkte tief atmen.

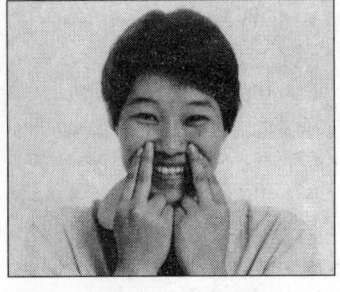

Schritt 4

LG 20 zusammen mit LG 24.5 halten: Die Fingerkuppen der rechten Hand auf LG 20 in einer Vertiefung oben in der Mitte des Kopfs legen (die weiche Stelle beim Baby). Die Kuppe des Mittelfingers der linken Hand leicht auf die Nasenwurzel legen. Eine Minute lang tief atmen.

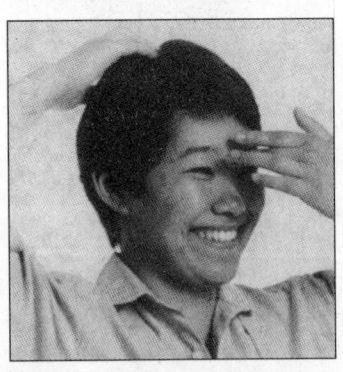

Schritt 5

LG 20 zusammen mit LG 26 drücken: Unter weiterem Drücken auf LG 20 oben am Kopf vom Punkt des Dritten Auges zu LG 26 auf der Oberlippe gehen. Tief atmen und diese wichtigen Energiepunkte eine Minute lang kräftig drücken, um den Heuschnupfen und die Nebenhöhlenbeschwerden zu beseitigen.

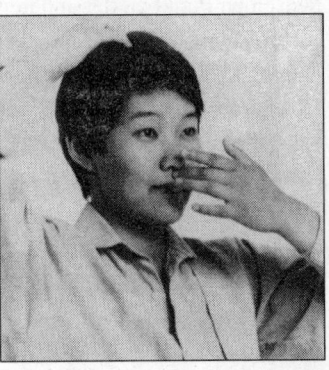

Schritt 6

Di 4 kräftig fassen: Den rechten Daumen in die Vertiefung am linken Handrücken legen, so daß die Finger auf der Handfläche direkt hinter dem Daumen liegen. Daumen und Zeigefinger zusammenpressen und kräftig in die Hautfalte drücken. Den Druck zum Knochen richten, der

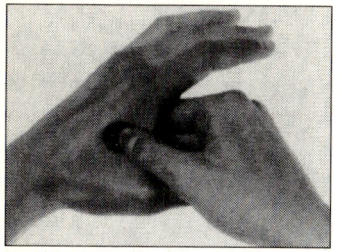

mit dem linken Zeigefinger verbunden ist. Langsam und tief atmen und diesen Punkt dreißig
Sekunden lang drücken. Dann
denselben Punkt an der anderen
Seite weitere dreißig Sekunden
halten. Dieser stauungslösende
Fernpunkt kann jederzeit für
sich allein angewandt werden,

um Nebenhöhlenschmerzen und
Heuschnupfen zu lindern.

**Zusätzliche Punkte für die
Beseitigung von Neben-
höhlenbeschwerden und
Heuschnupfen**

Darstellungen weiterer Punkte
für die Beseitigung von Nebenhöhlenproblemen und Heu-
schnupfen siehe in Kapitel 13,
»Erkältungen und Grippe«, Kapitel 22, »Kopfschmerzen und
Migräne«, und Kapitel 27, »Nasenbluten«.

29 Ohnmacht

Die Akupressurpunkte für die Wiederbelebung bei einer Ohnmacht regen die Körpersysteme an, den Körper zu harmonisieren und zu verjüngen. Einer der berühmtesten Wiederbelebungspunkte ist LG 26 auf der Oberlippe. Man kann diesen Punkt

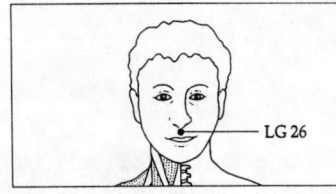

allein oder zusammen mit einer Reihe anderer Punkte anwenden, um sofort Gegenmaßnahmen zu ergreifen, wenn man das Gefühl hat, ohnmächtig zu werden. Diese Punkte wirken auch auf die natürlichen Harmonisierungsmechanismen des Körpers zur Wiederherstellung der Gesundheit.

Ich war auf der Verlobungsparty eines Freundes, als Frank, ein junger Gast, plötzlich in Ohnmacht fiel. Er hatte offenbar Sekt auf nüchternen Magen getrunken. Zum Glück fiel er auf eine Couch und brach sich nichts. Bevor jemand einen Arzt erreichen konnte, drückte ich den Akupressurpunkt in der Mitte seiner Oberlippe direkt unterhalb der Nase und brachte ihn wieder zu Bewußtsein. Franks Angehörige waren ebenso dankbar wie beeindruckt von der Wirksamkeit der Akupressur.

Wenn Sie infolge einer allgemeinen Schwäche zu Ohnmachtsanfällen neigen, arbeiten Sie dreimal täglich mit den nachfolgenden Punkten, um ihr Nervensystem zu kräftigen.

Wenn jedoch wiederkehrende Ohnmachtsanfälle oder Konvulsionen auftreten, sollte man immer einen Arzt zu Rate ziehen.

Energiepunkte bei Ohnmacht und Schwäche

Mitte eines Menschen
(LG 26)
Lage: Zwei Drittel der Strecke
von der Oberlippe bis zur Nase.
Anwendungsgebiete: Dieser Er-
ste-Hilfe-Punkt wird traditio-
nell bei Krämpfen, Ohnmacht,
Schwindelgefühl, Epilepsie, Wir-
belsäulenschmerzen und starker
Erregung angewandt.

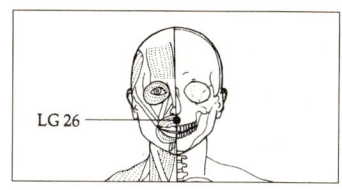

Meer der Vitalität (B 23 und
B 47)
Achtung: Nicht auf schwache
Bandscheiben oder gebrochene
Knochen drücken. Wenn man
einen schwachen Rücken hat,
können einige Minuten gleichbleibender, leichter Berührung
anstelle von Druck sehr heilend
sein. Wenn man Fragen hat oder
Rat braucht, sollte man zuerst
zum Arzt gehen.
Lage: Im Kreuzbereich zwei
bzw. vier Fingerbreit zu beiden
Seiten der Wirbelsäule in Höhe
der Taille.
Anwendungsgebiete: Bei Ohnmachtsanfällen, Schwindel, Ermüdung, extremer Schwäche
und Labilität.

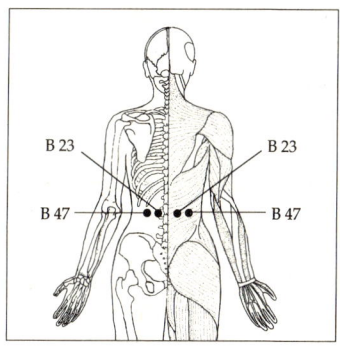

Sprudelnde Quellen (N 1)
Lage: An der Unterseite des Fußes zwischen den beiden Ballen.
Anwendungsgebiete: Erste-Hilfe-Punkt bei Ohnmacht, Schock
und Krämpfen.

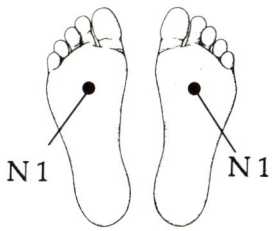

Dreimeilenpunkt (Ma 36)
Lage: Vier Fingerbreit unterhalb
der Kniescheibe einen Fingerbreit außerhalb des Schienbeins.
Wenn man an der richtigen Stelle ist, tritt ein Muskel hervor,
sobald man mit dem Fuß wippt.
Anwendungsgebiete: Kräftigt
den ganzen Körper, tonisiert die
Muskeln und stabilisiert bei
Schwäche, Müdigkeit, Schwindel oder Ohnmacht.

Höchste Flut (Le 3)
Lage: Am Fußrücken in der Senke zwischen der großen und der
zweiten Zehe.
Anwendungsgebiete: Bei Ohnmacht, Schwindel, Erschöpfung, Kopfschmerzen, kleineren
nervösen Störungen und Kater.

*Es müssen nicht alle diese
Punkte bearbeitet werden. Es
genügt oft schon, wenn man
nur einen oder zwei der
Punkte drückt.*

Übungen

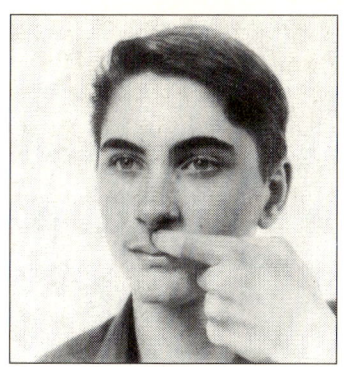

In einer bequemen Position sitzen.

Schritt 1
LG 26 kräftig drücken: Mit dem Zeigefinger zwischen der Basis der Nase und der Oberlippe drücken. Finger kräftig einsetzen und eine Minute in die Mitte des oberen Zahnfleisches drücken.

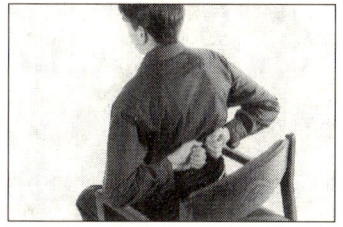

Schritt 2
B 23 und B 47 drücken: Fäuste machen und die Knöchel in die Kreuzgegend legen. Eine Minute lang schnell auf- und abwärts reiben, um diese Vitalitätspunkte zu stimulieren.

Zum Abschluß dieses Programms die Schuhe ausziehen.

Schritt 3
Ma 36 kräftig reiben: Die rechte Ferse auf Ma 36 des linken Beins legen und eine Minute lang kräftig reiben. Am anderen Bein ebenso verfahren. Dies wirkt belebend und kräftigt alle Körpersysteme.

Schritt 4
Le 3 reiben: Beide Mittel- und
Zeigefinger am Fußrücken zwi-
schen die große und die zweite
Zehe legen. In der Vertiefung
zwischen den beiden Knochen
oberhalb dieser Zehen dreißig
Sekunden kräftig reiben.

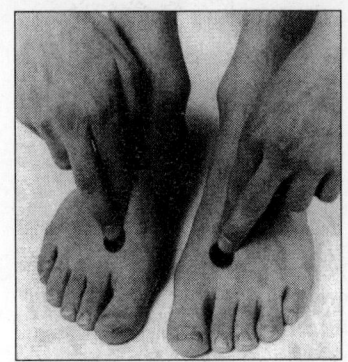

Schritt 5
N 1 drücken oder reiben: Eine
Faust machen und die Fußsohle
dreißig Sekunden lang reiben.
Dann mit der anderen Hand die
Sohle des gegenüberliegenden
Fußes reiben. Man kann aber
auch N 1 einfach mit Daumen
oder Fingerkuppen halten. Dieser Erste-Hilfe-Punkt bietet eine
einfache Möglichkeit, schnell
wieder zu Kräften zu kommen,
wenn man sich erschöpft oder
schwach fühlt.

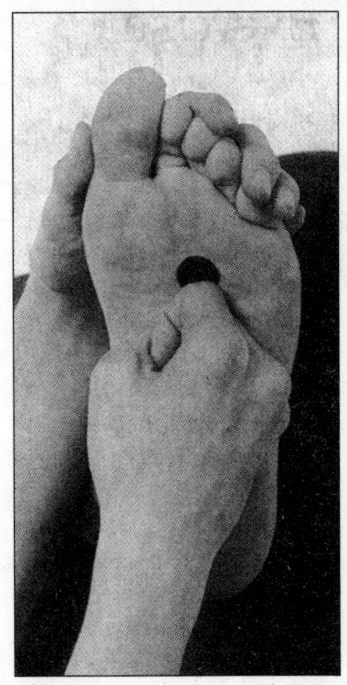

**Weitere Punkte bei
Ohnmacht und Schwäche**

Darstellungen weiterer Punkte
bei Ohnmacht und Schwäche
siehe in Kapitel 10, »Chronisches Ermüdungssyndrom«,
Kapitel 17, »Immunsystem-
kräftigung«, und Kapitel 14, »Gedächtnis und Konzentration«.

30 Ohrenschmerzen

Nie werde ich das Erlebnis vergessen, wie ich einmal im Flugzeug einer reizenden Neunjährigen namens Julie zeigte, wie sie sich von ihren Ohrenschmerzen befreien könnte. Wir waren im Anflug auf San Francisco. Während das Flugzeug rasch sank, hielt sich Julie plötzlich ihre Ohren und begann zu weinen. Ihre Mutter warf mir einen bekümmerten Blick zu und schüttelte hilflos ihren Kopf: »Es ist immer dasselbe, wenn wir fliegen.« Ohne Julie überhaupt zu berühren, zeigte ich ihr, wie sie die Akupressurpunkte unterhalb ihres Ohrläppchens drücken müsse, um die Schmerzen und den Druck zu beseitigen. Sie befolgte meine Anweisungen, und nach wenigen Minuten waren ihre Ohrenschmerzen völlig verschwunden, und sie lächelte

wieder. Ihre Mutter war völlig verdutzt – und dankbar. Es war das erste Mal, daß ihre Tochter ohne Ohrenschmerzen und Tränen landete!

Akupressur hilft Ohrenschmerzen beseitigen und wirkt gegen Entzündungen. Bei Verdacht auf einen Infekt ist allerdings Akupressur als Behandlung nicht die erste Wahl, und man sollte immer zum Arzt gehen. Wenn dagegen die Ohren einfach gegen Kälte oder Druckwechsel in Luft oder Wasser empfindlich sind, kann Akupressur das richtige Mittel sein.

Die nachfolgenden Akupressurpunkte helfen auch gegen den Druck, den Wasser im Ohr verursachen kann. Sie können von Kindern ebenso wie von Erwachsenen angewandt werden.

Energiepunkte bei Ohrenschmerzen

Ohrenpforte (DW 21)
Ort des Zuhörens (Dü 19)
Vereinigung des Hörens
(GB 2)
Lage: Dü 19 befindet sich unmittelbar vor dem Gehörgang
in einer Vertiefung, die tiefer
wird, wenn man den Mund öffnet. DW 21 befindet sich 1 cm
über diesem Punkt, GB 2 1 cm
darunter.
Anwendungsgebiete: Bei Ohrenschmerzen und Hörproblemen,
Druckgefühl im Ohr, Kiefergelenkprobleme, Zahnschmerzen
und Kopfschmerzen.

Windschutz (DW 17)
Lage: In der Vertiefung hinter
dem Ohrläppchen.
Anwendungsgebiete: Bei Ohrenschmerzen, Krämpfe der Gesichtsmuskulatur, Kieferschmerzen, juckende Ohren, geschwol-
lener Hals und Mumps sowie
Zahnschmerzen.

Größerer Bach (N 3)
Dieser Punkt hilft besonders gut
bei Weisheitszahnschmerzen.
Achtung: Dieser Punkt darf nach
dem dritten Schwangerschaftsmonat nicht mehr kräftig stimuliert werden.

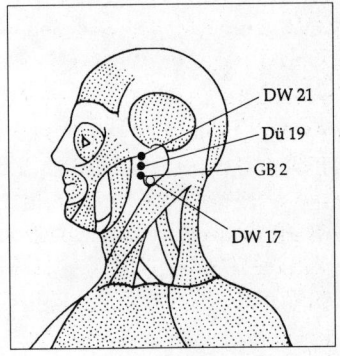

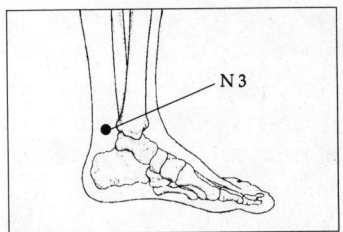

Lage: In der Vertiefung in der Mitte zwischen dem inneren Knöchel und der Achillessehne hinter dem Knöchel.

Anwendungsgebiete: Bei Ohrenschmerzen und Ohrensausen.

Es müssen nicht alle diese Punkte bearbeitet werden. Es genügt oft schon, wenn man nur einen oder zwei der Punkte drückt.

Übungen

Sich hinlegen oder bequem hinsetzen.

Schritt 1

DW 21, Dü 19 und GB 2 drücken: Mit den Kuppen der Mittelfinger den mittleren Punkt Dü 19 in der Vertiefung aufsuchen, die tiefer wird, wenn man den Mund öffnet. Dann den Ringfinger unmittelbar darüber auf DW 21 und den Zeigefinger darunter auf GB 2 legen. Alle drei Punkte

zu tun zu haben scheint, diesen bis zu zehn Minuten halten, bis der Schmerz und der Druck weichen.

Schritt 2

DW 17 leicht drücken: Mittelfinger in die Vertiefungen hinter den Ohrläppchen einsetzen. Diese Punkte sind oft sehr empfindlich. Die Punkte leicht drücken, dabei zwei Minuten tief einatmen.

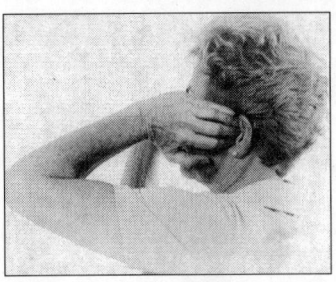

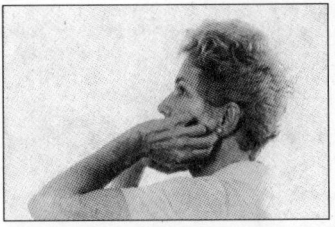

Schritt 3

Zu DW 21, Dü 19 und GB 2 zurückkehren: Diese Punkte vor dem Ohr erneut drücken und weitere zwei Minuten halten, dabei langsam und tief atmen.

drei Minuten gleichzeitig auf beiden Seiten des Gesichts mit teilweise geöffnetem Mund und geschlossenen Augen halten und sich dabei auf eine tiefe Atmung konzentrieren.

Wenn einer dieser Punkte speziell mit den Ohrenschmerzen

Schritt 4

N 3 drücken: Das Programm mit einem Fernpunkt gegen Oh-

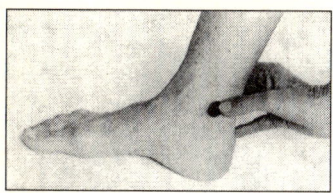

renschmerzen abschließen. N 3 befindet sich zwischen der Innenseite des Knöchels und der Achillessehne hinten am Knöchel. Mit dem Daumen den Punkt am rechten Knöchel und mit der linken Hand am linken Knöchel drücken. An beiden Seiten eine Minute kräftig drükken.

Dieses Programm dreimal täglich durchführen. Zum Arzt gehen, wenn die Ohrenschmerzen nicht nach einigen Tagen verschwunden sind.

31 Reisekrankheit, morgendliches Erbrechen und Übelkeit

In Seminaren und Vorträgen habe ich Hunderten von Menschen gezeigt, wie sie mit Hilfe von Selbstakupressur etwas gegen Übelkeit, Reisekrankheit, Luftkrankheit und sogar Seekrankheit unternehmen können: beide Seiten des Fernpunkts P 6 drücken (im folgenden beschrieben). Dies wirkt innerhalb weniger Minuten.

Meine Schwester wandte diesen Punkt während ihrer Schwangerschaft an, um sich von ihrer morgendlichen Übelkeit zu befreien.

Übelkeit kann verursacht sein durch Nervosität, Verdauungsstörungen, Störungen im Unterleibsbereich und Verschlucken von Chemikalien oder Giften einschließlich bestimmter Arzneimittel und Alkohol. Erkrankungen wie Magenkrebs, Gastritis, Magengeschwüre, Meningitis und Diabetes können neben vielen anderen ebenfalls Übelkeit auslösen, weshalb man zum Arzt gehen sollte, wenn die Übelkeit sehr stark oder anhaltend ist.

Akupressur kann bei Übelkeit helfen, insbesondere dann, wenn diese durch körperliche oder seelische Störungen verursacht ist oder verschlimmert wird. Wenn sich Spannungen im Bauchbereich konzentrieren, behindert dies die Durchblutung des Unterleibs, belastet den Verdauungstrakt und führt dazu, daß man sich unwohl fühlt. Sanfte Akupressur, die man lokal an der Basis des Brustkorbs sowie an zwei Fernpunkten innen am Handgelenk anwendet, beseitigt die Übelkeit. Man kann diese Punkte auch seinem Kind bei Reisekrankheit oder einer Magengrippe zeigen, und dieselben Punkte sind bei morgendlichem Erbrechen wirksam.

Energiepunkte bei Reisekrankheit, morgendlichem Erbrechen und Übelkeit

Himmliche Erscheinung
(Dü 17)
Lage: In der Vertiefung zwischen dem Ohrläppchen und der Spitze des Kieferknochens.
Anwendungsgebiete: Bei Übelkeit, Ohrenschmerzen, Gesichtslähmung oder -spasmen, Kieferschmerzen, Juckreiz in den Ohren und geschwollenem Hals.

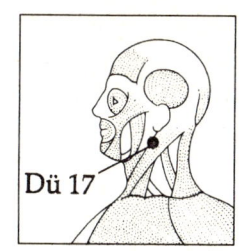

Mittler (P 5)
Lage: Vier Fingerbreit über der Mitte der inneren Handgelenkfalte zwischen den Sehnen.
Anwendungsgebiete: Bei verdorbenem Magen, Übelkeit und Erbrechen.

Innere Pforte (P 6)
Lage: In der Mitte der Innenseite des Unterarms zweieinhalb Fingerbreit von der Handgelenkfalte entfernt.
Anwendungsgebiete: Bei Übelkeit, Verdauungsstörungen, Magenschmerzen und Handgelenkschmerzen.

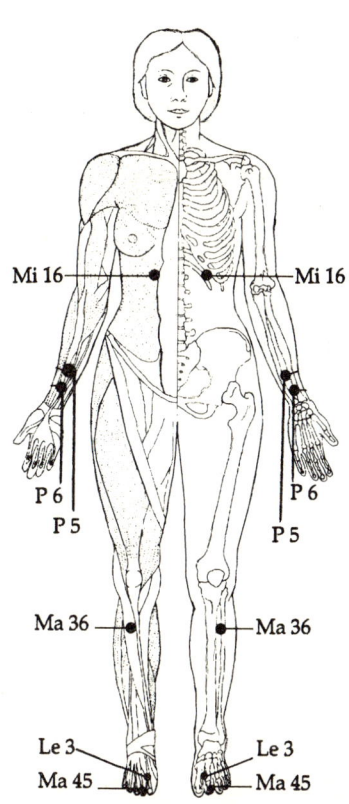

Unterleibskummer (Mi 16)
Lage: Am unteren Rand des Brustkorbs (am Übergang vom neunten Rippenknorpel zur achten Rippe) 1 cm innerhalb der Linie durch das Ohrläppchen.

Anwendungsgebiete: Bei Verdauungsstörungen, unregelmäßigem Appetit, Unterleibskrämpfen und Schluckauf.

Dreimeilenpunkt (Ma 36)
Lage: Vier Fingerbreit unterhalb der Kniescheibe einen Fingerbreit außerhalb des Schienbeins. Wenn man an der richtigen Stelle ist, tritt ein Muskel hervor, sobald man mit dem Fuß wippt.

Anwendungsgebiete: Unterstützt die Verdauung und hilft bei Übelkeit, Magenbeschwerden und Ermüdung.

Höchste Flut (Le 3)
Lage: Am Fußrücken in der Senke zwischen dem großen und der zweiten Zehe.

Anwendungsgebiete: Bei Übelkeit und Krämpfen.

Strenger Mund (Ma 45)
Lage: Außen am Nagelbett der zweiten Zehe.

Anwendungsgebiete: Bei Übelkeit, Verdauungstörungen, Lebensmittelvergiftung, Zahnschmerzen und Unterleibsbeschwerden.

Es müssen nicht alle diese Punkte bearbeitet werden. Es genügt oft schon, wenn man nur einen oder zwei der Punkte drückt.

Übungen

Das folgende Programm kann man jederzeit in einer bequemen Sitzhaltung durchführen.

Schritt 1

Dü 17 leicht drücken: Die Kuppen von Mittel- und Zeigefinger unter das Ohrläppchen legen. Eine Minute lang tief atmen und weich einsetzend leichten Druck anwenden. Dieser Punkt ist in der Regel gegen Fingerdruck überaus empfindlich. Vorsichtig arbeiten, Fingerdruck sehr langsam und sanft einsetzen.

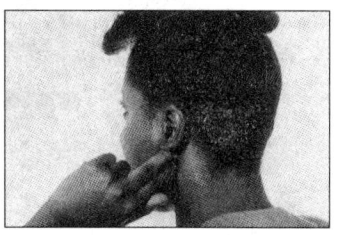

Schritt 2

P 5 und P 6 kräftig drücken: Den rechten Daumen drei Fingerbreit von der Mitte der Handgelenkfalte auf die Innenseite des linken Unterarms legen. Mit den Fingerkuppen ein Widerlager bilden und eine Minute lang kräftig drücken, dabei mehrmals langsam und tief atmen. Dann den Daumen zwei Fingerbreit von der Handgelenkfalte einsetzen und eine weitere Minute Druck anwenden. Diese Punkte am anderen Handgelenk ebenfalls jeweils eine Minute lang kräftig drücken, dabei tief atmen.

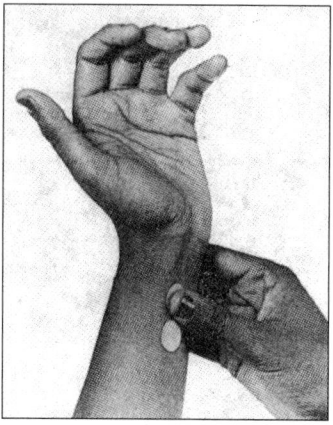

Schritt 3

Mi 16 halten: Die Finger krümmen und unten am Brustkorb direkt unterhalb der Brustwarze einsetzen. Diese Punkte eine Minute lang fest gedrückt halten; dabei mit geschlossenen Augen langsam und tief atmen.

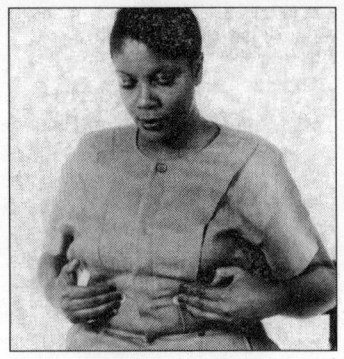

Die Schuhe auszuziehen und die nächsten drei Schritte durchführen, wenn die Übelkeit noch anhält.

Schritt 4
Ma 36 stimulieren: Die rechte Faust außen auf das rechte Bein,

die linke Faust außen auf das linke Bein legen. Dreißig Sekunden lang neben dem Schienbein auf- und abwärts reiben.

Schritt 5
Le 3 reiben: Die rechte Ferse oben auf den linken Fuß zwischen die Knochen legen, die mit der großen und der zweiten Zehe verbunden sind. Mit der Ferse diesen Punkt dreißig Sekunden lang kräftig reiben. Am anderen Fuß ebenso verfahren.

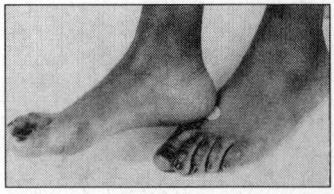

Schritt 6
Ma 45 drücken: Mit Daumen und Mittelfinger beide Seiten des Nagelbetts der zweiten Zehe drücken. Auf beiden Füßen dreißig Sekunden lang halten.

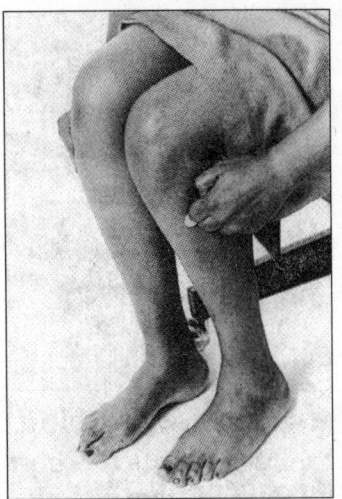

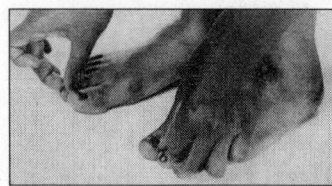

Wenn die Übelkeit noch immer anhält, kann ein kurzer Spaziergang, bei dem man die Hände locker seitlich schwingt, für eine Beruhigung des Magens sorgen. Sich nicht hinlegen – dies verschlimmert alles nur. Bewegung in kühler, frischer Luft ist das beste.

Weitere Punkte gegen Übelkeit

Darstellungen weiterer Punkte gegen Reisekrankheit, morgendliches Erbrechen und Übelkeit siehe in Kapitel 24, »Magenschmerzen, Verdauungsstörungen und Sodbrennen«.

32 Reizbarkeit, Frustration und Bewältigung von Veränderungen

Alles geht seinen eigenen Gang. Jede Blume und jeder Baum reift in seinem eigenen Rhythmus. Auch die Menschen haben unterschiedliche Rhythmen der Veränderung und Entwicklung. Wenn wir aber gereizt und frustriert sind, stehen wir nicht mehr im Strom desjenigen, was in unserem Leben geschieht, sondern forcieren etwas oder sperren uns gegen etwas. Der Schlüssel zur Beseitigung von Frustrationen liegt darin, unsere Perspektiven zu erweitern und zu akzeptieren, daß wir nicht uneingeschränkt Herr einer Situation sein können.

»Wenn man sich einem Hemmnis gegenüber sieht ... dürfen wir nicht blindlings nach vorwärts streben, das führt nur zu Verwicklungen. Sondern es ist richtig, sich zunächst zurückzuziehen, nicht um den Kampf aufzugeben, sondern um den richtigen Augenblick für das Handeln abzuwarten.« Normalerweise ist es am besten, daß man »das Hemmnis ... umgeht und auf der Linie des geringsten Widerstands zu überwinden sucht.«[1]

Wenn Sie wieder einmal frustriert sind, betrachten Sie Ihre Situation einmal einen Augenblick aus der Distanz, und prüfen Sie, was eigentlich vorgeht. Worin besteht das Hindernis? Prüfen Sie, was es für Sie bedeutet und ob sich in ihm vielleicht eine Selbstbehinderung ausdrückt (»Ich kann nicht«, »Ich will nicht«, »Ich bin nicht gut, clever, begabt oder reich genug«, »Es ist zu schwierig«, usw.).

Versuchen Sie, das Hindernis als nur einen Aspekt Ihres Lebens wahrzunehmen. Versuchen Sie, es als Ihre eigene Wahl zu verstehen, als Ihren eigenen Ent-

1   *I Ging.* Übersetzt von Richard Wilhelm (München: Diederichs, 1990), 151.

schluß, sich damit auseinander-
zusetzen, statt sich als Opfer einer Situation zu sehen und sich
von der eigenen Frustration
überwältigen zu lassen. Wenn
man einer Situation ohne Zorn
oder Widerwillen begegnet,
können sich neue Möglichkeiten
zeigen.

Manchmal ist es gut, das Hindernis einfach zu akzeptieren und es
vorübergehend auf sich beruhen
zu lassen; ein andernmal ist es
besser, es aufzuarbeiten. Folgen
Sie Ihrer Intuition, und tun Sie
dasjenige, was Ihnen ein gutes
Gefühl gibt.

Linda, die ich schon sehr lange
kenne, hatte Probleme mit ihrem
halbwüchsigen Sohn Danny.
Seit kurzem trieb er sich mit
Burschen herum, die dem Alkohol verfallen waren. Sie machte
sich nicht nur Sorgen um das
Wohlergehen ihres Sohnes, sondern ärgerte sich auch darüber,
daß sein mangelndes Verant-
wortungsgefühl ihre eigenen
Pläne durcheinanderbrachte.

Danny, der an diesem Nachmit-
tag zu Hause sein wollte, kam
über eine dreiviertel Stunde zu
spät, und Linda wollte eine Reise antreten. Statt sich nun nervös

machen zu lassen, führte Linda
eine halbe Stunde lang die in
diesem Kapitel beschriebenen
Akupressur- und Tiefatemübungen durch. Als Danny nach Hause kam und sich mit dem Ver-
kehrsgewühl entschuldigte, hatte Linda eine klarere Perspektive
bezüglich der Situation gewonnen und konnte mit ihrem Sohn
zu einer konkreten Abmachung
kommen, die es ihr erlaubte, ruhig und gelassen wegzufahren.

Wir werden ständig auf die Pro-
be gestellt. Wenn man eine fru-
strierende Erfahrung als etwas
wahrnehmen kann, das man aus
freiem Willen annimmt, kann
man sie in eine Chance des
Wachstums verwandeln.

Bereiche verspannter Muskulatur

Frustrationen und Ärger »sammeln sich« hauptsächlich in
Schultern, Nacken, Sonnengeflecht und Hüften. Akupressur in
diesen Bereichen kann helfen,
diese schädlichen Emotionen zu
beseitigen und gesundheits-
schädliche Impulse wie Rau-
chen, Trinken und überreichli-

ches Essen zu vermeiden, die oft auf ein emotionelles Ungleichgewicht zurückgehen (die nachfolgenden Punkte sind weiter unten in diesem Kapitel ausführlicher beschrieben).

• *Schultern:* Der Energiepunkt GB 21 beseitigt Verspannungen in den Schultern und hilft, mit Reizbarkeit umzugehen.

• *Sonnengeflecht:* Dieser Bereich hat mit der persönlichen Kraft und dem Selbstbild zu tun. Spannungen in diesem Bereich können aus einer Unsicherheit gegenüber sich selbst und den eigenen Fähigkeiten oder umgekehrt aus einer Angst vor der eigenen Kraft hervorgehen, die die Neider und Widersacher auf den Plan rufen könnte – einer Angst vor dem Erfolg. Der Energiepunkt EG 12 in der Magengrube hilft tiefsitzende Frustrationen beseitigen, die mit einem Aspekt Ihres eigenen Lebens oder von Ihnen selbst zu tun haben, den Sie unterdrücken oder einschränken.

• *Nacken:* Verspannungen im Nacken haben oft mit Ärger zu tun. Frustrationen können buchstäblich Nackenschmerzen bereiten. Unterdrückter Ärger, den man »schluckt« statt zu sagen, was man sagen möchte, führt zu Nackenverspannungen. Der Energiepunkt GB 20 unterhalb der Schädelbasis hilft, sich von Nackenschmerzen und Verspannungen zu befreien.

• *Hüften:* Auch die Hüften stehen in einem Zusammenhang mit Frustrationen und Reizbarkeit. Menschen, die beim Stehen die Hände in die Hüfte stemmen, sind oft frustriert oder gereizt. Es ist kein Zufall, daß sie dabei instinktiv auch Akupressurpunkte halten, die gegen diese Frustration helfen können. Die Energiepunkte GB 30 und B 48 im Beckenbereich helfen Muskelspannungen im Kern der Irritationen und aufgestaute Frustrationen beseitigen.

Das Gegenteil von Frustration und Ärger ist Wohlbefinden, das Gefühl, »im Strom« der Dinge zu stehen, eine Empfindung der Harmonie und Lebendigkeit. Die in diesem Kapitel beschriebenen Akupressurpunkte wirken auf die Bereiche, in denen sich häufig Spannungen im Zusammenhang mit Reizbarkeit und Frustration ansammeln. Der

Punkt des Dritten Auges (EG 24.5) und das Meer der Ruhe (EG 17), die den Geist beruhigen und entspannen, erlauben es uns auch, neue Erkenntnisse ins Auge zu fassen. Man kann diese Punkte seinen Kindern beibringen, um ihnen zu helfen, mit Frustration und Reizbarkeit umzugehen.

Ich selbst arbeite täglich mit diesen Punkten. Ich halte EG 17 in der Mitte meines Brustbeins, wenn ich mich frustriert, gereizt oder angespannt fühle. Dieser Punkt löst die Spannung in meiner Brust und läßt mich tief atmen, was sofort beruhigend wirkt. Weiterhin benutze ich den Punkt des Dritten Auges in vielfältiger Weise, um mehr von meinem Leben zu haben. Man kann seine Gedanken sammeln und sich revitalisieren, indem man die Augen schließt und sie nach oben dreht, während man gleichzeitig die Augenbrauen hochzieht und den Punkt zwischen den Brauen leicht berührt. Ein paarmal atmen und die ganze Aufmerksamkeit auf diesen Punkt richten. Diese Konzentration auf den eigenen Geist und Körper kann die kurze Entspannung und den Freiraum verschaffen, den man braucht, um neue Energie für die Bewältigung von Veränderungen zu schöpfen.

Energiepunkte bei Frustration und Reizbarkeit

Schulterquelle
(GB 21)

Achtung: Schwangere dürfen diesen Punkt nur leicht drükken.

Lage: Am höchsten Punkt des Schultermuskels in der Mitte zwischen der äußeren Schulterspitze und der Wirbelsäule.

Anwendungsgebiete: Bei Frustration, Reizbarkeit, Ermüdung, verspannten Schultern und Nervosität.

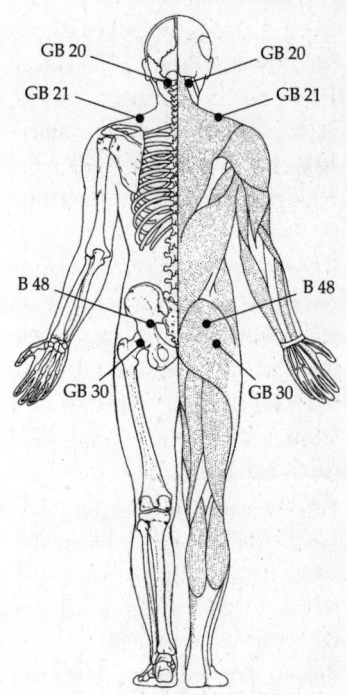

Zentrum der Macht
(EG 12)

Achtung: Diesen Punkt bei schweren Erkrankungen nicht tief drücken. Siehe Warnhinweis auf Seite 27. Aber auch wenn keine Krankheit vorliegt, sollte man diesen Punkt nicht länger als zwei Minuten halten und ihn nur bei relativ leerem Magen anwenden.

Lage: Auf der Mittellinie des Körpers in der Mitte zwischen der Basis des Brustbeins und dem Nabel.

Anwendungsgebiete: Bei Frustrationen, Magenschmerzen,

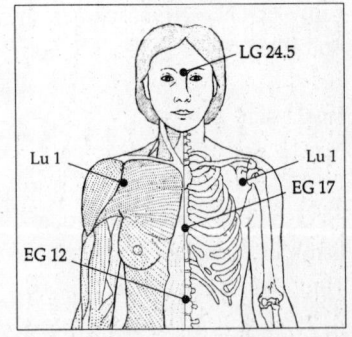

Unterleibskrämpfen, Verdauungsstörungen, emotionellem Streß und Kopfschmerzen.

Genitalienpunkt
(B 48)
Lage: Zwei Fingerbreit außerhalb der breitesten Stelle des Kreuzbeins in Höhe des Hüftbeins.

Anwendungsgebiete: Bei Frustrationen, Irritationen, Verspannungen des Beckens, Ischias, Kreuzschmerzen und Rückenschmerzen.

Springender Kreis
(GB 30)
Lage: In der Mitte einer jeden Gesäßbacke hinter dem am weitesten vorspringenden Teil des Oberschenkelknochens.

Anwendungsgebiete: Bei Frustrationen, Ärger, Hüftschmerzen, Ischias, Kreuzschmerzen und Rheuma.

Loslassen
(Lu 1)
Lage: Im äußeren oberen Brustbereich vier Fingerbreit oberhalb der Achselfalte und einen Fingerbreit nach innen.

Anwendungsgebiete: Bei Atembeschwerden, Beklemmung und Druckgefühl in der Brust, emotionellen Belastungen, Husten, Asthma und Hautproblemen.

Tore des Bewußtseins
(GB 20)
Lage: Unterhalb der Schädelbasis in den je nach Größe des Kopfes 5 bis 8 cm voneinander entfernten Vertiefungen zwischen den beiden großen senkrechten Nackenmuskeln.

Anwendungsgebiete: Bei Reizbarkeit, Kopfschmerzen, Schwindel, Arthritis, Nackenschmerzen, Verletzungen, Trauma, Schock und hohem Blutdruck.

Punkt des Dritten Auges
(LG 24.5)
Lage: Genau zwischen den Augenbrauen in der Vertiefung zwischen der Nasenwurzel und der Mitte der Stirn.

Anwendungsgebiete: Hilft bei geistigem und seelischem Ungleichgewicht, Heuschnupfen, Kopfschmerzen, Verdauungsstörungen, Magengeschwürschmerz und überanstrengten Augen.

Meer der Ruhe

(EG 17)

Lage: In der Mitte des Brustbeins drei Daumenbreit oberhalb der Basis des Knochens.

Anwendungsgebiete: Bei Nervosität, Ängstlichkeit, Frustration, Reizbarkeit, Stauungen in der Brust, Schlaflosigkeit und Depressionen.

> *Es müssen nicht alle Punkte bearbeitet werden. Es genügt oft, wenn man nur einen oder zwei der Punkte drückt.*

Übungen

Sich bequem hinsetzen und tief atmen, während man die nachfolgenden Punkte hält.

Schritt 1

GB 21 kräftig drücken: Die Fingerkuppen oben auf die Schultern legen, die Finger krümmen und direkt in die Schulterspannung drücken. Den Kopf beim Einatmen nach oben und hinten führen; ausatmen, wenn man den Kopf wieder senkt. Diese Schulterpunkte eine Minute lang halten und mit dieser weichen Kopfbewegung fortfahren, während man tief atmet.

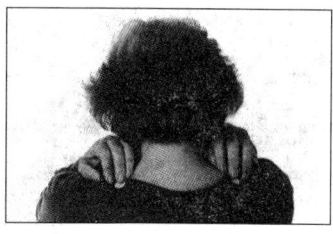

Schritt 2

EG 12 drücken: Die Fingerkuppen beider Hände zwischen Nabel und Basis des Brustbeins legen. Weich nach innen und

oben drücken und den Oberkörper nach vorne neigen; tief in die Magengrube drücken und dabei eine Minute lang tief atmen.

Für die nächsten beiden Punkte sich nach vorn zur Stuhlkante neigen oder im Stehen arbeiten. Wenn man noch mindestens zehn Minuten Zeit hat und sich bequem auf einen Teppichboden legen kann, statt Schritt 3 die Frustrationsübung durchführen, die nach diesen Energiepunkt-übungen folgt. Diese Übung

wird es Ihnen ermöglichen, die Punkte mit größerer Kraft und Tiefe zu stimulieren.

Schritt 3
B 48 und GB 30 drücken: Die Daumen in die Muskeln der Gesäßbacken drücken und B 48 unmittelbar unterhalb des Kreuzbereichs drücken. Mehrmals langsam und tief atmen, während man eine Minute lang kräftig nach innen (in Richtung des Beckens) drückt.
Anschließend Fäuste machen und 2 cm nach unten und 2 cm nach außen schieben; an dieser Stelle GB 30 eine weitere Minute drücken.

Diese Selbstakupressurbehandlung bequem im Sitzen abschließen.

Schritt 4
Lu 1 drücken: Die Daumen auf den oberen äußeren Brustbereich legen und dort nach Spannungen tasten. Kräftigen Kontakt mit den Muskeln herstellen, die vier Fingerbreit oberhalb und einen Fingerbreit innerhalb der Achselhöhle liegen. Die Augen schließen und sich auf tiefes

Atmen konzentrieren, während man diese Punkte eine Minute lang hält, um Gereiztheit oder Frustration zu beseitigen.

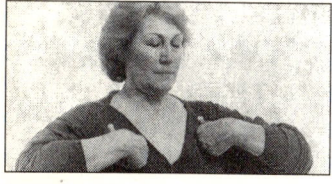

Schritt 5
Kräftig nach oben in GB 20 drücken: Die Daumen unterhalb der Schädelbasis in die Vertiefungen legen, die 5 bis 8 cm voneinander entfernt liegen. Langsam den Kopf nach hinten legen und dabei nach oben unter den Schädel drücken. Eine Mi-

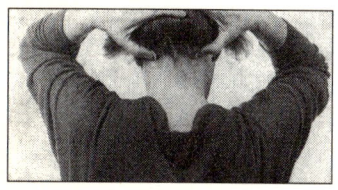

nute lang konzentriert tief atmen, bis man auf beiden Seiten ein gleichmäßiges Pulsieren verspürt. Dann den Druck ganz langsam verringern.

Schritt 6
LG 24.5 mit LG 17 halten: Die Kuppe des rechten Mittelfingers zwischen den Augenbrauen in der leichten Vertiefung genau oberhalb der Nasenwurzel auf LG 24.5 legen. Mit den Fingerkuppen der linken Hand LG 17 in den Vertiefungen in der Mitte des Brustbeins halten. Die Augen schließen und mindestens eine Minute lang tief in diese Punkte atmen.

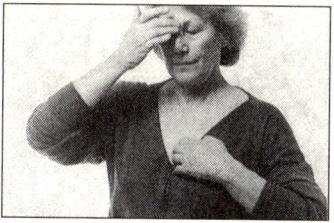

Übung zur Frustrationsbewältigung

Sich bequem auf den Rücken legen.
1. Die Hände oder Fäuste mit den Handflächen nach unten unter das Gesäß legen.
2. Die Knie beugen und die Füße locker nebeneinander auf den Boden stellen.

6. Auf dem Rücken liegend mit geschlossenen Augen entspannen und dabei langsam tief atmen.

3. Die Knie von einer Seite zur anderen führen; die Fingerknöchel drücken dabei in die Gesäßmuskeln.

4. Einatmen, wenn die Knie zur Mitte gehen.

5. Eine bis zwei Minuten lang von einer Seite zur anderen gehen.

Weitere Punkte bei Reizbarkeit und Frustration

Darstellungen weiterer Punkte bei Reizbarkeit und Frustration siehe in Kapitel 5, »Angst und Nervosität«, und Kapitel 11, »Depressionen und emotionelle Harmonisierung«.

33 Rückenschmerzen und Ischias

Ginger, eine meiner Patientinnen, Leiterin eines Einzelhandelsgeschäfts, litt an starken Kreuzschmerzen. Sie klagte über Müdigkeit und Übergewicht. Ich drückte Punkte an ihren Beinen und Füßen, die auf den Kreuzbereich wirkten. Nach der Akupressursitzung stand Ginger langsam auf, und wir hörten ihren Rücken knacken – wenn sich die Rückenmuskeln entspannen, rutschen die Wirbel oft von selbst wieder an ihren Platz. Nach dieser einzigen Akupressursitzung fühlte sie sich schon viel entspannter, und der Schmerz in ihrem Kreuzbereich war fast völlig verschwunden.

Rückenprobleme zählen zu den häufigsten Beschwerden in unserer Gesellschaft. Vier von fünf Menschen haben mindestens einmal im Leben starke Kreuz-schmerzen.[1] Die Mehrzahl der Ischias- und Kreuzschmerzen sind auf Streß, Haltungsfehler, Unfälle oder schwache Unterleibsmuskulatur zurückzuführen. Zerrungen der Rückenmuskeln oder Bänder zählen ebenfalls zu den möglichen Ursachen, weshalb es sehr wichtig ist, die Wirbelsäulen- und Rückenmuskulatur kräftig und elastisch zu halten. Akupressur ist ein sehr wirksames Verfahren zur Beseitigung von Muskelverspannungen im Zusammenhang mit Kreuzschmerzen und Ischias.

Wenn die Hüfte weh tut oder der Kreuzbereich schmerzt, gleicht der Körper diese Schwäche normalerweise automatisch dadurch aus, daß er den Druck auf diesen Bereich in einen anderen verlagert. Dies führt allerdings zu einer zusätzlichen Belastung

---

1 Michael Reed Gach, *The Bum Back Book* (Berkeley: Celestial Arts, 1985), 5.

eines anderen Rückenbereichs, wodurch das Problem verschärft wird.

Nach der traditionellen chinesischen Medizin können zu hohe Zufuhr von Salz, zuviel Trinken, Genuß zu kalter Speisen, Erkältungen sowie übertriebener Sport, Angst oder Wahnvorstellungen Probleme im Kreuzbereich schaffen. Die Wirksamkeit der Akupressur kann durch gesunde Ernährung und geeignete Anwendung von Wärme gesteigert werden. In meiner achtzehnjährigen Erfahrung mit der Akupressur hat sich dieser Rat immer wieder bewährt. Ich würde auch empfehlen, regelmäßig leichte Rückengymastik zu machen, um Rückenproblemen vorzubeugen.

Ein Heizkissen, eine Wärmflasche oder ein warmes Bad (sofern keine Entzündung vorliegt) können ebenfalls hilfreich sein, weil Wärme Steifigkeit und Schmerzen *vorübergehend* lindert. Wenn man jedoch bei einem Muskelproblem Wärme in Verbindung mit Akupressur anwendet, hält die Schmerz- und Spannungsfreiheit oft länger an.

Achtung: Nicht auf schwache Bandscheiben oder gebrochene Knochen drücken. Bei schweren Kreuz- oder Ischiasschmerzen muß immer erst ein Arzt, Orthopäde, Chiropraktiker oder Heilgymnast befragt werden.

Energiepunkte bei Kreuzschmerzen und Ischias

Die folgenden Energiepunkte stimulieren das Kreuz, kräftigen und heilen es. Der Punkt hinter dem Knie (B 54) ist ein spezieller auslösender Punkt für die Linderung von Kreuzschmerzen. Die Punkte »Meer der Vitalität« (B 23 und B 47) im Kreuzbereich und der Punkt »Meer der Energie« (EG 6) im Unterleibsbereich helfen, Rückenschmerzen zu beseitigen, und wirken insbesondere auf die Nieren und das Urogenitalsystem. Der Genitalienpunkt (B 48) am Gesäß ist ein wirksamer Punkt für Kreuz- und Ischiasschmerzen. Man kann diese Punkte einzeln, aber auch gemeinsam in einem Programm für eine vollständigere Behandlung von Ischias- und Kreuzschmerzen anwenden.

Meer der Vitalität (B 23 und B 47)
Achtung: Wenn man einen schwachen Rücken hat, können die Punkte Meer der Vitalität sehr empfindlich sein. In diesem Fall können einige Minuten gleichbleibender, leichter Be-

rührung anstelle von Druck sehr heilend wirken. Wenn man Fragen hat oder Rat braucht, sollte man zuerst zum Arzt gehen.
Lage: Im Kreuzbereich (zwischen dem zweiten und dritten Lendenwirbel) zwei bzw. vier

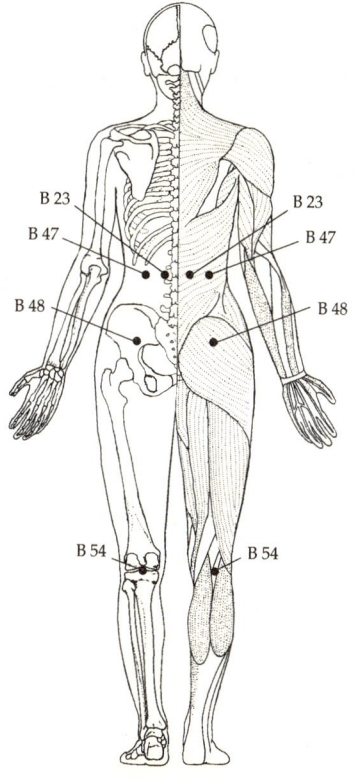

B 23   B 23
B 47   B 47
B 48   B 48
B 54   B 54

Fingerbreit zu beiden Seiten der Wirbelsäule in Höhe der Taille.

Anwendungsgebiete: Kreuzschmerzen, Ischias und die oft mit dem Schmerz einhergehende Mattigkeit.

Genitalienpunkt (B 48)

Lage: Einen bis zwei Fingerbreit außerhalb des Kreuzbeins (der Knochenverband am unteren Ende der Wirbelsäule) und in der Mitte zwischen der Oberseite des Hüftbeins (Darmbeinkamm) und der Basis des Gesäßes.

Anwendungsgebiete: Bei Kreuzschmerzen, Ischias, Spannungen im Beckenbereich, Hüftschmerz und Verspanntheit.

Meer der Energie (EG 6)

Lage: Zwei Fingerbreit unterhalb des Nabels.

Anwendungsgebiete: Bei Kreuzschwäche, tonisiert schwache Unterleibsmuskeln und beugt einer Vielzahl von Kreuzproblemen vor.

Befehlende Mitte (B 54)

Lage: In der Mitte der Kniekehle in der Kniegelenkfalte.

Anwendungsgebiete: Rückenschmerzen, Ischias, Knieschmerzen, Kreuzschmerzen, Arthritis in Knien, Kreuz und Hüften.

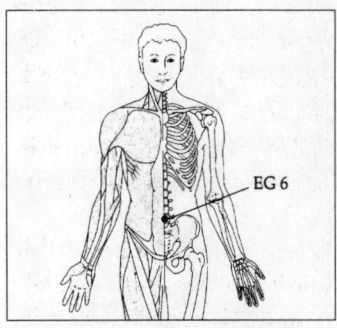

EG 6

Übungen

Dieses Programm im Sitzen beginnen und sich anschließend wie angegeben auf einen Teppichboden legen.

Schritt 1
B 23 und B 47 reiben und anschließend halten: Zuerst die Knöchel beider Hände so zum Kreuz einsetzen, daß die Handflächen nach außen weisen. Kreuzbereich kräftig mit den Knöcheln reiben, so daß Wärme entsteht. Dabei eine Minute lang tief atmen.

Dann die Hände so an die Taille legen, daß die Daumen an den Muskelsträngen an der Wirbelsäule liegen und die Finger die Hüfte umschließen. Mit den Daumen kräftigen, stetigen Druck an der Außenseite dieser Muskelstränge in Richtung der Wirbelsäule anwenden, wobei die Daumen etwa 10 cm voneinander entfernt sind. Dieser nach innen gerichtete Druck stimuliert B 47. Man kann auch den inneren Punkt B 23 stimulieren, indem man oben auf die großen

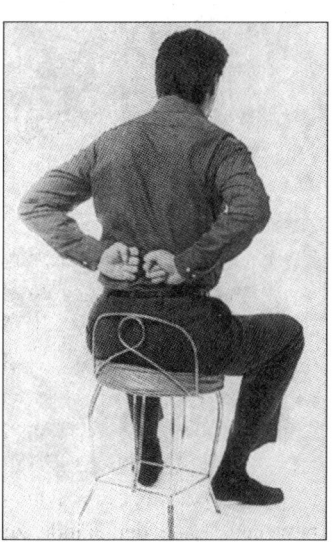
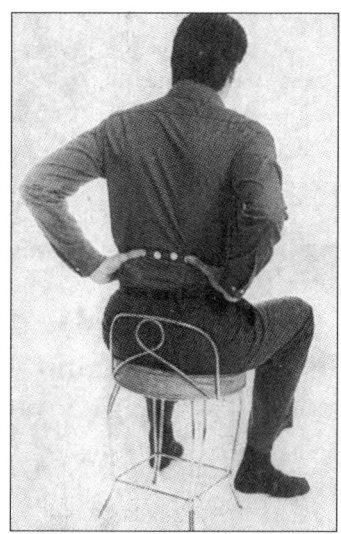

senkrechten Muskeln drückt, die etwa zwei Fingerbreit von der Wirbelsäule entfernt liegen. Mit Daumen oder Fingern jeweils eine Seite oder beide Seiten gleichzeitig stimulieren und den Druck mindestens eine Minute halten. So stark drücken, wie es ohne Schmerzempfindung möglich ist.

Schritt 2
Knie zur Brust ziehen: Auf dem Rücken liegend einatmen. Mit Unterstützung der Arme Knie zur Brust ziehen und mit den Armen festhalten, dabei langsam ausatmen. Wieder einatmen und die Knie von der Brust wegführen. Diese Bewegung zwei Minuten lang wiederholen und dabei tief in das Zwerchfell atmen. Wenn man die Knie mit den Armmuskeln zur Brust zieht und ausatmet, muß sich das Kreuz strecken und flach am Boden aufliegen.

Nach dieser Übung mit abgewinkelten Knien, Füße flach am Boden, mit geschlossenen Augen mindestens drei Minuten entspannen. Diese Übung zweimal täglich durchführen.

Schritt 3
EG 6 kräftig drücken: Fingerkuppen im Unterleibsbereich zwischen Nabel und Schambein einsetzen. Langsam etwa 3 bis 5 cm tief in den Unterleib drücken; dabei eine Minute lang tief atmen.

Schritt 4
Über den Bereich B 48 rollen: Hände mit nach unten gekehrten Handflächen neben der Basis der Wirbelsäule unter das Gesäß schieben. Die Augen schließen und langsam und tief atmen; dann die Knie zwei Minuten lang von einer Stelle zur anderen bewegen. Lage der Hände zur

Entlastung und damit verschiedene Bereiche der Gesäßmuskeln gedrückt werden, mehrmals verändern. Versuchen Sie auch, die Beine mit angezogenen Knien von einer Seite zur anderen zu schwenken, wobei die Füße nicht den Boden berühren dürfen.

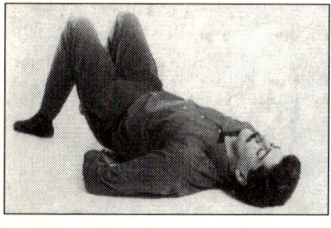

Schritt 5
B 54 drücken: Die Fingerkuppen in die Mitte der Kniegelenkfalte einsetzen. Die Finger krümmen und unter Einsatz der Armmuskeln die Beine eine Minute lang rhythmisch nach oben und unten bewegen, dabei tief atmen. Anschließend die Füße

mit angezogenen Knien flach auf den Boden legen und sich entspannen.

Schritt 6
B 23 und B 47 nochmals drücken: Eine Faust machen und die Hände auf das Kreuz legen. Die Fäuste mit nach unten gekehrten Handflächen so hinlegen, daß die Knöchel zwischen der Wirbelsäule und den Kreuzmuskeln zu liegen kommen. Augen schließen und eine Minute lang tief atmen. Anschließend langsam in eine bequeme »Fötusposition« zur Seite rollen, wobei ein Arm unter dem Kopf als Kissen wirkt. Augen schließen und mindestens fünf Minuten tief entspannen.

Tennisballmassage

Tennisbälle leisten gute Dienste für eine Akupressur im Kreuzbereich. Zwei Bälle dicht neben-

einander in ein großes, dickes Handtuch oder eine Socke einwickeln und auf einen Teppichboden legen. Sich so absetzen, daß man die Bälle hinter sich hat, Knie gebeugt und Füße flach auf dem Boden. Sich auf die Ellbogen zurücklehnen und sich langsam so auf den Boden legen, daß die Bälle unter dem Kreuz zu liegen kommen.

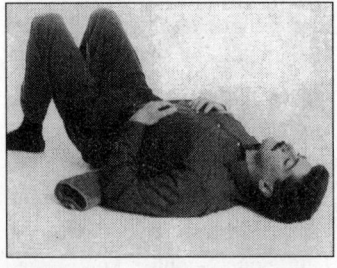

Mehrmals langsam und tief atmen. Nach einer Minute die Bälle allmählich in einen anderen verspannten Bereich rollen. Eine weitere Minute in dieser Position bleiben und mit geschlossenen Augen wiederum mehrmals tief atmen. Dann zu einem anderen verspannten Bereich gehen.

Nachdem man in dieser Weise Verspannungen im Kreuzbereich weitgehend gelöst hat, die Bälle herausziehen und sich auf den Rücken legen. Schritt 2 mit geschlossenen Augen eine Minute lang wiederholen. Anschließend sich fünf Minuten vollständig entspannen und weiterhin tief atmen.

Weitere Punkte bei Kreuzschmerzen und Ischias

Darstellungen weiterer Punkte bei Kreuzschmerzen und Ischias siehe in Kapitel 26, »Nackenschmerzen und steifer Nacken«, und Kapitel 36, »Schmerzen«.

34 Schlaflosigkeit

Von Schlaflosigkeit spricht man bei Menschen, die unfähig sind, vier bis acht Stunden lang ruhig und ohne Unterbrechung zu schlafen. Wenn der Schlaf vorzeitig beendet oder unterbrochen wird, führt dies oft zu Reizbarkeit und schließlich zu Gesundheitsbeschwerden. Dr. Keith Kenyon zufolge leidet jeder einmal an Schlaflosigkeit. Weil dies sehr belastend sein kann und Schlaftabletten ungesund sind, da sie die Schlafproblematik nur verschärfen, kann Akupressur eine wichtige Hilfe sein.[1]

Streß, Schmerzen, Kummer und Ängstlichkeit können Schlafstörungen verschlimmern. Geistesruhe ist für das Einschlafen unerläßlich. Wenn Schmerzen die Ursache für die Schlaflosigkeit sind, muß man zuerst den Schmerz beseitigen, um zu einem entspannten, wohltuenden Schlaf zu finden.

Der traditionellen chinesischen Medizin zufolge kann auch eine ungleiche Energieverteilung zu Schlaflosigkeit führen. In solchen Fällen sind bestimmte Meridiane (die Energiebahnen, die Akupressurpunkte miteinander verbinden) überlastet, während andere blockiert sind. Solche Ungleichgewichte kann man durch Drücken bestimmter Punkte korrigieren. Eine Lebensweise, die Akupressur, eine geeignete Ernährung und die nachfolgenden Entspannungstechniken einschließt, kann Schlaflosigkeit sehr wirksam beseitigen.

Viele meiner Akupressurschüler haben ihren Ehegatten oder Kindern sehr erfolgreich geholfen,

---

1   Keith Kenyon, M. D., *Do-It-Yourself Acupuncture Without Needles* (New York: Arco Publishing, 1977), 92.

ihre Schlaflosigkeit zu überwinden. Immer wieder berichten sie, daß ihre Klienten sich während einer einstündigen Sitzung so tief entspannen, daß sie beim Drücken ihrer Punkte in Schlaf fallen. Diese Entspannung tritt zwar spontan ein, doch sind in der Regel einige Monate regelmäßiger Selbstakupressur notwendig, um das Schlafverhalten durchgreifend zu ändern.

Grundsätzlich werden drei Gruppen von Punkten verwendet: die Punkte unterhalb der Schädelbasis, diejenigen zwischen den Schulterblättern und die Punkte an den Knöcheln. Nach einer Behandlung berichten die Menschen immer wieder, daß sie nicht nur tief und ohne Aufwachen schlafen, sondern sich auch am nächsten Tag frischer und spannkräftiger fühlen.

Nancy, eine meiner Klientinnen, die seit kurzem geschieden war und zwei minderjährige Kinder zu versorgen hatte, litt an Schlaflosigkeit. Sie hatte seit drei Monaten nicht mehr richtig geschlafen und war erschöpft. Ich zeigte ihr, wie sie an Nacken, Brust und Knöcheln arbeiten sollte. Ich sagte ihr auch, daß sie frischen Ingwertee mit ein wenig Honig statt der drei Tassen Kaffee trinken sollte, die sie täglich zu sich nahm. Als ich Nancy nach zehn Tagen anrief, sagte sie mir, daß sich ihre geistige Verfassung gebessert hätte und sie gut schliefe.

Ernährung

Speisen, die reich an gesättigten Fettsäuren und Cholesterin sind, lassen den Cholesterinspiegel des Bluts ansteigen. Das Blut muß diese Fettstoffe transportieren, die sich an den Wänden der Blutgefäße ablagern und die Blutbahnen verengen. Das Herz muß daher schwerer arbeiten, um das Blut durch die engeren Gefäße zu pumpen. Übermäßiger Genuß von Fett und Cholesterin ist mit ein Hauptfaktor von Koronarerkrankungen und bestimmten Arten von Krebs. Der traditionellen chinesischen Medizin zufolge beeinflußt das Herz auch die Schlaffähigkeit.

**Natürliche schlaffördernde
Verfahren**

• *Dehnen:* Sich strecken und einige Male übertrieben gähnen, damit sich der Körper entspannt und für den Schlaf vorbereitet.

• *Augenübungen:* Im Bett sitzend oder liegend, so weit wie möglich nach oben blicken und dann die Augen langsam im Kreis um den Sichtbereich herumwandern lassen. Diese Augenrotation dreimal in jeweils entgegengesetzter Richtung wiederholen.

• *Tiefatmung:* Konzentriert tief in den Bauch atmen, wenn man im Bett liegt und einschlafen möchte. Dies kann Spannungen im Körper verringern. Spannungen und Streß sind wichtige Faktoren für die Unfähigkeit, einzuschlafen und durchzuschlafen.

• *Tiefentspannung:* Mit geschlossenen Augen auf den Rücken legen. Mit den Zehen beginnend, jedem Teil des Körpers den Befehl zur Entspannung geben, dabei langsam und tief atmen.

Energiepunkte bei Schlaflosigkeit

Die Akupressurpunkte an der Ferse werden traditionell zur Beseitigung und Vorbeugung gegen Schlaflosigkeit benutzt. Der Punkt am inneren Knöchel heißt Fröhlicher Schlaf (bzw. Beleuchtetes Meer); derjenige am äußeren Knöchel Ruhiger Schlaf. Gemeinsames Massieren und Drücken dieser Punkte an beiden Seiten der Ferse ermöglicht es dem Körper, sich tief zu entspannen, und fördert den Schlaf. Dies ist eine Technik, die man auch einem Kind lehren kann.

Nach der chinesischen Medizin hat Schlaflosigkeit auch mit den Herz- und Perikardmeridianen zu tun. Wenn in einem dieser Meridiane eine Blockierung vorliegt, behindert dies möglicherweise den Schlaf. Traditionell werden die Punkte Tor des Geistes (an der Innenseite des Handgelenks unterhalb des kleinen Fingers) und Innere Pforte (in der Mitte des inneren Handgelenks zwei Fingerbreit oberhalb der Handgelenkfalte) bei Schlaflosigkeit angewandt. Die-

se Punkte helfen, das Herz ins Gleichgewicht zu bringen; sie beruhigen, lindern Ängste und ermöglichen einen gesunden Schlaf.

Vitales Zwerchfell (B 38)
Lage: Zwischen dem Schulterblatt und der Wirbelsäule in Höhe des Herzens.
Anwendungsgebiete: Dieser Punkt am oberen Rücken hilft bei Schlaflosigkeit und beruhigt Emotionen wie Ängstlichkeit, die den Schlaf behindern.

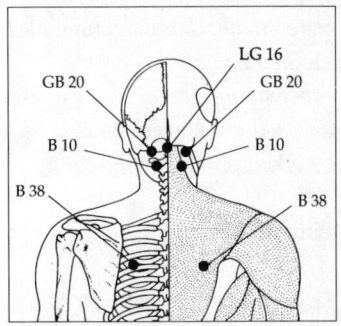

Innere Pforte (P 6)
Lage: In der Mitte der Innenseite des Unterarms zweieinhalb Fingerbreit von der Handgelenkfalte entfernt.

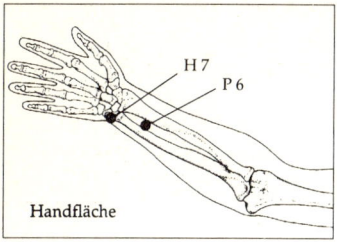

Windvilla (LG 16)

Lage: In der Mitte der Rückseite des Kopfes in der großen Vertiefung unter der Schädelbasis.

Anwendungsgebiete: Schlaflosigkeit und geistige Überlastung.

Tore des Bewußtseins (GB 20)

Lage: Unterhalb der Schädelbasis in den je nach Größe des Kopfes 5 bis 8 cm voneinander entfernten Vertiefungen zwischen den beiden großen senkrechten Nackenmuskeln.

Anwendungsgebiete: Bei Arthritis, Kopfschmerzen und Nackenschmerzen, die Schlaflosigkeit verursachen.

Anwendungsgebiete: Hilft bei Schlaflosigkeit und verschiedenen anderen Allgemeinbeschwerden, die den Schlaf behindern können, wie zum Beispiel Ängstlichkeit, Herzklopfen, Übelkeit und Verdauungsstörungen.

Tor des Geistes (H 7)

Lage: Innen an der Handgelenkfalte in der Verlängerung des kleinen Fingers.

Anwendungsgebiete: Ängstlichkeit, kalter Schweiß und Schlaflosigkeit durch Übererregung.

Himmlische Säule (B 10)

Lage: 1 cm unterhalb der Schädelbasis auf den Muskelsträngen 1 cm zu beiden Seiten der Wirbelsäule.

Anwendungsgebiete: Schlaflosigkeit, Streß, Überanstrengung und Erschöpfung.

Punkt des Dritten Auges (LG 24.5)

Lage: Genau zwischen den Augenbrauen in der Vertiefung

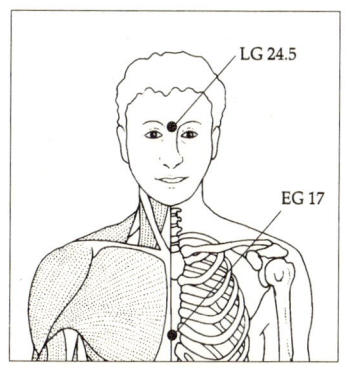

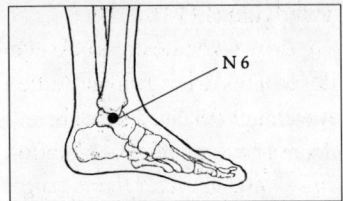 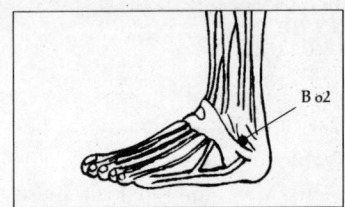

zwischen der Nasenwurzel und der Mitte der Stirn.

Anwendungsgebiete: Entspannt das Zentralnervensystem und wirkt dadurch Ängstlichkeit und Schlaflosigkeit entgegen.

Meer der Ruhe (EG 17)

Lage: In der Mitte des Brustbeins drei Daumenbreit oberhalb der Basis des Knochens.

Anwendungsgebiete: Hilft gegen Nervosität, Stauungen in der Brust und die Ängstlichkeit, die Schlaflosigkeit verursacht.

Fröhlicher Schlaf (N 6)

Lage: Direkt unterhalb des inneren Fußknöchels in einer kleinen Vertiefung.

Anwendungsgebiete: Bei Schlaflosigkeit, Fersen- und Knöchelschmerzen, Bluthochdruck und Angstzuständen.

Ruhiger Schlaf (B 62)

Lage: In der ersten Vertiefung unmittelbar unterhalb des äußeren Fußknöchels.

Anwendungsgebiete: Bei Schlaflosigkeit und Rückenschmerzen, die den Schlaf beeinträchtigen.

Es müssen nicht alle diese Punkte bearbeitet werden. Es genügt oft schon, wenn man nur einen oder zwei der Punkte drückt.

Übungen

Das folgende Programm ist liegend ausgeführt am wirksamsten. Man kann jedoch diese Akupressurtechniken (mit Ausnahme von Schritt 1) auch in einer bequemen Sitzhaltung ausführen.

Schritt 1

Mit Tennisbällen B 38 drücken: Sich auf zwei Tennisbälle zwischen den Schulterblättern legen. Die Augen schließen und eine Minute lang tief atmen.

Schritt 2

P 6 drücken: Den rechten Daumen zweieinhalb Fingerbreit unterhalb der Handgelenkfalte auf die Innenseite des linken Handgelenks legen und mit den Fingern ein Widerlager bilden. Eine Minute lang kräftig drücken.

Anschließend den Punkt am anderen Handgelenk drücken.

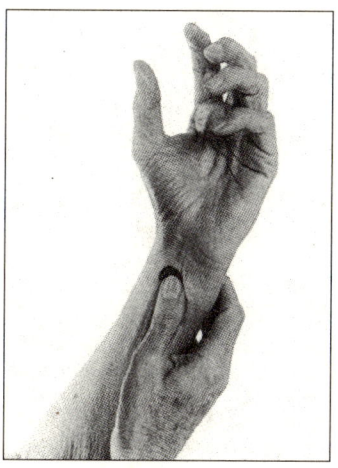

Schritt 3

H 7 halten: Den Daumen oder die Finger der rechten Hand auf die innere Handgelenkfalte der linken Hand legen. In den Punkt H 7 drücken, die Vertiefung in

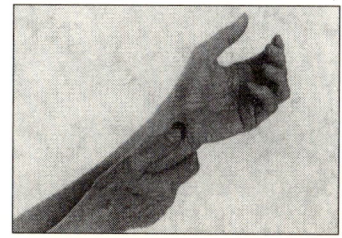

der Falte unmittelbar unter dem kleinen Finger. Eine Minute lang drücken, dann den Punkt am rechten Handgelenk halten und drücken.

Schritt 4
B 10 kräftig drücken: Die Finger krümmen und die Fingerkuppen auf die dicken, strangartigen Muskeln im Nacken legen. Kräftig drücken und eine Minute lang tief atmen.

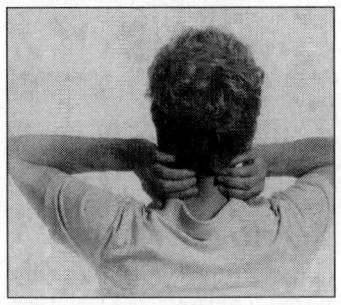

Schritt 5
LG 16 drücken: Die Mittelfinger in die große Vertiefung in der Mitte unter der Schädelbasis

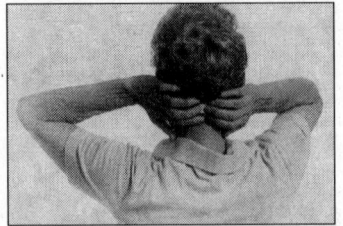

legen. Die Augen schließen, den Kopf langsam zurückneigen, tief atmen und eine bis zwei Minuten in diese Vertiefung drücken. Diesen Punkt halten und ein Gähnen herbeiführen, wenn man einschlafen möchte.

Schritt 6
Nach oben in GB 20 drücken: Mit den Daumen in einem Abstand von 4 bis 7 cm je nach Größe des Schädels weich unter die Schädelbasis drücken. Die Augen geschlossen halten, den Kopf langsam zurückneigen und mit den Daumen ein bis zwei Minuten lang oder bis auf beiden Seiten ein gleichmäßiges Pulsieren auftritt, nach oben unter den Schädel drücken.

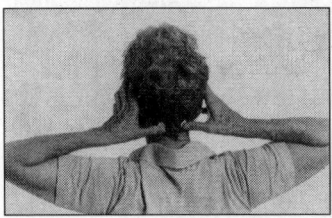

Schritt 7
LG 24.5 mit LG 17 halten: Die Kuppe des rechten Mittelfingers zwischen die Augenbrauen in die Vertiefung zwischen dem

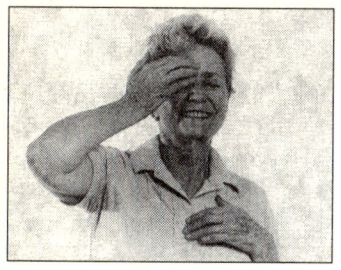

Nasenrücken und der Stirn legen. Die Fingerkuppen der linken Hand auf LG 17 in die Vertiefungen des Brustbeins in Höhe des Herzens legen. Die
Augen schließen und eine Minute lang tief atmen.

Schritt 8

N 6 mit B 62 halten: Mit den
Daumen die Punkte N 6 auf der
Innenseite der Knöchel in einer
Vertiefung unmittelbar unterhalb des inneren Knöchels halten. Mit den Fingerkuppen ein
Widerlager bilden und B 62

drücken, der sich unmittelbar
unterhalb des äußeren Knöchels
befindet. Diese Punkte eine Minute lang halten und tief atmen,
um die Schlaflosigkeit zu beheben.

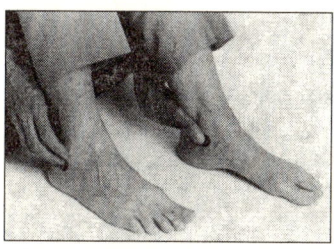

**Weitere Punkte bei
Schlaflosigkeit**

Darstellungen weiterer Punkte
bei Schlaflosigkeit siehe in Kapitel 5, »Angst und Nervosität«,
Kapitel 7, »Asthma und Atembeschwerden«, und Kapitel 36,
»Schmerzen«.

35 Schluckauf

Ich werde es nie vergessen, wie meine Mutter einmal von einem Schluckauf befallen wurde und ihn nicht mehr loswerden konnte. Sie war in der Küche mit meiner Schwester und probierte alle möglichen Mittel aus, doch war sie nach zehn oder fünfzehn Minuten am Ende ihrer Weisheit. Ich bat sie, einige Punkte an ihrer Rippenbasis halten zu dürfen, und nach wenigen Minuten war ihr Schluckauf verschwunden. So konnte ich noch verschiedenen andere Menschen von diesem lästigen Zustand befreien.

Beim Schluckauf handelt es sich um rhythmische Kontraktionen im Zwerchfell, Lunge und manchmal auch im Hals. Einige wenige Minuten Fingerdruck bewirken eine Entspannung im Hals, in der Lunge und im Zwerchfell.

Der Schlüssel zur Bekämpfung des Schluckaufs ist die Kombination von Bauchatmung mit Akupressur und Entspannung. Es ist daher wichtig, eine bequeme Stellung zu finden und tief zu atmen, während man die nachfolgend beschriebenen Akupressurpunkte hält.

Energiepunkte bei Schluckauf

Windschutz (DW 17)
Lage: In der Vertiefung hinter
dem Ohrläppchen.

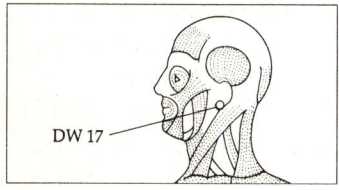

Anwendungsgebiete:
Bei Schluckauf, Ohrenschmerzen, Gesichtslähmung, Kieferschmerzen, feuchten und jukkenden Ohren, geschwollenem
Hals, Mumps und Zahnschmerzen.
Diesen Punkt an beiden Seiten
zu halten und langsam und tief
zu atmen, ist eine der schnellsten Möglichkeiten, sich von
Schluckauf zu befreien.

Unterleibskummer (Mi 16)
Lage: Am unteren Rand des
Brustkorbs 1 cm innerhalb der
Linie durch die Brustwarze.
Anwendungsgebiete: Schluck-
auf, Verdauungsstörungen, Ap-
petitlosigkeit, Unterleibskrämp-
fe und Magengeschwürschmerz.

Herausstürmender Himmel
(EG 22)
Lage: Unter der Kehle in der
Mitte zwischen den Schlüssel-
beinknochen.

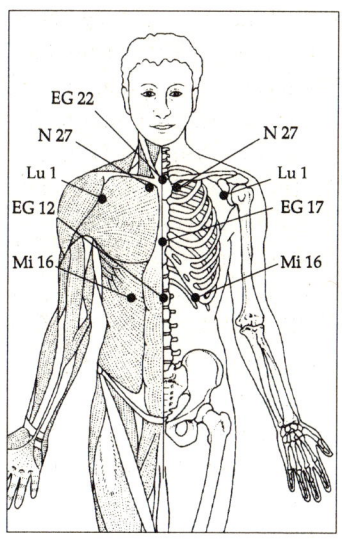

Anwendungsgebiete: Schluckauf, Bronchitis, Halskrämpfe,
Halsentzündung, Beklemmung
in der Brust und Sodbrennen.

Meer der Ruhe (EG 17)
Lage: In der Mitte des Brustbeins drei Daumenbreit oberhalb der Basis des Knochens.

Anwendungsgebiete: Bei Nervosität, Ängstlichkeit, Panikanfällen und Schluckauf.

Zentrum der Macht (EG 12)

Achtung: Diesen Punkt bei schweren Erkrankungen nicht tief drücken. Siehe Warnhinweis auf Seite 27. Aber auch wenn keine Krankheit vorliegt, sollte man diesen Punkt nicht länger als zwei Minuten halten und ihn nur bei relativ leerem Magen anwenden.

Lage: Auf der Mittellinie des Körpers drei Fingerbreit unterhalb der Basis des Brustbeins in der Magengrube.

Anwendungsgebiete: Schluckauf, Unterleibskrämpfe, Verdauungsstörungen, Sodbrennen, Verstopfung, emotionelle Belastungen und Kopfschmerzen.

Loslassen (Lu 1)

Lage: Im äußeren Brustbereich 5 cm oberhalb der Achselfalte und 2,5 cm nach innen. Wenn man den Arm an den Körper zieht, fühlt man einen Muskel hervortreten.

Anwendungsgebiete: Schluckauf, Atembeschwerden und Husten.

Elegante Villa (N 27)

Lage: In der Vertiefung zwischen der ersten Rippe und dem unteren Rand des Schlüsselbeins neben dem oberen Brustbein.

Anwendungsgebiete: Bei Beklemmung in der Brust, Atembeschwerden, Asthma, Husten, Schluckauf und Ängstlichkeit.

Es müssen nicht alle diese Punkte bearbeitet werden. Es genügt oft schon, wenn man nur einen oder zwei der Punkte drückt.

Übungen

Das nachfolgende Programm kann Schluckauf vorbeugen und beseitigen. In der Regel genügen schon die ersten drei Schritte, die drei bis vier Minuten in Anspruch nehmen, um den Schluckauf zu beenden. Sich hinlegen oder bequem hinsetzen und tief atmen, während man die nachfolgenden Punkte hält.

Schritt 1

DW 17 leicht drücken: Mittel- und Zeigefinger hinter die Ohrläppchen legen. Dieser Punkt ist gegen Fingerdruck außerordentlich empfindlich. Die Punkte jeweils eine Minute leicht halten.

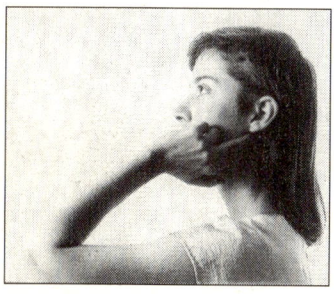

Schritt 2

Mi 16 kräftig halten: Mit gekrümmten Fingern die Basis des Brustkorbs genau unterhalb der Brustwarzen halten. Die Augen schließen und eine Minute lang tief atmen, während man sanft nach oben in die Vertiefungen an der Basis des Brustkorbs drückt.

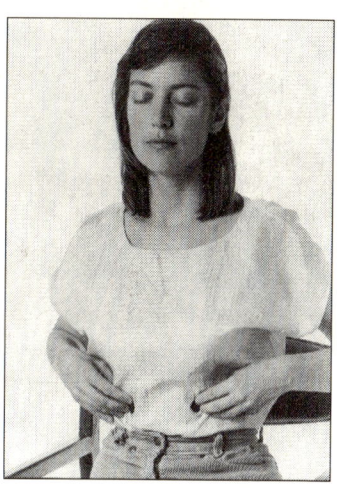

Schritt 3

EG 22 und EG 17 halten: Den rechten Mittelfinger in die Vertiefung unterhalb der Kehle legen und sanft nach unten drücken. Mit allen Fingern der linken Hand die Mitte des Brustbeins in den leichten Vertiefungen des

Brustbeins kräftig halten. Die
Augen schließen und eine ganze
Minute lang tief atmen.

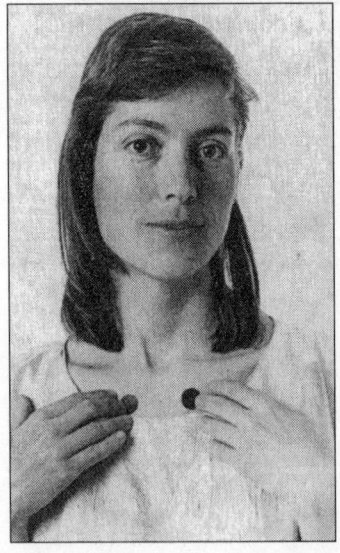

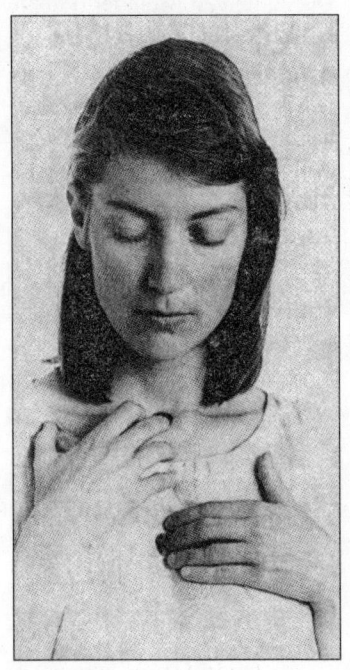

Schritt 4
EG 12 weich drücken: Alle
Finger in die Mitte des Unterleibs zwischen den Nabel und
die Basis des Brustbeins legen.
Langsam Druck anwenden, der
nach oben zur Mitte des Rük-
kens gerichtet ist. Eine Minute
lang halten und tief atmen.

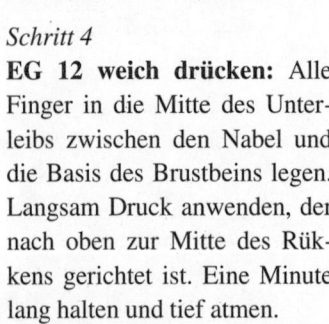

Schritt 5
N 27 kräftig drücken: Die Fingerkuppen in die Vertiefungen direkt unterhalb der Höcker des Schlüsselbeins legen. Dreißig Sekunden lang kräftig drücken und dabei langsam und tief atmen.

Schritt 6
Lu 1 kräftig drücken: Mit den Daumen Druck im oberen äußeren Teil der Brust anwenden und nach einem Spannungs»knoten« tasten. Diesen Punkt eine Minute lang halten und wiederum tief atmen.

Weitere Punkte bei Schluckauf

Darstellungen weiterer Punkte bei Schluckauf siehe in Kapitel 5, »Angst und Nervosität«, und Kapitel 7, »Asthma und Atembeschwerden«.

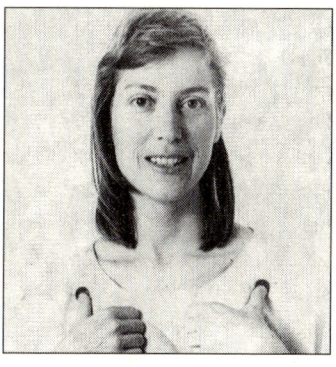

36 Schmerzen

Schmerz ist stets ein Warnsignal, mit dem der Körper Aufmerksamkeit fordert, und bei starken Schmerzen sollte man immer sofort zum Arzt gehen. Die Ursachen der Schmerzen können körperlicher, emotioneller oder geistiger Art sein. Immer aber wird Schmerz verschärft durch Anspannung, Erschöpfung und Ängstlichkeit. Je angespannter man ist, desto intensiver ist der empfundene Schmerz. Auch Streß kann zu einem neuromuskulären Ungleichgewicht führen, das so schmerzhafte Zustände wie Rückenschmerzen oder Kopfschmerzen auslöst. Akupressur baut Spannungen ab und verbessert die Durchblutung; dies bewirkt eine Verringerung oder sogar eine Vorbeugung gegen Schmerzen, während gleichzeitig die Entspannung und der Heilungsprozeß gefördert werden.

Akupressur kann auch die Übertragung von Schmerzimpulsen blockieren, indem die »Tore« des Reizleitungssystems des Körpers geschlossen und Endorphine ausgeschüttet werden, jene Eiweißstoffe, die den Schmerz in natürlicher Weise ohne die Nebenwirkungen von Medikamenten verringern.

Einer meiner Akupressurschüler, der früher von Beruf Anstreicher war, litt seit zwei Tagen an intensiven Nervenschmerzen im Kreuzbereich. Seit einem Arbeitsunfall, bei dem er in ein Dach eingebrochen war, hatte er ständig mit Kreuzschmerzen zu tun. Bei schwerer körperlicher Arbeit springt sein Hüftgelenk heraus, und der Schmerz strahlt bis in die Beine aus. Sechs Wochen davor war er zudem in einen kleineren Autounfall verwickelt gewesen, bei dem er ein leichteres Schleudertrauma davongetragen hatte. Ich

zeige ihm, welche Akupressurpunkte er für den allgemeinen
Schmerz einsetzen konnte, und
dies half ihm, sich völlig zu entspannen und Muskeln und Ske-
lett etwas zu entlasten. Insbesondere verhalf ihm die Akupressur
wieder zu gutem Schlaf.

Jerry, einer meiner Klienten, litt
an fast ständigen Schmerzen in
Hüfte und Rücken, die möglicherweise erste Anzeichen einer
Arthritis waren. Vor über fünf
Jahren war er vom Pferd gestürzt
und hatte sich eine Wirbelsäu-
lenverletzung zugezogen, die jedoch längst wieder geheilt war.
Wegen dieser Schmerzen konnte Jerry nachts kaum schlafen. Er
konnte nicht im Bett liegen und
fand nur in einem Ruhesessel einen leichten Schlaf. Mit seinen
tiefen Falten zwischen den Augenbrauen sah er zehn Jahre älter aus, als er war.

Ich massierte Jerrys Hände und
Füße, weil es zwischen den
Fingern und Zehen besonders
wirksame Energiepunkte für
Schmerzen im Oberkörper und
Spannungen im Schulterbereich
gibt. Dann zeigte ich ihm Punkte
in seinem Schulterbereich, bearbeitete die Schulterblätter, dann
die Arme und Hände und
schließlich die schmerzlindernden Punkte in der Hautfalte zwischen Daumen und Zeigefinger.
Weiterhin hielt ich Punkte im
oberen Rückenbereich, an den
Schultern und im Nacken.

In der darauffolgenden Woche
kam Jerry mit erhobenem Kopf,
entspannt und lächelnd in mein
Büro. Er erzählte mir, daß er seit
Jahren nicht mehr so gut auf seinem Rücken geschlafen hätte.
Er berichtete, daß er durch Drükken des Akupressurpunkts Di 4
zwischen Daumen und Zeigefinger seine Schmerzen schlagartig
lindern konnte.

Di 4, in Verbindung mit dem Tal
(Hoku), ist der am häufigsten benutzte Punkt für die Linderung
allgemeiner Schmerzen (dieser
Punkt ist im folgenden ausführlich beschrieben und dargestellt). *Mit diesem einzigen
Punkt kann man Gelenk- und
Muskelschmerzen an jeder be-
liebigen Stelle des Körpers beseitigen!* Di 4 ist am wirksamsten in Verbindung mit Bewegung. Zuerst die empfindlichste
Stelle im Hoku-Bereich aussuchen. Diese kräftig halten, bis
ein leichter Schmerz entsteht.

Dann das Gelenk bewegen, das dem schmerzenden Körperbereich am nächsten liegt. Wenn man also zum Beispiel einen steifen Nacken hat, hebt und senkt man den Kopf, während man gleichzeitig Hoku kräftig drückt.

Nach einer oder zwei Minuten bearbeitet man den Hoku-Punkt an der anderen Seite. Wiederum das Gelenk bewegen, das dem Schmerz am nächsten liegt, und Di 4 der anderen Hand kräftig drücken. In dieser Weise kann nach wenigen Minuten der Schmerz größtenteils beseitigt sein.

Die nachfolgend beschriebenen Punkte haben in der östlichen Medizin einen besonderen Ruf als schmerzlindernde Punkte. Sie wirken jeweils speziell auf den oberen oder den unteren Bereich des Körpers. Wenn man allgemeine Schmerzen der Skelettmuskulatur im Brust- oder Schulterbereich hat, benutzt man die Schmerzpunkte für den Oberkörper. Bei Schmerzen in Unterleib, Genitalien oder Beinen benutzt man die Schmerzpunkte für die untere Körperhälfte. Bei Schmerzen im Kreuz- oder Unterleibsbereich sind die Schmerzpunkte für die untere und die obere Körperhälfte zu benutzen.

In der Akupunktur werden zur allgemeinen Schmerzbeseitigung in allen Körperbereichen häufig Nadeln eingesetzt.

Energiepunkte bei Schmerzen im Oberkörper

Verbindung mit dem Tal (Hoku) (Di 4)

Achtung: Diesen Punkt nicht bei Schwangeren anwenden, sofern nicht bereits die Wehen eingesetzt haben, da die Stimulierung eine vorzeitige Wehentätigkeit auslösen kann.

Lage: In der Hautfalte zwischen Daumen und Zeigefinger am Handrücken an der höchsten Stelle des Muskels, wenn Daumen und Zeigefinger zusammengepreßt werden.

Anwendungsgebiete: Bei Arthritis, Verstopfung, Kopfschmerzen, Zahnschmerzen und Schulterschmerzen.

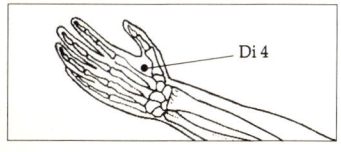

Handrücken

Punkt des Dritten Auges (LG 24.5)

Lage: Genau zwischen den Augenbrauen in der Vertiefung zwischen der Nasenwurzel und der Mitte der Stirn.

Anwendungsgebiete: Unterstützt die Drüsen, insbesondere die Hypophyse, und hilft bei Heuschnupfen, Kopfschmerzen und überanstrengten Augen.

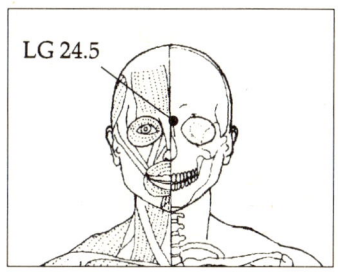

Tore des Bewußtseins (GB 20)

Lage: Unterhalb der Schädelbasis in den je nach Größe des Kopfes 5 bis 8 cm voneinander entfernten Vertiefungen zwischen den beiden großen senkrechten Nackenmuskeln.

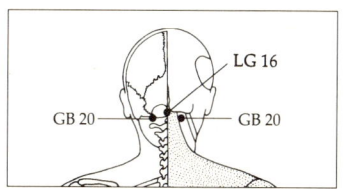

Anwendungsgebiete: Bei Arthritis, Kopfschmerzen, steifem

Nacken, Nackenschmerzen und Trauma.

Windvilla (LG 16)
Lage: In der Mitte der Rückseite des Kopfes in der großen Vertiefung unter der Schädelbasis.
Anwendungsgebiete: Hilft bei Schmerzen in Augen, Ohren, Nase und Hals. Wirkt auch bei Kopfschmerzen und steifem Nacken.

> *Es müssen nicht alle diese Punkte bearbeitet werden. Es genügt oft schon, wenn man nur einen oder zwei der Punkte drückt.*

Übungen

Schritt 1
Di 4 pressen: Eine Minute lang kräftig in die Hautfalte zwischen Daumen und Zeigefinger drükken. Den Fingerdruck unter den Knochen richten, der mit dem Zeigefinger verbunden ist. Dann eine weitere Minute den Punkt Di 4 an der anderen Hand drükken.

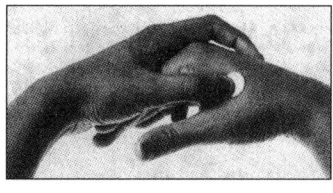

Schritt 2
GB 20 kräftig drücken: Die Daumen unterhalb der Schädelbasis in die Vertiefungen legen, die 5 bis 8 cm voneinander ent-

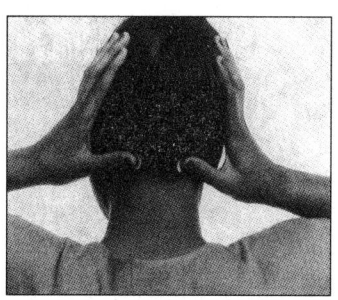

fernt sind. Weich unter die Basis des Schädels drücken und den Kopf gegen diesen Druck nach hinten neigen. Eine ganze Minute lang oder bis man ein regelmäßiges, gleichmäßiges Pulsieren auf beiden Seiten verspürt, kräftigen Druck in Richtung der Mitte des Kopfs anwenden und dabei tief atmen.

Schritt 3
LG 16 zusammen mit LG 24.5 drücken: Den Mittelfinger der linken Hand auf LG 16 in der Mitte der Schädelbasis legen. Mit dem Mittelfinger der rechten Hand in der Vertiefung zwischen den Augenbrauen leichten

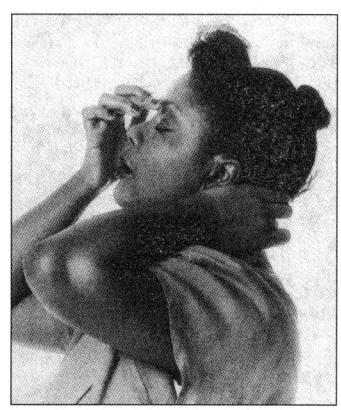

Druck an LG 24.5 anwenden. Die Augen schließen, den Kopf langsam zurückkneigen und die Aufmerksamkeit auf diese Stelle richten; dabei eine ganze Minute lang tief atmen. Dies ist eine hervorragende Akupressurkombination, wenn man wegen Beschwerden oder Schmerzen nicht einschlafen kann.

Energiepunkte bei Schmerzen in der unteren Körperhälfte

Tore des Bewußtseins (GB 20)
Lage: Unterhalb der Schädelbasis in den je nach Größe des
Kopfes 5 bis 8 cm voneinander
entfernten Vertiefungen zwischen den beiden großen senkrechten Nackenmuskeln.

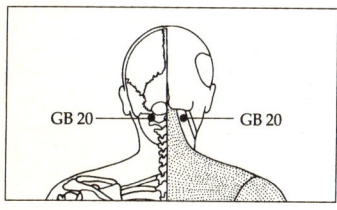

Anwendungsgebiete:
Bei Schmerzen in allen Körperbereichen, pochenden Kopfschmerzen, Schwindel, steifem
Nacken, Koordinationsproblemen und Reizbarkeit.

Dreimeilenpunkt (Ma 36)
Lage: Vier Fingerbreit unterhalb der Kniescheibe einen Fingerbreit außerhalb des Schienbeins. Wenn man an der richtigen Stelle ist, tritt ein Muskel
hervor, wenn man mit dem Fuß
wippt.
Anwendungsgebiete: Kräftigt

den ganzen Körper, tonisiert die
Muskeln, unterstützt die Verdauung und hilft bei Magenbeschwerden, Knieschmerzen und
Beinschienen.

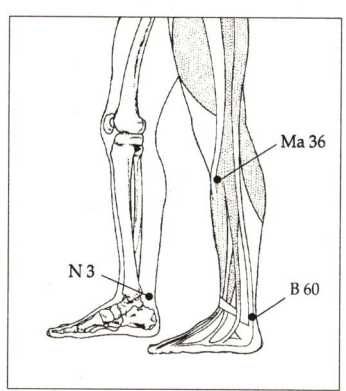

Größerer Bach (N 3)
Dieser Punkt ist gut bei Schmerzen an einem Weisheitszahn.
Achtung: Dieser Punkt darf nach
dem dritten Schwangerschaftsmonat nicht mehr kräftig stimuliert werden.
Lage: In der Vertiefung in der
Mitte zwischen dem inneren
Knöchel und der Achillesferse
hinter dem Knöchel.
Anwendungsgebiete: Bei geschwollenen Füßen, Knöchel-

schmerzen, Menstruationskrämpfen, Ohrenschmerzen, Ohrensausen und Rückenschmerzen.

Hohe Berge (B 60)
Lage: In der Mitte zwischen der Rückseite des äußeren Knöchels und der Achillesferse.
Anwendungsgebiete: Bei Ischias, Hüft-, Kopf- und Kreuzschmerzen und Rheumatismus.

> *Es müssen nicht alle diese Punkte bearbeitet werden. Es genügt oft schon, wenn man nur einen oder zwei der Punkte drückt.*

Übungen

Schritt 1

GB 20 kräftig drücken: Die Daumen an der Schädelbasis in den Vertiefungen einsetzen, die je nach der Größe des Kopfes 5 bis 8 cm voneinander entfernt liegen. Den Druck weich unterhalb der Schädelbasis einsetzen und den Kopf langsam zurückneigen. Eine ganze Minute lang tief atmen und kräftigen Druck zur Mitte der Stirn richten.

Beinen unterhalb der Knie legen. Mit den Fäusten außen an den Schienbeinen kräftig auf und ab massieren. Diesen Punkt eine Minute lang kräftig reiben und tief atmen.

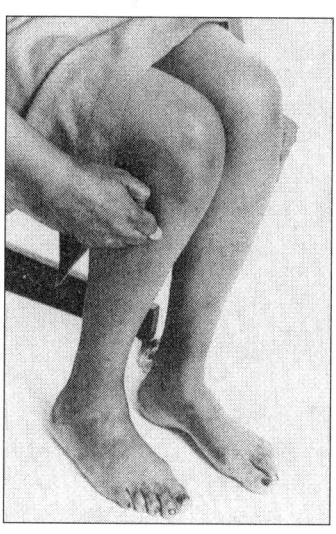

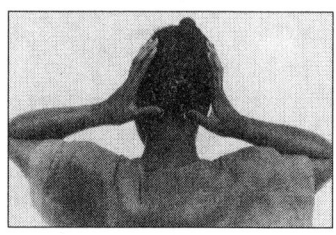

Schritt 2

Ma 36 kräftig reiben: Vier Fingerbreit unterhalb der Kniescheibe abmessen und die Fingerkuppen 1 cm außerhalb des Schienbeins legen. Wenn man an der richtigen Stelle ist, muß man fühlen, wie sich ein Muskel spannt, wenn man mit den Füßen wippt. Dann Fäuste machen und diese auf Ma 36 außen an beiden

Schritt 3

N 3 und B 60 drücken: Den linken Fuß auf das rechte Knie legen. Mit dem rechten Daumen N 3 zwischen dem inneren Knöchel und der Achillesferse drücken. Mit Zeige- und Mittelfinger, die ein Widerlager zum

Daumen bilden, B 60 drücken.
Diese Punkte mit beständigem,
festem Druck etwa zwei Minuten halten. Dann das Ganze
mit dem rechten Fuß wiederholen.

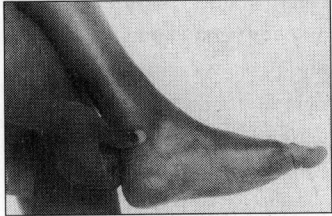

Weitere Punkte bei Schmerzen

Darstellungen weiterer Punkte
bei allgemeinen Schmerzen siehe in Kapitel 21, »Knöchel und
Füße«, Kapitel 5, »Angst und
Nervosität«, Kapitel 33, »Rük-
kenschmerzen und Ischias«, Kapitel 20, »Knieschmerzen«, Kapitel 26, »Nackenschmerzen
und steifer Nacken«, Kapitel 42,
»Zahnschmerzen«, und Kapitel 15, »Handgelenkschmerzen«.

37 Schulterverspannungen

Sally, die beste Freundin meiner Mutter, litt an einer Schulterbursitis und Schmerzen im Oberarm. Auch ihr Rücken war sehr empfindlich. Ich gab ihr etwa eine halbe Stunde Akupressur an den Schultern und zeigte ihr, wie sie die Punkte selbst drücken könne. Zu unser beider Überraschung konnte Sally sofort danach ihren Oberarm ohne Beschwerden anheben. Später berichtete sie, daß die Schmerzen gelegentlich wiederkehrten, jedoch konnte sie sie ohne weiteres beseitigen, indem sie selbst die Punkte drückte.

Schmerzen oder Verspannungen im Schulterbereich haben oft mit unserer emotionellen und physischen Gesamtverfassung zu tun. Streß, emotionelle Belastungen, physische Verletzungen und Müdigkeit können für Verspannungen und Schmerzen in der Schulter mit verantwortlich sein.

Auch viele Berufe können Schulterverspannungen schaffen oder verschärfen. Tippen, Schreibtischarbeit oder Arbeiten an einer Maschine oder am Bildschirm können Schulterverspannungen auslösen. Wenn man in zusammengesunkener Haltung sitzt, wird die Atmung flach, und es entstehen Verspannungen. Lastwagenfahrer, die am Lenkrad ihre Schultern hochziehen, neigen zu solchen Verspannungen. Menschen, die sehr feine Arbeiten durchführen, zum Beispiel Elektroniker, Grafiker, Näherinnen oder Juweliere, können ähnliche Probleme bekommen. Auch Menschen in stark belastenden Wettbewerbssituationen, etwa Manager oder Studenten, können an Schulterverspannungen leiden.

Die Schultern sind der Bereich, an dem sich viele unserer Anspannungen und Belastungen niederschlagen. Schließlich

wird diese Anspannung chronisch und führt zu einer Ermüdung, die sich wiederum auf andere Körperteile auswirkt. Chronische Schulterverspannung kann die Durchblutung der Extremitätem behindern, wodurch kalte Hände und Füße entstehen. Durch die Auflösung von Schulterverspannungen kann in Armen und Händen eine Welle der Wärme erzeugt werden; manche Menschen berichten auch von einer besseren Durchblutung ihrer Beine und Füße.

Akupressur hilft bei Schulter- und bei Nackenverspannungen. Wenn man sich selbst behandelt, sind meist mehrere Anwendungen (fünfzehn bis zwanzig Minuten) bei gleichzeitiger Tiefatmung notwendig, um Schulterschmerzen oder Nackensteifigkeit zu lindern. Bei vielen Menschen tritt jedesmal eine große Erleichterung auf, wenn sie Akupressur an sich selbst anwenden. Weil sich hinter Schulterbeschwerden jedoch oft eine Ansammlung verschiedener Spannungen oder Verletzungen über mehrere Monate (oder sogar Jahre) verbirgt, sind meist mehrere Akupressursitzungen notwendig, um sie völlig zu beseitigen.

In diesem Kapitel werden spezifische lokale Akupressurpunkte an den Schultern sowie weiter entfernt liegende Punkte behandelt, die trotzdem bei Schulterschmerzen und -steifigkeit wirken. Einige Minuten kräftigen Drucks auf den Punkt DW 15 (Himmlische Verjüngung) beseitigen Schulterschmerzen und -verspannungen sowie einen steifen Nacken. GB 21 ist ein weiterer wichtiger Punkt, an dem sich Schulterverspannungen konzentrieren. Er liegt oben auf dem Schultermuskel in der Nähe der Basis des Nackens. Di 14 (am Oberarm) und GB 20 (an der Schädelbasis) sind hervorragende Fernpunkte bei Schulterschmerzen und chronischer Verspannung. Alle hier beschriebenen Punkte kann man auch Kinder lehren.

Energiepunkte bei Schulterverspannungen

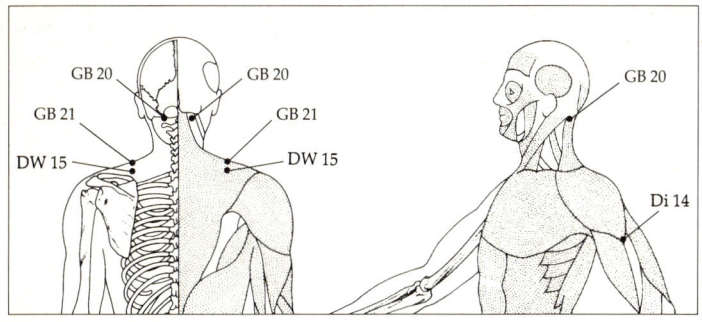

**Himmlische Verjüngung
(DW 15)**
Lage: Auf den Schultern in der
Mitte zwischen dem Halsansatz
und der Außenseite der Schul-
tern 1 cm unterhalb der Obersei-
te der Schultern.
Anwendungsgebiete: Bei Mus-
kelverspannungen, steifem
Nacken und Schulterschmerzen.

Schulterquelle (GB 21)
Achtung: Schwangere dürfen
diesen Punkt nur leicht drücken.
Lage: Am höchsten Punkt des
Schultermuskels 3 bis 5 cm seit-
lich des Nackens.
Anwendungsgebiete: Bei Schul-
terverspannungen, Nervosität,
Reizbarkeit und Müdigkeit.

Äußerer Armknochen (Di 14)
Lage: An der Außenfläche des
Oberarms auf einem Drittel der
Strecke von der Schulter zum
Ellbogen. Mit den Fingern über
den Knochen außen am Arm rei-
ben und nach einem drahtigen
Muskelband suchen.
Anwendungsgebiete:
Bei Schmerzen im Arm, Schul-
terverspannungen und steifem
Nacken.

Tore des Bewußtseins (GB 20)
Lage: Unterhalb der Schädelbasis in den je nach Größe des
Kopfes 5 bis 8 cm voneinander
entfernten Vertiefungen zwischen den beiden großen senkrechten Nackenmuskeln.

Anwendungsgebiete: Bei Arthritis in Schultern und Nacken, Kopfschmerzen und Nackensteifigkeit.

Es müssen nicht alle diese Punkte bearbeitet werden. Es genügt oft schon, wenn man nur einen oder zwei der Punkte drückt.

Übungen

Das nachfolgende Programm in bequemer Sitzhaltung durchführen.

Schritt 1

Leicht auf die Schultern klopfen: Die rechte Hand zur Faust schließen und locker aus dem Handgelenk die linke Schulter abklopfen; zur Seite des Halses gehen, über die Brust und zurück zur Schulter. Dann an der anderen Schulter in derselben Weise verfahren. Die Seite, die am stärksten verspannt ist, besonders aufmerksam und intensiv behandeln.

Schritt 2

Kräftig in DW 15 drücken: Die Finger beider Hände krümmen und oben über die Schultern legen, rechte Hand auf die rechte Schulter, linke Hand auf die linke Schulter. Nach einem Spannungsknoten direkt über dem Schulterblatt tasten. Die verspannteste Stelle an den Schultern mit Zeige-, Mittel- und Ringfinger drücken. Das Gewicht der Arme locker nach vorn fallen lassen, während die gekrümmten Finger in die Schulterverspannung drücken. Diesen Punkt eine Minute lang halten und dabei tief atmen.

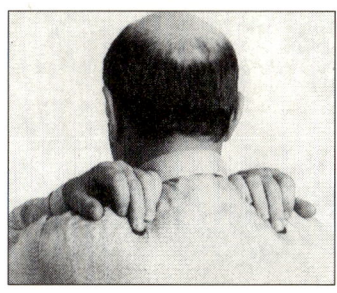

Schritt 3

GB 21 zusammen mit Di 14 halten: Die Kuppen von Zeige-, Mittel- und Ringfinger der rechten Hand auf die linke Schulter legen (GB 21), die Fingerkuppen der linken Hand auf den

rechten Oberarm (Di 14) und beide Punkte drücken. Dies ist eine sehr wirksame Kombination bei chronischer Schulterverspannung. Diese Energiepunkte eine Minute lang halten und dabei langsam und tief atmen. Um so tiefer in den Schultermuskel drücken, je mehr er sich lockert. Dann auf der anderen Seite ebenso verfahren und dabei eine Minute lang tief atmen.

Schritt 4
GB 20 drücken: Die Daumen unter der Schädelbasis in den Vertiefungen einsetzen, die 5 bis 8 cm voneinander entfernt liegen. Den Kopf langsam nach hinten drücken, während man weich nach oben unter den Schädel drückt; die Augen sind dabei geschlossen. Langsam und tief atmen und den Druck kräftig nach innen unter den Schädel

richten. Langsam und tief atmen und diesen Punkt eine Minute lang halten oder bis man auf beiden Seiten ein gleichmäßiges Pulsieren verspürt. Dann ganz allmählich loslassen.

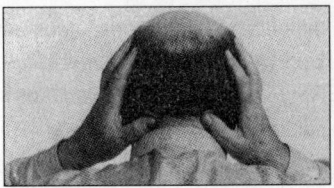

Schultermassageübung

Die Finger der rechten Hand über der linken Schulter krümmen und in den gespannten (Trapez-)Muskel einhaken. Einatmen und langsam kräftigen Druck mit den Fingern anwenden. Einige Sekunden halten und ausatmen; dabei die Finger harkend nach oben über die

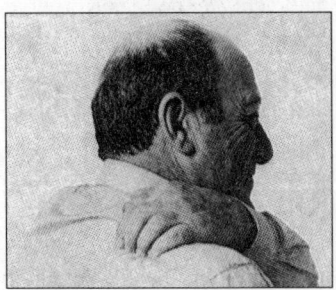

Schulter ziehen und den Muskel kräftig dehnen. Dann die rechte Hand in den Schoß sinken lassen. Anschließend die rechte Schulter bearbeiten. Mit der linken Hand die gekrümmten Finger kräftig in den Muskel auf der rechten Schulter einsetzen und die Bewegungen wiederholen. Tief einatmen und festen, stetigen Druck mit den Fingern anwenden. Halten, dann langsam ausatmen und die Finger harkend über die Schulter ziehen, so daß dieser Muskel kräftig gedehnt wird. Dann die linke Hand in den Schoß sinken lassen. Tief atmen und sich entspannen.

Aku-Yoga-Übung bei Schulterverspannungen

Bei der nachfolgenden Übung wird der Körper in eine Stellung gebracht, bei der das Körpergewicht auf die Muskeln und Punkte an den Schultern drückt, um dort vorhandene Spannungen zu beseitigen.
Diese Stellung ist am wirksamsten, wenn man dabei tief atmet.

Sie eignet sich sehr gut zur Beseitigung von Schulterverspannungen, Frustrationen und Reizbarkeit.
1. Auf den Rücken legen.
2. Die Knie abwinkeln, so daß die Fußsohlen flach auf dem Boden liegen.
3. Die Arme über dem Kopf auf den Boden legen und entspannen.
4. Einatmen und das Becken anheben; einige Sekunden in dieser Stellung bleiben.

5. Ausatmen und das Becken langsam absenken; eine weitere Minute lang beim Hochschieben des Beckens einatmen und beim Absenken ausatmen.
6. Auf dem Rücken liegend, Arme an den Seiten, mit geschlossenen Augen einige Minuten entspannen und weiterhin tief atmen.

Weitere Punkte bei Schulterverspannungen

Weitere Punkte bei Schulterverspannungen siehe Kapitel 32, »Reizbarkeit, Frustration und Bewältigung von Veränderungen«, und Kapitel 26, »Nackenschmerzen und steifer Nacken«.

38 Schwangerschaft und Unfruchtbarkeit

Zu den schönsten Erfahrungen in meiner Akupressurpraxis gehört die Arbeit mit Schwangeren. Ich habe vielen Frauen gezeigt, wie sie sich von den Kreuz-, Schulter- und Nackenschmerzen befreien konnten, die oft in der Schwangerschaft auftreten, und ich habe ihre Männer gelehrt, wie sie die Verspannungen und den Wehenschmerz ihrer Frauen lindern können.

Ich habe die Akupressur auch dafür eingesetzt, um Frauen, die keine Kinder bekommen konnten, zu Fruchtbarkeit zu verhelfen. Eine meiner Akupressurabsolventinnen behandelte eine Klientin, eine Rechtsanwältin, die seit zwei Jahren versuchte, schwanger zu werden. Die Frau und ihr Mann wünschten sich sehnlichst ein Kind. Sie erhielt wöchentliche Akupressurbehandlungen, deren Ziel es vor allem war, Spannungen im Nacken-, Brust-, Kreuz- und Hüftbereich zu beseitigen. Das Hara[1] (Meer der Energie [EG 6]), ein spezieller Punkt für die Tonisierung des Unterleibsbereichs und die Verbesserung der Fruchtbarkeit, wurde jede Woche behandelt.

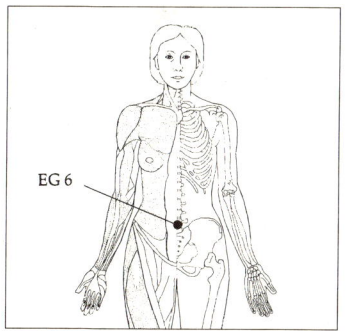

EG 6

---

1 Hara = japanisch wörtlich »Unterleib, Bauch, Eingeweide«. Im Zen-Buddhismus hat der Begriff meist die Bedeutung »die (geistige) Mitte des Menschen« (nach *Lexikon der östlichen Weisheitslehren* [Bern, München, Wien: O. W. Barth/ Scherz, [2]1986], 131).

Sie benutzte diesen Punkt (drei Fingerbreit unterhalb des Nabels) auch täglich im Rahmen der Selbstbehandlung. Nach drei Monaten berichtete sie ihrer Akupresseurin in überschwenglicher Freude, daß sie endlich schwanger geworden war.

Während der Schwangerschaft treten im Körper einer Frau viele physische Veränderungen auf. In jeder Schwangerschaftsphase kommt es aufgrund der Belastungen des Körpers zu spezifischen Symptomen. So drückt zum Beispiel der wachsende Fötus in zunehmendem Maße auf die Blase. Dies führt zu einem gesteigerten Harndrang. Solche einschneidenden physiologischen Veränderungen können durch die Stimulierung geeigneter Akupressurpunkte harmonisiert werden. Es gibt Punkte, die das weibliche Hormonsystem ins Gleichgewicht bringen, und Punkte gegen morgendliches Erbrechen, Kreuzschmerzen, geschwollene Knöchel und Erschöpfung.

Die häufigsten Beschwerden während der ersten drei Monate sind Empfindlichkeit der Brüste, Übelkeit und Müdigkeit. Weil die Akupressurpunkte gegen empfindliche Brüste dieselben sind, die man zur Unterstützung der Milchbildung anwendet, sollte man auch in Kapitel 41 nachschlagen.

Gegen die morgendliche Übelkeit drückt man die Innenseite des Handgelenks (P 6), wie es auf den folgenden Seiten beschrieben und dargestellt ist. Dieser Punkt wirkt überhaupt bei allen Arten von Übelkeit, vom morgendlichen Erbrechen der Schwangeren bis hin zur Reisekrankheit (siehe Kapitel 31).

Zur Bekämpfung der Müdigkeit stimuliert man die Punkte B 23 und B 47, Meer der Vitalität, im Kreuzbereich. Man kann entweder das Kreuz kräftig mit dem Handrücken reiben, bis eine Erwärmung auftritt, oder aber einige dicke Handtücher aufrollen, unter das Kreuz legen und sich langsam darauf legen, um Druck auf das Kreuz zu erzeugen. Diese Punkte wirken bei Erschöpfung und Verspannungen im Kreuzbereich während der Schwangerschaft.

Die Leistenpunkte helfen bei Unterleibsschmerzen, Verdauungsstörungen, Aufgedunsen-

heit und Atembeschwerden durch die Bewegungen des Fötus, der gegen das Sonnengeflecht der Mutter drückt. Diese Punkte (Mi 12 und Mi 13) liegen im Beckenbereich am Übergang zwischen Bein und Rumpf. Sie befinden sich in der Mitte zwischen der Basis des Hüftknochens und des Schambeins. Der Genitalienpunkt (siehe unten) hilft gegen Verspannungen in der Becken- und Kreuzgegend, Bereiche, die insbesondere während der Schwangerschaft, während der Wehen und im Wochenbett blockiert werden.

Achtung: Der Einsatz von Akupunkturnadeln ist traditionell während der Schwangerschaft verboten, weil eine starke Stimulierung dieser Punkte zu Uteruskontraktionen führt, das heißt, es bestünde die Gefahr einer Fehlgeburt. Akupressur gilt dagegen als ungefährlich, doch sollte der Fingerdruck auf jeden Punkt während der Schwangerschaft mild und zurückhaltend sein. Bevor man mit den nachfolgenden Übungen beginnt, sollte man mit seinem Arzt sprechen, ob keine Bedenken gegen die Anwendung dieser Punkte bestehen.

Punkt	Keine starke Stimulierung nach dem	Dargestellt auf Seite
Di 4[1]	1. Monat	312
N 3[2]	3. Monat	316
Mi 6[3]	7. Monat	235

1 Kann Wehen auslösen.
2 Beruhigt den Fötus.
3 Kann Wehen auslösen und beruhigt den Fötus.

Energiepunkte bei Beschwerden in der Schwangerschaft

Meer der Vitalität (B 23 und B 47)

Achtung: Nicht auf schwache Bandscheiben oder gebrochene Knochen drücken. Wenn man einen schwachen Rücken hat, können einige Minuten gleichbleibender, leichter Berührung anstelle von Druck sehr heilend sein. Wenn man Fragen hat oder Rat braucht, sollte man zuerst zum Arzt gehen.

Lage: Im Kreuzbereich zwei bzw. vier Fingerbreit zu beiden Seiten der Wirbelsäule in Höhe der Taille.

Anwendungsgebiete: Bei Beschwerden nach der Niederkunft, Kreuzschmerzen, Erschöpfung, Störungen im Genitalbereich, Ausfluß.

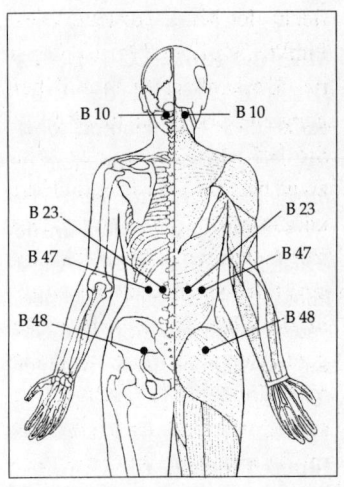

Anwendungsgebiete: Bei Verspannungen im Beckenbereich sowie Verstopfung, Störungen im Harntrakt, Ischias, Kreuz- und Hüftschmerzen während der Schwangerschaft.

Genitalienpunkt (B 48)

Lage: Einen bis zwei Fingerbreit außerhalb des Kreuzbeins (der Knochenverband am unteren Ende der Wirbelsäule) und in der Mitte zwischen der Oberseite des Hüftbeins (Darmbeinkamm) und der Basis des Gesäßes.

Himmlische Säule (B 10)

Lage: Einen Fingerbreit unterhalb der Schädelbasis auf den Muskelsträngen 1 cm zu beiden Seiten der Wirbelsäule.

Anwendungsgebiete: Hilft bei den folgenden häufigen Schwangerschaftsbeschwerden: Streß, Erschöpfung, Schlaflosigkeit,

Blutandrang zum Kopf, steifem Nacken und geschwollenen Augen.

Meer der Ruhe (EG 17)
Lage: In der Mitte des Brustbeins drei Daumenbreit oberhalb der Basis des Knochens.
Anwendungsgebiete: Hilft bei Nervosität, Druckgefühl in der Brust, Schlaflosigkeit, Ängstlichkeit, Niedergeschlagenheit und anderen emotionellen Störungen während der Schwangerschaft.

Innere Pforte (P 6)
Lage: In der Mitte der Innenseite des Unterarms zweieinhalb Fingerbreit von der Handgelenkfalte entfernt.
Anwendungsgebiete: Bei Beschwerden während der Schwangerschaft und nach der Niederkunft, Übelkeit, Schlaflosigkeit, Ängstlichkeit und Verdauungsstörungen.

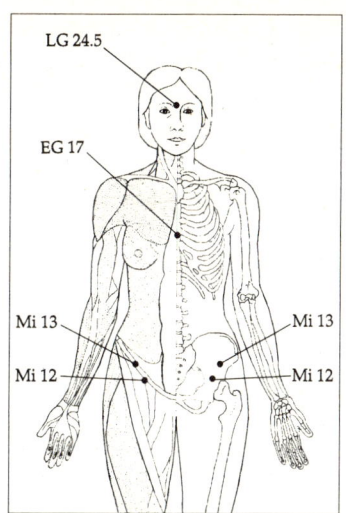

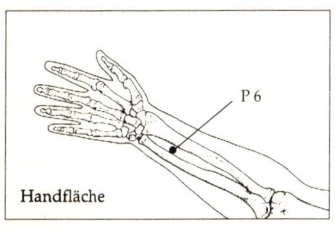

Handfläche

Punkt des Dritten Auges (LG 24.5)
Lage: Genau zwischen den Augenbrauen in der Vertiefung zwischen der Nasenwurzel und der Mitte der Stirn.
Anwendungsgebiete: Reguliert hormonelle Ungleichgewichte während der Schwangerschaft und hilft bei Heuschnupfen, Kopfschmerzen und Verdauungsstörungen.

Eilende Tür (Mi 12)
Hütte am Herrenhaus (Mi 13)
Diese beiden Punkte wirken besonders gut bei Unterleibsbeschwerden während der Schwangerschaft.

Lage: Die beiden Punkte liegen im Beckenbereich in der Mitte der Leistenbeuge.

Anwendungsgebiete: Diese Punkte helfen besonders gut bei fehlender Libido, Menstruationskrämpfen und Unterleibsbeschwerden.

> *Es müssen nicht alle diese Punkte bearbeitet werden. Es genügt oft schon, wenn man nur einen oder zwei der Punkte drückt.*

Übungen

Die nachfolgenden Punkte können individuell in jeder Position benutzt werden, doch ist es am besten, das Programm bequem auf dem Rücken im Bett oder auf einem Teppich liegend durchzuführen.

Schritt 1
Bereich B 48 stimulieren: Mit angezogenen Knien und flach auf dem Boden aufgesetzten Füßen Hände mit den Handflächen nach unten unter die Gesäßbakken neben die Basis der Wirbelsäule schieben. Langsam und tief atmen und zwei Minuten lang die Knie von einer Seite zur anderen schwenken. Die Hände zur Entlastung an eine andere Stelle legen und andere Bereiche der Gesäßmuskulatur drücken.

Paar straff aufgerollter dicker Socken verwenden oder eine Faust machen, so daß die Knöchel nach oben weisen. Das Becken anheben und die Sokken bzw. die Knöchel der Faust 10 cm unterhalb des Kreuzes in Höhe der Taille ablegen. Das Gesäß langsam zum Boden absenken und eine Minute lang entspannt langsam und tief atmen. Dadurch entsteht Druck auf die Punkte im inneren und äußeren Kreuzbereich. Dann das Becken wieder anheben, die Socken bzw. die Hände herausziehen und die Hände entspannt seitlich ablegen. Jetzt das Bekken wieder absenken und sich völlig entspannen.

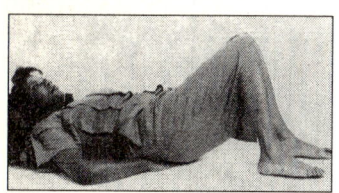

Schritt 2
B 23 und B 47 drücken: Ein

Schritt 3
B 10 kräftig drücken: Die Fingerkuppen beider Hände 1 cm

links und rechts der Wirbelsäule in den Nacken legen. Mit allen Fingerkuppen die kräftigen Muskelstränge drücken, die parallel zur Wirbelsäule verlaufen. Mit dem Handrücken auf dem Boden und gekrümmten Fingern die Nackenmuskeln eine ganze Minute lang kräftig hochdrücken und dabei tief atmen.

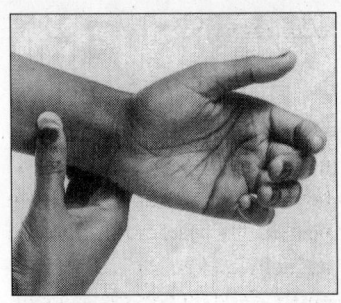

Schritt 5

LG 24.5 mit EG 17 halten: Den Mittelfinger der rechten Hand weich zwischen die Augenbrauen auf den Punkt des Dritten Auges legen. Mit den Fingerkuppen der linken Hand die Vertiefungen in der Mitte des Brustbeins halten. Diese beruhigende Punktekombination mindestens eine Minute halten, dabei tief atmen.

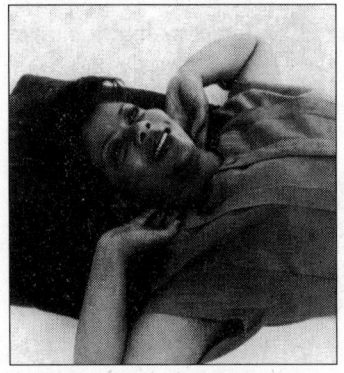

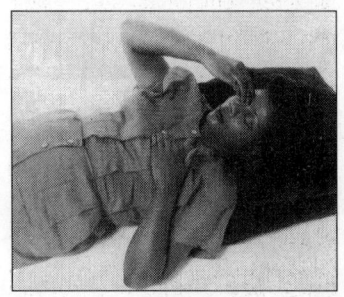

Schritt 4

P 6 drücken: Den rechten Daumen zweieinhalb Fingerbreit unterhalb der Mitte der Handgelenkfalte innen auf das linke Handgelenk legen. Kräftig drücken und den Druck dreißig Sekunden lang halten. Dann das rechte Handgelenk ebenfalls dreißig Sekunden lang halten.

**Entlastungsübung
für das Kreuz während der
Schwangerschaft**

Zwei Handtücher übereinander
auslegen. Die Ränder der Handtücher zur Mitte schlagen. Die
Handtücher fest zusammenrol-
len und auf einen Teppich legen.
Sich mit den Handtüchern unter
der Wirbelsäule auf den Rücken
legen. Die Beine können dabei
angezogen oder gestreckt sein,
wie man es als angenehm empfindet. Die Hände auf den Bauch
legen, die Augen schließen und
mindestens zwei Minuten lang
tief atmen. Dann die Knie mit
flach auf dem Boden aufliegen-
den Füßen anziehen, das Becken
anheben und das Handtuch herausziehen. Das Gesäß wieder
auf den Boden absenken und
sich mit geschlossenen Augen
mehrere Minuten lang völlig
entspannen.

*Beim Atmen in den Unterleib
sich vorstellen, wie jeder
Atemzug das Baby nährt.
Lassen Sie alle Liebe Ihres
Herzens in Ihren Schoß ein-
strömen, und entspannen Sie
sich vollkommen.*

**Weitere Punkte bei
Schwangerschaft und
Unfruchtbarkeit**

Darstellungen weiterer Punkte
für Beschwerden während der
Schwangerschaft siehe in Kapitel 41, »Wehen, Geburt und Stillen«.

39 Sexualprobleme

Die Lebensgewohnheiten und Streßsituationen können sich auf unsere sexuelle Energie auswirken. Je nach unserer Lebensweise und unserer Reaktion auf Lebensumstände können wir unsere Energiereserven aufbauen oder erschöpfen, was direkten Einfluß auf unsere Libido hat. Emotionelle Disharmonien in den intimen Beziehungen wie auch in anderen Lebensumständen können sich auf die Libido auswirken.

Eine sexuelle Beziehung ist eine der intimsten Situationen und kann zu Verletzlichkeit führen. Für viele Menschen ist Sex Ausdruck der Liebe und Zärtlichkeit. Innere Zwänge wie Furcht, Unsicherheit und Erwartungsangst können zu Spannungen führen, die die Freude am Sex stören. Bei Männern kann oft vorzeitige Ejakulation die Folge einer Versagensangst sein. Bei Frauen können sich emotioneller Streß und Druck in Form von Vaginalinfekten, Menstruationskrämpfen, fehlendem sexuellem Interesse oder anderen Störungen im Genitalbereich äußern.

Bei vorliegender Impotenz sollte man zunächst zum Arzt gehen und prüfen lassen, ob ein organischer oder physischer Befund vorliegt. Mitverursachend für Impotenz können ebenso Alkohol- oder Drogenmißbrauch, Zucker oder Nervenschäden sein. Impotenz tritt häufig auch als Nebenwirkung bei manchen Arzneimitteln auf.

Nach der traditionellen chinesischen Medizin wird die Potenz und sexuelle Aktivität von den Nieren gesteuert. Eine Lebensweise und Ernährung, die die Nieren belastet und die Gesundheit insgesamt schwächt, kann durch Erschöpfung der Energie der Nieten auch zu Impotenz führen. Der Genuß von Alkohol,

Drogen, raffiniertem Zucker und einem Übermaß an Flüssigkeit, Kälteeinwirkung, allgemeine Erschöpfung und chronische Kreuzbeschwerden können sämtlich Impotenz begünstigen.

Möglichkeiten zur Stärkung der Potenz und Libido

Es gibt viele Möglichkeiten, die Nieren wieder mit Energie aufzuladen und das sexuelle Leben zu verbessern. Gefühlsäußerungen, die Offenheit, Vertrauen und Kommunikation fördern, und die Bereitschaft, auf Erwartungen und Bewertungen zu verzichten, können einen sehr positiven Einfluß auf zwischenmenschliche Störungen haben, die die Freude am Sex trüben.

Man kann die Potenz durch Verbesserung der körperlichen Gesundheit stärken, indem man sich zum Beispiel regelmäßig körperlich betätigt und sich gesund ernährt.

Ernährung

In der traditionellen östlichen Volksmedizin werden Bohnen zur Stärkung der Fortpflanzungsorgane eingesetzt. Azuki-Bohnen eignen sich hervorragend bei Nierenstörungen. Schwarze Bohnen sind gut für die Sexualorgane, zum Beispiel bei unregelmäßiger Menstruation, Unfruchtbarkeit und Störungen der Libido.[1]

Eine Mischung aus drei Teilen Getreide und einem Teil Bohnen versorgt den Körper nicht nur mit allen essentiellen Aminosäuren, sondern kräftigt auch die Geschlechtsorgane von Männern und Frauen. Der traditionellen chinesischen Medizin zufolge kann ein Überschuß von Zucker Milz, Bauchspeicheldrüse und Leber aus dem Gleichgewicht bringen, was die Nieren belastet. Zurückhaltung bei Zucker und eine Versorgung mit natürlichen, frischen Nahrungsmitteln (besonders gesund sind Äpfel) ermöglichen eine allge-

---

1   Noboru Muramoto, *Healing Ourselves* (New York: Avon Books, 1983), 72. Deutsch: *Heile Dich selbst durch bewußte Ernährung* (München: Hugendubel, [2]1987).

mein gute Gesundheit und Spannkraft, beides wichtige Komponenten sexueller Potenz.

Energiepunkte für sexuelle Schwäche

Chronische Muskelverspannungen im Beckenbereich können für Impotenz, fehlende Libido, schwache Erektion, vorzeitigen Samenerguß, Scheideninfekte und Menstruationskrämpfe mit auslösend sein. Wenn die Muskeln im Beckenbereich chronisch angespannt sind, behindert dies die Blutversorgung der Genitalien. Faktoren wie beengende Kleidung, schlechte Haltung, mangelnde Bewegung,

Verspannungen in Brust und Schulter, emotionelle Belastungen und Frustration sind oft mit ursächlich für Spannungen im Becken- und Unterleibsbereich. Für ein Höchstmaß an Potenz und Libido muß der Beckenbereich elastisch sein. Wenn die Spannungen beseitigt werden, kann dies zu einer größeren Intensität der Gefühle führen; wenn der Beckenbereich frei und gelöst ist, können sich die angenehmen Empfindungen und das Orgasmuserlebnis vertiefen.

Durch Drücken der Akupressurpunkte im Becken- und Unterleibsbereich kann man die Blutversorgung und den Strom der Sinnesimpulse durch die Fort-

---

Kreuzpunkte, Wirkungen und Anwendungsgebiete

B 27 und B 28	Bei Hüftschmerzen (insbesondere im Hüftgelenk), Störungen der Geschlechtsorgane und Harnverhaltung.
B 29 und B 30	Bei Impotenz, Hexenschuß, Kreuzschmerzen und Ischias.
B 31 und B 32	Bei Hexenschuß und Impotenz.
B 33 und B 34	Bei Sterilität, Ausfluß und Schmerzen der Genitalien.

pflanzungsorgane steigern. Außerdem gibt es Akupressurpunkte für die Nieren, die die sexuelle Kraft unterstützen. Weil die Akupressur die Durchblutung verbessert und die gesamte gesundheitliche Verfassung positiv beeinflußt, kräftigt sie auch die Sexualfunktionen des Körpers. Die Punkte im Kreuzbereich und an der Basis der Wirbelsäule (Kreuzbein) zum Beispiel helfen bei Menstruationsbeschwerden und Störungen an Prostata und Blase. Die nachfolgenden Punkte kräftigen die männlichen und weiblichen Fortpflanzungsorgane.

Energiepunkte bei Impotenz

Meer der Vitalität (B 23 und
B 47)
Achtung: Nicht auf schwache
Bandscheiben oder gebrochene
Knochen drücken. Wenn man
einen schwachen Rücken hat,
können einige Minuten gleich-
bleibender, leichter Berührung
anstelle von Druck sehr heilend
sein. Wenn man Fragen hat oder
Rat braucht, sollte man zuerst
zum Arzt gehen.
Lage: Im Kreuzbereich (zwi-
schen dem zweiten und dritten
Lendenwirbel) zwei bzw. vier
Fingerbreit zu beiden Seiten der
Wirbelsäule in Höhe des Nabels.
Anwendungsgebiete:
Bei Kreuzschmerzen, Ermü-
dung, sexuellen Störungen, Impotenz und vorzeitigem Samenerguß.

Sprudelnde Quellen (N 1)
Lage: In der Mitte der Fußsohle
zwischen den beiden Ballen.
Anwendungsgebiete: Bei Hitzewallungen und Impotenz.

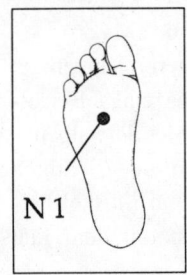

Größerer Bach (N 3)
Achtung: Dieser Punkt darf
nach dem dritten Schwangerschaftsmonat nicht mehr kräftig
stimuliert werden.
Lage: In der Mitte zwischen
dem inneren Knöchel und der

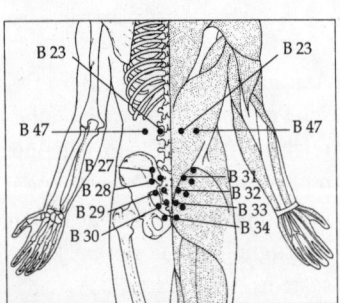

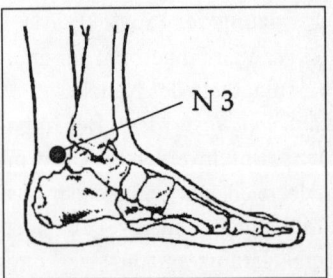

Achillesferse hinter dem Knöchel.

Anwendungsgebiete: Bei sexuellen Spannungen, Samenausfluß, unregelmäßiger Menstruation, geschwollenen Füßen, Knöchelschmerzen und Ermüdung.

Dreimeilenpunkt (Ma 36)

Lage: Vier Fingerbreit unterhalb der Kniescheibe einen Fingerbreit außerhalb des Schienbeins. Wenn man an der richtigen Stelle ist, tritt ein Muskel hervor, wenn man mit dem Fuß wippt.

Anwendungsgebiete: Kräftigt den ganzen Körper, insbesondere die Muskeln, und wirkt auf die Geschlechtsorgane. In der Regel ist für die Beseitigung von Impotenz eine mehrmonatige tägliche Akupressur notwendig.

Ursprung der Pforte (EG 4)

Lage: Vier Fingerbreit unmittelbar unterhalb des Nabels.

Anwendungsgebiete: Bei Impotenz, Beschwerden im Urogenitalbereich, unregelmäßigem Ausfluß, unregelmäßiger Periode und Harninkontinenz.

Kreuzpunkte (B 27 bis B 34)

Lage: An der Basis der Wirbelsäule (siehe Abbildung S. 341).

Anwendungsgebiete: Bei Menstruationsbeschwerden und Kreuzschmerzen. Stetiger und fester Druck auf die Kreuzpunkte (die unmittelbar mit dem Fortpflanzungssystem verbunden sind) kann bei Impotenz helfen.

Meer der Energie (EG 6)

Lage: Zwei Fingerbreit unterhalb des Nabels.

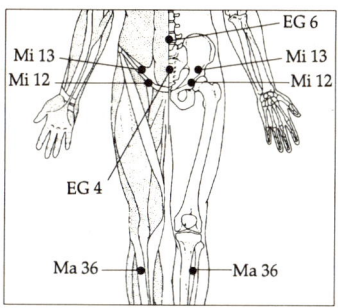

Anwendungsgebiete: Bei Beschwerden im Urogenitalbereich, unregelmäßigem Ausfluß, unregelmäßiger Menstruation und Impotenz. Dient auch zur Kräftigung des Fortpflanzungssystems.

Eilende Tür (Mi 12)
Hütte am Herrenhaus
(Mi 13)
Diese beiden Punkte wirken besonders gut bei Menstruationsbeschwerden.
Lage: Die beiden Punkte liegen im Beckenbereich in der Mitte der Falte zwischen Oberschenkel und Unterleib.
Anwendungsgebiete: Diese Punkte haben besonders gute Wirkung bei Impotenz, Menstruationsbeschwerden und Unterleibsschmerzen.

> *Es müssen nicht alle diese Punkte bearbeitet werden. Es genügt oft schon, wenn man nur einen oder zwei der Punkte drückt.*

Übungen

Bei den ersten drei Schritten dieses Programms sich bequem hinsetzen.

Schritt 1

B 47 und B 23 reiben: Mit den Handrücken die Punkte im Kreuzbereich eine Minute lang kräftig auf und ab reiben, bis Wärme entsteht. Als nächstes B 47 am äußeren Rand der breiten senkrechten Muskeln parallel zur Wirbelsäule eine Minute lang in Richtung Wirbelsäule reiben. Anschließend oben auf die breiten senkrechten Muskeln drücken, die etwa zwei Fingerbreit von der Wirbelsäule entfernt liegen; dies stimuliert B 23. Mit Daumen oder Fingern jeweils eine Seite oder beide Seiten gleichzeitig stimulieren und mindestens eine Minute halten.

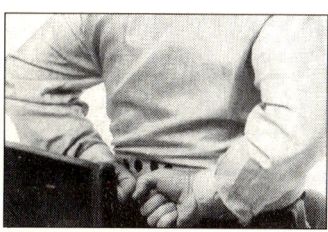

Schritt 2

Ma 36 kräftig reiben: Die rechte Ferse auf den linken Punkt Ma 36 außen am Bein unterhalb des Knies legen. Mit der Ferse diesen Punkt dreißig Sekunden lang kräftig reiben. Anschließend am anderen Bein ebenso verfahren.

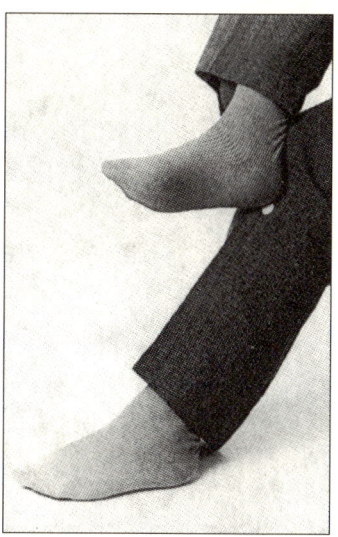

Schritt 3

N 3 mit N 1 drücken: Den linken Fuß bequem auf den rechten Oberschenkel legen. Dann den linken Daumen auf N 3 zwi-

schen der Achillesferse und dem inneren Knöchel legen und den Druck in eine Richtung unterhalb des inneren Knöchels richten. Mit dem rechten Daumen N 1 in der Mitte der Fußsohle drücken. Diese Punkte eine Minute lang kräftig halten und sich auf eine tiefe Atmung konzentrieren. Anschließend diese Punkte eine Minute lange am anderen Fuß halten.

Sich mit angezogenen Knien und flach auf dem Boden aufgesetzten Füßen bequem auf den Rücken legen.

Schritt 4

EG 4 und EG 6 drücken: Die Fingerkuppen der einen Hand etwas oberhalb der Mitte des Schambeins auf EG 4 legen und die Finger der anderen Hand darüber zwischen Nabel und

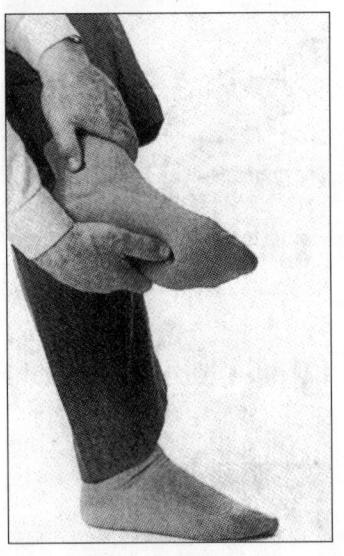

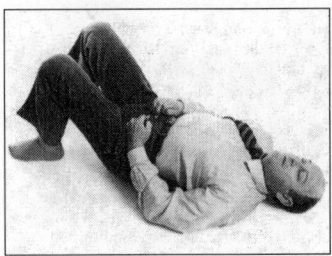

Schambein auf EG 6. Die Augen schließen und eine oder zwei Minuten lang 2 bis 4 cm tief in diese wichtigen Potenzpunkte in den Unterleib drücken; dabei tief atmen. Sehr gute Wirkungen erzielt man auch mit einer Wärmflasche auf diesen Punkten.[1]

---

1   Wärme auf diesen Unterleibspunkten kräftigt die Sexualorgane. Man kann einmal versuchen, mit warmen Auflagen wie einer Wärmflasche, einem Heizkissen oder auch mit einem Haarfön diese Energiepunkte einige Minuten zu erwärmen.

Schritt 5
Mi 12 und Mi 13 halten oder darauf liegen: Mit allen Fingerkuppen eine Minute lang direkt auf das dicke, strangartige Band in der Mitte der Beinfalte vorne oben am Oberschenkel drücken. Wenn man diese Punkte drückt, dann spürt man das kräftige Pulsieren einer großen Arterie, die zwischen diesen Punkten und den Genitalien verläuft.[1]

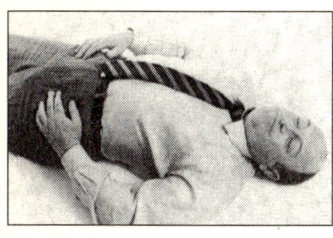

Schritt 6
Punkte B 27 bis B 34 drücken: Noch mit angezogenen Knien auf dem Rücken liegend, Füße flach auf dem Boden, das Becken anheben und die Hände mit den Handflächen nach unten unter dem Kreuzbein aufeinanderlegen. Die Hände so drehen, daß die Finger der einen Hand mit den Fingern der anderen überkreuzt sind. Langsam das Becken auf die Hände absenken. Dann die Knie eine Minute lang von einer Seite zur anderen schwenken und dabei tief in den Bauch atmen. Man kann auch die Füße einige Zentimeter über den Boden anheben und mit den Knien eine langsame und weite Kreisbewegung ausüben.

Schritt 7
Schritt 4 wiederholen: EG 4 und EG 6 nochmals eine Minute drücken und tief einatmen, um die Potenz zu steigern.

---

1 Ein Verfahren, um diese Unterleibspunkte noch kräftiger zu drücken, besteht darin, daß man sich flach auf den Unterleib legt und die Fäuste unter die Leiste legt. Stirn oder Kinn auf den Boden legen und Beine schließen. Dann einatmen und die Füße so anheben, daß die Oberschenkel nicht mehr am Boden liegen. Dadurch entsteht Druck auf diese Potenzpunkte. Die Beine dreißig Sekunden oben halten und langsam tief atmen. Dann die Beine absenken und die Hände an den Seiten entspannen. Sich bequem ausstrecken und eine Minute lang völlig entspannen.

Weitere Punkte bei Impotenz

Darstellungen weiterer Punkte
bei Impotenz siehe Kapitel 33,
»Rückenschmerzen und Ischias«, und Kapitel 17, »Immunsystem-Kräftigung«.

40 Verstopfung

Eine meiner ehemaligen Patientinnen, die schon zahlreiche Operationen hinter sich hatte, unter anderem zwei Kaiserschnitte und eine Bandscheibenoperation, hatte bei jedem Stuhlgang unerträgliche Schmerzen. Ich zeigte ihr die Anwendung von Akupressur am Unterleib (EG 6). Das Drücken dieses Punkts regt die Peristaltik an und entspannt den Unterleib. Nachdem sie dies regelmäßig zweimal täglich durchgeführt hatte, war ihr Stuhlgang innerhalb eines Monats normal und schmerzfrei.

Verstopfung kann durch den Genuß zu vieler denaturierter, verarbeiteter Nahrungsmittel wie zum Beispiel Weißmehl verursacht sein, wodurch ein Mangel an Ballaststoffen entsteht; andere Ursachen können zu reichliche oder zu schwere Speisen, zu viele unterschiedliche Arten von Speisen zugleich, Unterleibsprobleme oder mangelnde Bewegung sein.[1] Alle diese Umstände können dazu führen, daß Ausscheidungsstoffe den Dickdarm blockieren. Verstopfung ist oft begleitet von Blähungen, Unterleibsschmerzen, Völlegefühl und Kopfschmerzen, bedingt durch die fehlende peristaltische Bewegung, die die Stoffwechselprodukte durch den Dickdarm schiebt. Die Trägheit des Dickdarms kann von einer zu großen Erschlaffung, einer zu großen Ermüdung oder einer zu großen Anspannung herrühren. Gesundheitsfachleute sind sich darüber einig, daß man Verstopfung durch geeignete Ernährung und ausreichend Bewegung verhindern kann. Vollwertnah-

---

1 Tips zur Vorbeugung von Verdauungsproblemen und zur Ernährung siehe in
   Kapitel 24, »Magenschmerzen, Verdauungsstörungen und Sodbrennen«.

rungsmittel wie frisches Obst und Gemüse und Vollkorn enthalten genügend Ballaststoffe, die für eine gute Darmtätigkeit sorgen. Ein Salat aus frischem Spinat, Petersilie, Kopfsalat, Rosenkohl, Paprika und grünen Bohnen ist reich an Fasern und Vitaminen A, B, C, E, G und K, die sämtlich verdauungsfördernd wirken.[1]

Körperliche Betätigung wie Wandern, Jogging, Schwimmen und Aku-Yoga[2] tonisieren und massieren die Muskeln des Darmtrakts, regulieren die Darmtätigkeit und halten den ganzen Körper fit.

1 Mildred Jackson, N. D., *The Handbook of Alternatives to Chemical Medicine* (Oakland: Lawton-Teague Publications, 1975), 52.
2 Näheres hierzu siehe bei Michael Reed Gach, *Acu-Yoga* (Tokio: Japan Publications, 1981), 142–147, 184–189.

Energiepunkte bei Verstopfung

Meer der Energie (EG 6)
Lage: Drei Fingerbreit unterhalb des Nabels.
Anwendungsgebiete: Schmerzen in der Unterleibsmuskulatur, Verstopfung, Dickdarmentzündung und Blähungen.

Dreimeilenpunkt (Ma 36)
Lage: Vier Fingerbreit unterhalb der Kniescheibe einen Fingerbreit außerhalb des Schienbeins. Wenn man an der richtigen Stelle ist, tritt ein Muskel hervor, wenn man mit dem Fuß wippt.
Anwendungsgebiete: Kräftigt den ganzen Körper, fördert die Verdauung und hilft bei Magen- und Darmbeschwerden.

Verbindung mit dem Tal (Hoku) (Di 4)
Achtung: Diesen Punkt nicht bei Schwangeren anwenden, da die Stimulierung eine vorzeitige Wehentätigkeit auslösen kann.
Lage: Am Handrücken an der höchsten Stelle des Muskels, der hervortritt, wenn Daumen und Zeigefinger zusammengepreßt werden.

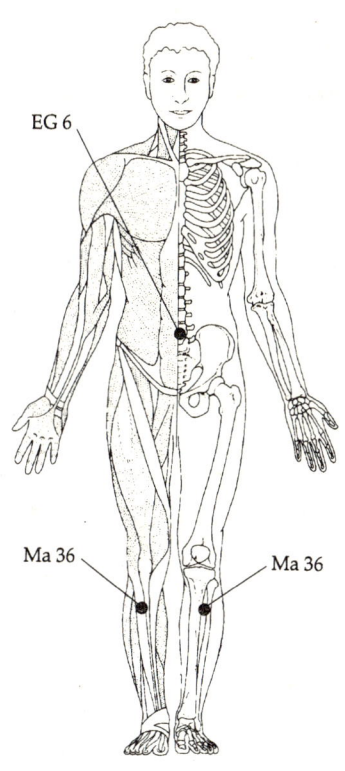

EG 6

Ma 36   Ma 36

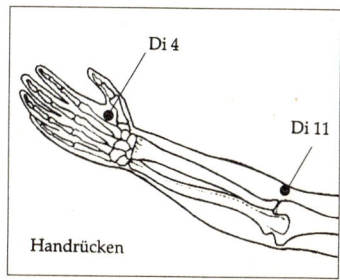

Di 4

Di 11

Handrücken

Anwendungsgebiete: Bei Verstopfung, Kopfschmerzen, Zahnschmerzen, Schulterschmerzen, Arthritis und Wehenschmerz.

Teich an der Biegung (Di 11)
Lage: Am oberen äußeren Ende der Ellbogenfalte.
Anwendungsgebiete: Fieber, Verstopfung und Verdauungsstö-rungen. Dies ist ein sehr wirksamer Fernpunkt für den Dickdarm.

Es müssen nicht alle diese Punkte bearbeitet werden. Es genügt oft schon, wenn man nur einen oder zwei der Punkte drückt.

Übungen

Die besten Ergebnisse erzielt
man, wenn man dieses Pro-
gramm auf dem Rücken liegend
beginnt.

Schritt 1
EG 6 kräftig drücken: Alle
Fingerkuppen unmittelbar zwischen Nabel und Schambein
einsetzen. Langsam 2 cm tief
drücken oder bis man festeren

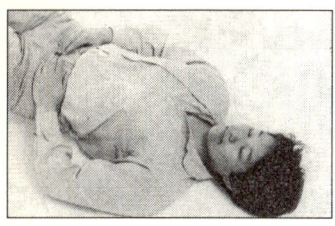

Widerstand verspürt. Diesen
kräftigen Druck halten und mit
geschlossenen Augen tief atmen.

Schritt 2
Ma 36 stimulieren: Die rechte
Ferse außen auf das Schienbein
unterhalb des Knies legen. Diesen Punkt eine Minute lang kräftig reiben. Am gegenüberliegenden Bein ebenso verfahren.

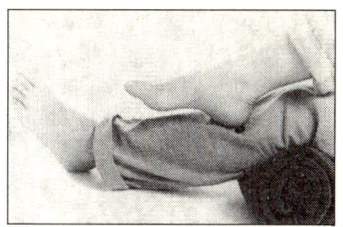

Schritt 3
Di 4 kräftig drücken: Den linken Daumen vom Zeigefinger
abspreizen. Die rechte Hand in
die Hautfalte auf der Rückseite
der linken Hand legen, die Fingerkuppen auf die Handfläche
direkt hinter dem Daumen. Daumen und Zeigefinger der rechten
Hand langsam zusammendrük-
ken und kräftig in das Gewebe
drücken. Den Druck zu dem
Knochen richten, der mit dem
linken Zeigefinger verbunden
ist. Dreimal langsam tief atmen
und dabei die Daumen-Zeigefinger-Falte der linken Hand eine
Minute drücken. Dann auf der

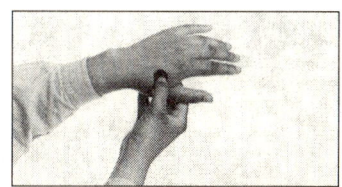

anderen Seite Di 4 an der rechten Hand drücken. Die Daumen-Zeigefinger-Falte kräftig drücken und wiederum mehrmals langsam tief atmen.

Schritt 4
Punkt Di 11 drücken: Den rechten Arm mit nach unten weisender Handfläche vor dem Oberkörper abwinkeln. Man findet den Punkt, indem man die Fingerkuppen der linken Hand dort auf die Außenseite des rechten Oberarms legt, wo die Ellbogenfalte endet. Tief atmen und diesen Punkt eine Minute lang drücken. Dann Di 11 am anderen Arm drücken. Tief atmen und

diesen Punkt im Ellbogengelenk eine Minute lang drücken.

Akupressur-Massage

Diese Übung beseitigt weitere Stauungen im Körper und verbessert die Elastizität und den Tonus des Dickdarms. Man kann sie an anderen oder sich selbst durchführen. Die nachfolgenden Anweisungen gelten für die Arbeit an sich selbst. Diese Übung sollte mit leerem Magen durchgeführt werden.
1. Mit angezogenen Knien, flach auf den Boden aufgesetzten Füßen und geschlossenen Augen bequem auf dem Rücken liegen.
2. Am oberen Unterleib beginnend, alle Fingerkuppen weich in die Akupressurpunkte drücken, die sich in einem Kreis in der Größe der Hand am Unter-

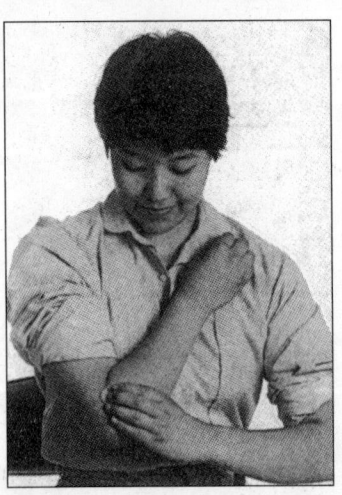

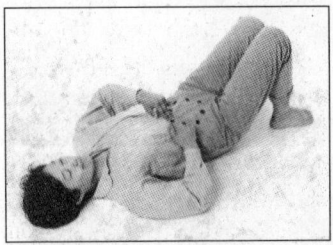

leib befinden (siehe Abbildung). Langsam im Uhrzeigersinn drükken und jede Stelle fünf Sekunden gedrückt halten.

3. Tief atmen und die langsame Bewegung im Uhrzeigersinn an den Unterleibspunkten wiederholen, wobei man beim zweiten und dritten Mal etwas stärker drückt.

4. Hände seitlich ablegen und völlig entspannen. Weiter tief atmen, damit sich die Wirkung ganz entfalten kann.

Zusätzliche Punkte bei Verstopfung

Darstellungen weiterer Punkte bei Verstopfung siehe in Kapitel 12, »Diarrhöe«, Kapitel 32, »Reizbarkeit, Frustration und Bewältigung von Veränderungen«, und Kapitel 24, »Magenschmerzen, Verdauungsstörungen und Sodbrennen«.

41 Wehen, Geburt und Stillen

Jean, eine meiner Lehrerinnen am Akupressur-Institut, arbeitete mit einer Schwangeren, deren Geburtstermin seit drei Wochen verstrichen war. Die Mutter hatte unregelmäßige Wehen: Sie setzten immer wieder ein, flachten aber dann ab. Nachdem Jean dreißig Minuten mit der Frau arbeitete und die Fernpunkte an ihren Händen und Knöcheln hielt, wurden die Wehen regelmäßiger, und die Mutter spürte, wie das Baby auf den Fingerdruck reagierte: Seine Bewegungen wurden mit einem Mal viel kräftiger. Jean zeigte der Mutter auch viele Selbstakupressurpunkte und -techniken, die ihr während der Wehen Mut machten und gegen den Schmerz und die Erschöpfung wirkten.

Als im Krankenhaus B 67 an der kleinen Zehe der Mutter stimuliert wurde, fühlte sie, wie das Baby tiefer trat. Die Akupressur half der Mutter, sich zu entspannen, und sie konnte ihre Schmerzen während der Geburt besser kontrollieren.

Selbstakupressur kann den Streß und die Schmerzen der Geburt ohne die Nebenwirkungen von Medikamenten erheblich lindern. Anspannung und Müdigkeit vergrößern den Wehenschmerz – je mehr man sich gegen den Schmerz wehrt, desto stärker wird er –, weshalb Entspannung der Schlüssel zur Erleichterung der Wehen ist. Akupressur in Kombination mit Tiefatmung beseitigt Muskelspannungen und hilft entspannen.

Wenn man die in diesem Kapitel dargestellten tonisierenden Punk-

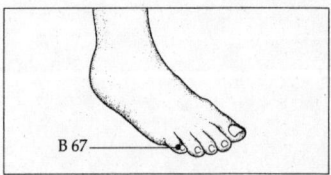

B 67

te drückt, kann man während der Schwangerschaft alle Körpersysteme kräftigen und sich auf die Geburt vorbereiten. Weiterhin gibt es mehrere Punkte für die Erholung nach der Geburt, die gegen Muskelschmerzen wirken, die Milchbildung anregen und die Lebenskräfte nach der Niederkunft wiederherstellen.

Wenn man während der Wehen auch selbst etwas für sich tut, stärkt dies das Selbstbewußtsein, das man braucht, um mit den Ängsten fertig zu werden, die oft auftauchen. Der aufregendste Aspekt der Anwendung der Akupressur während der Wehen und Geburt ist vielleicht die tiefere Verbindung, die man nicht nur mit seinem eigenen Körper, sondern auch mit dem Neugeborenen empfindet.

Achtung: Beim Einsetzen der Wehen den Arzt oder die Hebamme rufen; rechtzeitig Vorbereitungen für die Aufnahme in die Klinik treffen.

Energiepunkte bei Wehenschmerz

Schulterquelle (GB 21)
Achtung: Schwangere dürfen diesen Punkt nur *leicht* drücken.
Lage: Am höchsten Punkt der Schulter direkt auf dem Muskel, 3 bis 5 cm seitlich des Nackens.
Anwendungsgebiete: Hilft bei der Niederkunft; lindert Schmerzen, Nervosität, Gereiztheit, Ermüdung, verspannte Schultern, Kreislaufschwäche, kalte Hände und Füße.

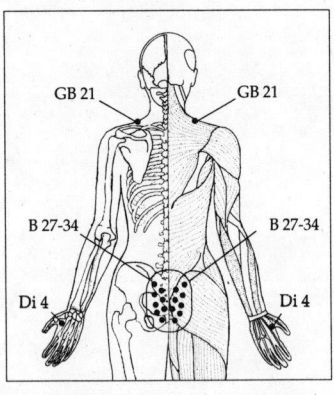

Kreuzpunkte (B 27 bis B 34)
Lage: Am Kreuzbein, dem breiten Knochenverband unten an der Wirbelsäule.
Anwendungsgebiete: Bei Menstruationsbeschwerden, Kreuz-

schmerzen und Wehenschmerz. Stetiger, fester Druck auf diese Kreuzpunkte (man legt sich hierzu auf den Rücken, wobei die Hände übereinander unter die Basis der Wirbelsäule geschoben werden) hilft den Uterus und den Beckenbereich entspannen und wirkt gegen Schmerzen während der Wehen (siehe auch Seite 339 und 341 f.).

Verbindung mit dem Tal (Hoku) (Di 4)
Lage: In der Hautfalte zwischen Daumen und Zeigefinger am Handrücken an der höchsten Stelle des Muskels, wenn Daumen und Zeigefinger zusammengepreßt werden.
Anwendungsgebiete: Bei Wehenschmerz sowie Verstopfung, Kopfschmerzen, Zahnschmerzen, Schulterschmerzen und Arthritis.

Größerer Bach (N 3)
Achtung: Dieser Punkt darf nach dem dritten Schwangerschaftsmonat nicht mehr kräftig stimuliert werden.

Lage: In der Vertiefung in der Mitte zwischen dem Vorsprung des inneren Knöchels und der Achillesferse hinter dem Knöchel.

Anwendungsgebiete: Bei Wehenschmerz, geschwollenen Füßen, Ermüdung, Knöchelschmerzen und Kreuzschmerzen.

Nach innen Reichendes
(B 67)

Lage: Außen an der kleinen Zehe an der Basis des Zehennagels.

Anwendungsgebiete: Bei schwierigen Wehen, anomaler Kindslage des Fötus,[1] verstopfter Nase und juckender Haus.

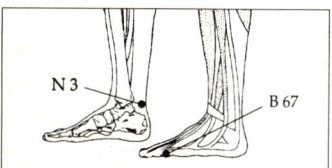

> *Es müssen nicht alle diese Punkte bearbeitet werden. Es genügt oft schon, wenn man nur einen oder zwei der Punkte drückt.*

---

1 Um einer Steißgeburt vorzubeugen, kann man an diesem Fernpunkt Wärme anwenden, um den Fötus dazu anzuregen, in den letzten vier Schwangerschaftsmonaten seine Lage zu ändern. Besprechen Sie dies mit Ihrem Arzt und anschließend mit einem Akupresseur.

Übungen für Wehen

Das nachfolgende Programm kann bequem sitzend oder im Liegen durchgeführt werden. Die Punkte an den Füßen lassen sich möglicherweise im Sitzen einfacher stimulieren. Beim Halten der Punkte konzentriert langsam und tief atmen. All diese Akupressurtechniken können Sie auch von Ihrem Partner, einer Freundin bzw. einem Freund oder der Hebamme ausführen lassen. Die folgenden Anweisungen können als vollständiges Programm durchgeführt werden, jedoch lassen sich auch beliebige Schritte miteinander kombinieren.

Schritt 1

GB 21 weich drücken: Die Finger krümmen und die Fingerkuppen genau auf den Muskel oben auf den Schultern neben dem Hals legen. Tief atmen und eine Minute lang in eventuell vorhandene Schulterspannungen an dieser Stelle drücken.

Schritt 2

B 27 bis B 34 drücken und reiben: Diese Punkte zur Erleichterung der Geburt drücken. Mit den Handrücken die Basis der Wirbelsäule kräftig reiben, bis eine Erwärmung eintritt. Wenn es möglich ist, sich einige Minuten bequem auf den Rücken zu legen, die Hände unter der Basis der Wirbelsäule übereinanderlegen. Die Knie anziehen und die Füße flach auf das Bett aufsetzen. Tief atmen und das Becken langsam von links nach rechts verlagern, um diese Kreuzpunkte zu stimulieren. Dies entspannt den Beckenbereich und fördert die Öffnung des Muttermundes.

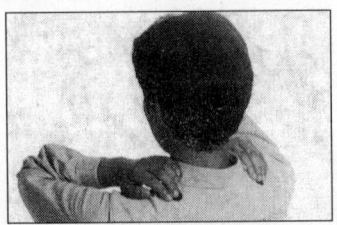

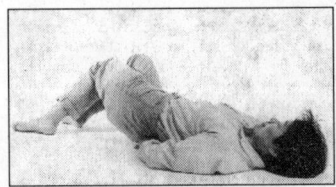

Schritt 3

Di 4 kräftig drücken: Den rechten Daumen auf den Rücken der linken Hand auf die Hautfalte zwischen Daumen und Zeigefinger legen, wobei die Fingerkuppen auf der Handfläche unmittelbar hinter dem Daumen liegen. Daumen und Zeigefinger der rechten Hand kräftig zusammenpressen und in die Hautfalte drücken. Den Druck unter den Knochen richten, der mit dem Zeigefinger verbunden ist.

Um die Wehen zu verstärken, den Punkt durch Reiben stimulieren; um den Wehenschmerz zu lindern, die Hautfalte kräftiger fassen und länger halten.

Tief in den Unterleib atmen und den Punkt eine Minute lang halten. Anschließend die andere Hand bearbeiten.

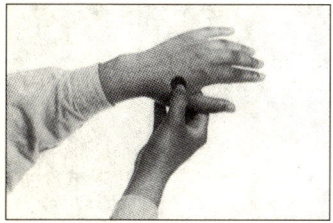

Punkte gegen Wehenschmerz

Zeigen Sie Ihrer Hebamme oder Ihrem Freund bzw. Ihrer Freundin die folgenden Energiepunkte.

N 3 kräftig drücken: Das Bein beugen. Den Daumen zwischen den inneren Knöchel und die Achillesferse einsetzen; diesen Punkt zur Linderung des Wehenschmerzes drücken. Jede Seite eine Minute lang halten oder sich in geeigneter Weise hinlegen, so daß beide Punkte gleichzeitig gedrückt werden können.

B 67 stimulieren: Mit dem Nagel des Zeigefingers B 67 außen am Nagel der kleinen Zehe vorsichtig kratzen. Beide Seiten dreißig Minuten lang stimulieren.

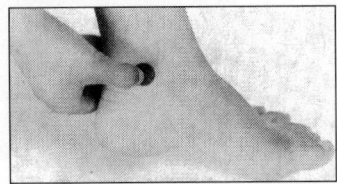

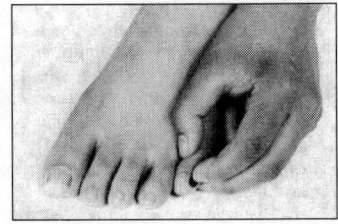

Energiepunkte für das Wochenbett

Meer der Energie (EG 6)
Lage: Zwei Fingerbreit unterhalb des Nabels.
Anwendungsgebiete: Schwache Unterleibsmuskulatur, Kreuzschmerzen, Nierenschmerzen, Verstopfung, Blähungen, Störungen im Urogenitalbereich, unregelmäiger Ausfluß, allgemeine Schwäche und Schlaflosigkeit.

Anwendungsgebiete: Wochenbettbeschwerden, Schlaflosigkeit, Ängstlichkeit, Herzklopfen, Gelenkschmerzen, Übelkeit und Verdauungsbeschwerden.

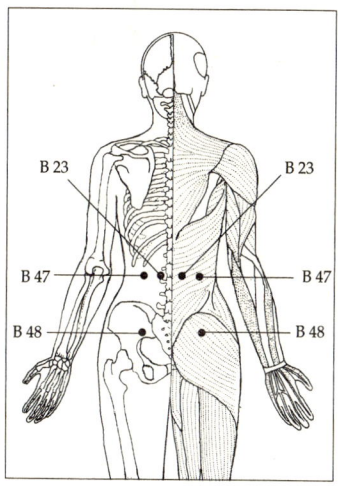

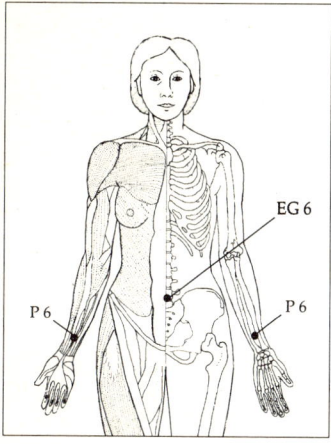

Innere Pforte (P 6)
Lage: In der Mitte der Innenseite des Unterarms zweieinhalb Fingerbreit von der Handgelenkfalte entfernt.

Meer der Vitalität (B 23 und B 47)
Achtung: Nicht auf schwache Bandscheiben oder gebrochene Knochen drücken. Wenn man einen schwachen Rücken hat, können einige Minuten gleichbleibender, leichter Berührung anstelle von Druck sehr heilend sein. Wenn man Fragen hat oder

Rat braucht, sollte man zuerst zum Arzt gehen.

Lage: Im Kreuzbereich (zwischen dem zweiten und dritten Lendenwirbel) zwei bzw. vier Fingerbreit zu beiden Seiten der Wirbelsäule in Höhe der Taille.

Anwendungsgebiete: Wochenbettbeschwerden, Kreuzschmerzen, Mattigkeit, Störungen der Sexualorgane, unregelmäßiger Ausfluß und Störungen der Harnwege.

Genitalienpunkt (B 48)

Lage: Einen bis zwei Fingerbreit außerhalb des Kreuzbeins.

Anwendungsgebiete: Bei Spannungen im Beckenbereich, Blasenschwäche, Verstopfung, Hämorrhoiden, Störungen der Harnwege, Ischias, Kreuzschmerzen, Hüftschmerzen und Frustrationsgefühlen.

Dreimeilenpunkt (Ma 36)

Lage: Vier Fingerbreit unterhalb der Kniescheibe einen Fingerbreit außerhalb des Schienbeins. Wenn man an der richtigen Stelle ist, tritt ein Muskel hervor, wenn man mit dem Fuß wippt.

Anwendungsgebiete: Dient zur Kräftigung nach der Niederkunft, kräftig und tonisiert die Muskeln, unterstützt die Verdauung und hilft bei Magenbeschwerden und Erschöpfung.

Höchste Flut (Le 3)

Lage: Am Fußrücken in der Senke zwischen der großen und der zweiten Zehe.

Anwendungsgebiete: Bei anhaltender Transpiration nach der Niederkunft, Krämpfen, Kopfschmerzen und überanstrengten Augen.

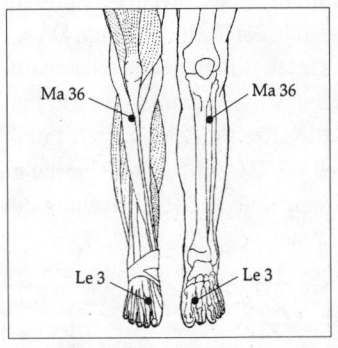

Es müssen nicht alle diese Punkte bearbeitet werden. Es genügt oft schon, wenn man nur einen oder zwei der Punkte drückt.

Übungen für das Wochenbett

Sich bequem auf den Rücken oder in »Fötusstellung« hinlegen. Langsam und tief atmen, während man die nachfolgenden Punkte hält.

Schritt 1
B 23 und B 47 drücken: Die Hände zu Fäusten schließen und unter das Kreuz legen. Mit den Knöcheln in die dicken Muskelstränge des Kreuzbereichs in Höhe der Taille drücken. Dieser Druck stimuliert den inneren unteren Kreuzpunkt B 23 und gleichzeitig den äußeren Punkt B 47. Zwei Minuten lang langsam und tief in den Unterleib atmen.

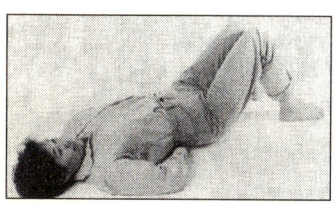

Schritt 2
B 48 drücken: Die Fäuste weiter nach unten unter die Gesäßbacken zu beiden Seiten der Basis der Wirbelsäule schieben. Während nun die Knöchel B 48 drücken, langsam und tief atmen und den Kopf eine Minute lang weich von einer Seite zur anderen rollen lassen.

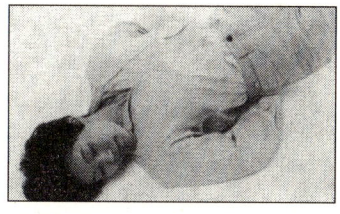

Schritt 3
P 6 kräftig drücken: Den rechten Daumen auf die Innenseite des Handgelenks zweieinhalb Fingerbreit oberhalb der Falte

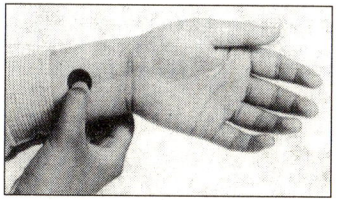

legen. Dreißig Sekunden kräftig drücken. Anschließend den Punkt am anderen Handgelenk drücken.

Schritt 4

EG 6 kräftig drücken: Alle Fingerkuppen in den Unterleibsbereich zwischen Nabel und Schambein einsetzen. Die Augen schließen und zwei Minuten lang tief in diesen Punkt atmen. Nach dem Drücken von EG 6 tief entspannen. Dies ist einer der wirksamsten Punkte für die Erholung nach der Niederkunft. Ein Schläfchen nach dem Drücken dieses Punktes kann besonders wohltuend sein.

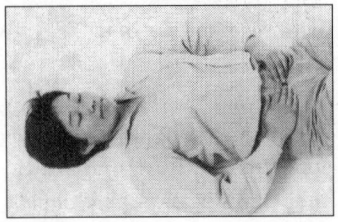

Schritt 5

Ma 36 drücken: Die rechte Ferse außerhalb und etwas unterhalb der Kniescheibe auf das linke Bein legen. Ma 36 mit der Ferse drücken. Nach dreißig Sekunden auf der anderen Seite ebenso verfahren. Nehmen Sie sich täglich mehrmals eine Minute Zeit, um diesen Energiepunkt zu halten, der nach der Niederkunft den ganzen Körper kräftigt.

Schritt 6

Le 3 stimulieren: Sich langsam aufsetzen. Die Fingerkuppen oder die Ferse des anderen Beins oben auf den Fuß in die Vertiefung zwischen die Knochen legen, die mit der großen und zweiten Zehe verbunden sind. Kräftig in dieser Vertiefung reiben und Le 3 jeweils dreißig Sekunden lang an beiden Seiten stimulieren. Anschließend hinlegen, die Augen schließen und tief entspannen.

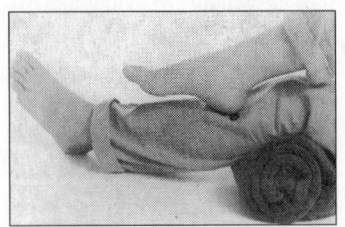

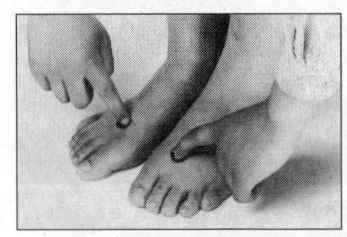

Energiepunkte für das Stillen

Loslassen (Lu 1)
Lage: Im äußeren Brustbereich
drei Fingerbreit unterhalb des
Schlüsselbeins. Wenn man an
der richtigen Stelle ist, fühlt
man einen Muskel hervortreten,
wenn man den Arm zum Körper
zieht und den Arm anspannt.

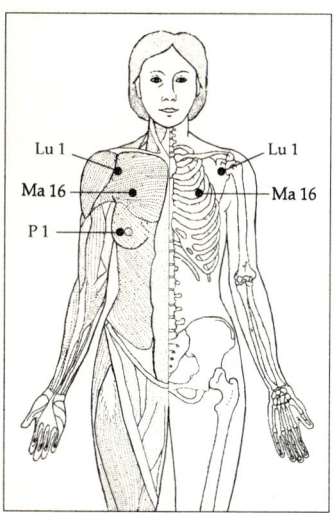

Anwendungsgebiete: Bei Atembeschwerden, Erschöpfung, Verwirrung, Spannungen und Stauungen in der Brust, Niedergeschlagenheit, Husten und
Asthma.

Brustfenster (Ma 16)
Lage: Unmittelbar oberhalb des
Brustgewebes auf der Senkrechten durch die Brustwarzen zwischen der dritten und vierten
Rippe.
Anwendungsgebiete: Bei Brust-
schmerzen, Stillproblemen, Sodbrennen, Schlaflosigkeit, Niedergeschlagenheit und Druckgefühl in der Brust.

Himmlischer Teich (P 1)
Lage: Einen Daumenbreit außerhalb der Brustwarze.
Anwendungsgebiete: Bei Brust-
schmerzen und zuwenig Milchbildung; regt die Lymphdrüsen
an.

Punkt des Dritten Auges
(LG 24.5)
Lage: Genau zwischen den Au-
genbrauen in der Vertiefung
zwischen Nasenwurzel und der
Mitte der Stirn.
Anwendungsgebiete: Bei Still-
problemen, Störungen des Hor-
monhaushaltes; wirkt auch bei
Heuschnupfen, Kopfschmerzen,
Verdauungsstörungen, Magen-

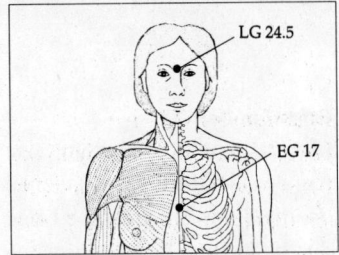

beins drei Daumenbreit oberhalb der Basis des Knochens.

Anwendungsgebiete: Nervosität, Druckgefühl in der Brust, Schlaflosigkeit, Ängstlichkeit, Depressionen, Hysterie und andere emotionelle Störungen.

geschwürschmerzen und Überanstrengung der Augen.

Meer der Ruhe (EG 17)
Lage: In der Mitte des Brust-

> *Es müssen nicht alle diese Punkte bearbeitet werden. Es genügt oft schon, wenn man nur einen oder zwei der Punkte drückt.*

Übungen für das Stillen

Die nachfolgenden Akupressurübungen können im Sitzen oder
im Liegen ausgeführt werden.

Schritt 1

Lu 1 drücken: Die Finger
krümmen und die Fingerkuppen
der rechten Hand auf den oberen
äußeren Teil der linken Brustseite legen, die Fingerkuppen der
linken Hand auf die rechte

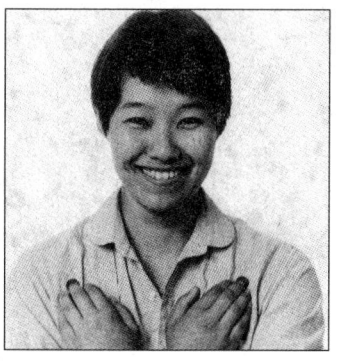

Brustseite. Festen Kontakt mit
den Muskeln herstellen, die sich
vier Fingerbreit oberhalb und einen Fingerbreit innerhalb der
Achselfalte befinden; tief atmen
und die Punkte mit geschlossenen Augen eine Minute lang halten.

Schritt 2

Ma 16 leicht drücken: Die
Kuppen der Mittelfinger genau
oberhalb der Brust auf die Linie
durch die Brustwarze legen, wo
sich ein schmerzender, empfindlicher Punkt befindet. Diesen
Punkt eine Minute lang halten,
dabei tief atmen.

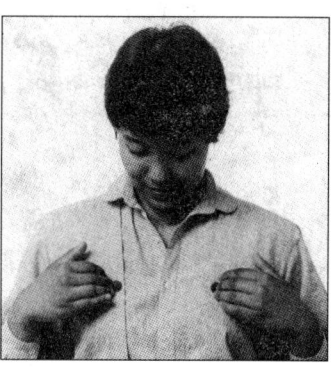

Schritt 3

P 1 leicht drücken: Die Fingerkuppen neben die Brustwarze legen und P 1 eine Minute
lang an beiden Seiten leicht halten.

Bitte beachten Sie, daß dieser
Schritt hier nicht gezeigt ist. Die
Lage von P 1 finden Sie in der
Grafik auf Seite 366.

Schritt 4

LG 24.5 zusammen mit EG 17 halten: Die Kuppe des dritten Fingers der rechten Hand leicht auf den Punkt des Dritten Auges zwischen den Augenbrauen legen. Mit den Fingerkuppen der linken Hand EG 17 in der Mitte des Brustbeins halten. Die Augen schließen und eine bis zwei Minuten lang langsam und tief atmen.

Genießen Sie die einströmende Ruhe und Entspannung und die heilende Wirkung, die Sie selbst erzeugen.

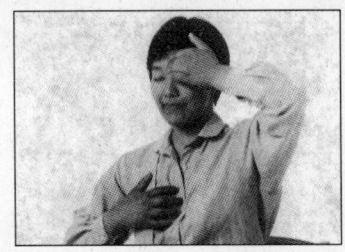

Weitere Punkte für Wehen, Niederkunft und Stillen

Darstellungen weiterer Punkte für die Linderung des Wehen- und Geburtschmerzes siehe in Kapitel 38, »Schwangerschaft und Unfruchtbarkeit«.

42 Zahnschmerzen

Zahnschmerzen können durch Karies oder eine Verletzung verursacht sein, durch die die Nerven im Wurzelkanal frei liegen. Zahnschmerzen sowie die auf einer Zahnfleischerkrankung beruhenden Schmerzen können durch die Anwendung von Akupressur vorübergehend gelindert werden. Natürlich muß man immer zum Zahnarzt gehen, um die Ursache des Zahnschmerzes behandeln zu lassen.

Bei Zahnschmerzen werden traditionell die Akupressurpunkte auf dem Dickdarmmeridian benutzt. Dieser Energiekanal verläuft von den Händen über die Arme zum Zahnfleisch und den Zähnen. Deshalb sind Fernpunkte auf diesem Meridian bei Zahnschmerzen wirksam. Kalte und insbesondere zuckerhaltige Speisen sollten Sie meiden.

Gegen Zahnschmerzen kann man auch das umliegende Zahnfleisch mit Gewürznelkenöl einreiben. Ich habe beim Zahnarzt beim Ausbohren eines Lochs einmal wirksam Selbstakupressur angewandt: Kräftiger Druck auf den Punkt Di 4 zwischen Daumen und Zeigefinger betäubt den Schmerz weitgehend auch ohne Spritze.

Spezielle Armpunkte

Eine Reihe von Akupressurpunkten außen am Oberarm können ebenfalls bei Zahnschmerzen helfen. Wenn sich der betreffende Zahn rechts im Mund befindet, benutzt man die Punkte am rechten Arm (bei Schmerzen auf der linken Seite drücken Sie die Punkte auf dem linken Oberarm); wenn es sich um einen hinteren Backenzahn handelt, die empfindlichen Stellen hinten am äußeren Oberarm behandeln; wenn der Zahnschmerz vorn im Mund sitzt,

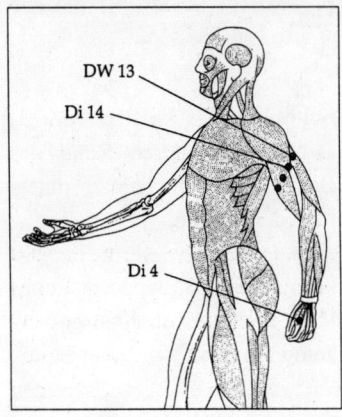

DW 13
Di 14
Di 4

kräftig auf die schmerzhafteste Stelle drücken, die man außen am Oberarm finden kann. Einige Minuten lang halten, bis die schmerzende Stelle am Arm wie auch der Zahnschmerz nachlassen.

Dies ist eine gute Technik, die man auch seine Kinder lehren kann, damit sie sich sicherer und weniger ängstlich und hilflos fühlen, wenn sie zum Zahnarzt müssen. Auch Kinder können lernen, ihren Schmerz zu beherrschen, und sich mit neuen Konzentrationstechniken vertraut machen.

nach einer empfindlichen Stelle vorn am Oberarm tasten.

Die Finger krümmen und mit den Fingerkuppen direkt und

Energiepunkte bei Zahnschmerzen

Kieferwagen (Ma 6)
Lage: Zwischen Ober- und Unterkiefer am Kaumuskel vor den Ohrläppchen, der beim Aufeinanderbeißen der Zähne hervortritt.

Schönheit des Antlitzes (Ma 3)
Lage: Am unteren Rand des Backenknochens genau unterhalb der Pupille.
Anwendungsgebiete: Bei Zahnschmerzen, Blutandrang zum Kopf und Nebenhöhlenschmerzen.

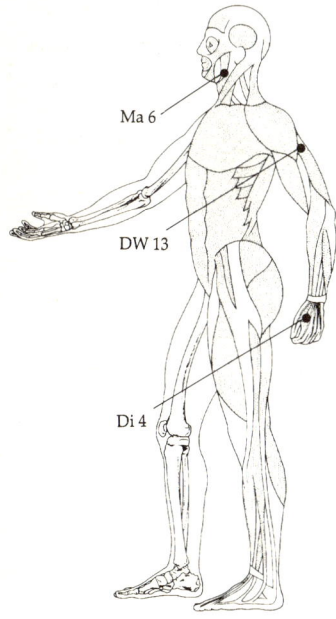

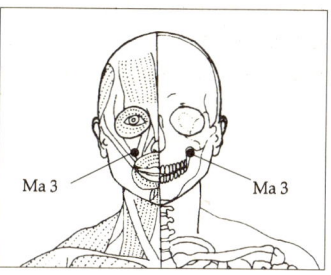

Verbindung mit dem Tal (Hoku) (Di 4)
Achtung: Diesen Punkt nicht bei Schwangeren anwenden, sofern nicht bereits die Wehen eingesetzt haben, da die Stimulierung eine vorzeitige Wehentätigkeit auslösen kann.
Lage: In der Hautfalte zwischen Daumen und Zeigefinger am Handrücken an der höchsten Stelle des Muskels, wenn Daumen und Zeigefinger zusammengepreßt werden.

Anwendungsgebiete: Bei Kieferschmerzen und -krämpfen, Kiefergelenkbeschwerden, Kiefersperre, Halsschmerzen, Zahnneuralgie und Zahnschmerzen.

Anwendungsgebiete: Bei Kopfschmerzen und Zahnschmerzen; wird traditionell auch als allgemeiner Schmerzpunkt sowie als stauungslösender und entzündungshemmender Punkt benutzt.

Schulter-Treffpunkt
(DW 13)

Lage: An der Außenfläche des Oberarms einen Daumenbreit hinter der Basis des Oberarmmuskels (Deltamuskel) und zwei Fingerbreit nach oben in Richtung der Schulter.

Anwendungsgebiete: Bei Zahnschmerzen, Ellbogenschmerzen, Schulterschmerzen und Schmerzen beim Strecken des Arms.

> *Es müssen nicht alle diese Punkte bearbeitet werden. Es genügt oft schon, wenn man nur einen oder zwei der Punkte drückt.*

Übungen

Bequem hinsetzen und die nachfolgend beschriebenen Punkte auf derjenigen Körperseite stimulieren, auf der man Zahnschmerzen hat. Die besten Ergebnisse erzielt man mit starkem Druck, der bis an die Schmerzgrenze geht.

Schritt 1

Ma 6 gleichzeitig mit Ma 3 kräftig drücken: Die Daumen zwischen Ober- und Unterkiefer legen und Ma 6 auf dem Kiefermuskel kräftig drücken. Mit gekrümmten Fingern die Kuppen von Zeige- und Mittelfinger neben die Nase legen und nach oben unter die Backenknochen drücken. Die Augen schließen und langsam und tief atmen; dabei diese Zahnschmerzpunkte eine Minute lang drücken.

Schritt 2

Di 4 und DW 13 halten: Diese Fernpunkte für Zahnschmerzen auf derselben Seite drücken, auf der man Zahnschmerzen hat. Zuerst Di 4 in der Hautfalte zwischen Daumen und Zeigefinger eine Minute lang stimulieren.

Anschließend DW 13 außen am Oberarm drücken. Mit dem Fin-

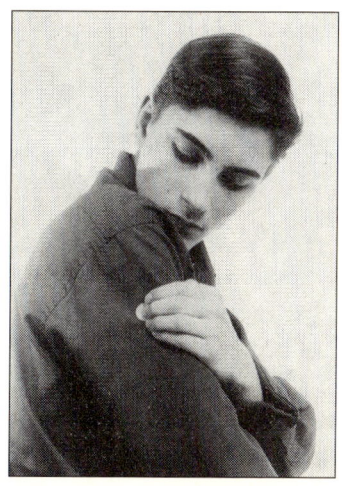

ger über die Außenseite des
Arms streichen und nach einer
empfindlichen Stelle tasten.
Zwei Minuten lang genau auf
den empfindlichsten Bereich
drücken und tief atmen, bis der
Schmerz oder die Empfindlichkeit nachläßt.

Weitere Punkte bei Zahnschmerzen

Darstellungen weiterer Punkte
bei Zahnschmerzen siehe in Kapitel 22, »Kopfschmerzen und
Migräne«, und Kapitel 19, »Kieferprobleme«.

43 Akupressurprogramm für Ihr Wohlbefinden

Unsere Lebenseinstellung, wie wir denken, mit unserem Körper umgehen, essen, schlafen, uns fit halten und unsere Prioritäten setzen – dies alles hat Einfluß auf unsere Gesundheit und unser Wohlbefinden. Je bewußter wir unserem Körper geben, was er braucht, desto verantwortlicher handeln wir hinsichtlich unseres Wohlbefindens. Krankheiten vorzubeugen ist ebenso wichtig, wie Krankheiten zu heilen, und doch denken viele Menschen erst dann an ihre Gesundheit, wenn sie krank geworden sind.

Das Akupressur-Gesundheitsprogramm ist ein ganzheitlicher Ansatz zur Gesundheitspflege, der tägliche Akupressur mit der Entscheidung für eine gesunde Lebensweise verbindet, wozu unter anderem richtige Ernährung, körperliche Betätigung, positives Denken, Entspannung und Tiefatmung gehören.

Akupressur und Tiefatmung für die Gesunderhaltung

Die in diesem Buch dargestellten Akupressurpunkte helfen nicht nur bei häufigen Gesundheitsstörungen, sondern können ihnen auch vorbeugen. Ich empfehle die regelmäßige Anwendung der tonisierenden Akupressurpunkte in Kapitel 17, »Immunsystem-Kräftigung«, zur Stärkung des ganzen Körpers. Wenn man diese Punkte täglich stimuliert, kann man die Gesamtverfassung verbessern und die Vitalität steigern.

Tiefatemübungen sind die sanftesten und wirksamsten bekannten Methoden zur Reinigung und Revitalisierung des Körpers. Wenn die Atmung flach ist, können die lebenswichtigen Systeme des Körpers nicht optimal funktionieren. Wenn man dagegen tief atmet, kann das Atemsystem den Körper ausreichend

mit Sauerstoff versorgen und seine Kraft erhalten.

Tägliches Training

Zu den wichtigsten Arten täglicher Gymnastik zur Gesunderhaltung zählen Dehnungsübungen und Aerobic. Sanfte Dehnungsübungen (zweimal täglich fünf Minuten) halten die Muskeln und Gelenke locker. Aerobic-Übungen (zwanzig bis dreißig Minuten täglich), Schwimmen, Radfahren, Laufen bzw. Jogging entwickeln den Muskeltonus, stimulieren Tiefatmung und die Transpiration und verbessern die Durchblutung. Körperliche Betätigung harmonisiert die Körpersysteme in natürlicher Weise. Wenn man sich nicht körperlich betätigt, wird der Stoffwechsel träge, und es entsteht eine Neigung zu Depressionen oder zu überreichlichem Essen. Wenn man regelmäßig Sport oder Gymnastik treibt, entwickelt man einen gesunden Appetit, eine positive Grundeinstellung und eine insgesamt verbesserte Vitalität.

Ernährung

Auch die Ernährung spielt eine wichtige Rolle für die Gesunderhaltung und Widerstandskraft gegenüber Krankheiten. Wer raffinierte, konservierte oder denaturierte Lebensmittel verzehrt, schwächt seine Körpersysteme. Es gibt andererseits Lebensmittel, die den Körper kräftigen, widerstandsfähig machen und seine Selbstschutzmechanismen aktivieren. In der folgenden Tabelle ist angegeben, welche Nahrungsmittel man bevorzugen sollte, bei welchen man zurückhaltend sein und welche man meiden sollte.

Empfohlene Nahrungsmittel	*Nicht zu empfehlende Nahrungsmittel*
Gemüse	denaturierte Nahrungsmittel mit Zucker
Vollkorn	Weißmehlprodukte
Samen (in Maßen)	Salz (weniger essen)
Nüsse (in Maßen)	Gebackenes (weniger essen)
Bohnen (in Maßen)	Molkereiprodukte (weniger essen)
Tofu und Misosuppe	rotes Fleisch
Fisch und Meeresalgen	chemische Zusätze
frisches Obst	Kaffee, auch koffeinfreier (weniger trinken)

Das Fünf-Minuten-Gesundheitsprogramm mit Akupressur

Ich möchte Ihnen abschließend dieses kurze Energiepunkteprogramm zur Erhaltung Ihrer Gesundheit und zum Abbau von Streß empfehlen. Man kann es ohne weiteres zu Hause oder am Arbeitsplatz durchführen. Sitzen Sie zunächst vorn auf der Kante eines Stuhls mit gerader Lehne.

Schritt 1
Kreuzbereich kräftig reiben: Nicht auf schwache Bandscheiben oder angebrochene bzw. gebrochene Knochen drücken. Wenn der Kreuzbereich empfindlich ist, mit geringem Druck

arbeiten. Ansonsten beide Handrücken längs der Seiten der Wirbelsäule auf den Kreuzbereich legen. Die Punkte B 23 und B 47 (Meer der Vitalität) eine Minute lang kräftig auf- und abwärts reiben, bis Wärme entsteht.

Schritt 2
Die Schädelbasis zusammen mit dem Punkt des Dritten Auges halten: Den Kopf zurückneigen, die Augen schließen und dabei die nachfolgende Tiefatemübung durchführen.
Dreimal langsam und tief atmen. Sich vorstellen, daß man mit jedem tiefen Atemzug eine heilen-

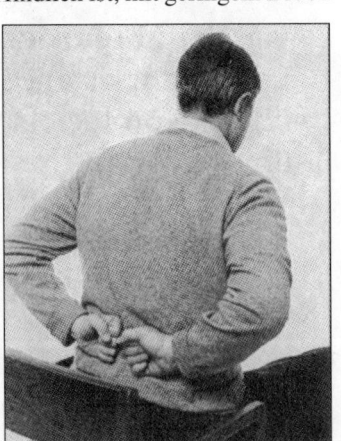

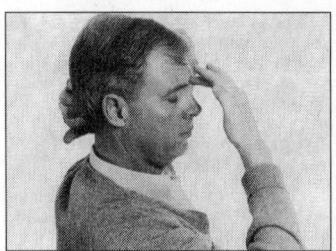

de Substanz aufnimmt, die den Schmerz oder die Spannung durchdringt und auflöst. Sich darauf konzentrieren, tief in

Spannungszustände oder verspannte Muskeln zu atmen. Nach jedem vollen Einatmen den Atem einige Sekunden lang anhalten. Ausatmen und die Spannung langsam abfließen lassen.

Eine weitere Minute lang tief atmen und sich vorstellen, wie jeder Atemzug heilende Energie in den Körper bringt.

Schritt 3

Das Meer der Energie (EG 6) drei Fingerbreit unterhalb des Nabels im Unterleib halten: Sich nun bequem mit geradem Rücken und entspannten Schultern im Stuhl zurücksetzen. Die

Augen schließen, kräftig in diesen Energiepunkt drücken und eine Minute lang tief atmen.

Jeder kann sich durch gesunde Ernährung, positives Denken, Dehnungsübungen und Tiefatemübungen sowie durch tägliches körperliches Training bester Gesundheit erfreuen.

Drücken Sie Ihre Energiepunkte, wann immer Ihnen danach zumute ist, und Sie werden sich frischer, vitaler und gesünder fühlen.

Anhang A:
Tafeln

Meridianabkürzungen

B	=	Blase
Di	=	Dickdarm
Dü	=	Dünndarm
DW	=	Dreifacher Wärmer
EG	=	Empfängnisgefäß
GB	=	Gallenblase
H	=	Herz
Le	=	Leber
LG	=	Lenkergefäß
Lu	=	Lunge
Ma	=	Magen
Mi	=	Milz
N	=	Niere
P	=	Perikard
Z	=	Zusätzlicher Punkt

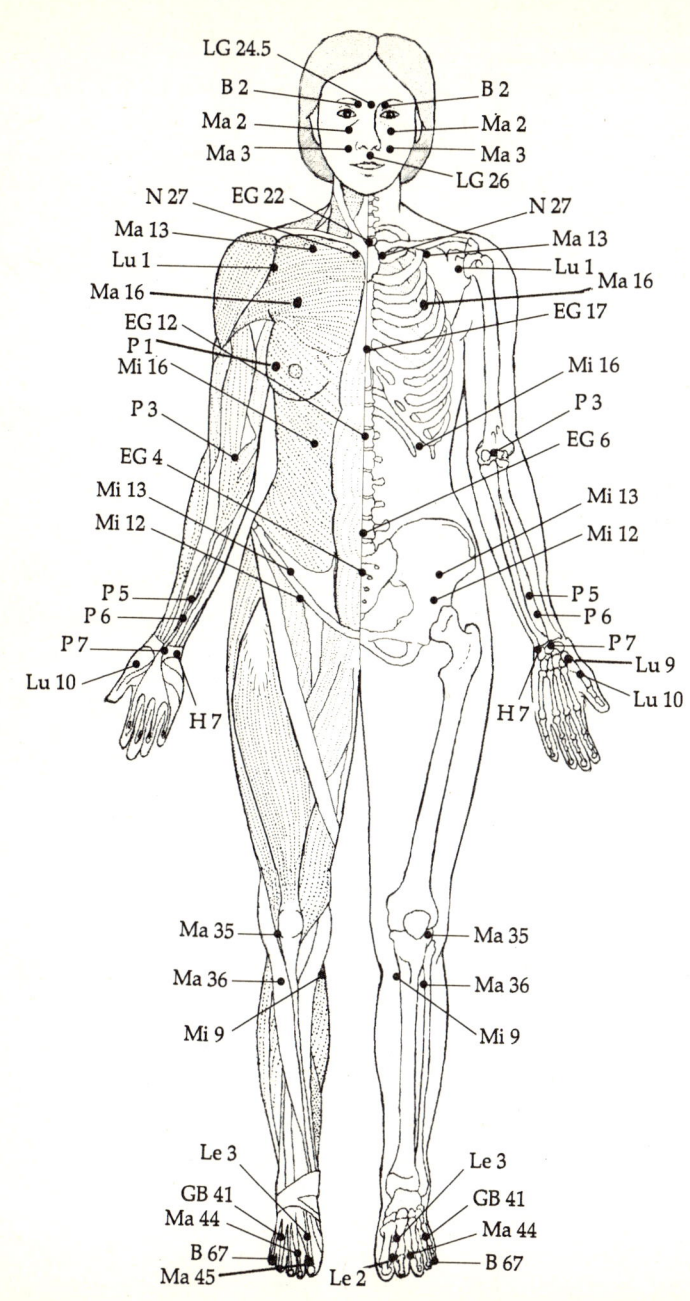

LG 24.5
B 2
Ma 2
Ma 3
LG 26
B 2
Ma 2
Ma 3

N 27
EG 22
Ma 13
Lu 1
Ma 16
EG 12
P 1
Mi 16
P 3
EG 4
Mi 13
Mi 12
P 5
P 6
P 7
Lu 10
H 7

N 27
Ma 13
Lu 1
Ma 16
EG 17
Mi 16
P 3
EG 6
Mi 13
Mi 12
P 5
P 6
P 7
Lu 9
Lu 10
H 7

Ma 35
Ma 36
Mi 9

Ma 35
Ma 36
Mi 9

Le 3
GB 41
Ma 44
B 67
Ma 45
Le 2

Le 3
GB 41
Ma 44
B 67

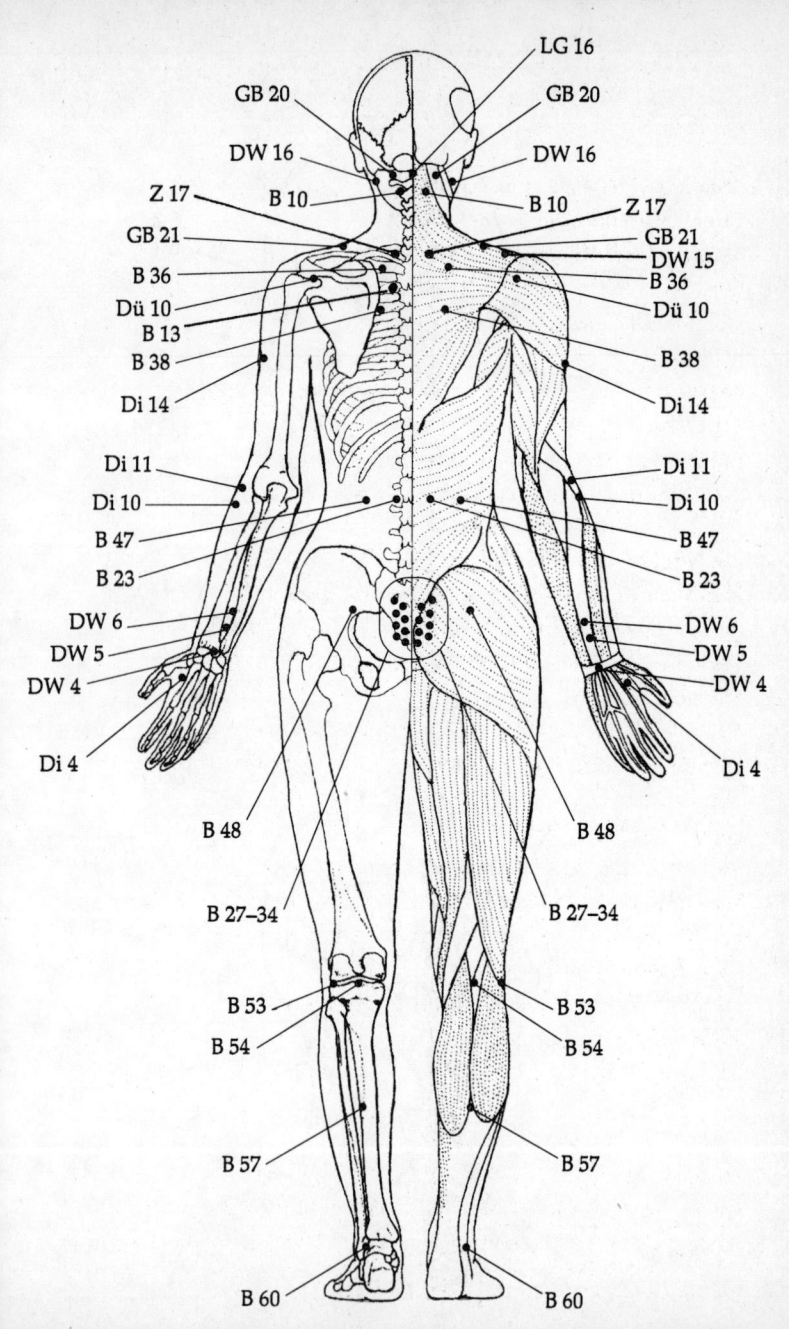

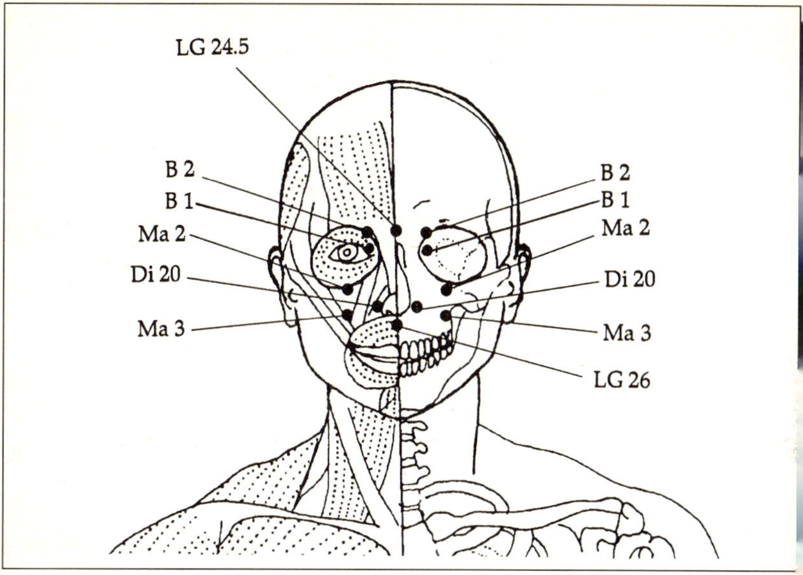

LG 24.5

B 2
B 1
Ma 2
Di 20
Ma 3

B 2
B 1
Ma 2
Di 20
Ma 3
LG 26

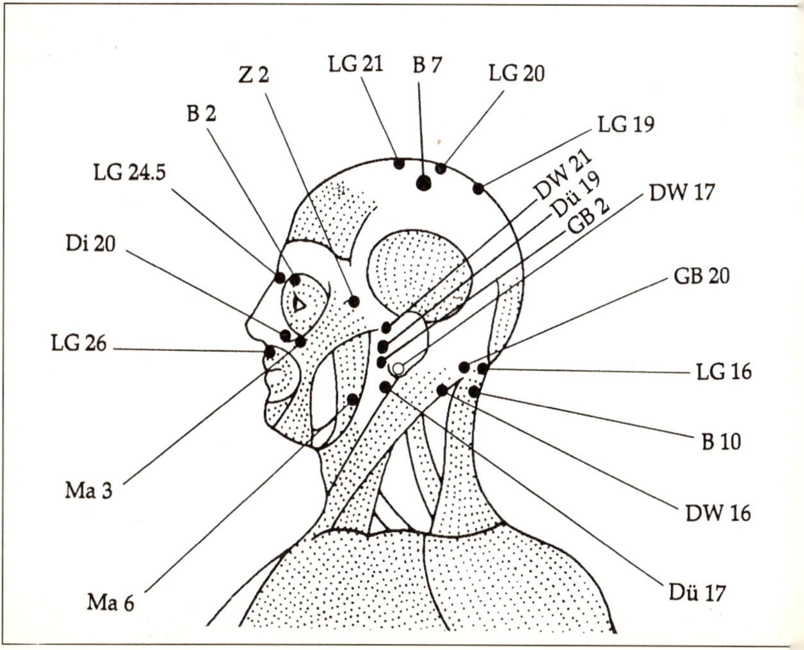

Z 2
B 2
LG 24.5
Di 20
LG 26
Ma 3
Ma 6

LG 21
B 7
LG 20
LG 19
DW 21
Dü 19
GB 2
DW 17
GB 20
LG 16
B 10
DW 16
Dü 17

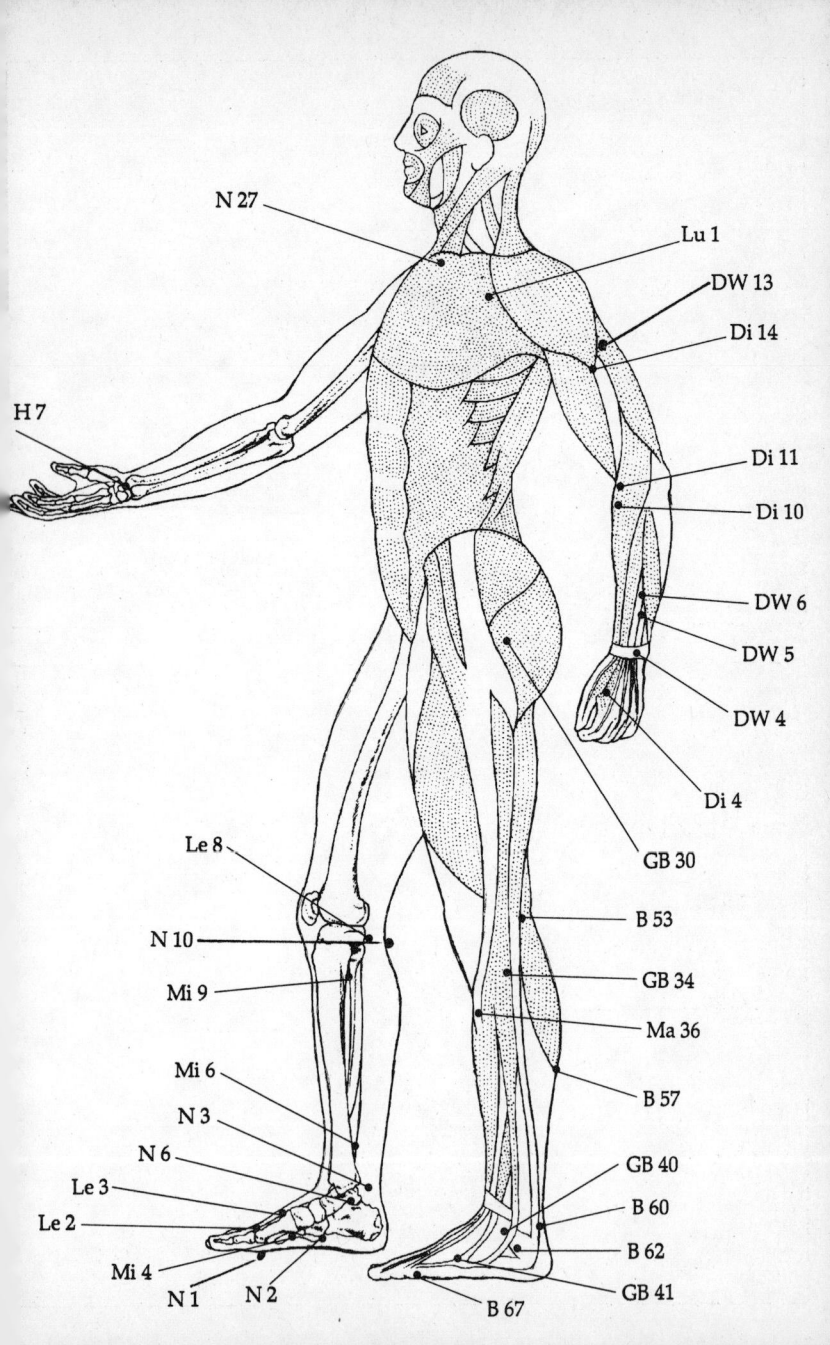

Anhang B:
Alphabetisches Verzeichnis der Energiepunkte

Energiepunkt   *Seite*

Schönheit des Antlitzes (Ma 3)   52, 97, 131, 176, 204,
Bei Druckgefühl im Kopf, Schnupfen   206, 247, 252, 253, 372
und brennenden Augen; macht die
Nebenhöhlen frei.

Schulter-Treffpunkt (DW 13)   373
Bei Zahn-, Schulter-, Kopf-, Ellbogen-
und Armschmerzen.

Schulterquelle (GB 21)   102, 104, 241, 277, 279,
Bei Nervosität, Reizbarkeit, Ermüdung   321, 322, 357
und Schulterschmerzen; gut für die
Schulter, lockert harte, angespannte
Muskulatur.

Sonnendurchflutetes Tal (N 2)   93
Bei Menstruationsstörungen, Aufgetriebensein und Fußkrämpfen; gut für
die Nieren, hilft bei geschwollenen
Füßen.

Sonnenpunkt (Z 2)   144
Bei Gedächtnisschwäche; beseitigt
Erkältungen mit Kopf- und Augenschmerzen, kräftigt das Gehirn und
beseitigt Schleier vor den Augen.

Sonnige Seite des Berges (GB 34)   190
Bei Knieschmerzen, Ischias und
Muskelproblemen; entspannt die
Unterleibsmuskulatur.

Register

A

Abgeschlagenheit 145

Abgespanntheit 137

Abwehrkräfte 129, 163

Aerobic 49, 68, 113, 377

Akne 48 f., 51 f., 56

Akupunktur 15, 311, 330

Allergien 57–62, 64 f., 75, 83, 176, 206, 215

Anämie 164

Angst 66 f., 69 f., 74, 85, 104, 112, 116 ff., 137, 145, 152, 155, 157 f., 163, 166 f., 169, 173, 225, 280, 287, 294, 297 ff., 305, 309, 332, 356, 362, 367

anormale Kindslage 358

Anspannungen 92, 309

Antihistamin 60

Appetitlosigkeit 176, 304

Arteriosklerose 33, 155, 246

Arthritis 16, 19, 75 ff., 79, 82, 104, 132, 157, 166, 169, 176, 190, 195, 205, 206 f., 216, 241, 280, 289, 298, 310, 312, 323, 351, 357

Asthma 62, 83, 85, 89, 104, 117, 137, 157, 167, 280, 305, 366

Atembeschwerden 57, 62, 83, 85, 88 f., 104, 117, 132, 136, 137, 157, 167, 280, 305, 330, 366

Atmung 17, 31, 67, 73, 83, 88, 107, 113 f., 117, 119, 163 f., 165, 173, 221, 267, 303, 355, 377

Atmung, erschwerte 57

Atmung, flache 86

Aufgedunsenheit 91, 230, 235, 330

Aufgetriebensein 91, 95

Aufstoßen 219

Augen, blutunterlaufene 57 ff., 177

Augen, brennende 131 f., 177

Augen, geschwollene 69, 130, 177, 253

Augendruck 97, 131, 206

Augenschmerzen 174 f., 205, 247, 313

Augenüberanstrengung 16, 69, 96 ff., 100, 104, 131, 176,

F

G

L

M

ALTERNATIV HEILEN

Knaur® Kim da Silva
Kinesiologie
Die Wissenschaft der Bewegungsabläufe in unserem Körper

ALTERNATIV HEILEN

(76021)

Knaur® Kim da Silva
Gesundheit in unseren Händen
Mudras - die Kommunikation mit unserer Lebenskraft durch Anregung der Finger-Reflexzonen

ALTERNATIV HEILEN

(76019)

Knaur® Kim da Silva
Richtig essen zur richtigen Zeit
Ernährung und Kinesiologie

ALTERNATIV HEILEN

(76020)

Knaur® Deane Juhan
Körperarbeit
Die Soma-Psyche-Verbindung
Ein Lehrbuch

ALTERNATIV HEILEN

(76004)

Knaur®
Heilen

Joan Borysenko
GESUNDHEIT IST LERNBAR
Hilfe zur Selbsthilfe

(4259)

Knaur® Harald Kinadeter
Heilung
Dimensionen einer neuen Medizin

ALTERNATIV HEILEN

(76003)

 **Knaur ®**

Heilung für Körper und Seele

Rüdiger Dahlke
Margit Dahlke

Die Psychologie des blauen Dunstes

Be-Deutung und Chance des Rauchens

ALTERNATIV HEILEN

(76025)

Henry G. Tietze

Entschlüsselte Organsprache

Krankheit als Ausdruck der Seele

ALTERNATIV HEILEN

(76023)

Rüdiger Dahlke
Robert Hößl

Verdauungsprobleme

Be-Deutung und Chance von Magen- und Darmsymptomen

ALTERNATIV HEILEN

(76026)

Rüdiger Dahlke

Gewichtsprobleme

Be-Deutung und Chance von Übergewicht und Untergewicht

ALTERNATIV HEILEN

(76024)

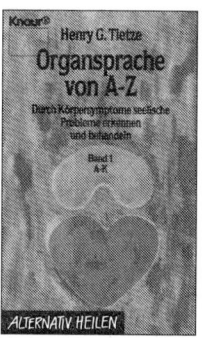

Henry G. Tietze

Organsprache von A–Z

Durch Körpersymptome seelische Probleme erkennen und behandeln

Band 1
A–K

ALTERNATIV HEILEN

(76029) in 2 Bänden

Rüdiger Dahlke

Herz(ens) Probleme

Be-Deutung und Chance von Herz- und Kreislaufsymptomen

ALTERNATIV HEILEN

(76010)

Desmond Morris

Warum scharren Pferde mit den Hufen?

Horsewatching –
Die Körpersprache des Pferdes

Aus dem Englischen von Joseph Knecht

*Mit Illustrationen
von Veronika Gräfin Strachwitz*

WILHELM HEYNE VERLAG
MÜNCHEN

HEYNE SACHBUCH
Nr. 19/239

Titel der englischen Originalausgabe
HORSEWATCHING
Erschienen bei Jonathan Cape Ltd., London

3. Auflage

Taschenbuchausgabe
im Wilhelm Heyne Verlag GmbH & Co. KG, München
Copyright © 1988 by Desmond Morris und
Jonathan Cape Ltd., London
Copyright © 1989 der deutschen Ausgabe
by Wilhelm Heyne Verlag GmbH & Co. KG, München
Printed in Germany 1996
Umschlagfoto: Robert Maier/Bildarchiv OKAPIA KG, Frankfurt
Umschlaggestaltung: Atelier Adolf Bachmann, Reischach
Satz: Schaber, Wels
Druck und Verarbeitung: Ebner Ulm

ISBN 3-453-06028-8

Inhalt

Einleitung

Nennen wir den Hund des Menschen besten Freund, so bezeichnen wir das Pferd wohl am treffendsten als seinen besten Knecht. Über Tausende von Jahren hinweg wurden Pferde angeschirrt, zugeritten, mit Sporen malträtiert und geschlagen. Unbarmherzig wurden sie in blutige Schlachten getrieben, dort niedergemetzelt und zu Tode geschunden. Jahrhundertelang plagten sie sich dem Menschen zuliebe mit schweren Lasten ab — um am Ende ihrer Tage dafür mit dem Gang zum Abdecker entlohnt zu werden. Diese unglaubliche Ausbeutung der Pferde war der Dank für ihre extreme Bereitschaft, ihren menschlichen Gefährten zu Willen zu sein, sich für sie abzumühen und ihren Erwartungen nach besten Kräften Rechnung zu tragen. Ihre Wesensart, die ihnen so oft zum Verderben geriet, ist auf ihre angeborene gesellige Lebensweise in der freien Natur zurückzuführen. Pferde sind von ihrer Veranlagung her Herdentiere und leben in kleinen Gruppen. Der Zusammenhalt zwischen den Artgenossen zählt bei ihnen gleich stark wie die gegenseitige Konkurrenz, und die Zuneigung zueinander ist so groß, daß sie sich unschwer in ein Bündnis zwischen Pferd und Mensch umwandeln läßt. Zum Leidwesen des Pferdes endet in dieser Partnerschaft der Mensch sowohl im wörtlichen als auch übertragenen Sinne allemal obenauf. Sein gutmütiges Wesen ist das Pferd wahrlich teuer zu stehen gekommen.

Auf der anderen Seite bringt der Mensch dem Pferd große Liebe und Achtung entgegen, und das heute mehr denn je.

Einem jeden Fall von Brutalität stehen viele Beispiele menschlicher Hingabe voll Stunden selbstlosen Sorgens und Beschützens gegenüber, jedem gefühlsrohen Auspeitscher zahlreiche leidenschaftliche Pferdeliebhaber. Bereitwillig stehen sie in aller Frühe auf und ertragen ohne Murren Härten, um ihren angebeteten Pferdegefährten ein bestmögliches Leben zu gewährleisten. Kein anderes Tier erfährt mehr Bewunderung, kein anderes eine höhere Wertschätzung.

Warum nun erweckt gerade das Pferd solch starke Empfindungen in uns? Liegt es an seinem Aussehen oder seinem Verhalten, seiner kraftvollen Eleganz oder seinem Charakter? Die Antwort auf diese Frage liefert eine nahezu vierhundert Jahre alte Äußerung des Zoologen Edward Topsel. Er schrieb über das Pferd, es besitze »außergewöhnliche körperliche Eigenschaften und einen edlen Sinn, allem voran die Neigung, dem Menschen treu ergeben und gehorsam zu Diensten zu sein; darin hat es niemals gefehlt, weder in Friedens- noch in Kriegszeiten ... Deshalb«, so fuhr Topsel fort, »müssen wir das Pferd als die edelste und zugleich unentbehrlichste Kreatur unter allen vierbeinigen Lebewesen ansehen.« Die zwei Schlüsselwörter dieses Zitats, welche die besondere Anziehungskraft des Pferdes zu erklären vermögen, sind: »edel« und »unentbehrlich«. Eben diese Verbindung seiner stolzen Haltung mit seiner unermüdlichen Dienstbereitschaft macht es so unwiderstehlich. Wäre das Pferd, wie etwa die Giraffe, vornehm, aber unbezähmbar, würden wir zwar seine Schönheit bewundern, doch nicht unser Herz an es verlieren. Wäre es nützlich, aber plump, wie etwa das Schwein oder die Kuh, wüßten wir zwar seinen Gebrauchswert zu schätzen, doch wohl kaum sein erhabenes Wesen in Gedichten zu preisen. Das Geheimnis seiner Wirkung besteht darin, daß es sich für uns abschindet und dabei so edel ist. Trotz seines aristokratischen Auftretens ist es unser ergebenster Diener. Diese Mischung ist magisch: Wenn

solch ein würdevolles Tier sich unserem Willen unterwirft, dann müssen wir in der Tat die Herren der Welt sein.

So ist es gekommen, daß der Mensch seit Beginn der Domestizierung des Pferdes in dessen Bann geriet. Und ebenfalls von Anfang an war es vor allem ein Merkmal des Pferdes, das die Geschichte der Menschheit besonders beeinflußt hat: seine »schnellen Beine«. Sie gewannen in zweifacher Hinsicht Bedeutung. Dank ihnen konnte sich der Mensch in vorher ungeahnter Weise auf dem Erdball ausbreiten und rasch von Ort zu Ort gelangen. Diente bis dahin das Rind als Last- und Zugtier und als Arbeiter vor dem Pflug, vermochten unsere Vorfahren nun dessen Einsatz auf die langsameren und schwerfälligeren Arbeiten zu beschränken und die Schnelligkeit erfordernden und sich über weite Räume erstreckenden Aufgaben dem Pferd zu übertragen. Die menschliche Mobilität war damit entscheidend angestiegen. Zivilisation konnte sich entfalten, vormals nicht zu bewältigende Handelswege wurden erschlossen. Kultureller Austausch entwickelte sich, und das gegenseitige Sich-Befruchten mit Gedanken und Ideen führte zu neuen schöpferischen Kräften. Bis hin zur Erfindung des Verbrennungsmotors war somit das Pferd über Jahrtausende *das* Beförderungsmittel des Menschen bei seinem Bestreben, sich die Erde untertan zu machen.

Die »schnellen Beine« des Pferdes begründen zudem sein Image der Vornehmheit. In der freien Wildbahn sind Pferde Grasfresser, die sich schnell bewegen, im Flachland leben und das offene Gelände brauchen. Daher mußten sie in Millionen von Jahren den eleganten Körperbau eines mit seinen Muskeln spielenden Athleten entwickeln. Schnelles Sich-Fortbewegen erfordert eine bestimmte Körperbereitschaft; eine Körperstruktur, die ebenfalls wir Menschen, die wir selbst Athleten sind, zu schätzen wissen. Denn als Gattung ist auch der Mensch weder ein Graber, Kletterer oder Klammerer, sondern ein Schnell-Läufer. Dieser Umstand verbin-

det uns mit dem Pferd und läßt uns seine erstaunliche Schnelligkeit und Eleganz zutiefst bewundern. Psychologisch gesehen, empfinden wir das Pferd als eine Verlängerung unseres eigenen »schnell-laufenden« Körpers. Sitzen wir auf seinem Rücken, verschmelzen wir sozusagen mit ihm und werden ein einziges, dahingaloppierendes, unbezwingliches Wesen, geradezu der berühmte Zentaur der antiken Mythologie.

Wann nun ereignete sich all das? Zu unserer Überraschung war das Pferd eine Art Nachzügler unter den Haustieren. Hunde, Ziegen, Schafe und Rinder standen bereits seit abertausend Jahren unter der Herrschaft des Menschen, als im dritten vorchristlichen Jahrtausend das Pferd erstmals im Zuge der rasch voranschreitenden Entwicklung der Landwirtschaft im Gebiet des heutigen südlichen Rußland und nordwestlichen Asien domestiziert wurde. Dies war freilich nicht die erste Begegnung zwischen Mensch und Pferd. Wie die eindrucksvollen prähistorischen Höhlenmalereien in Frankreich und Spanien bezeugen, jagten unsere Ahnherren schon in der Altsteinzeit Pferde zu Nahrungszwecken. Sie versuchten jedoch nicht, sie zu zähmen. Ihre Beziehung zu ihnen beschränkte sich vielmehr darauf, sie in Fallen zu fangen, mit dem Speer zu töten und zu verspeisen.

Interessanterweise drohten übrigens die Pferde während dieser Jagdphase bereits als Wildtiere auszusterben, und zwar ohne jegliches menschliche Zutun. Am Ende der Eiszeit nämlich dehnte sich in den meisten Teilen der gemäßigten Klimazone dichter Wald rasch aus. Als Bewohner großer offener Ebenen verlor das Pferd dadurch nach und nach seinen Lebensraum. Vermutlich wäre die gesamte Tierart gänzlich ausgestorben, hätten nicht die damaligen Bauern eingegriffen und das Pferd noch rechtzeitig vor seinem Aussterben domestiziert. Dies ist eine erfreuliche Umkehrung der Geschichte, wonach für gewöhnlich die Hand des Menschen so manche Tierart zu vorzeitigem Untergang verurteilt.

Dank seiner Domestizierung war das Pferd im zweiten Jahrtausend vor Christus in zunehmender Zahl wieder überall in Europa anzutreffen. Spätestens um 1500 vor Christus gab es bereits die beiden Grundarten der heutigen domestizierten Pferderassen: einmal den untersetzt und kräftig gebauten Typ der kälteren, nördlichen Regionen und zum andern den schlanken, zartgliedrigen im wärmeren Süden. Die Spezialisierung nahm ihren Anfang. Aus dem halbwilden massigen Pferd des Nordens entstanden durch gezielte Zucht die großen und schweren Pferderassen. Sie dienten den Bauern als Arbeitstiere und den Rittern als Schlachtrosse. Von dem langbeinigen südlichen Typ stammt der Vorfahr des heutigen vollblütigen Rennpferds, der prachtvolle feurige Araber ab. Wo immer der Mensch seinen eigenen Lebensraum erforschte und erweiterte, stets war das Pferd mit dabei. So breiteten sich beide zusammen über nahezu den ganzen Erdball aus. Die spanischen Konquistadoren etwa führten bei ihrem Aufbruch in die Neue Welt nur einige Pferde mit sich, Columbus 30 und Cortez 16 an der Zahl. Binnen kurzem entstand daraus die neue Rasse der Mustangs, die ihrerseits wiederum die gesellschaftliche Struktur der Prärie-Indianer Amerikas veränderte.

Je stärker die Erdbevölkerung anwuchs, desto mehr Pferde stellte der Mensch in seinen Dienst. Das gesamte Leben beruhte auf der vielseitigen Verwendbarkeit der Pferde zu Feldarbeit, Transport und Kriegsdienst, bei Festlichkeiten, Sport und Unterhaltung. Im Zuge der Entwicklung der Waffentechnik freilich wurde ihr Los immer erbärmlicher. An einem einzigen Gefechtstag des Ersten Weltkrieges fanden im Durchschnitt 7000 Pferde den Tod. Von der Million englischer Pferde, die in diesem grausamen Völkermorden an der Front zum Einsatz kam, sahen nur 62000 die Heimat wieder. Und die Zahl derjenigen, die glücklich dem Hagel der Bomben und Granaten entronnen waren, wurde nach Kriegsende zu Nahrung für Kriegsgefangene oder zu Dünge-

mittel für die Bauern auf dem europäischen Festland verarbeitet; das war ihr Lohn für die Leiden des Kriegsdienstes.

Obwohl das Pferd den modernen Waffen hoffnungslos ausgeliefert war, verzeichnet die Geschichte zu Beginn des Zweiten Weltkrieges eine letzte berittene Attacke. 1939 stürmte die polnische Kavallerie todesmutig gegen die Panzer und Tiefflieger der deutschen Wehrmacht. Sie wurden gänzlich aufgerieben; das Schlachtroß gehörte endgültig der Vergangenheit an. Die heutigen Kriegsfilme ersparen uns ein echtes Blutbad. Eigens trainierte Film-Pferde sind zu wertvoll, um des Vergnügens willen dahingemetzelt zu werden. Ihr Sterben ist lediglich »gespielt« und läßt uns allzuleicht vergessen, welch schrecklichen Preis das Pferd für seine Domestizierung durch den Menschen bezahlen mußte.

Mit zunehmender Industrialisierung endete das Zeitalter des Pferdes allmählich. Zuerst ersetzte die Eisenbahn, dann das Automobil Pferde als Transportmittel. Motorisierte Vehikel aller Art verdrängten den Vierbeiner. Lastwagen, Traktoren, Panzer, Busse, Lieferwagen und Limousinen beherrschten bald Straßen und Felder. Der Hufschmied wurde zum aussterbenden Beruf. Pferde hielt man nur noch aus Nostalgie; abgesehen vom Renn- und Hobbysport gab es wenig für sie zu tun. Die alten Zeiten der Mühsal und Fron waren somit vorbei. Dafür betrachten seitdem immer mehr Menschen das Pferd nicht weiterhin als Handelsware, sondern als Lebewesen, das Achtung, Wertschätzung und Liebe verdient. Zum erstenmal seit 5000 Jahren hat deshalb unser ergebenster Diener heutzutage wieder ein schönes Leben. Zwar kann er nicht in Freiheit weite Ebenen durchstreifen, aber seine Abhängigkeit ist nun zumindest würdiger Natur, getragen von Sorge und Zuneigung.

Vor 400 Jahren schrieb John Florio: »England ist ein Paradies für die Frauen, ein Fegefeuer für die Männer und eine Hölle für die Pferde.« In unseren Tagen sind diese höllischen Zustände etwas himmlischer geworden. Nach und nach tra-

gen wir unsere dem Pferd gegenüber aufgelaufene Schuld ab. Doch seltsamerweise verstehen wir trotz aller Begeisterung und Leidenschaft oftmals nicht das Tier in der ihm eigenen Art. Wir wissen immer noch nicht das Pferd um seiner selbst willen zu schätzen, zu schätzen als ein außerordentliches Lebewesen, fähig zu subtilen Gefühlsregungen, reicher Körpersprache und sozialem Verhalten. Das gilt auch für erfahrene Reiter, denn dem Reiter ist im allgemeinen die Beziehung der Pferde untereinander fremd. Das vorliegende Buch versucht diesem Mangel an Wissen und Verstehen abzuhelfen, indem es das Pferd als einen unserer engsten tierischen Gefährten aus seinen Äußerungen und seiner Welt heraus begreift und darstellt. Die letzten Kapitel behandeln zusätzlich einige der weniger bekannten Aspekte der Mythen und Volksbräuche um das Pferd. Das Buch wendet sich an jeden Pferde-Beobachter, gleich ob er bereits fünfzig Jahre im Sattel sitzt oder Pferde nur vom heimischen Bildschirm kennt. Möge der Leser aufgrund der Lektüre der nachfolgenden Seiten am Ende besser verstehen, daß das Pferd ein edles und (selbst heute noch) für uns notwendiges Tier ist, eine Kreatur, die unser aller Leben allein durch ihre bloße Gegenwart bereichert.

Was signalisiert das Pferd mit seinen Ohren?

 Die Ohren eines Pferdes stehen selten still. So wie Radarantennen ständig den Himmel abtasten, bewegen sie sich unentwegt mal da-, mal dorthin und erfassen selbst die leisesten Geräusche aus ihrer Umgebung. Für die wildlebenden Vorfahren des domestizierten Pferdes war diese Fähigkeit eminent wichtig: Die einzige Form des Selbstschutzes bestand für sie darin, sich bei Gefahr schnell aus dem Staube zu machen. Es war eine Frage des Überlebens, die ersten Zeichen drohenden Unheils zu erkennen, um augenblicklich davonzugaloppieren, ehe ein Raubtier zum Sprung ansetzte. Die wendigen Ohren des Pferdes stellten daher gewissermaßen ein Frühwarnsystem dar.

Da die Stellung der Ohren je nach der Gemütsverfassung des Pferdes wechselt, dienen sie seinen Artgenossen gleichsam auch als Stimmungsbarometer. Ein kurzer Blick auf Stellung oder Bewegung der Ohren vermag dem einen die Laune des andern zu verraten. So kommt den Ohren eine doppelte Funktion zu: Zum einen empfangen sie hörbare Signale, zum andern »senden« sie optische aus. Diese erweisen sich als außerordentlich aussagekräftig, weil die Ohren des Pferdes deutlich sichtbar sind. Bei anderen Huftieren, wie etwa beim Rind, der Antilope oder dem Rotwild, verdecken die aus der Stirnfläche hervortretenden Hörner und Geweihe leicht die Ohrbewegungen. Frei von solchen Hindernissen sind die Ohren des Pferdes dagegen eindeutig auszumachen, selbst aus beträchtlicher Entfernung oder bei nur sil-

houettenhafter Wahrnehmung des Pferdes. Die Ohrensprache des Pferdes hat die folgende Bedeutung:

In der neutralen *Grundstellung* hält das Pferd die Ohren ohne Anspannung aufgerichtet, wobei die Ohrmuscheln nach vorne und nach außen weisen. Das Pferd kann also sowohl nach vorne hin als auch zur Seite hin etwaige Geräusche hören und somit seine Umgebung bestmöglich abdekken. Im Falle des ungewohnten Geräusches allerdings dreht das Pferd sofort ein oder beide Ohren in dessen Richtung, um es eingehender zu überprüfen.

Erweist sich das Geräusch als fremdartig oder beunruhigend, so wendet das Pferd auch seinen Kopf oder gar seinen ganzen Körper in die entsprechende Richtung, stellt seine Ohren angespannt auf und richtet deren Muscheln unmittelbar nach dem Geräusch aus. Diese *gespitzte* Ohrstellung ist bezeichnend für Pferde, die aufgeschreckt, wachsam, neugierig oder einfach interessiert sind; sie ist ebenso bei freundlichen Begrüßungen von Angesicht zu Angesicht zu beobachten.

Eine ganz andere Bedeutung als die gespitzten Ohren haben die *Flügel*-Ohren. Hierbei fallen die Ohren entspannt seitwärts, und die Muscheln sind der Erde zugewandt. Diese Ohrhaltung ist typisch für ein müdes oder teilnahmsloses Pferd oder für eines, das das Interesse an seiner Umwelt völlig verloren hat. Seitlich vom Kopf abgewinkelt, zeigen die Ohren eindeutig an, daß das Tier seelisch gebrochen ist. Bisweilen nimmt die Flügel-Stellung eine extrem *schlaffe* Form an, und die Ohren hängen zu beiden Seiten des Kopfes kraftlos herab. Das ist bei Pferden zu beobachten, die dahindösen oder starke Schmerzen haben und von nichts mehr hören wollen. Diese seitwärts gerichtete Stellung nehmen die Ohren des Pferdes auch ein, wenn das Tier in Rangordnungskämpfen oder streßgeladenen Auseinandersetzungen mit Artgenossen seine Unterlegenheit signalisiert. Das schwächere Pferd gibt dann dem überlegenen durch diese Stellung

der Ohren zu verstehen: »Ich will mit dir nicht weiter streiten. Ich geb's auf. Du bist der Herr im Haus; gib dich zufrieden und laß mich in Ruhe.«

Bisweilen lassen Pferde, auf deren Rücken ein Reiter sitzt, die Ohren schlaff nach rückwärts fallen. In dieser Stellung sinken die Ohren ein wenig zur Seite, die Ohrmuscheln jedoch sind direkt nach rückwärts auf den Reiter gerichtet. Diese Position der Ohren zeigt an, daß das Tier Angst vor dem Reiter hat und sich diesem unterwirft. Das Zur-Seite-Wegfallen der Ohren verrät die Unterwürfigkeit und die rückwärts gerichteten Ohröffnungen die zwanghafte Anspannung des Pferdes, jeden kleinsten Laut des auf seinem Rücken sitzenden, furchteinflößendes Etwas aufzufangen. Diese Ohrenstellung ist für Pferde brutaler Reiter charakteristisch. Aber auch zu beobachten, wenn sexuell erregte Pferde einander begegnen. Häufig hält hier die Stute ihre Ohren in der beschriebenen Stellung, wenn sie, von starkem Verlangen getrieben, sich einem kraftvollen Hengst nähert. Sie fühlt sich von ihm angezogen, doch zugleich eingeschüchtert, was sie mit den Ohren anzeigt. Auf den Hengst wiederum wirkt ihr Signal der Unterwürfigkeit stimulierend; er weiß nun, daß er beim Besteigen der Stute keinen ruppigen Tritt zu befürchten braucht.

Schlägt gewöhnlich Furcht in blinde Panik um, so nehmen die Ohren die gespitzte Hab-acht-Stellung ein. Ganz steil aufgerichtet zucken und flattern sie nun. Ein Tier mit solch *flatternden* Ohren ist nahe daran, in wildem Entsetzen durchzugehen.

Für die entgegengesetzte Seite der Gefühlsskala, also bei Unwillen, Aggressivität und Dominanzstreben, sind *angelegte* Ohren typisch. Das Pferd drückt sie rückwärtig flach an seinen Kopf, so daß sie kaum mehr wahrzunehmen sind. Im Schattenriß erscheint ein aggressives Pferd völlig ohrlos. Man nimmt an, einer der Gründe für die leichte Beherrschbarkeit des Pferdes durch den Menschen bestehe darin, daß

dieser auf das Pferd infolge seiner von Natur aus eng am Kopf anliegenden Ohren stets einen dominanten und furcht-erregenden Eindruck mache. Gemäß der Pferdesprache müssen wir auf unsere vierbeinigen Gefährten höchst ein-schüchternd wirken. Das Pferd scheint keinen Weg zu sehen, an unserer in seinen Augen despotischen Attitüde etwas zu ändern. Denn so unterwürfig es sich auch verhält, niemals stellen wir unsere Ohren zu einer freundlichen Begrüßung auf oder lassen sie in ergebener Unterordnung seitwärts her-absinken.

Es hat seinen guten Grund, warum gerade die anliegen-den Ohren des Pferdes Kampfesstimmung signalisieren. Ur-sprünglich war dies eine Schutz-Haltung, um die Ohren bei feindlichen Angriffen zu schützen. Zurückgeschlagen waren sie am wenigsten den Bissen möglicher Rivalen ausgesetzt. Im Laufe der Evolution wurde die angestammte Selbst-schutz-Position der Ohren zu einem festen Bestandteil der Alltagssprache des Pferdes. Sie ist nun nicht mehr auf die

unmittelbare Kampfsituation beschränkt, sondern eine prinzipielle Drohgebärde, zu beobachten, wann immer sich zwei rivalisierende Pferde begegnen. Das angriffsbereite Tier legt einfach die Ohren zurück und drückt damit soviel aus wie: »Wenn du dich mit mir anlegen willst, ok, dann komm.« Dem Gegner steht es nun frei, sich entweder zurückzuziehen oder der Herausforderung zu stellen. Auf diese Weise lassen sich Streitigkeiten oftmals ohne eigentlichen Kampf bereinigen. Die bloße Gebärde ersetzt unnützes Beißen und Hufeschlagen.

Bei Rennpferden weisen zwei ungewöhnliche und sonderbare Reaktionen meist eindeutig auf ein Doping hin. Unter dem Einfluß von Sedativa, also Beruhigungsmitteln, hängen die Ohren schlaff seitlich herab, und zwar selbst dann, wenn das Tier ansonsten aktiv ist. Das Pferd verliert unter der Einwirkung solcher Mittel die Kontrolle über die Ohrmuskeln, so daß die Ohren seitlich niedersinken *und* dabei — wenn das Tier sich fortbewegt — auf- und niederschlagen. Bei der Verabreichung von Stimulantia dagegen sind die Ohren vollkommen steif. Verhält sich also ein Pferd vor einem Rennen merkwürdig und ist eine der beiden geschilderten Ohrenstellungen zu beobachten, so ist der Verdacht auf Doping naheliegend.

Doch zurück zum gesunden, nicht gedopten Tier. Wie bereits weiter oben erwähnt, bewegt es seine Ohren unentwegt, um möglichst jeden Laut in seiner unmittelbaren und weiteren Umgebung auszumachen. Die Ohrbewegungen des Tieres geben aber auch Auskunft über die Art und den Grad der Aufmerksamkeit, die ein Pferd einem Geräusch entgegenbringt. Pferde können aus der Ohrstellung anderer Pferde nicht nur den Ursprungsort bestimmter Geräusche ersehen, sondern auch die Art und die Intensität des Interesses, und entsprechend reagieren sie dann. Befindet sich die Geräuschquelle jedoch im Rücken des Pferdes, so richtet das Tier seine Ohren ungeachtet seiner momentanen Stimmung

auf alle Fälle nach rückwärts und nimmt sie erst wieder in die übliche, entspannte »Horchposition« zurück, wenn das Geräusch verklungen ist. Die Tiere lernen rasch, zwischen den unwesentlichen Signalen gesteigerter Aufmerksamkeit auf seiten eines Herdengenossen und den wesentlichen Stimmungsbekundungen von Artgenossen zu unterscheiden. Auch für uns ist es nicht schwierig, die vergleichsweise einfache Sprache der Pferdeohren zu verstehen. Wenn wir diese Signale verstehen, können wir auf einen Blick die jeweilige Gemütslage unserer vierbeinigen Kameraden erkennen und so ein wenig tiefer in ihre Welt vordringen.

Wie gut können Pferde hören?

 Pferde können bei weitem besser hören als wir Menschen. Ihr hochempfindliches Gehör hat ein weiteres Spektrum, das von sehr niedrigen bis sehr hohen Frequenzen reicht, und es ist in jeder Beziehung feiner und schärfer als das unsere.

Erwachsene Menschen vernehmen in jungen Jahren Töne bis etwa 20 000 Hertz, im Alter von sechzig Jahren dann nur mehr etwa 12 000 Hertz. Tests haben ergeben, daß das Hörvermögen der Pferde bis zu zirka 25 000 Hertz reicht; es liegt also deutlich über dem unsrigen, läßt aber ebenfalls mit zunehmendem Alter nach.

Das feine Gehör der Pferde beruht insbesondere auf ihren großen und höchst beweglichen Ohrmuscheln. Von nicht weniger als 16 verschiedenen Muskeln gesteuert, kann sich jedes Ohr um bis zu 180 Grad drehen und so Geräusche auch auf große Entfernung direkt orten. Pferdebesitzer wissen aus Erfahrung, daß Pferde oftmals lange vor dem Menschen ein Geräusch vernehmen.

Pferde reagieren derart sensibel auf nahende Naturereignisse, etwa Orkane, Wirbelstürme oder Erdbeben, daß manche ihnen einen sechsten Sinn zuschreiben. Dies freilich wäre erst in Versuchen mit tauben Pferden zu beweisen. Wahrscheinlich besteht der geheimnisvolle sechste Sinn auf der Fähigkeit des Tieres, selbst ganz leise Töne wahrzunehmen, die unter unserer Hörschwelle bzw. -reichweite liegen. Selbst Erdbeben sind auf diese Weise »vorauszuhören«, weil ihnen niedrigfrequente geophysikalische Vibrationen vorausgehen. Menschen in Erdbebenzonen haben häufig beobachtet,

wie Pferde unmittelbar vor einem Erdbeben hoch erregt wirken und laut vernehmlich unruhig werden — eine willkommene Frühwarnung für den weniger sensiblen Menschen.

Das heißt jedoch nicht zwangsläufig, Pferde hätten keinen sechsten Sinn. Wir sollten uns lediglich davor hüten, ein uns unerklärliches Verhalten der Pferde kurzerhand einem solchen Vermögen zuzuschreiben. Es ist keineswegs auszuschließen, daß das Pferd gleich vielen anderen Lebewesen über das Hören, Sehen, Riechen und Tasten hinaus auf das sich verändernde Magnetfeld der Erde und auf weitere Naturphänomene reagiert. Viele Reiter, die während eines nachmittäglichen Ausritts von ihrem Pferd abgeworfen wurden, fragen sich verwundert, wie ihr Tier trotz fremder Umgebung und Dunkelheit geradewegs nach Hause gefunden hat. Man mag das mit einem hervorragenden Gehör erklären, das auch auf größere Distanz vertraute Töne wahrnimmt, oder darin den Beweis einer noch außergewöhnlicheren Empfindsamkeit für die »magnetische Landkarte« des heimatlichen Territoriums sehen. Wie auch immer, sicher ist, daß Pferde bemerkenswert fein auf ihre unmittelbare Umwelt eingestimmt sind.

Eine besonders laute Umgebung kann das sensible Tier richtiggehend peinigen. Pferde, die in der Nähe von Flughäfen oder vielbefahrenen Straßen leben, werden oftmals überempfindlich und reizbar. Was bereits für uns lästiger Lärm ist, muß erst recht für das Pferd unerträgliches Getöse bedeuten. Sie können solche Strömungen bis zu einem gewissen Grade mildern, indem sie ihre Ohren herunterklappen; das reicht allerdings nicht aus, und man sollte deshalb vermeiden, Pferde ohne Not Lärm auszusetzen. Polizei- und Paradepferde werden eigens und mit viel Geduld geschult, *nicht* ihren natürlichen Reaktionen auf Schreie, Hurra-Rufe, Trommeln und Blaskapellen zu folgen. Doch selbst diese speziell abgerichteten Tiere schrecken und zucken im echten Einsatz zusammen. Sie bäumen sich zwar nicht mehr auf

oder gehen durch, aber ihre Körpersprache bezeugt, daß sie alles andere als ruhig sind, wenn der Krach ihre feinen Ohren schmerzlich bombardiert.

Ein kluger Reiter kann sich den hochentwickelten Gehörsinn des Pferdes zunutze machen und das Pferd wie einen Hund ohne Schwierigkeiten lehren, sanft gesprochene, einfache Befehle, wie etwa »Halt«, »Geh«, »Ja«, »Nein« und viele weitere zu verstehen. Unverständlicherweise wird diese Möglichkeit häufig nicht wahrgenommen, und einige meinen irrtümlich, es sei falsch, mit dem Pferd zu sprechen. Sie bedienen sich vielmehr ausschließlich körperbezogener Mittel — des Zügels, des Schenkel- und Gesäßdrucks und des Ruhen-Lassens — und vergessen dabei ganz sein ausgezeichnetes Gehör.

Wie groß ist das Laute-Repertoire des Pferdes?

Das Pferd verfügt nur über eine geringe Zahl lautlicher Ausdrucksmöglichkeiten, und diese Laute sind obendrein alles andere als Musik in unseren Ohren. Doch immerhin kann es schnauben, einen kurzen, beinahe schrillen Schrei wiehern und stöhnen. Auf diese Weise vermag es sich auf einfache und zugleich zweckvolle Weise mitzuteilen.

Der »Wortschatz« des Pferdes läßt sich im wesentlichen in acht Hauptlaute unterteilen:

Das *Schnauben* drückt eine Mischung aus Neugier und Interesse einerseits sowie Unsicherheit und Furcht andererseits aus. Es zeigt eine mögliche Gefährdung an und erfüllt zwei Aufgaben gleichzeitig: Es reinigt den Nasentrakt des Tieres und macht die anderen Mitglieder der Herde auf eine möglicherweise drohende Gefahr aufmerksam. Da das lautgebende Tier sein Gesicht zur Gefahrenquelle hinwendet, können die anderen Pferde deren Richtung ebenfalls erfassen.

Das Schnauben gleicht also dem wesentlich lauteren Anschlagen des Hundes. Doch im Gegensatz dazu ist es nur im Umkreis von etwa fünfzig Metern zu hören. Somit kann ein Pferd, das eine Gefahr in der Ferne entdeckt hat, seine Artgenossen warnen, ohne einem umherschleichenden Raubtier die Anwesenheit der Herde zu verraten.

Das Schnauben ist ein reiner Nasenlaut. Es entsteht, wenn das Tier bei geschlossenem Maul einen kräftigen Atemstoß durch die Nase schickt. Es dauert etwa acht oder neun Zehntelsekunden und hat wegen der Vibration der Nüstern ein

deutliches Tremolo. Gewöhnlich hält das Pferd den Kopf hoch. Ebenso verraten Schweif- und Körperhaltung hochgradige Erregung und Fluchtbereitschaft.

Meist ist das Schnauben eine Reaktion auf ein entferntes, beunruhigendes Objekt, häufig jedoch finden wir es auch bei der Begegnung zweier Hengste, wiederum als Zeichen von Interesse und Angst, als Ausdruck zweier sich widerstreitender Empfindungen.

Der *Schrill-Laut* ist ein defensives Signal. Bei spannungsgeladenen Zusammentreffen bedeutet er soviel wie: »Rück mir nicht näher auf den Leib, sonst muß ich zurückschlagen« oder: »Halt, hör auf und laß ab.« Dies ist besonders der Fall bei säugenden Stuten mit wunden, berührungsempfindlichen Zitzen oder bei Stuten, die sich einen allzu aufdringlichen Hengst vom Leib halten wollen. Im Zuge der Paarung allerdings bekommt dieser Laut der Stute manchmal noch eine zusätzliche Bedeutung und bedeutet dann: »Stopp, aber ich mag es trotzdem.«

Die Intensität dieses Lautes variiert beträchtlich. Er dauert von einer Zehntelsekunde bis zu 1,7 Sekunden und ist bei voller Stärke im Umkreis von zirka 100 Metern zu vernehmen, am lautesten während der Paarung. Die Pferde produzieren diesen Laut gewöhnlich bei geschlossenem Maul, wodurch die Maulwinkel bisweilen ein wenig geöffnet sind.

Das *Begrüßungs-Wiehern* besteht aus einem tiefen, tremolierenden Kehllaut. Es dient als freundliches »Grüß Gott« und als »Komm-her«-Aufforderung. Es ist zwischen Pferden üblich, die sich bereits kennen, und im Umkreis von etwa 30 Metern hörbar. Bringt der Betreuer zur Fütterungszeit das Futter, nimmt dieses Wiehern manchmal einen fast bittenden Tonfall an, aber es ist und bleibt grundsätzlich ein »Hallo, schön dich zu sehen«.

Dieselbe Bedeutung, jedoch mit einem dezidiert erotischen Beigeschmack, hat das *Werbungs-Wiehern* eines Hengstes. Es ist etwa dem menschlichen »O la la, wie geht's, meine

Schöne« vergleichbar. Der Hengst nickt dabei oft kräftig mit dem Kopf, hält das Maul geschlossen und die Nüstern weit geöffnet. Das Werbungs-Wiehern ist länger, tiefer und mehr in Einzeltöne gebrochen als das Begrüßungs-Wiehern. Jeder hat dabei eine charakteristische »Schwingungszeit«, so daß eine Stute einen Hengst erkennen kann, ohne sich nach ihm umzudrehen.

Die Stute wendet das sehr sanfte und aus der Entfernung kaum hörbare *Mutter-Wiehern* gegenüber ihrem Fohlen an. Um die Sicherheit ihres Kindes besorgt, ruft sie ihm sanft und vertraulich zu, es möge doch ein wenig näher kommen. Fohlen reagieren auf das Mutter-Wiehern ohne vorherigen Lernprozeß von Geburt an. Es wirkt derart zwingend, daß ein Mensch durch Nachahmung des Mutter-Wieherns ein neugeborenes Fohlen dazu bringen kann, ihm zu folgen.

Das *Ortungs-Wiehern* ist der kräftigste und ausgedehnteste Laut des Pferdes. Es dauert durchschnittlich anderthalb Sekunden und ist bis auf einen Kilometer Entfernung zu hören. Es entspricht dem Hunde-Heulen und dient der Standort-Verständigung der Herdenmitglieder untereinander. Weiterhin kommt es zum Einsatz, wenn ein Pferd sich von der Gruppe isoliert hat oder wenn es einen Gefährten in der Ferne entdeckt. In der Regel wird der Ruf beantwortet, so daß folgender Dialog zustande kommt: »Ich bin hier, bist du es? Ja, ich bin's, ich höre dich.« Das Ortungs-Wiehern hilft, die Herde zusammen- oder zumindest auf Distanz den Kontakt zu ihr aufrechtzuerhalten. Pferde reagieren auf das Wiehern von Herdengefährten stärker als auf das fremder Artgenossen, und Muttertiere antworten intensiver auf das Rufen ihres eigenen Fohlens als auf das anderer Jungtiere. Das Wiehern eines Pferdes ist ein persönliches Erkennungsmerkmal und wird als solches von den übrigen Pferden erkannt. Bei genauem Hinhören bemerkt man rasch, daß jedes Tier tatsächlich seinen eigenen charakteristischen »Klang« hat, ja, daß darüber hinaus rassebedingte Eigenheiten beste-

hen. Auch läßt sich das Wiehern eines Hengstes von dem einer Stute durch eine Art Brummton unterscheiden, mit dem das Wiehern des männlichen Tieres ausklingt. Einige meinen irrtümlich, das Ortungs-Wiehern sei ein Ausdruck der Angst und Panik. Zwar stößt ein einsames Pferd tatsächlich dieses Wiehern aus, um wieder Kontakt zu seinen Herdengenossen zu finden, aber es ist kein Alarmsignal, sondern eine Frage, eine Bitte um Antwort.

Wenn Pferde ernsthaft miteinander kämpfen oder sehr erregt sind, sei es durch Furcht oder Wut oder beides zugleich, so »röhren« oder schreien sie zu hoher Tonlage. Das »Röhren« oder Schreien kommt bei domestizierten Pferden kaum vor, außer bei Herden, die im Freien leben oder in größerer Zahl draußen gehalten werden, was in der modernen Pferdezucht selten der Fall ist.

Das *Blasen* ist ein Schnauben ohne Tremolo. Es entsteht durch einfaches, nasales Luftausstoßen und hat eine ähnliche, aber abgeschwächte Bedeutung wie das Schnauben. Das Tier will damit sagen: »Was gibt's?« Oder schlicht: »Es geht mir gut, und das Leben ist schön.«

Darüber hinaus hört man Pferde *stöhnen, ächzen,* vor Langeweile *seufzen* und *laut schnauben.* Dies jedoch nur gelegentlich, denn das Pferd verfügt weder über eine hochentwickelte Lautsprache, noch macht es von der vorhandenen ausgiebig Gebrauch. Keiner der Laute des Pferdes ist auf einen bestimmten Zusammenhang oder eine besondere spezifische Bedeutung beschränkt. Obwohl es typische Pferde-Laute gibt, haben diese je nach Situation oder sozialen Umständen einen verschiedenen Sinn. Bei der Interpretation der Pferdesprache ist dies stets zu beachten.

Was signalisiert das Pferd mit seinem Schweif?

Der Schweif des Pferdes hebt und senkt sich der empfindlichen Nadel eines Seismographen vergleichbar. Ein hochgetragener Schweif spricht für Aktivität, Wachsamkeit und Tatendrang, ein schlaff herunterhängender für Schläfrigkeit, Erschöpfung, Schmerz, Angst oder Unterwürfigkeit.

Die Signalsprache des Schweifs hat ihre Ursache im Bewegungsablauf des Tieres: Je schneller es läuft, desto stärker kommt das »Anti-Schwerkraft«-Muskelsystem zum Einsatz. Diese Muskeln aktiviert es beim Aufstehen und wann immer es sich fortbewegt. Der Schweif wird dabei ganz automatisch mit angehoben. Verlangsamt dagegen das Pferd seinen Lauf und tritt sozusagen auf die Bremse, so ist der Ablauf genau umgekehrt; der Schweif wird nach unten gedrückt. Entwicklungsgeschichtlich treten die verschiedenen Haltungen des Schweifes ursprünglich nur in Verbindung mit dem Wechsel der Gangart auf; im Zuge der Zeit jedoch haben sie zusätzliche, »sprachliche« Bedeutungen angenommen, und die Pferde, wie wir sie kennen, heben oder senken den Schweif meistens nur, um ein reines Ausdruckssignal auszusenden. Der grundlegende, geradezu reflexartige Zusammenhang zwischen »vorwärts« und Schweif-hoch beziehungsweise zwischen »halt« und Schweif-nach-unten ist in der Symbolik der Körpersprache des Pferdes erhalten geblieben.

Ein ausgelassenes Fohlen etwa fordert ein anderes zum Spiel auf, indem es seinen Schweif so hoch wie anatomisch

möglich in die Luft streckt und manchmal sogar kreisen läßt. Der so »angesprochene« Spielkamerad wird die Einladung sofort verstehen, und das Tollen kann beginnen. Hervorzuheben ist, daß die Aufforderung nicht notwendigerweise mit einer beschleunigenden Körperbewegung zusammenhängen muß, sie mag ebenso aus dem Stand heraus erfolgen. Die Muskelreaktion der Schweifanspannung, die ursprünglich infolge einer Vorwärtsbewegung erfolgte, wird hier losgelöst von der Bewegung und »bedeutet« jetzt nur noch soviel wie: »Komm, laß uns herumtollen.«

Ebensogut aber kann ein stehendes Pferd seinen Schweif »bewußt« senken, um einem anderen Pferd zu verstehen zu geben, es sei müde und schwach, unterwerfe sich und erkenne das andere Tier als das stärkere an. Hat ein solches Tier besonders starke Angst vor einem anderen Pferd, so preßt es den Schweif ganz fest an seinen Körper, nahezu einem Hund gleich, der seinen Schwanz zwischen die Beine klemmt.

Ist ein Pferd aggressiv und angespannt, versteift sich bisweilen die muskulöse Schwanzwurzel (»Schweifrübe«) zusätzlich, so daß der Schweif insgesamt stärker als gewöhnlich wie eine haarige Rute vom Hinterteil absteht.

Bei sexuell motivierten Annäherungen halten Hengst und Stute den Schweif aus Erregung hoch. Allerdings »klappt« ihn die Stute in solchen Situationen nach rechts oder links zur Seite — für den Hengst das Signal, die Stute zu besteigen.

Neben dem vertikalen Auf und Ab beobachten wir auch schnelle peitschenartige Schwanzbewegungen in verschiedene Richtungen. Diese sind abgeleitet von der verärgerten Reaktion auf Insekten oder andere Plagegeister. Wiederum wird ein Reflex, in diesem Fall die Funktion des Schweifs als »Fliegenscheuche«, in die Körpersprache des Pferdes aufgenommen und erfüllt somit kommunikative Zwecke. Ein furchtsames, verkrampftes oder verstörtes Pferd schlägt oft mit dem Schweif ruckartig mal hierhin, mal dorthin, meist

zuerst seitwärts, dann nach oben oder unten, danach in einer Bogenbewegung. An die Stelle des realen Störfaktors Fliege, die es mit Hilfe des Schwanzes zu vertreiben gilt, tritt nun ein »psychologisches« Motiv, das mittels der gleichen Schwanzbewegung ausgedrückt wird. Die Regeln beim Dressur-Reiten bewerten ein entsprechendes Schweifschlagen als »Nicht-Losgelassenheit« und somit negativ; die im Schweifschlagen zum Ausdruck kommende Unruhe des Pferdes wird dem Reiter als mangelnde Vorbereitung seines Tieres angelastet.

Bei einem wutentbrannten Pferd kann sich das seitliche Peitschen so verstärken, daß die Schwanzhaare richtiggehend durch die Luft pfeifen und gar einem davon getroffenen Menschen die Haut aufreißen. Steigert sich das Tier weiter in seine Wut hinein, so stellt es den Schweif steil in die Höhe und läßt ihn dann hart nach unten sausen; häufig kündet das einen bösen Huftritt an.

Die in einigen Ländern illegale Verwendung einer batteriebetriebenen Schock-Peitsche löst eine andere unverkennbare Schweifreaktion aus. Erhält das Pferd einen Stromstoß,

so versteift es den Schweifansatz, läßt den Schweif rasch kreisen, hebt ihn nach oben und schlägt ihn sodann fest auf sein Hinterteil. Das Ganze verläuft blitzschnell, ist aber ein sicheres Indiz für die verbotene Verwendung der Batteriepeitsche.

Einer anderen Art des Betruges ist man im Zusammenhang mit der hochtrabigen »Tennessee Walker«-Rasse auf die Spur gekommen. Diesen allzuoft brutal mißhandelten Pferden wird häufig der eigene Schwanz koupiert. Auf den verbliebenen Stummel wird dann ein künstlicher Schweif geschoben. Dieser aufrecht getrimmte Kunstschweif verleiht dem Pferd ein überaus erregtes, hochschweifiges Aussehen. Ersatzweise wird dem armen Tier bisweilen auch ein Stück Ingwer in den Anus eingeführt, um den gleichen Effekt zu erzielen. Die aus zahllosen Wildwestfilmen bekannte Redensart »Let's hightail it out of here«, was soviel bedeutet wie »Laßt uns hier mit erhobenem Schweif abhauen«, verliert unter solchen Umständen ein wenig von ihrer Unschuld.

Was signalisieren Pferde mit dem Hals?

 Sein langer und kräftiger Hals ermöglicht es dem Pferd, seinen Kopf recht flexibel zu bewegen. So kann es mit Kopf und Hals verschiedene Signale aussenden, die bezeichnend für unterschiedliche Stimmungen sind. Einige dieser Bewegungsabläufe dienen dem Pferd in erster Linie dazu, sich sauber zu halten. So schüttelt es häufig kurz und kräftig seinen Hals, um Fliegen und andere Quälgeister, die sein Gesicht umschwirren und es plagen, aufzuscheuchen und möglichst zu verjagen. Dieses, den meisten von uns vertraute *Kopfschütteln* besteht in einer energischen Seitwärtsbewegung des Halses und läßt die Fliegen einer Wolke gleich aufwirbeln. Zwei weitere Signale sind das *Zurückwerfen* und das *Rucken* des Kopfes. Das eine ist eine kräftige Aufwärts-, das andere eine plötzliche Auf-und-Zurück-Bewegung. Wohl beide Bewegungen dienen wiederum in erster Linie dem körperlichen Wohlbefinden, haben aber zugleich eine kommunikative Funktion übernommen. Wann immer sich ein Pferd durch Aktivitäten seiner vier- oder zweibeinigen Kameraden irritiert fühlt, drückt es in der Regel seinen Verdruß und seine Frustration in einer Weise aus, als gelte es, lästige Fliegen abzuschütteln. Kopfschütteln, -zurückwerfen und -rucken sind zu Signalen geworden, die unabhängig von der Anwesenheit tatsächlicher Insekten den Zweck erfüllen, ganz generell Verärgerung anzuzeigen. Man kann dies vielleicht mit dem Hinterkopf-Kratzen eines mißgelaunten Menschen vergleichen. Wie das Pferd haben wir

die Reaktion auf den ursprünglichen Juck- und Stör-Reflex in ein eindeutig verständliches Signal allgemeiner Verärgerung umgewandelt. Mitmenschen, die uns aufregen, belästigen uns zwar im allgemeinen nicht physisch am Kopf, unsere Kratzgeste jedoch erweckt den Anschein, als ob dies so wäre.

Zurückwerfen und Rucken sind nicht mit dem *Kopf-Verneigen* zu verwechseln. Hierbei duckt das Pferd mehrmals kurz hintereinander den Kopf, um in der Regel sein Gesichtsfeld zu erweitern und nahe Objekte besser in Augenschein zu nehmen. Das *Kopfwackeln* ist ein weiteres ganz eindeutiges Signal. Es wird ausgeführt, indem das Pferd die Nüster-Partie seitlich hin- und herschwenkt, wobei der obere Teil des Kopfes sich kaum bewegt. Diese Bewegung erweckt fast den Eindruck, als wolle sich das Pferd irgendwelche Bedenken aus dem Kopf schlagen. Dieses Signal bedeutet etwa: »Es kann losgehen.« Das Pferd wirkt in solchen Augenblicken beinahe, als wolle es sich selbst belobigen. Übrigens finden wir unter unseresgleichen ein in Ausführung und Bedeutung ähnliches keck-hochnäsiges Kopfdrehen.

Mit Vorwärtsbewegungen des Kopfes, etwa dem *Stoßen* und *Stupsen*, will das Pferd etwas erreichen. Im Gegensatz zu dem aggressiven, dem Beißen verwandten Kopfstoßen ist das Nasenstupsen bei geschlossenem Maul eine sanftere Aufforderung. Es bedeutet etwa: »Und was ist mit mir?« oder: »Komm, laß uns endlich anfangen.« Das Stupsen dient dem Pferd dazu, seine tierischen oder menschlichen Gefährten auf sich aufmerksam zu machen; bisweilen hat auch die Funktion echtes Unwohlsein oder gar Schmerz auszudrükken. Man sollte daher dieses Signal nie übergehen, sondern vielmehr seiner Ursache nachspüren.

Versucht ein Pferd einer Sache aus dem Weg zu gehen, so wendet es seinen Kopf demonstrativ weg von dem unliebsamen Etwas. Ein kurzes, einen Rückzug andeutendes Wegdrehen des Halses zeigt an, daß dem Tier ein körperlicher

Kontakt oder eine Aufdringlichkeit zuwider ist. Das *Kopf-schlängeln,* ein seltsames Hin-und-her-Schwenken des Kopfes bei ausgestrecktem Hals, können wir beispielsweise beobachten, wenn ein Leithengst Probleme hat, seine umherwandernden Stuten zusammenzubringen. Der langgestreckte Hals und der Kopf, der mit diesem eine fast waagerechte Linie bildet, sollten ursprünglich eine Biß-Drohung übermitteln, aus dieser Kopf- und Halsstellung wurde im Zuge der Evolution eine symbolische Drohgebärde, die sich ritualisiert in den rhythmischen Bewegungen des *Kopfschlängelns* ausdrückt. Ein Hengst braucht daher lediglich diese Halsbewegung auszuführen, damit seine Stuten wissen, was er von ihnen verlangt.

Zuletzt sei noch auf einige seltenere und ziemlich verwirrende Halsbewegungen hingewiesen. Zu ihnen zählt das sonderbare *Halsdrehen.* Dabei wird der ganze Hals fortwährend

nach beiden Seiten hin»gewunden«. In der spielerischen Variante besagt dies soviel wie: »Ich möchte am liebsten in alle Richtungen gleichzeitig losstürmen.« In ernsteren Situationen hingegen symbolisiert es ein eher unglückliches »Ich will weg von hier«. Noch bedenklicher allerdings sind bestimmte völlig mechanische Halsbewegungen, die manche in engen Ställen gehaltene Pferde oft stundenlang aus Langeweile vollführen. Das einschlägig bekannte *Halswiegen* finden wir in ähnlicher Form auch bei Papageien oder anderen Käfigtieren, die sich vergeblich nach der Freiheit sehnen. Und das unablässige *Kopfkreisen* macht den Betrachter nahezu benommen. All diese eintönig wiederholten Hals- oder Kopfbewegungen offenbaren eindeutig, daß das Tier unter akuter Reizarmut leidet und sein Alltag dringend der Belebung bedarf. In freier Wildbahn hat man derartige Kopf- und Halsbewegungen noch nie beobachtet. Das allein müßte ausreichen, um uns auf die mißliche Lage der betroffenen Tiere aufmerksam zu machen.

Was signalisieren Pferde mit dem Körper?

 Die Körperhaltung eines Pferdes sagt viel über seine innere Verfassung aus. Grundsätzlich gilt: Je aufrechter, größer und beeindruckender das Pferd dasteht, je höher es den Kopf trägt und je stolzer es den Schweif aufrichtet, desto erregter ist das Tier. Und umgekehrt: Läßt die Erregung des Pferdes nach oder ist es gar schläfrig, gelangweilt oder unterwürfig, geht die Anspannung in Kopf, Schweif und Körper zurück, so daß es kleiner wirkt. Diese mit dem ganzen Körper erzeugte »vertikale« Ausdrucksskala von »lebendig« bis »leblos« ist ein wesentlicher Bestandteil der Signalsprache des Pferdes und läßt sich bei allen Begegnungen von Artgenossen beobachten. Die anderen Pferde verstehen diese Signale und reagieren entsprechend. Wenn allerdings ein Pferd vor lauter Ungestüm im Galopp auf und davon stürmt, bedingen die für diese Gangart typischen Bewegungsabläufe ungeachtet aller Erregtheit eine gestrecktere, mehr »horizontale« Erscheinung.

Neben diesem von der Muskelanspannung abhängigen allgemeinen Körperausdruck gibt es noch drei weitere leicht verständliche Ganzkörper-Signale: die *Körpersperre*, den *Schulterrempler* und das *Hinterteilpräsentieren.*

Die Körpersperre ist charakteristisch für dominante Tiere, die einen Rivalen in seiner Bewegungsfreiheit einengen möchten. Sie stellt etwa eine Drohung dar und bedeutet etwa soviel wie: »Hier ist mein Revier.« Dabei stellt sich das betreffende Pferd quer vor das andere, um ihm den Weg zu ver-

sperren. Dieses befindet sich nun in einem Zwiespalt. Es hat die Wahl: Entweder versucht es seinen Willen durchzusetzen und sich den Durchgang zu erzwingen, oder aber es tritt friedlich auf der Stelle, dreht sich weg und nimmt Reißaus. Entscheidet es sich für den Rückzug, so erkennt es seine Unterlegenheit gleichsam offiziell an. Auch in diesem Fall treten symbolische Verhaltensweisen an die Stelle der tätlichen Auseinandersetzungen: Der Stärkere kann so seinen Status durch die bloße Körpersperre bekräftigen, und der Schwächere hat Gelegenheit, seine Unterlegenheit einzugestehen, ohne in einen Streit verwickelt zu werden. Die Gefahr, im realen Kampf eine Verletzung davonzutragen, wird somit vermieden, und zwar gleichermaßen im Interesse des stärkeren Tieres. In der freien Wildbahn nämlich entscheidet unter Umständen eine Verletzung darüber, ob es einem Tier gelingt, der Tötung durch ein Raubtier oder der Gefangennahme durch den Menschen zu entgehen. Daher zieht die Natur symbolische Auseinandersetzungen den körperlichen vor.

Der Schulterrempler ist eine gesteigerte Form der Körpersperre. Das drohende Tier zieht gleichsam die Schraube an und läßt es zum unmittelbaren Körperkontakt mit dem Rivalen kommen, indem es in ihn hineinläuft. Verfehlt der Schulterrempler seine einschüchternde Wirkung, so sind fast alle Möglichkeiten der Körpersprache erschöpft, und die Begegnung kann in einen echten Kampf ausarten. Allerdings bleibt das stets der letzte Ausweg.

Ein häufiger Anlaß für Einsprüche und Ordnungsrufe auf der Rennbahn ist der von einem Jockey absichtlich herbeigeführte Schulterrempler. Durch diese Taktik wird das gegnerische Pferd nicht nur äußerlich behindert, sondern auch vor allem psychologisch eingeschüchtert. Denn es reagiert auf solche Übergriffe wie auf das entsprechende Signal eines aggressiven, dominanten Tieres. Ein solcher Schulterrempler wirkt also viel nachhaltiger und verlangsamt das Pferd viel mehr, als man normalerweise erwarten würde. Beim Polo

wird dies Rempeln aus eben diesen Gründen bewußt eingesetzt und als taktisches Mittel geduldet; ein gutes Polopferd rempelt bereitwillig jeden »Gegner« an und läßt sich selbst durch Schulterrempler Dritter nicht einschüchtern.

Das Hinterteilpräsentieren hat eher defensiven Charakter. Das Tier dreht sich um und zeigt dem Rivalen seine Rückenansicht. Diese vorsichtigere Form der Drohung besagt etwa: »Hör auf, mich zu ärgern, oder ich hau dir eine rein.« Eigentlich ist das Hinterteilzeigen das Sich-in-Stellung-Bringen zum rückwärtigen Tritt. Daraus wurde ein Warnsignal, das die Verhaltensforschung als »Intentions-Bewegung« bezeichnet. Die Geste offenbart die Absicht, es darauf ankommen zu lassen, falls der Kontrahent nicht rechtzeitig auf Distanz geht. Pferde begreifen die Bedeutung des Hinterteilzeigens sehr schnell und reagieren entsprechend. Auch dieses symbolische Verhalten dient der Vermeidung folgenreicher Tätlichkeiten.

Was signalisieren Pferde mit den Beinen?

Es gibt beim Pferd eine ganze Reihe von Beinsignalen, die uns über seinen jeweiligen Gemütszustand Auskunft geben. Eines davon ist das mit einem der beiden Vorderhufe ausgeführte *Bodenscharren*. Ursprünglich diente dieser Bewegungsablauf der Futtersuche und der Prüfung der Bodenbeschaffenheit. Daneben ist das Hufscharren ein Zeichen der Frustration, falls sich ein nach Bewegung drängendes Tier direkt oder indirekt behindert fühlt.

Mit dem *Vorderbeinheben* steht dem Pferd eine weitere, der geballten menschlichen Faust vergleichbare Drohgebärde zur Verfügung. Sie ist abgeleitet von der Frontalattacke, bei der zwei Hengste sich auf den Hinterbeinen aufrichten und mit den Vorderhufen aufeinander einschlagen.

Das *Hinterbeinheben* ist eine verstärkte Variante des Hinterteilzeigens und kommt zum Einsatz, falls dieses seine Wirkung verfehlt hat. Bisweilen weisen auch Stuten auf diese Weise allzu anhängliche Fohlen zurecht, falls diese etwa zur Unzeit bei der Mutter trinken wollen. In solchen Fällen hebt die Mutter mahnend das dem Kleinen nächste Hinterbein.

Beinpochen und *Beinstampfen* sind zwei andere dem Ausschlagen verwandte, freilich stark abgeschwächte Warnzeichen. Beim Beinpochen erzeugt das Pferd, indem es wiederholt vornehmlich mit einem der Hinterhufe auftritt, ein starkes trommelartiges Pochgeräusch. Das Stampfen bewirkt zwar ein ähnliches Geräusch, wird aber mit einem der Vorderbeine ausgeführt. Beide Bewegungen signalisieren einen

milden Protest und sind etwa zu beobachten, wenn eine Stute sich durch ihr Fohlen belästigt fühlt oder wenn ein Reitpferd gegen seinen Willen zum Ausreiten gesattelt wird.

Wie andere Körpersignale auch, so richten sich die beschriebenen Beinbewegungen des Pferdes an seine tierischen *und* menschlichen Gefährten. Und diese lernen bewußt oder unbewußt sehr rasch, die Zeichen zu verstehen.

Wie ausdrucksstark ist das Gesicht eines Pferdes?

Pferde verfügen über eine ausgeprägte und differenzierte Körpersprache. Sie wird vermittelt durch Stellung und Bewegung von Ohren, Hals, Schweif und Beinen, aber auch durch den Gesichtsausdruck. Dieser ist zwar weit weniger ausgeprägt als beim Menschen, aber dennoch lassen sich aus dem Gesichtsausdruck eines Pferdes Rückschlüsse auf sein Befinden ziehen.

Den ersten, spezifischen Gesichtsausdruck, den man beim jungen Fohlen beobachten kann, nennen wir das *Maulschnappen*. Hierbei öffnet das Füllen das Maul, zieht die Lippen zurück und macht bei entblößten Zähnen die Kinnbacken auf und zu. Bisweilen stoßen die Zahnreihen aufeinander, ein andermal nicht. Falls die Zähne aufeinander prallen, verursachen sie ein klapperndes Geräusch, weshalb einige Autoren diesen Vorgang — in Abweichung von der üblichen Bedeutung dieses Begriffs — als *Zähneklappern* bezeichnen. Andere wiederum bezeichnen diese Aktivität als *Kieferschwenken* und heben das Öffnen und Schließen der Kinnbacken besonders hervor. Das Maulschnappen drückt Unterwürfigkeit aus und will besagen: »Ich bin nur ein kleines Fohlen, ich habe nichts Böses im Sinn, bitte, tu mir nicht weh.« Das junge Tier setzt die Gebärde gegenüber großen oder fremden Pferden ein. Ab dem dritten Lebensjahr verschwindet das Maulschnappen nahezu vollständig. Im Sozialleben der Pferde hat es also eindeutig die Funktion, die noch schwachen Füllen und die Ein- und Zweijährigen vor Angriffen erwachsener Tiere zu schützen.

Das seltsame Maulschnappen wirkt auf den ersten Blick fast aggressiv, so als wolle das Fohlen einen erwachsenen Artgenossen beißen. Pferde erliegen diesem menschlichen Irrtum jedoch nicht. Sie verstehen diese »Gebärde« vielmehr richtig als ein Symbol der Körperpflege und reagieren entsprechend. Zwei einander freundlich gesonnene Tiere pflegen sich oft gegenseitig, indem eines des andern Mähne oder Fell beknabbert. Solch wechselseitige Hilfe lassen sie sich allerdings nur angedeihen, wenn keine Spannung und Feindseligkeit zwischen ihnen herrscht. Das ritualisierte Maulschnappen als symbolischer Akt der Fellpflege hat deshalb eine höchst versöhnliche Bedeutung und bewahrt das Fohlen vor Angriffen älterer Tiere.

Preßt das Pferd seine Kiefer fest aufeinander, und bleckt es dabei die Zähne, so bedeutet dies etwas völlig anderes als das Maulschnappen. Dieses Signal ist eine echte Biß-Drohung, die eine Attacke ankündigt. Nicht selten ist sie bereits ausreichend, um einen Gegner einzuschüchtern. Fest zusammengepreßte Lippen zeigen eine zwar etwas weniger furchterregende, aber noch immer aggressive Stimmung an. Andere Formen der Anspannung, etwa Furcht, Angst und

Schmerzen, können ebenfalls ein Zusammenpressen der Lippen verursachen. Ein entspanntes Pferdemaul hingegen ist ein Zeichen der Friedfertigkeit oder der Erschöpfung. Schläfrige Pferde lassen häufig die Unterlippe kraftlos nach unten hängen.

An sexuell erregten Hengsten läßt sich vielfach das sogenannte *Flehmen-Gesicht* beobachten. Sobald ein Hengst den Urin der Stute riecht, wölbt er die Oberlippe auf und entblößt dabei Zähne und Zahnfleisch. Dann streckt er den Kopf nach vorne und saugt durch die Nüstern gierig die Luft ein. Diese Pose verrät sein außerordentliches Interesse an dem Duft der Stute. Seine gekräuselte Oberlippe hat in diesem Fall die Funktion, den Riechraum beziehungsweise die Schmeckfläche so zu vergrößern, daß das Tier den erregenden Geruch möglichst intensiv aufnehmen kann. Bisweilen können auch eigenartig riechende Chemikalien diese Reaktion bei Hengst und Stute auslösen. Manchmal verziehen Stuten die Maul- und Nüster-Partie auch in der beschriebenen Weise, wenn sie auf den Uringeruch eines anderen weiblichen Tiers reagieren. Deshalb ist es nicht ganz korrekt, diesen Gesichtsausdruck des Pferdes als *Hengst-Gesicht* zu bezeichnen. Im allgemeinen ist das *Flehmen-Gesicht* jedoch hauptsächlich bei Hengsten zu beobachten.

Ähnlich wie wir Menschen drücken auch Pferde Ekel und Abscheu aus, indem sie die Nüstern rümpfen, beziehungsweise Erregung und Anspannung, indem sie die Nüstern aufblähen. Die erweiterten Nüstern der Araberpferde erwecken daher den Eindruck steter Wachsamkeit und Erregtheit; sie sind jedoch eine Folge der Anpassung an die Atembedingungen der Wüste.

Bei Schmerz oder Erschöpfung haben Pferde für gewöhnlich die Augen geschlossen, weit aufgerissen dagegen bei Furcht, Schrecken und Wachsamkeit und halb geöffnet im Zustand der Entspanntheit und um Unterwürfigkeit zu signalisieren. Ein aggressives Pferd verdreht die Augen nach

hinten, wobei die Augen leicht hervortreten und das Weiße deutlich sichtbar wird. Wenn man das Weiße im Auge eines Pferdes sehen kann, so ist dies jedoch noch lange nicht zwangsläufig ein Ausdruck der Verärgerung und Feindseligkeit. Oftmals drehen Pferde die Augäpfel seitlich nach hinten, weil es dort etwas für sie besonders Interessantes zu sehen gibt.

Wie gut können Pferde riechen?

 Eines der hervorstechendsten Merkmale des Pferdekörpers ist der langgestreckte Kopf. Er birgt nicht nur die mächtigen Mahlzähne des Pferdes, sondern ebenso die ausgedehnten Nasenhöhlen. Sie bestehen aus mehreren in sich gewundenen Teilen und entsprechen in ihrer Oberfläche angeblich der gesamten Außenhaut des Tieres. Dem Menschen jedenfalls ist das Pferd in punkto Riechen haushoch überlegen. Im Gegensatz zu uns kann es auch relativ weit entfernte Geruchsquellen wahrnehmen.

Der Geruchssinn ist für wilde Pferde in mehrfacher Hinsicht bedeutsam. Sie müssen in der Lage sein, die Ausdünstung eines hungrigen Raubtiers zu erkennen, das ihnen auflauert oder sich an eine grasende Herde heranschleicht. Sie müssen imstande sein, oftmals entlegene Wasserstellen auszumachen, um zu überleben. Und Hengste schließlich müssen auch in einiger Entfernung befindliche rossige Stuten per Geruch wahrnehmen können.

Pferdehalter haben wiederholt beobachtet, wie selbst in Ställen eingeschlossene Hengste den unwiderstehlichen Geruch einer rossigen Stute erkennen, die — für sie nicht sichtbar — auf einer fernen Wiese weidet. Das »erotische« Riechvermögen des Hengstes reicht fast einen Kilometer weit. Hierbei hilft ihm das *Flehmen*. Es besteht darin, daß der Hengst die vom Stutenduft geschwängerte Luft tief in Nase und Rachen einzieht und dann seine Nüstern mit der nach oben geklappten Oberlippe verschließt. Dadurch wird der Geruch beziehungsweise Geschmack im Nasen- und Rachenraum festgehalten und ausgiebig darin verteilt. Am

Gaumendach befinden sich spezielle Vertiefungen, das sogenannte »vomeronasale oder Jacobsonsche Organ«, das eigens dazu da ist, tierische Duftstoffe (Pheromone) zu analy-
sieren. Diese Pheromone teilen dem Hengst mit, in welchem
physischen und psychischen Rossigkeits-Stadium sich die
duftaussendende Stute befindet. Und sie erlauben dem
Pferd auch, alle Artgenossen genau und persönlich zu erkennen und auseinanderzuhalten.

Wir können dieses Erkennen per Geruch beobachten,
wann immer sich Pferde zum erstenmal begegnen. Stets darauf erpicht, miteinander ins »Gespräch« zu kommen, be-
schnüffeln sie sich sorgfältig. Größte Aufmerksamkeit wenden sie dabei dem Atem des Artgenossen zu. Nase an Nase
gerückt, blasen sie sich wechselseitig ihren Atem sozusagen
als persönliche Visitenkarte in die Nüstern. In den hochemp-
findlichen Nasenhöhlen wird der Geruch dann registriert,
analysiert und danach im Gedächtnis gespeichert. Auf diese
Art stellt sich ein Pferd einem »Kollegen« vor, und bei gegen-
seitigem Gefallen ist die Freundschaft besiegelt.

Einige Pferdehalter schwören darauf, sie hätten zu ihrem
Pferd auf eben dieselbe Weise einen besonderen Zugang gefunden. Sie behaupten, nach dem Atemtausch zwischen dem
Halter und seinem Pferd sei das Band zwischen beiden ungleich enger als zuvor, denn dabei werde gleichsam magisch
ein tiefes, intimes Verhältnis begründet. Das mag stimmen,
falls das betreffende Pferd seinem menschlichen Gefährten
ohnehin freundlich zugetan ist und von diesem stets gut behandelt worden ist. Allerdings sei daran erinnert, daß das
»nasale« Sich-Kennenlernen bei Wildpferden in freier Natur
nicht notwendig der Auftakt einer dicken Freundschaft, sondern ebensogut einer aggressiven Rivalität sein kann. Entdeckt einer der beiden Schnüffler im Atem des andern den
möglichen Rivalen, so dient das Riechen dazu, den anderen
Artgenossen als Gegner zu erkennen und für immer in Erinnerung zu behalten. Für den sorgenden Pferdeliebhaber frei-

lich stellt sich die Situation nicht. Er kann mit dem wechselseitigen Nasen-Blasen die gleiche Wirkung erzielen, wie wenn er den Kopf seines vierbeinigen Kameraden zärtlich umarmt.

Die Empfindsamkeit und Empfänglichkeit des Hengstes für den Geruch der rossigen Stute lenkt ihn von anderweitigen »Verpflichtungen« ab. Er hat anderes im Sinn, als Rennen zu gewinnen und gehörig zur großen Parade anzutreten. Sein Herr und Meister wird deshalb, falls notwendig, bestimmte Tricks anwenden, um die natürliche Reaktion des Tieres zu unterbinden. Am einfachsten ist es, dem Hengst stark riechende, aromatische Öle in die Nüstern zu reiben. Das überdeckt den Duft der Stute sowie die meisten anderen Gerüche und läßt den Hengst seine Liebesgefühle vergessen. Diese Methode kann allerdings bei Anwendung sehr kräftiger Substanzen oder bei unsachgemäßer Behandlung dem Tier Schmerzen zufügen und die empfindlichen Riechmembrane schädigen.

An Stuten, denen vorübergehend die Möglichkeit zum Sehen und Hören genommen wurde, hat sich gezeigt, daß Muttertiere ihre Abkömmlinge anhand des Geruchs erkennen und von anderen Jungtieren unterscheiden. Stimme und Erscheinung spielen gewiß auch eine Rolle als Erkennungs- bzw. Unterscheidungsmerkmale, doch in der Finsternis der Nacht etwa wird die Mutter ihr Fohlen ausschließlich anhand des Geruchs identifizieren. In freier Wildbahn sieht man Stuten ihre Kleinen oft Tag für Tag ausgiebig aufs neue beriechen. Das tun sie vermutlich, um sich über den sich im Zuge des Heranwachsens ständig leicht verändernden Eigengeruch des Fohlens »auf dem laufenden zu halten«.

Was den Geschmack anbelangt, zeigen Pferde ähnliche Reaktionen wie wir Menschen. Sie kennen die üblichen vier Geschmacksempfindungen: bitter, süß, salzig und sauer, wobei sie Bitteres weit besser vertragen als wir. Manches, was für uns unerträglich bitter ist, verspeisen sie mit Hochgenuß.

Bekanntlich können Pferde auch eine Vorliebe für Süßigkeiten entwickeln, vor allem für Zuckerwürfel und Pfefferminzbonbons. Da dies jedoch interessanterweise weniger für junge Tiere gilt, mögen vielleicht die älteren Süßes in erster Linie wegen der Zuwendung und Anerkennung, die in der Verabreichung kleiner Leckerbissen ihren Ausdruck finden.

Wie gut können Pferde sehen?

Das Auffallendste und Seltsamste am Auge des Pferdes ist seine Größe. Es ist immerhin doppelt so groß wie das menschliche, größer als das von Elefant und Wal und eines der größten im Tierreich überhaupt. Das Pferdeauge verfügt über eine besondere lichtverstärkende Schicht, die auch *tapetum lucidum* genannt wird. Sie reflektiert das auf die Netzhaut auftreffende Licht und ist die Ursache dafür, daß das Tier im Halbdunkel viel besser sehen kann als sein Reiter. Sie läßt übrigens das Pferdeauge dem Katzenauge vergleichbar bei Nacht »erglühen«.

Die großen Augen mit ihrer lichtreflektierenden Schicht führen zwangsläufig zu dem Schluß, das Pferd sei ein Nachttier. Wer schon einmal Zebras in der freien Wildbahn beobachtet hat, für den ist das nichts Neues, denn Zebraherden sind im tiefen Halbdunkel der Morgen- und Abenddämmerung ausgesprochen aktiv und finden sich unter diesen besonderen Lichtverhältnissen offensichtlich wesentlich besser zurecht als Menschen. Da wir das Pferd als solches kurzerhand mit unserem Hauspferd als einem Tagtier gleichsetzen, vergessen wir gerne diesen wesentlichen Aspekt in seinem ursprünglichen Leben. Reiter aber, die bereits einmal den Mut aufgebracht haben, mit ihrem Pferd in mondheller Nacht über ein Hindernis zu springen, bestätigen, daß das Pferd die betreffende Hürde ohne Schwierigkeiten bewältigt hat.

Die angeborene Nacht-Aktivität des Pferdes bedeutet aber keineswegs Inaktivität bei Tage. Im Gegenteil, das Pferd

ist tagsüber noch aktiver als bei Nacht und folglich ein Tag-und Nachttier. Während der langen Wachphasen, gleich ob tags oder nachts, suchen seine Augen unablässig den Horizont nach einem möglichen Raubtier ab. Für diese Aufgabe, nämlich selbst winzige Bewegungen in der Ferne auszumachen, ist das Pferdeauge hervorragend »ausgerüstet«. Das gilt bis heute, obwohl das Pferd seit Generationen in einer Umwelt ohne Löwen lebt. Ein plötzlich am äußersten »Rand« seines Blickfelds aufwirbelndes Blatt Papier vermag es noch immer in Panik zu versetzen. Tiefverwurzelte Ängste sitzen eben fest.

Sein außerordentlich weites Blickfeld kommt dem Pferd bei der Beobachtung seiner Umgebung zugute. Der Umfang dieses Blickfeldes liegt zwischen 340 und 360 Grad; es gibt darin lediglich zwei tote Winkel unmittelbar vor und hinter dem Körper des Tieres. Daher ist es tunlichst zu vermeiden, sich einem Pferd, und sei es noch so fromm, aus einem dieser beiden Winkel zu nähern. Kommt ihm jemand ungesehen zu nahe oder wird es unversehens von einer unsichtbaren Hand gestreichelt, so kann es furchtbar erschrecken. Nähert man sich einem Pferd hingegen leicht seitlich, so sieht es einen deutlich.

Die Augen des Pferdes befinden sich zu beiden Seiten des Kopfes. Es kann deshalb nicht binocular und folglich dreidimensional sehen, sondern lediglich flach, so wie wir Menschen, wenn wir ein Auge schließen. Das Pferd nimmt weniger Details wahr als sein menschlicher Kamerad, dafür reagiert sein Auge weit empfindlicher auf Bewegungen.

Trotz seines vorwiegend seitlichen Blickwinkels ist das Pferd in der Lage, in begrenztem Umfang dreidimensional zu sehen, wenn es seinen Blick unmittelbar und starr nach vorne richtet. Wegen seines langen Kopfes kann es jedoch den Bereich zwei Meter vor seinem Körper nicht richtig einsehen. Deshalb springt das Pferd nahezu blind über Hürden, was Spring- und Hindernisreiter nicht gerade erfreuen wird.

Solange es sich der Hürde nähert, sieht es klar mit beiden Augen, doch im letzten Augenblick vor dem Sprung versperrt ihm sein eigener Kopf die Sicht. Es springt blind, einem Flugzeug vergleichbar, das eine Instrumentenlandung durchführt. Das Pferd sieht das Hindernis kommen, speichert die genauen Gegebenheiten in seinem Gedächtnis und »segelt« während des eigentlichen Springvorgangs blind durch die Luft. Wird das Pferd aber kurz vor dem Sprung durch irgend etwas abgelenkt, so kann es den Speichervorgang nicht mehr durchführen und springt mitten in das Hindernis, als habe es dieses gar nicht wahrgenommen. Bei Turnier-Pferden beobachten wir häufig, daß sie ihren Kopf etwas seitwärts drehen, um das Hindernis wenigstens mit einem Auge zu sehen und einzuschätzen. Wendet das Pferd jedoch seinen Kopf zu früh zur Seite, verliert es den ungemein wichtigen Überblick über die Tiefe der Hürde. Ohne diese Information kann das Tier die Entfernung zum Hindernis nicht richtig einschätzen und folglich den Sprung auch nicht entsprechend berechnen.

Lange Zeit über wurde den Pferden Farbenblindheit unterstellt. Das Gegenteil trifft zu, wenngleich ihre Farbwahrnehmung nicht so ausgeprägt wie beim Menschen ist. Neuere Untersuchungen haben gezeigt, daß Pferde besonders auf Gelb, Grün, Blau und am wenigsten auf Rot reagieren.

Bei starkem Lichteinfall verengen sich die Pupillen der Pferdeaugen. Es besteht hierbei allerdings ein auffallender Unterschied zum Menschen. Unsere kreisrunden Pupillen ziehen sich einfach zu einem kleinen schwarzen Punkt zusammen. Die Pupillen des Pferdes dagegen verengen sich zu schmalen *horizontalen* Schlitzen, während Katzenpupillen sich in der Vertikalen zusammenziehen. Dank dieser speziellen Adaption verengen sich die Pupillen des Pferdes zwar bei starker Lichteinstrahlung, in der Horizontalen wird sein Blickfeld durch diesen Vorgang jedoch nicht eingeschränkt.

Wie weit können Pferde mit Bestimmtheit sehen? Zwei

arabische Pferdefreunde haben nachgewiesen, daß ihre jeweiligen Tiere fähig waren, sie auf eine Distanz von über 400 Metern zu erkennen. Zweifler mögen anführen, wahrscheinlich hätten die Pferde lediglich charakteristische Bewegungen ihrer Besitzer wahrgenommen und keine Details. Doch wie auch immer, der Versuch untermauert erneut die erstaunliche Sehfähigkeit des Pferdes.

Wieviel Schlaf brauchen Pferde?

Das Schlafbedürfnis variiert zwischen den verschiedenen Tiergattungen ganz erheblich. Katzen etwa schlafen 16 Stunden täglich, Pferde dagegen weniger als drei. Katzen brauchen also doppelt soviel Schlaf wie wir, Pferde hingegen kaum mehr als ein Drittel unseres Quantums. Der Grund dafür: Die Katze ist ein Raub-, das Pferd ein Beutetier. Die wilden Vorfahren unserer heutigen »Stallpferde« wurden bei Tag und Nacht von Raubtieren gejagt. Folglich konnten sie es sich nicht leisten, ausgiebig zu schlafen, weil dies zu gefährlich gewesen wäre. Sie bevorzugten vielmehr lange Ruheperioden, ohne dabei wirklich einzuschlafen.

Eine sorgfältige Untersuchung hat ergeben, daß domestizierte Pferde den — 24 Stunden langen — Tag in der Regel wie folgt verbringen: $19^{1}/_{4}$ Stunden aufgeweckt und rege, zwei Stunden träge, aber wach, zwei Stunden in leichtem und eine $^{3}/_{4}$ Stunde in tiefem Schlaf. Die Schlafzeiten sind darüber hinaus in kurze Abschnitte unterteilt: der Tiefschlaf in

durchschnittlich neun Perioden von jeweils fünf Minuten und die zwei Stunden Leichtschlaf gar in 33 Nickerchen à dreieinhalb Minuten.

Im Gegensatz zu uns — und darin liegt das Geheimnis seines kurzen Schlafs begründet — kann das Pferd seinen Körper im Stehen erstaunlich gut entspannen. Es muß seine Kräfte nicht pausenlos für den zweibeinigen Balanceakt einsetzen, der uns dazu zwingt, jeden Tag acht Stunden zu liegen. Im Gegenteil, Fohlen und Hengste legen sich nur für zwei Stunden hin und erwachsene Stuten für noch kürzere Zeit. Denn beim Liegen drückt der schwere Pferdekörper gegen den Boden: Blutzirkulation und Atmung werden daher stärker beansprucht als im Stehen, und der Energieverbrauch steigt.

Wie ernähren sich Pferde?

 Auf den ersten Blick erscheint das Freß-
verhalten des Pferdes problemlos und un-
kompliziert. Doch in Wahrheit herrschen
darüber viele Mißverständnisse, denn
kaum einem unserer Hauspferde ist es ver-
gönnt, sich artgemäß zu ernähren. Da das oftmals unliebsa-
me Folgen zeitigt, sollten wir unverbildete, wildlebende
Pferde beim Fressen beobachten.

Sie nämlich widmen sich sage und schreibe rund 16 Stunden täglich der Nahrungsaufnahme, angefangen vom ersten Morgengrauen bis in die späten Abendstunden, ja selbst
bis Mitternacht. Sie gehen dabei allmählich und wählerisch
zu Werke. Mit ihren überaus flinken und beweglichen Lippen durchsuchen sie die Vegetation, wählen gezielt die
Pflanzen aus, die ihnen schmecken, und lassen das übrige
Grünzeug mit großem Geschick beiseite. Sie lieben Abwechslung und Vielfalt und fressen außer Gras, das ihre
Hauptnahrung bildet, je nach Bedarf Blumen, Früchte, Bee-
ren und Nüsse. In der Nähe von Gewässern lebend, wissen
sie auch Wasserpflanzen zu schätzen, auf dürrem Land hingegen scharren sie im Boden nach Wurzeln, und bei niedri-
gem Graswuchs nehmen sie auch mit Blättern vorlieb. Läßt
man ihnen also freie Wahl, bevorzugen sie eine abwechs-
lungsreiche vegetarische Kost.

Pferde fressen aus gutem Grund viel langsamer als Rinder: Sie haben nur einen Magen, und dieser ist vergleichsweise klein. Kühe grasen ungefähr acht Stunden am Tag, sie
schlingen ihr Futter geräuschvoll und rasch hinunter, um sich
dann etwa genauso lange dem Wiederkäuen hinzugeben.

Hierbei befördern sie das Futter portionsweise vom Pansen in ihr Maul zurück und zermahlen es dort nochmals gründlich. Pferde dagegen knabbern das Futter ab, zerkauen es dann, schlucken und verdauen es. Sie mögen keinen leeren Magen und hören daher selten auf mit dem Fressen.

Seltsamerweise sind Pferde nicht in der Lage, zu erbrechen. Eine besondere Einweg-Vorrichtung verhindert, daß einmal Verspeistes wieder aus ihrem Magen hochkommt. Sie müssen deshalb ihr Futter ausgesprochen sorgsam und vorsichtig aussuchen, da sie Schlechtes und Giftiges nicht durch Erbrechen loswerden können. Niemand vermag diese Eigenheit zu erklären. Sie ist naturgegeben und macht die Nahrungsaufnahme für das Pferd gefährlich, sofern in seiner Umwelt viele giftige Pflanzen oder andere schädliche Stoffe vorkommen.

Wie verträgt sich nun das angeborene variantenreiche Freßverhalten des Pferdes mit dem vom Menschen verordneten Fütterungsrhythmus unserer Stallpferde? Schlecht, lautet die bündige Antwort. Gleich uns erhalten sie drei Mahlzeiten am Tag. Die restliche Zeit stehen sie herum und sind gezwungen, sich mit irgend etwas die Langeweile zu vertreiben. Gewiß erhalten sie von der Menge und vom Nährwert her gesehen ausreichend Futter, meist ist es hochkonzentriert und hochwertig; doch der psychisch-emotionale Aspekt der Nahrungsaufnahme kommt eindeutig zu kurz. Die Folgen sind nur allzu bekannt und werden dem Pferd ungerechterweise als »Untugenden« angelastet.

Frustrierte und gelangweilte Pferde knabbern die Futterkrippe an, schlucken Luft, schnalzen mit den Lippen, spielen mit der Zunge, fressen Mist sowie das Stroh ihres Lagers und ihre Decken, um nur die am weitesten verbreiteten Untugenden zu nennen. All dies tut das Stallpferd nur, um sich der fortwährenden Eintönigkeit seines Daseins zu erwehren, ein wenig Abwechslung in das dumpfe Herumstehen in kleinen, anödenden Ställen zu bringen und vor allem, um fehlen-

de Bewegungs- und Weidemöglichkeiten zu kompensieren. Es ist widersinnig, Pferde zur raschen Nahrungsaufnahme zu »zwingen«. Sie haben nun einmal ihre genetisch programmierten Freßperioden von mindestens zwölf, möglichst sechzehn Stunden täglich, die sie ungeachtet der Menge und Güte des Futters fressend zubringen müßten. Von ihrer natürlichen Veranlagung her müssen sie den größten Teil ihres Lebens zur Aufnahme von nährstoffarmem und mit viel Ballast- und Faserstoffen vermengtem Futter verwenden. Das Verabreichen nährstoffreichen Futters, das sie schnell hinunterwürgen, läuft ihrer Natur zuwider. Viele Pferde reagieren darauf mit »Trocken-Fressen«: Sie nagen am Futtertrog und schlucken Luft, um ihrem Magen wenigstens das Gefühl vermeintlicher Völle zu geben, sie fressen Dung, um in ihr eintöniges Futter ein bißchen Abwechslung und zusätzliche Geschmacksvarianten zu bringen.

Glücklicherweise begegnen wir diesen Untugenden nur bei einer Minderzahl der Hauspferde, obwohl wir sie in nahezu jedem Stall antreffen. Irgendwie verstehen es unsere mit konzentriertem Futter vollgestopften Vierbeiner trotz allem, mit der unnatürlichen, aufgezwungenen Ernährungsweise fertigzuwerden. Aber ihr Drang, unentwegt zu grasen, bleibt unterschwellig bestehen. Er äußert sich bisweilen auf merkwürdige Art — zum Beispiel als Trägheit, »Arbeitsunwilligkeit«, Nervosität und Reizbarkeit der Tiere, und viele Probleme der Stallpferde gründen in der künstlichen Freßroutine, die ihnen aufgezwungen wird, selbst wenn diese Schwierigkeiten auf den ersten Blick nichts damit zu tun haben.

Pferde sind anpassungswillige Lebewesen. Sie setzen alles daran, mit der für sie verwunderlichen menschlichen Gewohnheit dreier handfester Mahlzeiten pro Tag zurechtzukommen. Vielleicht hat das auch sein Gutes, denn bei ständig freiem Zugriff auf Futter würden sie wohl kräftig an Gewicht zunehmen und eher rundbäuchigen Zebras gleichen

als schlanken und eleganten Rassepferden. Unter natürlichen Lebensbedingungen haben Pferde alljährlich mit extremen Wetterperioden zu kämpfen; die einen mit klirrend-kalten Wintermonaten im Norden, andere mit sengenden Trockenzeiten in heißen Gefilden. Selbst 16 Stunden am Tag reichen da nicht aus, genügend Futter zu finden, und es ist mit viel Mühsal verbunden, mit den Hufen Freßbares auszugraben, Rinde von den Bäumen zu knabbern und dergleichen mehr. Um solche mageren Zeiten zu überstehen, müssen Wildpferde dick sein, zu dick, um einem anspruchsvollen Pferdehalter zu gefallen, und erst recht, um einen Jockey zufriedenzustellen. Daher wird es um die artgemäße Ernährung unserer domestizierten Pferde wohl auch in Zukunft schlecht bestellt sein.

Allerdings läßt sich dieses Problem durch einige einfache Vorkehrungen entschärfen, etwa indem wir unseren Pferden nährstoffarmes Futter geben, an dem sie eine Weile zu knabbern haben. Oder indem wir das Futter in engmaschigen Netzen aufhängen, so daß das Tier stundenlang braucht, um es Happen für Happen zu ergattern. Es ist also durchaus möglich, Fütterungsmethoden zu finden, die auch dem Stallpferd ein wenig in seinem angeborenen Freßverhalten entgegenkommen. Wahrscheinlich hätte das eine nicht zu unterschätzende positive Auswirkung auf sein Wohlbefinden und seine Gemütslage.

Wie sieht das Gemeinschaftsleben der Pferde aus?

Pferde sind außerordentlich gesellige Lebewesen. Wie wir leiden sie unter Einsamkeit. Diesen Umstand ignorieren leider allzu viele Pferdehalter. Irrtümlich glauben sie, ihre eigene Anwesenheit und Kameradschaft genüge dem Pferd bereits. Jene hingegen, die sich ein wenig intensiver mit ihren Pferdegefährten befassen und einmal versuchsweise Hengste und Stuten zusammenleben lassen, entdecken freilich rasch, daß das die Lebenstüchtigkeit der Tiere fördert. Solche Tiere kommen besser mit Streß zurecht, begegnen fremder Umgebung gelassener und sind grundsätzlich ausgeglichener als ihre traditionell isoliert gehaltenen Artgenossen. Die weitverbreitete Befürchtung, in Gruppen gehaltene Pferde seien ständig in Rangkämpfe verwickelt, wird oft maßlos übertrieben. Freundschaft scheint unter Pferden mehr zu zählen als Vorherrschaft. Ein näherer Blick auf das soziale Verhalten wildlebender Pferde beweist das.

In der freien Natur lebt das Pferd in Verbänden von zwei bis einundzwanzig Tieren. Die Durchschnittsherde besteht aus drei bis sieben Pferden, einem erwachsenen Hengst, seinen Stuten und deren Fohlen. Pferde leben demnach von Natur aus in einer Haremsstruktur, wobei der jeweilige Hengst eifersüchtig darauf achtet, daß sich kein anderer geschlechtsreifer Hengst seinen Damen nähert. Die Stuten beschirmen ihre Fohlen während deren erstem Lebensjahr mit

großer Umsicht. Im Jahr darauf, wenn die nächste Fohlengeneration das Licht der Welt erblickt, bekommen die Einjährigen, voran die männlichen, jedoch bald den Ernst des Lebens zu spüren. Der Hengst beginnt nun, sie anzugreifen, und im Alter von 18 Monaten müssen sie sich von der Herde trennen. Ihnen bleibt jetzt nichts übrig, als sich in sichere Entfernung zurückzuziehen und eine eigene Junggesellengruppe zu bilden. Manchmal verlassen auch weibliche Jungtiere den Verbund und schließen sich einer Jungschar an, doch dies eher, weil der Hengst sie links liegen läßt und im Vergleich zu seinen erwachsenen Stuten weniger dicht bei der Herde hält. Aus den neugebildeten Gruppen geht mit der Zeit ein »Boß« hervor, der sich seinerseits zum Haremsherrscher aufschwingt, eine Gruppe junger Stuten um sich versammelt und die übrigen Junghengste verjagt.

Heißsporne wagen bisweilen einen zweiten Weg. Sie fordern einen Hengst mit bestimmtem Harem heraus mit dem Ziel, die ganze Herde an seiner Stelle zu übernehmen, was immer zu schweren Kämpfen zwischen den beiden Rivalen führt. Gewöhnlich behält der angestammte Boß die Oberhand, außer er ist alt und schwach, verletzt oder krank. Dann muß er als Verlierer sich davonschleichen und seinen Harem dem Sieger überlassen.

In unserer Darstellung des dominanten Hengstes haben wir bewußt den Begriff »Leittier« beziehungsweise »Leithengst« vermieden, da der Hengst in Wahrheit seinen Stuten eher folgt als diese anführt. Er ist zwar der »Herr im Haus«, aber kein Tyrann, sondern der hart arbeitende Organisationsleiter der Gruppe. Die Entscheidung, wann und wohin die Herde zieht, liegt jedoch gemeinhin bei den Stuten. Sobald der Hengst sie aufbrechen sieht, folgt er ihnen nach, um sie im Auge zu behalten. Er kann nicht das Risiko eingehen, daß sie unbeaufsichtigt einem Rivalen begegnen und Gefallen an diesem finden. Eingehende Beobachtungen von Wildpferden haben die folgenden statistischen Zahlen ergeben:

Trabt ein Tier der Herde hinterdrein, so ist das in 73 Prozent aller Fälle der Hengst und nur in Ausnahmefällen ein anderes Tier der Gruppe.

Hie und da bestimmt der Nachwuchs die Marschrichtung. Hat etwas Unbekanntes ihre Neugier geweckt, stürmen die Fohlen häufig los, um es näher zu erkunden. Oftmals halten sie dabei plötzlich inne, warten, ob ein älteres Tier ihnen folgt, und lassen diesem dann den Vortritt. Somit lösen sie zwar den Aufbruch der Gruppe aus, jedoch ohne Gesichtsverlust für die Erwachsenen. Diese übernehmen die Idee der Jungen, können aber so tun, als wäre es die eigene.

In der Regel zieht der Hengst seinen Stuten willig und zufrieden hinterher. Gleich einem aufmerksamen Schäferhund ist er dabei freilich stets darauf bedacht, sie zusammenzuhalten. Er mag ihnen erlauben, sich als Gruppe ein wenig zu entfernen, jedoch nicht, sich aufzuteilen. Mit unübersehbarem Machtanspruch umkreist er sie: die Ohren flatternd, den Nacken stolz gestreckt, die Mähne schüttelnd. Seinen eigentlichen Auftritt als Haremsboß hat er, sobald ein anderer Hengst auftaucht. Dann, und nur dann, gebärdet er sich wie ein Tyrann und stellt sich kampfbereit zwischen seinen Damen und dem Rivalen in Position. Doch selbst in dieser Situation richtet sich seine Aggression ausschließlich gegen den Geschlechtsgenossen, wie er sich überhaupt meistens als treusorgendes und friedliches Familienoberhaupt gegenüber den Seinen erweist.

Das kann sich lediglich ändern, wenn zu viele Pferde auf engem Raum zusammenleben. Begegnungen mit Rivalen ereignen sich dann derart häufig, daß der Boß sich in ständiger Alarm- und Kampfesbereitschaft befindet. Nur wenn die Umstände dies erzwingen, wird er von einem »Nachfolger« zu einem echten, tonangebenden Führer, und nun folgen ihm in 77 Prozent aller beobachteten Fälle die Stuten nach.

Es kommt vor, daß die Stuten und Junggesellen dem Leithengst gegen einen Eindringling beistehen, obwohl er dies

selten nötig hat. Auch können Stuten fremde Geschlechtsgenossinnen, die den Harem betreten wollen, verjagen. Ja, der Boß selbst zeigt solchen Damen bisweilen die kalte Schulter; vermutlich fühlt er sich mit seinem bestehenden Harem bereits vollauf ausgelastet und fürchtet, bei weiterem Zuwachs an Weiblichkeit außer Atem zu geraten und die Kontrolle zu verlieren.

Es wurde oft behauptet, innerhalb einer Herde bestehe eine strenge Hackordnung, ein festes System von Dominanz und Unterordnung, so daß jedes Tier stets genau seinen Platz in der Rangordnung gegenüber den Gefährten kenne. In einem starren, formalen Sinne trifft das jedoch nicht zu. Vielmehr ändern und wechseln die Rangordnungen je nach Situation und Zusammenhang ständig. Mal mag ein Tier dominant sein, mal unterlegen oder gleichberechtigt. Pferde schätzen freundschaftliche Beziehungen überaus hoch und können sehr enge Bindungen untereinander entwickeln, die die herkömmliche Hackordnung aufbrechen und komplexer machen. Mutter-Kind-, Bruder-Bruder- und Schwester-Schwester-Beziehungen sind häufig besonders stark und entziehen sich den üblichen Rangordnungsregeln. Das Ergebnis dieses wechselseitigen Übergreifens von Macht- und Herzensansprüchen ist eine soziale Struktur, die mehr auf Freundschaft und situationsbedingter Dominanz beruht als auf einer formal-rigiden Hackordnung.

Für Pferdebesitzer, die ihre Tiere in Gruppen halten, kommt diese Feststellung nicht überraschend. Sie wissen, daß Pferde, die mit ihresgleichen im Stall oder auf der Weide leben, schnell ausgesprochene Zu- oder Abneigungen gegenüber einzelnen Gefährten entwickeln. Das kann zu kleineren Buhlereien um Zuwendung und zu den verschiedensten Partnerschaften und Konstellationen führen. Zu echten Auseinandersetzungen aber kommt es nur auf zu engem Lebensraum, bei Überpopulation oder in Situationen, die zwangsläufig zu Meinungsverschiedenheiten führen. Nur in

solch seltenen Fällen mögen Freundschaftsbande brüchig werden oder versagen.

Grundsätzlich ist das Pferd von seinem innersten Wesen her seinen Gefährten freundlich und kooperativ gesonnen. Es ist sanft und gutwillig, was es dem Menschen sehr erleichtert hat, das Pferd zu einem Haus- und Nutztier zu machen. Verfügte das Pferd nämlich über einen weniger sanftmütigen und geselligen Charakter, so hätte es seine zweibeinigen Kostgänger, Ausbeuter und Möchtegern-Reiter längst zum Teufel gejagt.

Wie zeigen Pferde einander ihre Zuneigung?

Wie viele Säugetiere drücken auch Pferde Gefallen und Zuneigung aus, indem sie sich gegenseitig säubern und reinhalten. So ist für die Stute die Körperpflege des Fohlens kaum weniger wichtig als das Säugen. Das vermittelt dem Kleinen das Gefühl der Ruhe, Sicherheit und der Mutterliebe. Und diese frühe Erfahrung von körperlicher und zugleich emotionaler Zuwendung prägt das Tier für sein ganzes Leben.

Unmittelbar nach der Geburt leckt die Mutterstute ihr Fohlenkind wohl eine halbe Stunde lang liebevoll und sorgfältig am ganzen Körper ab. Bald darauf wird das Ablecken nahezu vollständig durch ein vorsichtig knabberndes Beißen, das sogenannte »Fell-Kraulen«, ersetzt. Es hält das Fell in gutem, reichlichem Zustand, löst verfilzte Stellen, entfernt ausgefallenes Haar und abgestorbene Haut und öffnet verstopfte Poren, um das Schwitzen zu erleichtern. Ist das Fohlen einige Tage alt, beginnt es, seinerseits das Fell der Mutter zu beknabbern, allerdings nur kurz und hie und da. Das jüngste jemals dabei beobachtete Fohlen war gerade drei Tage alt, doch sowas ist eine Ausnahme. Zur Regel wird die gegenseitige Körperpflege ab dem Ende der ersten Woche; sie nimmt dann ständig zu und erreicht den Höhepunkt im Alter zwischen drei und vier Monaten. Besonders auf dieser Entwicklungsstufe säubern die Jungtiere sich auch manchmal gegenseitig das Fell, gelegentlich sogar mehrere Minuten lang.

Von Kindesbeinen daran gewöhnt, behalten Pferde die gegenseitige Körperpflege ein Leben lang bei. Unter wildle-

benden Tieren ist die wechselseitige Pflege geradezu ein Indikator für die Art und den Grad der zwischen ihnen bestehenden freundschaftlichen Beziehungen. Je freundlicher zwei Pferde einander gesonnen sind, desto intensiver »kraulen« sie sich wechselseitig das Fell, je feindlicher, desto weniger sieht man sie bei dieser gemeinsamen Beschäftigung. Meist, das heißt in 62 Prozent aller belegten Fälle, ergreift das schwächere und rangniedrigere Tier gegenüber dem stärkeren die Initiative, während das dominante Tier fast immer darüber bestimmt, wann es »genug« ist.

Zu Anfang eines solchen Zärtlichkeitsaustausches beriechen sich beide Tiere. Darauf rücken sie — die Köpfe in entgegengesetzten Richtungen — dicht zusammen, so daß eines dem andern die Mähne beknabbern kann. Dieser Akt macht etwa 60 Prozent des ganzen Reinigungsvorgangs aus. Denn zum einen kann ein Pferd die eigene Mähne nicht erreichen, und zum andern braucht das lange, dichte Mähnenhaar mehr Pflege als das kürzere Fell. Nach der Mähne kommen die beiden Nackenseiten, dann die Schulterpartien und zuletzt der Rücken bis hin zum Schweifansatz an die Reihe; denn all diese Regionen sind ohne »fremde« Hilfe nur schwer zugänglich. Ein Pferd kann zwar seinen Rücken im Staub wälzen oder ihn an einem Zweig oder Baumstumpf reiben, doch das sind unzulängliche Ersatzmaßnahmen. Allein das feinabgestimmte Knabbern eines anderen Pferdes vermag wirklich die gewünschte und notwendige Pflege der heiklen Stellen zu besorgen.

Von Zeit zu Zeit lassen es die Tiere nicht bei der Pflege einer Körperseite bewenden; sie drehen sich um und wiederholen den Vorgang auf der anderen Seite, wobei sie erneut mit der Mähne beginnen. Eine derartige Ganzkörper-Pflege dauert bis zu einer halben Stunde, ist aber selten. 90 Prozent aller diesbezüglichen Aktionen nehmen nicht länger als drei Minuten in Anspruch. Die Häufigkeit variiert zudem je nach Jahreszeit. Am meisten gekrault wird im Frühling und Som-

mer: im Frühjahr, weil das Winterfell abgestoßen wird, im Sommer aus dem Bedürfnis nach Schatten. Durch die Hitze in friedlich ruhende, schattensuchende Gruppen zusammengetrieben, stecken die Tiere die Köpfe zusammen, wodurch sie zu wechselseitiger Körperpflege geradezu animiert werden.

Neben dem freundschaftlichen Fell-Kraulen kennen Pferde das wechselseitige Schweifschlagen, wenn sie von Insekten geplagt werden. An einem heißen, fliegenreichen Tag etwa stehen sie dicht beisammen und fahren den ihnen zunächst stehenden Artgenossen regelmäßig mit dem Schweif übers Gesicht. Studien haben bestätigt, daß in Herden lebende Pferde weit weniger unter Bremsenbissen leiden als isoliert gehaltene Pferde.

Sich gegenseitig zu pflegen und den Alltag zu erleichtern, ist für Pferde elementarer Ausdruck der Zuneigung. Sie »kraulen« sich daher auch dann wechselseitig das Fell, wenn es gar keiner Pflege bedarf. Diese körperbezogene Pflegehandlung hat im Laufe der Zeit die Bedeutung eines Freundschaftsbeweises angenommen. Ein Pferd empfindet folglich das Striegeln durch den Menschen nicht lediglich als Fellpflege, sondern als Zeichen der Zuneigung des Pflegenden. Daher sollte der Reiter sein Pferd stets selbst ausgiebig striegeln. Die Beziehung gewinnt dadurch an Vertrautheit, und das Pferd wird alles daran setzen, seinem Reiter, Pfleger und Freund beim gemeinsamen Ausritt Freude zu bereiten. Erhält das Tier dagegen seine Pflege vorwiegend durch einen Dritten, so bleibt das Verhältnis zum Reiter schwächer.

Da die Fellpflege in den Augen des Pferdes einen Freundschaftsbeweis darstellt, können wir uns diesen »Mechanismus« zunutze machen, um bei der Begegnung mit einem fremden Tier dessen Mißtrauen und Angst abzubauen. Zuerst bläst man dem Pferd zart den Atem in die Nüstern zum Zeichen der Begrüßung, dann krault man ihm die Mähne, indem man den Daumen und die übrigen Finger gleich den

knabbernden Zähnen eines Artgenossen gegeneinander ge-
krümmt hält. Das zeigt dem Pferd viel deutlicher als das übliche Klopfen und Tätscheln, daß wir ihm freundlich gesonnen und um seine Freundschaft bemüht sind. Allerdings reagiert es darauf bisweilen unerwünscht heftig, indem es den
Kopf weitestmöglich herumdreht und seinerseits versucht,
uns seiner Freundschaft auf die gleiche Weise zu versichern.
Unsere Kleider werden freilich nach einem solch überschäu-
menden Liebesbeweis kaum mehr ihr altes Aussehen haben.

Wie verhalten sich Pferde während der Paarungszeit?

Wenn im Frühjahr die Tage wieder länger werden, erreicht die Stute ihre höchste sexuelle Empfänglichkeit. Das zunehmende Tageslicht aktiviert die hormonelle Tätigkeit ihres Körpers, und so ist sie von März bis September grundsätzlich zur Paarung fähig. In dieser Zeit wird sie alle drei Wochen rossig, bis schließlich ein Paarungsakt zur Befruchtung führt. Die eigentliche Rosse dauert etwa fünf Tage; dabei kommt es am vierten Tag zum Eisprung. Domestizierte Stuten weichen gelegentlich ein wenig von diesem Rhythmus ab.

Das erste Anzeichen der Rossigkeit besteht in häufigerem Urinieren. Der Harn enthält nun zusätzliche Stoffe, darunter einen speziellen Duft, der den Hengst anzieht. Durch die rossig geschwängerte Luft erregt, verzieht nun der Hengst die Ober- und Unterlippe zu dem seltsamen *Flehmen*-Gesicht, von dem bereits weiter vorne die Rede war. Auf diese Weise vergrößert er seine Riechfläche.

Durch den erotischen Geruch animiert, beginnt der Hengst dann um die Stute zu werben. Infolge der gesteigerten Sexualhormon-Ausschüttung nehmen seine Nacken- und Schultermuskeln an Umfang zu, und er stellt eine Art »Macho«-Gehabe zur Schau. Um der Stute zu imponieren, wölbt er in ihrer Gegenwart protzend seinen Nacken, bläht stolz die Nüstern, wiehert auftrumpfend und hebt selbstbewußt den Schweif. In seltsam hochtrabenden Paradeschritten umtänzelt er die Angebetete; dies ist zugleich Ausdruck starken Begehrens und großer Furcht.

Und in der Tat hat er allen Grund auf der Hut zu sein. Nä-

hert sich nämlich etwa ein unerfahrener Junghengst der Stute zu hastig von hinten, so kann sie ohne Vorwarnung wild — ja ernste Verletzungen verursachend — ausschlagen. Ein älterer Hengst hat gelernt, sich der Stute mit Bedacht zu nähern und ihre Reaktion auf sein Werben genau zu beobachten.

Stuten, die noch nicht voll rossig sind, lassen den Verehrer oftmals bewußt auflaufen. Sie locken den Hengst mit ihrem Duft, mit aufreizendem Gang, verheißungsvollem Still-Stehen und zwinkerndem Blick, um dann, wenn er sich voll heißer Erwartung herandrängt, mit einem Mal einen abweisenden hohen Laut auszustoßen und nach ihm auszuschlagen.

Hat sich der Freier vergewissert, daß die Herzensdame ruhig bleibt, versucht er auf Hautkontakt zu gehen. Vorsichtig beginnt er sie vom Nacken aus zu den Hinterflanken hin zu erregen: »krault« ihr liebevoll das Fell, streichelt und stupst sie sanft mit der Nase. Erst wenn sie diese Zärtlichkeiten hin- und annimmt, wagt er der Stute Hinterteil, Schweif und Hinterbeine zu beriechen, zu belecken und zu beknabbern. Gelegentlich reibt er auch seine Schultern an ihren Hinterbacken.

Je rossiger die Stute ist, desto mehr signalisiert sie dem Hengst ihrerseits Bereitschaft, indem sie die Vulvalippen kurz öffnet. Das Aufblitzen der rosafarbenen Innenflächen der Scham reizt den Hengst zusätzlich. Steht die Stute nun mit steifem Rücken und seitlich hochgehobenem Schweif ohne ein Zeichen der Aggression aufnahmebereit still, so überwindet der Hengst seine Angst, bekommt eine Erektion und versucht die Stute von hinten zu besteigen. Es mag ihm nicht immer beim ersten Sprung gelingen, seinen großen, etwa 50 Zentimeter langen Penis, in der Fachsprache »Schlauch« genannt, einzuführen. Doch im Erfolgsfalle ist die Paarung binnen Sekunden vollzogen. Die Dauer des eigentlichen Deckakts variiert wahrscheinlich von Rasse zu Rasse, und als Erfahrungswerte werden 12 bis 26 Sekunden,

14 bis 43 Sekunden oder 5 bis 60 Sekunden genannt. Die typische Kopulation besteht aus sieben raschen Becken-Stößen des Hengstes und einer Ejakulation innerhalb von nur 16 Sekunden nach Einführung des Penis. Ejakuliert dann der Hengst mit sechs bis acht Samenausstößen, hebt und senkt sich sein Schweif, hervorgerufen durch die Muskelkontraktion der Harnröhre. Das zeigt dem Pferdezüchter an, daß die Stute den Samen empfängt und wahrscheinlich befruchtet wird. Etwa dreißig Sekunden nach dem Höhepunkt verläßt der Hengst seine Partnerin, binnen einer weiteren halben Minute zieht sich sein erschlaffter Phallus zurück, und dann trabt der Held zur Stärkung auf die Weide.

In seltenen Fällen ist die Stute die Aktive und geht von sich aus den Hengst an. Sie lockt mit ihrem Hinterteil, hebt auffordernd den Schweif zur Seite, schmiegt sich verlangend an ihn, »krault« ihn und leckt bisweilen gar seine futteralartige Vorhaut. Manchmal erwidert der Herr ihr Begehren, mitunter hat er bereits sein Soll erfüllt und zeigt kein weiteres Interesse. Ein normaler Hengst schafft bis zu drei Beschä-

lungen täglich; danach bleiben selbst die Verführungskünste einer eifrig buhlenden Stute meist ohne Erfolg. Man hat allerdings auch schon einmal einen extrem vitalen im Freien gehaltenen Hengst dabei beobachtet, wie er an einem einzigen Tag drei verschiedene Stuten je zweimal beglückte. Doch das ist eine seltene Ausnahme.

Der Deckakt der Pferde erscheint im Vergleich zu dem vieler anderer Tierarten, um nur die Hunde zu nennen, recht kurz. Allein für Wildpferde hat das Geheimnis des Überlebens von jeher ganz wesentlich darin bestanden, immer wachsam und fluchtbereit zu sein. Ein ausgedehnter Paarungsakt hätte sich deswegen nachteilig für sie ausgewirkt. Als Beute- und Fluchttier mußte das Pferd selbst das leidenschaftlichste Geschehen seines Lebens möglichst kurz halten. Vermutlich erklärt dies auch den mächtigen Phallus des Hengstes; er ermöglicht eine außerordentlich intensive Stimulation, die eine nahezu sofortige Ejakulation auslöst.

Gibt es bei Pferden Rassenvorurteile?

 Die Frage, ob Pferde »Rassenvorurteile« haben, mag verwundern. Doch sie ist berechtigt, denn in der Tat paaren sich manche Hengste nur mit Stuten einer bestimmten Fellfarbe, andersfarbige dagegen ignorieren oder verschmähen sie gar.

Eine eingehende Studie freilebender amerikanischer Pferde hat ergeben, daß manche Hengste ihren Harem gezielt nach der Farbe des Fells zusammenstellen. Der eine bevorzugt etwa falbfarbene Gespielinnen, der andere braune, und ein dritter steht auf Apfelschimmel. Vermutlich — gesicherte Erkenntnisse hierüber gibt es bislang nicht — liegt der Grund für dieses Verhalten in der Prägung des Hengstes durch die Fellfarbe seiner Mutter. Als kleines hilfloses Fohlen folgt er dem Muttertier auf Schritt und Tritt und entwikkelt somit eine Farbfixierung, die er in bezug auf seine Paarungspartnerinnen ein Leben lang beibehält.

Der »Farbfetischismus« bei Hengsten wäre lediglich von theoretisch-wissenschaftlichem Interesse, würde ihre Vorliebe nicht die Pferdezucht im Alltag berühren. Von einem sündteuren Champion-Deckhengst erwartet man einfach, daß ihn jede Rassestute anmacht. Doch hin und wieder weigern sich bestimmte Hengste zur Verwunderung ihrer Besitzer einfach, ihrer Pflicht nachzukommen. Ein Trick hilft dem Hengst in solchen Fällen häufig auf die Sprünge: Man »verkleidet« die in den Augen des Hengstes unansehnliche Stute vor dem Beschälen mit einer großen Decke, die farblich dem Fell seiner Mutter entspricht.

Der berühmteste »Rassist«, berüchtigt für seinen wähleri-

schen Farbgeschmack, hieß »Little Cloud«, ein Deckhengst der Spitzenklasse und seinerseits Sohn eines Derby-Siegers. Little Cloud war partout nicht dazu zu bewegen, graue Stuten zu beglücken, es sei denn, sie wurden zuvor entsprechend »getarnt«.

Solche Verschleierungsmaßnahmen lassen sich in Stall und Gestüt einfach durchführen. Das gleiche gilt für Vorkehrungen, die dazu dienen, den wertvollen Deckhengst vor bösen und womöglich seine Brust verletzenden Tritten der Stute zu schützen. Man läßt das Liebesspiel, also den für den Helden gefährlichen Teil der Paarung, durch einen »gemeinen Wald- und Wiesenhengst«, einen sogenannten »Probierhengst«, besorgen. Er hat die Stute soweit zu erregen, bis sie für den eigentlichen Beschäler aufnahmebereit ist und still dasteht. Erst dann wird dieser zu ihr vorgelassen und veranlaßt, sie ohne Umschweife zu besteigen. Bestehen auch nur die leisesten Anzeichen für ein Ausschlagen der Stute, werden an ihren Hinterbeinen große weiche Schoner befestigt oder die Vorderbeine zusammengebunden. Die erste der genannten Maßnahmen mildert einen möglichen Tritt, die zweite liefert sie dem Hengst vollkommen wehrlos aus. Entgegen weitverbreiteter Ansicht ist also ein berühmter Zuchthengst in punkto Liebesleben nicht zu beneiden. Freilebende Gefährten »niederen Standes« haben es da weit besser als ein so verwöhnter — und gräßlich verzogener — Champion.

Wie verhält sich die Stute gegenüber ihrem neugeborenen Fohlen?

 Gegen Ende der Trächtigkeit wird die Stute zunehmend unruhig, ein klares Zeichen für die unmittelbar bevorstehende Niederkunft. Ihre Unrast ist nicht allein eine Folge körperlicher Beschwernis, sondern auch psychologischer Natur. Denn sie hat guten Grund sich zu sorgen: Sie wird nun verletzbar und hilflos wie niemals sonst in ihrem Leben. Für eine heißgeliebte und wohlumsorgte domestizierte Stute ist eine reale Gefährdung zwar nicht mehr gegeben, doch noch immer spricht die wildlebende »Ahnfrau« in ihr und mahnt sie zu größter Vorsicht vor den hungrigen Raubtieren, für die eine fohlende wilde Stute leichte Beute ist.

Wegen der genannten Gefahren hat das weibliche Pferd die bemerkenswerte, bisher nicht eindeutig erklärbare Fähigkeit entwickelt, den Zeitpunkt der Niederkunft so zu bestimmen, daß es allein ist und Dunkelheit herrscht. Mehr als 90 Prozent aller Pferdegeburten ereignen sich mitten in der Nacht und — falls es sich um eine in einer Herde gehaltenen Stute handelt — abseits der Gruppe. Wann immer möglich, wird das Muttertier zudem einen feuchten oder sumpfigen Ort zum Gebären suchen. Domestizierte Stuten, die auf einem Gelände mit einem See darin leben, ertränken gelegentlich ihr Fohlen, weil sie versehentlich direkt ins Wasser fohlen. In der Wildnis machen feuchte Geburtsplätze wahrscheinlich einen Sinn; sie gewähren — in Grenzen — Tarnung und Schutz sowie leichten Zugang zum Trinkwasser.

Da die Stute von Natur aus beim Fohlen allein sein will, empfindet sie die Anwesenheit menschlicher Helfer als störend. Sie hat deshalb eine Methode entwickelt, sich unserer aufdringlichen Hilfsbereitschaft, auf die sie überdies selten angewiesen ist, zu entziehen. Sie hält die Wehen zurück und wartet den rechten Augenblick ab. Dieser Augenblick ist just dann gekommen, wenn die Zuschauer sich in der vermeintlichen Gewißheit, die Niederkunft brauche noch geraume Zeit, auf einen wärmenden Drink zurückziehen. Es ist demnach kein unglücklicher Zufall, wenn wir das große Ereignis versäumen, vielmehr das beabsichtigte Ergebnis der auf Intimität erpichten fohlenden Stute.

In der freien Wildbahn vermag eine Geburt andere hochträchtige Stuten ebenfalls zu baldigem Fohlen zu animieren. Offenbar können Stuten den Zeitpunkt der Wehen nicht nur hinauszögern, sondern auch etwas beschleunigen. Eine genaue Tragezeit anzugeben, ist daher bei Pferden schwierig. Bei wildlebenden Tieren hat man zwischen 336 und 392 Tagen gezählt, bei Stallpferden dauert die Trächtigkeit für gewöhnlich zwischen 340 und 350 Tagen.

Unmittelbar vor Beginn der Wehen dreht die Stute plötzlich den Kopf nach hinten, um ihre Flanken zu inspizieren, wahrscheinlich durch die ungewohnt eigenartigen Gefühle veranlaßt, die von dort her ausstrahlen. Sie stampft auf den Boden, fängt zu schwitzen an, geht unruhig auf und ab, legt sich hin und steht wieder auf. Bisweilen stößt sie mit den Hinterbeinen gegen ihren Bauch, als irritiere sie die darin anwachsende Spannung. Endlich legt sie sich nieder, und die Wehen beginnen. Zuerst erscheint die ballonartige, gelbliche Wasserblase, die den embryonalen Harn enthält und den Geburtsweg weitet. Danach werden die der menschlichen Fruchtblase vergleichbaren Eihäute sichtbar, die den Fötus umgeben. Die zunehmenden Scheidenkontraktionen lassen die Wasserblase aufplatzen. Die Stute wird durch die herausquellende Flüssigkeit angezogen und beriecht sie intensiv

mit nach oben gekräuselten Lippen, was ihrem Gesicht den Flehmenausdruck des Hengstes verleiht.

Mit den Vorderbeinen voraus wird das kleine Fohlen aus dem Mutterleib entlassen. Die ganze Geburt ist meist ein Vorgang weniger Minuten. Von Raubtieren bedrohte Tiere wie das Wildpferd können sich nicht erlauben, lange beim Gebären zu verweilen oder hinterher ausgiebig auszuruhen; andernfalls hätten sie es schwerlich geschafft, über die Jahrtausende als Art zu überleben.

Kaum auf der Welt, hat das Fohlen die Augen bereits weit geöffnet und versucht den Kopf zu heben. Noch liegend dreht sich die Mutter nach ihrem Kind um und liebkost es von Nase zu Nase, verbunden mit einem zarten, begrüßenden Wiehern, dem das Fohlen hie und da antwortet. Die emotionale Bindung zwischen Mutter und Kind nimmt ihren Anfang.

Nach einer Weile erhebt sich die Stute, wobei die Nabelschnur und damit die letzte direkte körperliche Verbindung zwischen Mutter und Kind zerreißt. Sie leckt Mäulchen und Nase des Kleinen, reinigt seine Nüstern und erleichtert ihm somit das Atmen. Das Fohlen reagiert mit saugenden Mundbewegungen. Diese erste Aktion, die dem späteren Saugen entspricht, ist übrigens den Neugeborenen aller Säugetiere gemein. Doch bevor die Stute ein begieriges Trinken des Fohlens zuläßt, säubert sie den ganzen Körper des Neulings, indem sie sein Fell ausgiebig leckt und »krault«. Versucht das Fohlen aufzustehen, hält sie es nieder, bis die Arbeit getan ist und sie seinen Geruch — wie bereits den des Fruchtwassers — intensiv aufgenommen hat. An seiner ureigenen Ausdünstung kann sie künftig ihren Sprößling selbst bei Nacht erkennen und von anderen Jungtieren unterscheiden.

Im Zusammenhang mit der Geburt eines Fohlens begehen übereifrige Pferdehalter oft zwei Fehler. Einmal schneiden sie die Nabelschnur durch, zum andern reiben sie das Junge trocken, beides Hilfeleistungen, mit denen sie allenfalls

Schaden anrichten. Die Mutter läßt sich aus triftigem Grund nach der Niederkunft ein wenig Zeit mit dem Aufstehen und folglich auch mit dem Zerreißen der Nabelschnur. Die Nabelschnur soll auf natürliche Weise erst abreißen, wenn kein Blut mehr durch ihre Gefäße fließt. Das Fohlen wird sonst in der Phase des Übergangs zur Lungenatmung zu früh von der fötalen Blutversorgung abgeschnitten. Und wie bereits ausgeführt, wird die Mutter im Zuge des Trockenleckens vertraut mit dem Geruch ihres Fohlen, was nicht zuletzt ihr Muttergefühl stärkt. In vielen Fällen, in denen die Stute ihr Fohlen abweist, liegt dieses Verhalten in dem Umstand begründet, daß der naturgegebene Annäherungsprozeß zwischen Mutter und Kind aus Unwissenheit gestört wurde.

Der eigentliche Geburtsvorgang dauert zwischen einigen Minuten und einer dreiviertel Stunde, was jedoch außergewöhnlich lang ist. Etwa 15 Minuten nach der Geburt

versucht das Fohlen, mit dem Vorderkörper voran auf die Beine zu kommen. Binnen 25 Minuten kann es binokular sehen, und nach 40 Minuten vermag es bereits auf Geräusche gezielt zu reagieren. Nach Auskunft einer Studie, in deren Verlauf einige hundert Fohlen unter diesem Gesichtspunkt beobachtet wurden, stehen die Kleinen durchschnittlich zirka 75 Minuten nach der Niederkunft auf ihren zittrigen Beinchen. Einige bewerkstelligen das bereits vor Ablauf einer Stunde, andere brauchen dafür deren zwei. Das erste Säugen, bei dem das Kleine die mit lebenswichtigen Abwehrstoffen angereicherte und nur während der ersten 24 bis 36 Stunden nach der Geburt vorhandene Kolostralmilch erhält, geschieht im Durchschnitt nach 111 Minuten. Wiederum sind einige Fohlen »frühreif« und trinken schon nach einer halben Stunde. Hat der Neuankömmling die Muttermilch erst einmal gekostet, so saugt er während der folgenden Stunden immer wieder, in Intervallen von zehn bis dreißig Minuten. Fohlen haben keinen großen Magen und bevorzugen daher häufige, aber kleinere Mahlzeiten.

In den ersten Lebenstagen hält sich das Fohlen dicht bei der Mutter, und die Stute ihrerseits vertreibt für gewöhnlich allzu neugierige Artgenossen. Sie säugt das Fohlen neun bis zwölf Monate lang, höchstens jedoch, bis sie erneut fohlt. Dann allerdings verweigert sie sich dem älteren Fohlen recht abrupt um des Neugeborenen willen.

Wie verläuft die Entwicklung des Fohlens?

Im Vergleich zu unseren Babys entwickeln sich die kleinen Pferdekinder ungemein schnell. Bereits am Tag nach ihrer Geburt können sie nicht nur sehen, hören, säugen, stehen, gehen und ihre Notdurft verrichten, sondern auch ihrer Mutter folgen, wiehern, traben, in leichtem und vollem Galopp laufen, spielen, mit dem Schweif Fliegen vertreiben, sich auf dem Boden wälzen, sich kratzen und das Fellchen »kraulen«, ja selbst schwimmen.

Während des ersten Monats ihres Lebens sind kleine Pferde außerordentlich neugierig und verspielt. Soweit es die Mutter erlaubt, die wegen der drohenden Gefahren ihren Sprößling ständig im Auge behält, erkundet dieser die Welt um sich herum. Die Milchzähne brechen durch, und das Fohlen beginnt erste Gräser und Kräuter abzuzupfen. Es sucht insbesondere nach frischem Dung der Artgenossen und frißt ein wenig davon. Dies uns anormal erscheinende Verhalten ist natürlich und wichtig, weil es dem Fohlendarm Bakterien zuführt, die für die spätere Verdauung von Bedeutung sind. Das Fohlen schläft und ruht sich ausgiebig aus, etwa 30 Minuten jede Stunde, zwei Drittel davon liegend. Bis zum Alter von sechs Monaten halbieren sich die Ruhezeiten, wobei das Junge jetzt meist steht und nur noch etwa fünf Minuten pro Stunde liegend zubringt.

Während die Ruhephasen allmählich kürzer werden, fängt das Fohlen nun an, immer größere Teile des Tages grasend zu verbringen. Ein viermonatiges Fohlen grast pro Tag insgesamt etwa vier, ein einjähriges bereits bis zu neun Stunden. (Noch präziser gesagt: Das vier Monate alte Fohlen grast im Schnitt 16, das einjährige 44 Minuten pro Stunde.)

Im Laufe des ersten Lebensjahres wird das Fohlen mit den Regeln des Zusammenlebens vertraut. Wächst es in einer Gruppe auf, so weiß es mit etwa zwei Monaten, daß es selbst ein Pferd ist. Wird das Kleine dagegen bis dahin ausschließlich in menschlicher Gesellschaft gehalten und sieht es nun erstmals einen Artgenossen, sucht es verängstigt den Schutz seiner zweibeinigen Gefährten. Das heißt, mit zwei Monaten ist bei Pferden das Gefühl der »Artzugehörigkeit« unwiderruflich geprägt. Möchte man daher ein Hauspferd mit Erfolg an sein Doppelleben mit dem Menschen und seinesgleichen gewöhnen, so kann man ein Jungtier während der ersten acht Lebenswochen mit beiden »Arten« gar nicht oft genug zusammenkommen lassen.

Im Alter von sechs bis acht Monaten durchlaufen Fohlen, die gemeinsam mit kleinen Artgenossen gehalten werden, die wichtige Phase spielerischen sozialen Verhaltens. Unter anderem liefern sie sich Scheinkämpfe, wobei sie sich auf die Hinterbeine stellen, ausschlagen, beißen, treten und gegenseitig jagen. Dabei handelt es sich jedoch um Kämpfe, die nie

böse und ernst gemeint sind und vielfach durch freundschaftliches Fellkraulen unterbrochen werden. Junghengste sind weit häufiger in derlei Raufereien verwickelt als Pferdemädchen, wie sie überhaupt schon sehr früh sichtbar den späteren Mann hervorkehren. Bereits in den ersten Lebenswochen versuchen sie andere Pferde, oftmals die Mutter, andeutungsweise zu besteigen, immerhin durchschnittlich alle fünf Stunden einmal.

Gelegentlich beziehen die Teenager auch erwachsene Tiere in ihr Spiel mit ein. Stuten mögen das weniger und verscheuchen zumindest fremde Fohlen. Hengste sind demgegenüber erstaunlich gutmütig und erlauben den ausgelassenen Jungtieren Beißerchen in Mähne und Beine sowie spielerische Angriffe. Mit fortschreitendem Alter der Fohlen freilich ändert sich die Einstellung der Hengste. Nehmen sie von Ein- und selbst Zweijährigen noch gewisse Grobheiten und Possen hin, so hört der Spaß bei Dreijährigen auf und schlägt in Ernst um. Nähert sich jetzt ein Junghengst einer Stute in Liebesabsichten, so wird er vom Haremsherrn wütend vertrieben und gezwungen, sich in unterwürfiger Haltung am Rande der Herde aufzuhalten. Der Junghengst unterliegt nun den Regeln und Zwängen der Erwachsenen-Hierarchie.

Pferde werden bereits mit drei Jahren geschlechtsreif; sexuell voll entwickelt sind sie allerdings erst mit fünf Jahren. Für wildlebende Junghengste ist nun die Zeit gekommen, sich einen eigenen Harem zuzulegen. Sie müssen allerdings noch immer mit dem Widerstand älterer und erfahrener »Kollegen« rechnen. Von Jahr zu Jahr jedoch wächst ihre Chance, aus einem Kampf als Sieger hervorzugehen und diese dominante Stellung zu behaupten, bis eines Tages ihre Kräfte nach und nach schwinden. Hengste sind bis in ihre zwanziger Jahre hinein zeugungsfähig, aber ihre Fruchtbarkeit läßt schon ab dem zehnten bis fünfzehnten Lebensjahr langsam nach.

Wie alt können Pferde werden?

Rassepferde werden im Schnitt etwa zwanzig Jahre alt, aus einer Kreuzung hervorgegangene Pferde hingegen ein wenig älter. Eine einfache, allerdings nur überschlägige Tabelle zeigt die Relation zwischen den verschiedenen Lebensaltern des Menschen und des Pferdes:

Lebensalter des Menschen	Lebensalter des Pferdes
20	5
40	10
50	15
60	20
70	25
80	30
90	35

Ein Arbeitspferd gilt etwa mit 17 Jahren als alt. Zuerst läßt die Kraft in seinen Beinen nach, dann bekommt es graue Haare im Gesicht, vor allem um Maul und Augen, die Mulden oberhalb der Augen vertiefen sich, die Lider werden faltig, und die Lippen erschlaffen und hängen herunter. Der Rücken biegt sich zusehends durch, und der Gang wird steifer.

Einige Pferde übertreffen die durchschnittliche Lebenserwartung ihrer Art in erstaunlichem Maße. Der Weltrekord liegt bei 62 Jahren und wird gehalten von *Old Billy*, der von 1760 bis 1822 sein Dasein fristete. *Old Billy* war ein Mischling und ging angeblich noch im biblischen Pferdealter von

59 Jahren seiner Tätigkeit als Schlepper von Kanalbooten im englischen Lancashire nach. Größere Boote werden das freilich kaum mehr gewesen sein, zieht man in Betracht, was ein mit 150 Jahren vergleichbar alter Mensch an schwerer Arbeit noch zu tun imstande wäre. *Old Billy* war entweder das außergewöhnlichste Pferd aller Zeiten, oder aber es hat zwei *Old Billys* gegeben, die die Legende zu *einem* Pferde-Methusalem verschmolzen hat, was sich in jenen Tagen zuweilen zugetragen haben soll.

Das älteste uns bekannte Pony lebte in Frankreich und starb mit 54 Jahren, das älteste reinrassige Rennpferd *(Tango Duke)* lebte von 1935 bis 1978 in Australien und erreichte immerhin ein Alter von 42 Lenzen. Ein weiteres in der Kanalschiffahrt beschäftigtes Roß brachte es auf 61 Jahre, ein Jagdpferd auf 52, und ein Ackergaul war noch mit 43 Jahren der Scholle treu. Ein Pferdehalter besaß gleich drei Methusaleme im Alter von 39, 37 und 35, was darauf schließen läßt, daß ein hohes Pferdealter nicht nur eine Frage des Glücks, sondern auch Folge guter Pflege sein könnte.

Doch wie gesagt, all diese Fälle sind Ausnahmen, und niemand braucht ein schlechtes Gewissen zu haben, falls sein vierbeiniger Freund der Welt bereits früher Lebewohl sagt. 20 bis 25 Lebensjahre sind allemal eine schöne Erdenzeit für ein Pferd.

Wie läßt sich anhand der Zähne das Alter eines Pferdes bestimmen?

»Einem geschenkten Gaul schaut man nicht ins Maul«, lautet ein altes Sprichwort. Diese Volksweisheit ist ein Hinweis darauf, daß sich aus der Beschaffenheit der Zähne Rückschlüsse auf das Alter eines Pferdes ziehen lassen. Anhand der Länge, Form und Farbe der Pferdezähne läßt sich das Alter des Tieres bestimmen, und zwar nach folgenden Kriterien:

Bei der Geburt: Das neugeborene Fohlen hat nun je zwei kleine Schneidezähne, *Milchzangen* genannt, an Ober- und Unterkiefer.

Vierte bis sechste Woche: An Unter- und Oberkiefer erscheinen jeweils zwei Milchmittelzähne, die die Milchzangen flankieren.

Nach sechs Monaten: Zwei *Milcheckzahn*-Paare brechen seitlich der bereits bestehenden Zähne hervor. Damit hat das Fohlen insgesamt zwölf Schneidezähne, sechs je Kiefer, die später durch bleibende Zähne ersetzt werden. Die Schneidezähne haben sogenannte *Kunden*, das sind schwarz gefärbte, scharf abgegrenzte Vertiefungen der Kauflächen. Die Kunden verschwinden im Laufe der Zeit und bieten damit eine gute Möglichkeit zur Bestimmung des Alters.

Mit einem Jahr: Die Kunden der Milchzangen sind verschwunden, der Zahnschmelz ist »abgeschliffen«. Die Milchmittel- und Milcheckzähne weisen nach wie vor Kunden auf.

Mit 1¹/₂ Jahren: Die Milchmittelzähne sind ohne Kunden.

Mit zwei Jahren: Auch die Milcheckzähne sind nun »abgenutzt«.

Mit 2¹/₂ Jahren: Die Milchzangen werden durch bleibende Zangen ersetzt, die wiederum Kunden haben.

Mit 3¹/₂ Jahren: Die Milchmittelzähne wechseln. Die neuen Mittelzähne weisen ebenfalls Kunden auf.

Mit 4¹/₂ Jahren: Die Milcheckzähne werden abgestoßen. Die zweiten Eckzähne haben ebenfalls Kunden. Das Pferd besitzt nun an Unter- und Oberkiefer je eine komplette Reihe bleibender Schneidezähne und Backenzähne (Näheres dazu s. Ende dieses Kapitels; Anm. d. Ü.); es ist, biologisch gesehen, erwachsen.

Mit sieben Jahren: Die Kunden der Zangen des Unterkiefers verschwinden.

Mit acht Jahren: Die Kunden der unteren Mittelzähne zeigen Zeichen der Abnutzung.

Mit neun Jahren: Auch die Kunden der unteren Eckzähne und der oberen Zangen sind nun verschwunden. Dafür zeigen sich jetzt anstelle der ehemaligen Kunden oder an der Vorderkante der Schneidezähne kurze schwarze Linien oder auch schwarze Sternchen, genannt *Kundenspuren* oder *Kernspuren* bzw. *Zahnsternchen.* Sie entstehen durch Abnützung des Zahnschmelzes und legen die obere Schicht der Zahnpulpa frei. Diese Symptome beginnen ganz unauffällig ab dem sechsten Jahr an den Zangen. Im Alter von neun Jahren sind sie vor allem klar an den unteren Zangen und Mittelzähnen auszumachen.

Mit zehn Jahren: Auch die Kunden der oberen Mittelzähne verschwinden jetzt. Alle Schneidezähne zeigen nun Zahnsternchen.

Mit elf Jahren: Die Kunden der oberen Eckzähne verschwinden.

Mit 13 Jahren: Die Kauflächen werden allmählich rund, die Kundenspuren wachsen sich nun zu schwarzen Flecken aus.

Mit 15 Jahren: An der Außenseite der oberen Eckzähne bilden sich deutlich sichtbare vertikale Rillen, Einbiß genannt. Sie verlaufen von der Zahnfleischlinie bis zur Mitte der Zahnfläche. Diese Furchen entstehen bereits ab dem zehnten Lebensjahr, sind jedoch anfangs noch nicht mit bloßem Auge zu erkennen.

Mit 20 Jahren: Die Furchen an den oberen Eckzähnen erstrecken sich nun über die ganze Zahnlänge.

Mit 25 Jahren: Die Furchen verschwinden nun wieder von der oberen Hälfte der Zahnfläche.

Mit 30 Jahren: Die Furchen sind völlig verschwunden.

Jede Lebensstufe der Pferde findet also ihre charakteristische Ausprägung an den Zähnen der Tiere, was uns eine ungefähre Altersbestimmung erlaubt. Betrügerischen Pferdehändlern sind diese Hinweise natürlich ein Dorn im Auge. Sie versuchen daher ihre Abnehmer zu täuschen, indem sie etwa junge Pferde durch Herausbrechen der Milchzähne auf älter oder alternde Pferde durch Abschleifen der Kauflächen auf jünger trimmen. Bricht man einem jungen Pferd die Milchzähne heraus, so wachsen die zweiten Zähne schneller nach. Soll ein altes Pferd verjüngt werden, so werden in die empfindliche Zahnpulpa der Schneidezähne mit einem scharfen Instrument kleine »Täßchen« eingegraben und mit heißem Eisen ausgegossen, um die bereits verschwundenen Kunden zu fingieren. Wie sich ein altgedienter Gaul nach einer solchen brutalen Verjüngungskur tatsächlich fühlt, ist nicht bekannt.

Insgesamt hat ein ausgewachsenes Pferd 40 Zähne, je 20 im Unter- und Oberkiefer. Hinter den beschriebenen sechs Schneidezähnen der beiden Kiefer befinden sich jeweils bis zu zwei kleine Hakenzähne, die jedoch bei Stuten selten durchbrechen und als sekundäres männliches Geschlechtsmerkmal gelten. Danach kommt ein zahnloser Zwischenraum, in den beim Reit- und Zugpferd die Trense oder Kandare gelegt wird. Zuletzt folgen auf beiden Seiten des Kiefers sechs vordere und sechs hintere Backenzähne. Die vorderen Backenzähne erscheinen zunächst als Milch- und im Alter von $2\frac{1}{2}$ bis vier Jahren als zweite Zähne. Die hinteren Backenzähne brechen erst beim erwachsenen, etwa vierjährigen Pferd als bleibende Zähne durch.

Wie intelligent sind Pferde?

 Einer alten Spruchweisheit zufolge sind Pferde gescheite Tiere, da sie niemals eine müde Mark auf einen Menschen wetten. Andere meinen dagegen, das Gegenteil treffe zu, da sie ansonsten keinen Reiter länger als einen Augenblick auf ihrem Rücken dulden würden. Gewiß läßt seine schier grenzenlose Bereitschaft zur Zusammenarbeit mit uns das Pferd dumm erscheinen; immerhin hat diese Treue dem Tier wenig mehr als jahrtausendelanges Leid eingebracht. Doch seine Bereitschaft, sich von uns ausnutzen zu lassen, ist in Wahrheit eine Folge seines angeborenen Herdentriebs. Pferde sind außerordentlich gesellige Geschöpfe und ordnen sich so bereitwillig Despoten ihrer eigenen Spezies unter, daß sie dies wie selbstverständlich auch bei einem menschlichen Gebieter tun. Dieser Aspekt ihres Verhaltens berührt also nicht notwendigerweise die Frage nach ihrer Klugheit.

Intelligenz besteht unter anderem in der Fähigkeit, aus der Erfahrung geeignete Schlußfolgerungen zur Lösung neuer Probleme zu ziehen. Das erfordert einmal gutausgebildete Sinnesorgane, da anders Informationen aus der Umwelt nicht zu erhalten sind; zum zweiten ein gutes Erinnerungsvermögen, damit die entsprechenden Informationen jederzeit abrufbar sind, und drittens ein komplex arbeitendes Gehirn, das in der Lage ist, die verschiedenen problemrelevanten Informationen zur gegebenen Zeit aus dem Gedächtnis »hervorzuholen« und zur Bewältigung der neuen Aufgabe heranzuziehen.

Es ist grundsätzlich ein schwieriges Unterfangen, tierische Intelligenz auf objektive Weise zu messen. Jede Art hat eine eigene, ihr gemäße Intelligenz. Sorgfältig ausgearbeitete, artspezifische Tests sind deshalb unabdingbare Voraussetzung für eine ernstzunehmende Beurteilung. Bewerten wir tierische Intelligenz nach unseren Maßstäben, werden wir nahezu immer falsche und unzulässige Schlußfolgerungen ziehen.

Die in freier Wildbahn lebenden Beute- beziehungsweise Raubtiere unterscheiden sich bis zu einem gewissen Grad hinsichtlich der Form ihrer Intelligenz. Läßt ein Raubtier versehentlich eine Beute entkommen, hat das in der Regel keine Auswirkung auf seine Existenz; es geht eben erneut auf Jagd. Leisten sich hingegen Beutetiere, wie etwa Pferde, einen Fehler, so kann das den sofortigen Tod bedeuten. Die Natur hat sie daher mit einem besonders guten Erinnerungsvermögen für gefährliche und leidvolle Erfahrungen ausgestattet. Eine einzige böse Begebenheit mit einem bestimmten Lebewesen oder einer bestimmten Sache an einem bestimmten Ort genügt bereits, um das betroffene Pferd später in einer ähnlichen Situation überaus heftig reagieren zu lassen; handelt es sich um ausgesprochen gravierende Erfahrungen, so kann sich das Pferd nach vielen Jahren an die betreffende Situation erinnern. Manch zunächst unerklärliches Verhalten unserer vierbeinigen Freunde hat in solchen Erinnerungen seine Ursache. Bäumt sich ein ausgewachsenes Pferd aus heiterem Himmel auf, geht es unversehens durch, oder wird ein ansonsten frommes Tier plötzlich hysterisch, liegt des Rätsels Lösung oftmals in einer frühen Kindheitserfahrung, die sich dem Gedächtnis des Pferdes eingegraben hat. Weil wir nichts von der früheren — prägenden Erfahrung wissen und die neue Situation meist ungefährlich ist, erscheint uns das ungewohnte Benehmen unverständlich und dumm. Vom Standpunkt des Pferdes aus gesehen jedoch handelt es sich um eine wichtige und kluge Vorsichtsmaßnahme; sein Betragen entspringt der Intelligenz des stets gefährdeten Beute-

tiers. Die Furcht eines Pferdes mit einem Mangel an Klugheit gleichzusetzen, ist folglich nicht statthaft.

Wir Menschen — und das unterscheidet uns prinzipiell vom Tier — verfügen über bewegliche und vielseitig einsetzbare Hände, das Pferd jedoch hat nur schwerfällige Hufe. Wir können vieles durch den Gebrauch unserer Hände erlernen und andererseits zahlreiche Aufgaben mit ihrer Hilfe lösen. Es fällt uns schwer, uns in ein Lebewesen hineinzudenken, dem lediglich plumpe Füße zur Verfügung stehen. Das Pferd mag sehr wohl in seinem Kopf eine bestimmte Problemlösung ausarbeiten, mangels fehlender Hände allerdings außerstande sein, sie zu realisieren. Bisweilen verwendet es hilfsweise die Zähne oder seine muskulösen Lippen, was beweist, daß es nach Ersatzwegen sucht. Häufig lernen Pferde zum Beispiel, wie sich das Schnappschloß oder selbst der querliegende Riegel ihrer Stalltür öffnen läßt. Sie nutzen diese Kenntnis dann, um zu entkommen oder ihre Freunde auf der Weide aufzusuchen. Andere Pferde finden Mittel und Wege, ihr Futter schmackhaft zu machen. Ein Pferd etwa hatte eine ausgesprochene Abneigung gegen trockenes Heu. Es bugsierte deshalb das ungeliebte Trockenfutter mit dem Maul zu seiner Tränke, nahm dann ein Maulvoll davon auf und tunkte es ins Wasser; erst danach tat sich das Tier an seinem Futter gütlich. Das Pferd setzte also seine Intelligenz dazu ein, Heu so zuzubereiten, daß es geschmacklich seiner Lieblingsspeise Gras näherkam. Daß das Tier »bewußt« und mit Absicht handelte und sein Verhalten immer flexibel dem Ziel, kein anödend-trockenes Futter zu fressen, anpaßte, zeigte sich, als ihm statt Heu frisches Gras oder zuvor aufgeweichtes Heu gereicht wurde: Nun verzichtete der Feinschmecker auf das Eintunken. Und als man die Tränke gegen Wassereimer austauschte, benutzte er diese zum Eintunken.

Tests haben dem Pferd ein erstaunliches Differenzierungsvermögen bescheinigt. So zeigte man beispielsweise

Pferden je zwei Tafeln, auf denen jeweils ein Symbol abgebildet war, etwa Rechteck und Kreis, Kreis und Halbkreis oder Dreieck und Punkte. Wenn sie ein bestimmtes dieser Symbole erkannten, erhielten die Testtiere eine Belohnung in Naturalien. Die Pferde lernten sehr rasch, richtig zu reagieren. Als ihnen zwanzig verschiedene Symbol-Paare gezeigt wurden, konnten sie die Symbole in allen Fällen unterscheiden, Esel hingegen nur in dreizehn und Zebras in zehn Fällen. Die Trefferzahl lag stets weit über der Zufallsquote von 50 Prozent, bisweilen sogar bei 100 Prozent und im schlechtesten Fall — es handelte sich dabei um eine besonders schwierige Aufgabe — bei 73 Prozent. Als man den Test ein Jahr später wiederholte, konnten sie noch immer auf Anhieb 19 der 20 Vorlagen wiedererkennen. Das ist ein besseres Resultat, als die meisten von uns erreichen würden. Es bestätigt zugleich, wie lebenswichtig es für wildlebende Pferde ist, sich möglichst viele verschiedene Pflanzen ihres Lebensraums einzuprägen und sich zu erinnern, ob die betreffenden Gräser und Kräuter etc. gut oder schlecht schmecken, stechen oder brennen oder vielleicht giftig sind. Dieses Wissen muß ein Pferd zumindest so lange im Gedächtnis behalten, bis die entsprechenden Pflanzen im nächsten Jahr wieder wachsen, blühen oder Früchte tragen.

Ein berühmtes Beispiel für die Differenzierungsfähigkeit des Pferdes gegenüber Umweltreizen war der *kluge Hans*, das rechnende Pferd. Das Pferd konnte angeblich Rechnungen durchführen und das Ergebnis mit dem Fuß auf den Boden klopfen. Fragte sein Trainer etwa: »Wieviel ist 2 × 3?«, so scharrte der *kluge Hans* sechsmal. Die Zuschauer schüttelten verwundert den Kopf. Zuerst glaubte man, das Pferd erhalte von seinem Herrn geheime Zeichen, doch auch ohne dessen Anwesenheit »funktionierten« seine Rechenkünste. Als es freilich hinter einen Vorhang gestellt wurde und das Publikum nicht mehr sehen konnte, war es vorbei mit dem Kopfrechnen, und der *kluge Hans* begann endlos zu »zäh-

len«, d. h. zu klopfen. Worin jedoch lag das Geheimnis begründet? Das Publikum kannte ja die richtige Lösung und wartete gespannt auf die »Antwort« des Tieres: Die Zuschauer hielten daher den Atem an, wenn das Wundertier zu zählen anfing oder im Begriff war, einen Fehler zu machen; sie zeigten sich jedoch erfreut und erleichtert, wenn Hans die korrekte Zahl geklopft hatte. Der *kluge Hans* nahm nun offensichtlich die kleinsten, auch unbewußten Veränderungen in Haltung, Anspannung und Ausdruck seiner Zuschauer wahr und folgerte daraus, wann es Zeit war, mit dem Zählen aufzuhören. In Wahrheit errechnete das Publikum die Lösung, und das Pferd erriet diese mit Hilfe seines unglaublich feinen Gespürs. Aber auch als die Zuschauer um die Lösung des Rätsels wußten, änderte sich nichts. Solange er die Reaktionen der Menschen sehen konnte, klopfte der *kluge Hans* weiterhin die korrekte Zahl. Ganz offensichtlich reagierten die Menschen trotz Kenntnis des Ablaufs mit der gleichen Anspannung wie zuvor und waren nicht imstande, ihre Körpersprache zu kontrollieren. Eine solche Selbstbeherrschung wäre allenfalls einem gewieften Pokerspieler zuzutrauen.

Angesichts einer so außerordentlich hochentwickelten Sensibilität nimmt es wunder, daß Renn-, Spring- und Zirkuspferde ihre Pflichten so widerspruchslos ausführen. Eigentlich müßte ein Rennpferd rasch begreifen, daß es weniger Ärger bekommt, wenn es dem Rennen hinterher- statt vorausläuft; galoppiert es an der Spitze des Feldes, so bekommt es die Peitsche, damit es um jeden Preis gewinnt; einmal aussichtslos abgeschlagen jedoch, läßt es sein Reiter eben dahinlaufen. Springpferde sollten eigentlich schnell merken, daß sie bald in Ruhe gelassen werden, wenn sie die Hälfte der Hürden niederreißen und vor den schwierigen scheuen. Sind sie dagegen erfolgreich, so wird ihnen der Parcours immer und immer wieder abverlangt. Da allerdings zahlreiche Renn- und Springpferde trotz Peitsche und Plak-

kerei laufend gewinnen und erfolgreich die schwierigsten Hürden nehmen, gehören die besten Renner und Springer offensichtlich nicht zu den Hellsten ihrer Art, es sei denn, sie haben einen geradezu masochistischen Spaß an der Schinderei.

Vielleicht aber teilen die Tiere auch gar nicht die Angst und Besorgnis, die so viele bange Zuschauer bei schwierigen Sprüngen oder Hindernisrennen befällt. Entgegen weitverbreiteter Auffassung sind nämlich nur sehr wenige Pferde ihrem Reiter wirklich macht- und hilflos ausgeliefert. Die meisten lernen fast mühelos, was von ihnen erwartet wird. Andererseits verweigern sie schlicht den Gehorsam, falls ihnen der Sinn danach steht. So manchem unerfahrenen und allzu forschen Neuling auf ihrem Rücken erteilen Pferde zuweilen äußerst gewitzt und listig eine gehörige Lektion. Bisweilen rennen sie etwa in vollem Galopp unter einem niedrig-hängenden Ast hindurch — eine für den betroffenen Reiter in der Tat unvergeßliche Erfahrung.

Wie finden Pferde ihren Weg nach Hause?

In der guten alten Zeit vor Erfindung der Kraftdroschke pflegten auf dem Lande viele Herren hoch zu Roß oder in einer Kutsche zum abendlichen Trunk ins Wirtshaus auszuschwärmen. Für den Fall einer möglichen Beeinträchtigung ihrer eigenen Orientierung infolge reichlichen Alkoholgenusses vertrauten sie sich auf dem Rückweg vorbehaltlos ihrem vierbeinigen Kameraden an. Denn der brachte sie auch ohne Führung sicher nach Hause. Diesbezüglich zumindest hatten es berauschte Pferdehalter früherer Zeiten wesentlich einfacher als promillehaltige Autofahrer heutzutage.

Wie aber findet nun das Pferd den Weg in den heimatlichen Stall? Solange es sich nur um kurze Strecken handelt, kann es gleich uns seine räumliche Erinnerung einsetzen. Überdies hat es vermutlich eine Art »Geruchskarte« im Kopf. Bei grundsätzlich vertrautem Terrain stellt die Abfolge von Kurven, Kreuzungen und Abzweigungen in Verbindung mit den wechselnden ortsspezifischen Düften, visuellen Eindrücken und Geräuschen voll ausreichende »Wegweiser« dar.

Zahlreiche Pferde jedoch finden auch dann den richtigen Heimweg, wenn sie auf unbekanntem Gebiet unterwegs sind, wo ihnen die oben genannten Orientierungshilfen nicht zur Verfügung stehen. Das folgende Beispiel handelt von einem einjährigen Hengst, der von seiner Mutter getrennt und in eine acht Kilometer entfernte, ihm völlig fremde Umge-

bung gebracht worden war. Nach einiger Zeit ließ man ihn frei, und er fand binnen fünf Tagen zurück zu seiner Mutter. Eine andere Geschichte berichtet von Wildpferden in Virginia. Sie werden regelmäßig eingefangen und auf Versteigerungen feilgeboten; die unverkäuflichen läßt man hinterher wieder frei. Um zu ihrem angestammten Lebensraum zurückzukehren, müssen die Pferde beträchtliche Entfernungen überwinden und selbst Flüsse und kleinere Seen durchqueren. Allen Widrigkeiten zum Trotz finden sie jedoch »heim« und schließen sich wieder ihrer alten Herde an. Da die genannten Beispiele keine Einzelfälle sind, im Gegenteil, kann es sich nicht um glückliche Zufälle handeln; vielmehr scheint ein spezieller »Sinn« die Tiere zu leiten.

Im Hinblick auf das Pferd wissen wir nichts Bestimmtes über einen solchen Orientierungssinn. Untersuchungen an Zugvögeln aber beweisen schlüssig, daß diese auf Veränderungen im Magnetfeld der Erde reagieren. Beeinflußt man dieses Magnetfeld jedoch künstlich, so verlieren die Vögel ihre Orientierung. Höchstwahrscheinlich besitzen fast alle Lebewesen, darunter auch die Pferde, ein derartiges Vermögen; winzige Eisenpartikel im Zellgewebe der Tiere wirken offenbar wie Miniaturmagnete.

Interessant ist in diesem Zusammenhang vielleicht auch noch, daß Pferde, die aus anderen Regionen in erdbebengefährdete Gebiete gebracht werden, etwa nach Kalifornien, sich mit ihrer Orientierung schwer tun. Zunächst sind sie sichtlich verstört durch die nahezu allgegenwärtigen seismographischen Erschütterungen. Diese sind meist zu gering, um von uns überhaupt bemerkt zu werden, aber stark genug, um das örtliche Magnetfeld zu beeinflussen und Pferde zu desorientieren. Pferde fühlen sich durch diese Erschütterungen wohl ähnlich verunsichert wie Menschen, die vom ruhigen friedlichen Land in eine laute, geschäftige Stadt ziehen. Nach einer gewissen Zeit gewöhnen sich die Tiere an die neue Situation, verlieren ihre Unsicherheit und verhalten

sich wieder normal. Ihre anfängliche Reaktion spricht jedoch stark für die Existenz eines »magnetischen Sinnes«, der das Pferd immer wieder auf »Heimatkurs« bringt.

Wie revierbewußt sind Pferde?

 Einige Tierarten haben einen angestammten Lebensbereich, ohne jedoch auf das betreffende Gebiet gegenüber fremden Artgenossen exklusiv Besitzansprüche zu erheben. Andere wiederum haben ein fest umrissenes Territorium und verteidigen es wild entschlossen gegen Eindringlinge. Das Pferd läßt sich keinem der beiden Verhaltensmuster zuordnen. Handelt es sich um kleine Herden, ist genügend Platz vorhanden, so bewegen sie sich meist friedlich in demselben Gebiet und teilen sogar Wasserstellen und Weiden miteinander. Eine jede Gruppe hält lediglich einen gewissen Abstand zu den übrigen.

Werden die Lebensbedingungen jedoch schwierig, so kommt es durchaus zu Revierkämpfen. Begegnen sich zwei Herden unter solch beengten Umständen, so geraten sich die beiden Leittiere, in der Regel die beiden dominanten Hengste, häufig in die Haare. Als Sieger geht stets der »Revierbesitzer« hervor. Er verfolgt den Verlierer aber selten; er will den Störenfried nur vertreiben und nicht vernichten. Ist der Eindringling erfolgreich aus dem Feld geschlagen, herrscht augenblicklich wieder Ruhe.

Im Leben des domestizierten Pferdes spielen territoriale Ansprüche kaum eine Rolle. Ihre Welt ist von Geburt an derart begrenzt, daß sie jegliches Gefühl für ein angestammtes Weidegebiet, das es zu verteidigen gilt, verloren haben. Ein Überrest des Revierbewußtseins ist das sogenannte »Zaun-Abschreiten«. Wir können es beobachten, wann immer ein domestiziertes Pferd auf eine ihm fremde Koppel gelassen wird. Als erstes nimmt es eine Art Inspektion vor, indem es

aufmerksam an der äußeren Begrenzung entlang die ganze Fläche umtrabt. Hat es sich mit deren Größe und Eigenheiten vertraut gemacht, genießt es zufrieden seine neue Umgebung.

Doch selbst große Koppeln sind winzige Flächen im Vergleich zu dem Lebensraum der Wildpferde, die in einem Gebiet von 50 bis 120 Quadratkilometern umherziehen. Auf ihrem Marsch zwischen Grasland, Wasserstellen und Schlafplätzen legen sie oftmals bis zu 20 Kilometer am Tag zurück, häufig im »Gänsemarsch« und auf wohlvertrauten ausgetretenen Pfaden. Im Gegensatz dazu kennen ihre domestizierten Verwandten auch unter den freiesten Umständen nur ein räumlich höchst beengtes und zugleich verweichlichtes Leben.

Die meisten Pferde schicken sich darein und verzichten auf irgendwelche Revieransprüche. Einige allerdings wollen sich mit dieser Situation abfinden und verteidigen gelegentlich ihre kleine Wiese vehement. Wird etwa ein unbekannter Artgenosse auf eine Koppel geführt, auf die ein anderes Pferd einen »Besitzanspruch« zu haben glaubt, so kann sich in diesem plötzlich der alte territoriale Trieb melden, und es geht böse auf den Neuling los. Das artet manchmal in blutigen Ernst aus, da sich der angestammte Platzhalter bisweilen nicht mit der Unterwerfung des Neulings zufriedengibt und ihn trotz dessen wiederholten Versöhnungsversuchen weiterhin angreift. Aufgespeicherter Ärger über vergangenes Unrecht oder der verzweifelte Wunsch nach einem größeren »Privatbereich« mögen die Gründe dafür sein, daß der Platzhalter den Neuankömmling in seinem »ureigenen« Gebiet als unerträglichen Störenfried empfindet. Die auch durch Unterwürfigkeitsgesten des Kameraden nicht mehr zu kontrollierende Gewalttätigkeit ist Ausdruck der anomalen räumlichen Gegebenheiten, die wir unseren Pferden aufgezwungen haben.

Glücklicherweise kann man solch verbissenen und gefährlichen Angriffen durch rechtzeitiges energisches Einschrei-

ten Einhalt gebieten, es sei denn, unerfahrene Pferdehalter vergessen, daß Pferde untereinander nicht nur Zusammenhalt und Freundschaft kennen, sondern ebenso Rivalität und Kampf. Selbst ein gegenüber seinem Herrn äußerst ergebenes Pferd ist und bleibt ein vielschichtiges Lebewesen, das aus eigenem Recht und nach eigenen Gesetzen lebt. Diese alte Erfahrung bewahrheitet sich immer dann, wenn zwei einander fremde Pferde gezwungen sind, auf einem Territorium — das eines von beiden möglicherweise dazu noch als sein Revier betrachtet — miteinander auszukommen.

Wie kämpfen Pferde?

 Wie alle intelligenten Tierarten sind auch die Pferde bestrebt, Streitigkeiten untereinander ohne Tätlichkeit beizulegen und es in solchen Situationen nach Möglichkeit bei Drohungen und Einschüchterungen zu belassen. Diese symbolischen Kämpfe reichen im allgemeinen aus, um zu entscheiden, welches Tier innerhalb der Herde als Leittier anerkannt wird.

Zwei eingehende Untersuchungen haben gezeigt, daß dreiviertel aller Auseinandersetzungen zwischen Pferden auf friedlichem Wege, also mittels sicht- und hörbaren Drohgesten und leichten Bodychecks, gelöst werden. In der ersten dieser beiden Untersuchungen wurden Kontroversen ausgewertet, zu denen es zwischen verschiedenen Pferden an einer Wasserstelle gekommen war. Die zweite Studie befaßte sich mit Futterstreitigkeiten. Untersuchung eins registrierte Tätlichkeiten in nur 24 Prozent und Studie zwei lediglich in 22,6 Prozent der beobachteten Fälle.

Pferde verfügen über eine ganze Palette von Drohgebärden: Sie legen die Ohren zurück, senken den Kopf, »plustern« den Nacken, schieben ihr Hinterteil nahe an den Widersacher heran und versperren ihm mit dem Körper den Weg. Bisweilen erhält aber auch der Kontrahent kleinere Rempler mit Kopf, Hals, Schulter oder Leib des Angreifers.

Nimmt die Sache ernste Formen an, schüttelt das Tier zähnefletschend seinen Kopf hin und her und schwenkt seinen gesenkten und muskelspielenden Nacken unwirsch hin und her und auf und nieder, als wolle es den Gegner beißen. Wütend peitscht es mit dem Schweif, und mit den Vorder-

beinen schlägt es entweder warnend in Richtung des Opponenten oder stampft gereizt auf den Boden. Statt dessen kann es aber auch nach rückwärts ausschlagen. Verstärkt wird das Ganze oftmals durch laute Wutschreie. Abgesehen von leichteren Kopf- und Körperstößen kommt es in diesem Stadium zu keinem Körperkontakt. Ziel ist einzig, den Kontrahenten durch Einschüchterung zum Aufgeben zu bewegen.

Gelingt dies nicht, so muß das Pferd schließlich zum tätlichen Angriff übergehen. Die beiden »Streithähne« bäumen sich auf und schlagen mit den Vorderhufen wie mit Hämmern auf den Widersacher ein. Sie stoßen wütende Schreie aus und beißen sich gegenseitig in den Hals. Das im Verlauf des Kampfes sich als stärker erweisende Pferd geht bisweilen auch mit vorgestrecktem Kopf auf den Widersacher los und versucht ihn mit Bissen so arg wie möglich zuzurichten. Mischen sich demgegenüber in die Wut eines Tieres zunehmend Angst und Unsicherheit, so geht es eher zu defensiver Aktion über. Es dreht sich blitzschnell um und wendet dem Gegner sein Hinterteil zu, um mit einem oder beiden Hinterbeinen gezielt und heftig nach diesem auszuschlagen.

Ist ein Konflikt einmal in Tätlichkeiten ausgeartet, so dauert der Kampf mitunter mehrere Minuten, bis schließlich einer der Streithälse klein beigibt. Er signalisiert das, indem er sich wegdreht und davonmacht. Lassen die Umstände dies nicht zu, vollführt er besondere Unterwerfungsgesten. Hierzu gehören eine Art Maulschnappen, wie es auch bei der wechselseitigen Körperpflege zu beobachten ist, das seitliche Zurückwerfen des Kopfes, das Schweifeinziehen bei ohnehin nunmehr leicht geducktem Hinterteil sowie ein glasiger, starrer Blick, der die Augen stärker als normal hervortreten läßt. Die meisten Sieger erkennen diese Zeichen der Kapitulation und Versöhnungsbereitschaft an und brechen den Kampf ab. Manche Beobachter haben darin ein Zeichen von Rücksichtnahme und Erbarmen gesehen. In Wahrheit

jedoch geschieht das aus Selbstschutz, denn beim Kampf tragen häufig beide, Besiegter *und* Sieger, Verletzungen davon. Und genau das wollen die Tiere soweit wie möglich vermeiden.

Wie schnell können Pferde laufen?

Im gestreckten Galopp erreicht ein Pferd in der Regel eine Geschwindigkeit von 50 Stundenkilometern und mehr, was ein gesundes Rassepferd über mehrere Kilometer hinweg durchhält. *Viertelmeiler,* die — wie der Name besagt — nur über kurze Strecken eingesetzt werden, können bis zu 65 Stundenkilometer erreichen. Der Rekord liegt hier bei 70 Stundenkilometern. Das schnellste Rennen über fünf Kilometer ist mit 55 Stundenkilometern verzeichnet.

Das längste Rennen der Geschichte hat wahrscheinlich in Portugal stattgefunden. Es führte über eine Distanz von 1920 Kilometern und wurde von einem in Ägypten gezüchteten Araberhengst namens *Emir* gewonnen. Ein anderes Langstreckenpferd mit erstaunlichem Durchhaltevermögen war *Champion Crabbet,* er legte 480 Kilometer in 52 Stunden zurück.

Die ersten Hindernisrennen gingen oftmals über 12, 20 und gar 30 Kilometer querfeldein. In unseren Tagen verzichtet man weitgehend auf solch extreme Herausforderungen. Das *Grand National* mit 7,2 Kilometern ist heutzutage die längste Distanz, die Rassepferden abverlangt wird. Der Rekord liegt hier bei 9 Minuten und 19 Sekunden; er wurde 1973 durch *Red Rum* aufgestellt. Das heißt, der Meisterrenner erreichte im schwierigsten Hindernisrennen der Welt eine Durchschnittsgeschwindigkeit von 47 Stundenkilometern.

Was ist der Unterschied zwischen Voll- und Kaltblutpferden?

In der Pferdezüchter-Tradition werden domestizierte Pferde seit altersher in drei Grundtypen unterteilt: *Voll-, Warm-* und *Kaltblüter.* Diese Zuordnung hat nichts zu tun mit der Körpertemperatur oder Blutbeschaffenheit der Tiere, sondern gründet sich allein auf Unterschiede der Herkunft, Züchtung und des Temperamentes.

Beim *Vollblut* gibt es nur zwei Rassen: den *Araber* und den *Altenglischen Vollblüter.* Diese feingliedrigen Aristokraten unter den Pferden kommen ursprünglich aus den heißen Wüstenzonen des Vorderen Orients und Nordafrikas. Sie sind feurig, kühn und hochsensibel.

Den Kontrast zu den Vollblütern bilden die eher phlegmatischen, nicht aus der Ruhe zu bringenden, friedfertigen

Kaltblüter. Schwer, kräftig und untersetzt gebaut, sind sie die idealen Arbeitspferde. Das Kaltblut stammt vom Tundra- und Steppenpferd der nördlichen, bewaldeten Region ab. Rauhe Klimaverhältnisse und frostig-kalte Winter verträgt es ausgesprochen gut.

Warmblüter, bisweilen im Gegensatz zu den Vollblütern auch *Halbblut* genannt, sind Kreuzungen aus beiden Extremtypen, dem Voll- und dem Kaltblut. Den feingliedrigen und leichten Körperbau haben sie von den Araberpferden geerbt. Im Wesen sind sie weniger feurig und nervös als diese, aber ungleich temperamentvoller und beweglicher als ihre Kaltblut-Vorfahren. Fast alle unsere heutigen Sport- und Freizeitpferde gehören daher zu den Warmblütern.

Wie viele Pferderassen gibt es?

 Eine aktuelle Erhebung spricht von 207 lebenden Pferderassen. Manche darunter stellen freilich keine eigenständige Zucht dar; sie gehören vielmehr zu einer bestimmten Rasse und weichen lediglich von Land zu Land oder von Region zu Region hinsichtlich des Namens und gewisser Feinheiten voneinander ab. Demgegenüber sind sicherlich viele Rassen aus entlegenen Zonen nicht erfaßt. Die Angabe gibt aber immerhin eine ungefähre Vorstellung von der großen Vielfalt an Pferderassen.

Von den 207 aufgeführten Rassen sind 67 Ponys, 36 Arbeits- sowie 104 Sport- und Freizeitpferde. Zur Gruppe der Ponys zählen alle Tiere unter 1,47 Meter Schulterhöhe. Aber das ist nicht das einzige typische Merkmal im Vergleich zur Gesamtgröße des Ponys. Mit seinen im Vergleich zur Gesamtgröße relativ kurzen Beinen und seinem untersetzten und im Verhältnis schweren Körperbau ähnelt es weit mehr dem Urpferd als seine großen Verwandten.

Zwei kleine Rassen, die altehrwürdige *Kaspische* und die moderne *Falabella*-Zucht, gehören zwar im Hinblick auf ihre Größe zu den Ponys, in ihren Proportionen hingegen ähneln sie mehr den Pferden. Wegen ihres zierlichen Wuchses werden sie häufig »Zwerg-Pferde« genannt. Die erst unlängst wiederentdeckte Kaspische Rasse hat ihre Heimat in der Gegend um das Kaspische Meer im nördlichen Persien. Die Tiere gleichen kleinen Araberpferden, und man vermutet, daß sie vom selben Urahn abstammen wie die Araber. Die Kaspischen Mini-Pferde finden wir bereits auf alten persischen Malereien aus dem fünften vorchristlichen Jahrhun-

dert. Mindestens tausend Jahre lang lebten sie völlig von der Außenwelt abgeschlossen und bewahrten so völlig unverbildet ihre ursprünglichen Merkmale. Erst 1965 kamen einige Tiere in den Westen, wo sie als lebendige Erinnerung an die Vorfahren des heutigen Vollblüters mit großer Sorgfalt weitergezüchtet werden.

Beim *Falabella*-Pferd haben wir es mit einer neuen Züchtung zu tun. Es ist im wesentlichen ein stark »verkleinertes« Shetland Pony, allerdings mit den schlanken Proportionen eines winzigen Pferdes. Das Falabella ist das kleinste Pferd überhaupt. Da es weder als Reit- noch als Arbeitstier tauglich ist, kann man es im Grunde genommen nur als Luxusgeschöpf bezeichnen. Seine durchschnittliche Schulterhöhe von etwa 86 Zentimetern wird von manchen Hunderassen deutlich übertroffen. Das kleinste erwachsene Falabella, von dem man weiß, war gerade 38 Zentimeter groß, die größte Dänische Dogge hingegen 1,02 Meter. Das Pferdchen hätte also mühelos unter dem Hund hindurchlaufen können. Ungeachtet dessen ist es beileibe keine Mißgeburt, war doch der Urvater aller Pferde, der vor fünfzig Millionen Jahren lebende *Eohippus*, gerade 25 Zentimeter groß. Ein neugeborenes Falabella von 30 Zentimetern Schulterhöhe hat also in etwa die Größe seines Urahns.

Sind die Ponys die Zwerge ihrer Gattung, so können die Arbeitspferde als die Riesen gelten. Sie erreichen eine Schulterhöhe von maximal 2,15 Metern und ein Gewicht von über einer Tonne. Diese schweren Tiere haben in unseren Breiten die Feldarbeit erledigt, ehe sie durch die Landmaschinen abgelöst wurden. Als umhegte Relikte ruhigerer Zeitläufe haben sie überlebt und treten häufig als bestaunte Prachtexemplare auf Landwirtschaftsausstellungen, Messen und sonstigen Festivitäten in Erscheinung. Begeisterte Liebhaber züchten auch weiterhin die wichtigsten Rassen, so daß die Zahl dieser Tiere eher anwächst und ihr Fortbestand auch im Weltraumzeitalter gesichert ist.

Die mit über 100 verschiedenen Rassen bei weitem größte Vielfalt herrscht heute in der Gruppe der Freizeit-, Reit-, Jagd-, Renn-, Polo- und Springpferde. Sie prägen das moderne Bild unseres alten vierbeinigen Gefährten. Je mehr die Städte sich ausbreiten und das Land verdrängen, um so höher stehen die Werte ländlichen Lebens im Kurs, und das Pferd als ein typischer Vertreter desselben wird zunehmend geschätzt — gleichsam als Ausgleich zu einer Welt des Autos, der Verkehrsstaus, der Technik, und zwar nicht nur vom aktiven Pferdehalter und Reiter, sondern auch von Millionen passiven Pferdesportbegeisterten. Und da das Pferd also, über alle Vernarrtheit passionierter Reiter weit hinausgehend, heute zu einem lebendigen Symbol unserer engen Beziehung zum Tier und unserer ländlichen, naturverbundenen Vergangenheit geworden ist, wird die Zahl der Rassen wohl auch in Zukunft eher zu- denn abnehmen.

Was die Vielfalt der Pferderassen anbelangt, so liegt Rußland mit mindestens 27 verschiedenen Züchtungen in Füh-

rung, gefolgt von England mit 19, Frankreich mit 18 sowie den Vereinigten Staaten und Deutschland mit jeweils 16; Italien hat 10 und Polen 9 Pferderassen. Doch das sind Mindestzahlen. Denn laufend entstehen neue Züchtungen, die den Forderungen einer sich ständig wandelnden Umwelt gerecht werden sollen. Die Zahlen zeigen aber auch, welche Länder in der Vergangenheit in der Zucht besonders aktiv und kreativ gewesen sind und ihre Liebe zum Pferd bis auf den heutigen Tag bewahrt haben.

Warum laufen Pferde Rennen?

 Diese Frage mag auf den ersten Blick dumm erscheinen, aber das ist sie ganz und gar nicht. Denn es widerspricht eigentlich der Natur des Pferdes, lange Strecken in vollem Galopp zurückzulegen. Windhunde rennen, um Hasen zu jagen, doch Pferde?

Entgegen landläufiger Meinung führen teure Rennpferde keineswegs ein luxuriöses und komfortables Leben; sie fristen vielmehr eine spartanische Existenz. Absichtlich nämlich werden sie die meiste Zeit allein in engen Boxen gehalten, was sie frustriert. Das regelmäßige Training bringt da wenig Abhilfe, im Gegenteil, es erhöht eher ihren Drang nach Ungebundenheit und Bewegung.

Einem unbedarften Neuling, der meint, ein Rennpferd brauche nichts so sehr wie unbehinderte Bewegung auf der Koppel, wird ein erfahrener Trainer entgegenhalten, daß solche Freizügigkeit das Tier als Rennpferd untauglich mache. Damit sie als Rennpferde geeignet sind, müssen die Tiere nämlich auf so engem Raum gehalten werden, daß sie förmlich nach Bewegung hungern und vor Bewegungsdrang explodieren. Läßt man ihnen dann beim Rennen endlich freien Lauf, so wird all die aufgestaute Energie freigesetzt. Die Tiere stürmen in vollem Galopp los und rennen bis zur totalen Erschöpfung. Ermatten sie vor dem Ziel, gibt man ihnen entweder die Peitsche, oder aber man hält sie zurück, je nachdem wie die Gewinnchancen stehen.

Für gewöhnlich verausgabt sich ein Rennpferd bei einem Rennen derart, daß es über mehrere Tage hinweg unfähig ist, erneut ein Rennen zu laufen — ein klarer Beweis für die Un-

natürlichkeit des ihm aufgezwungenen Lebensstils. Kein Wildpferd könnte je überleben, wäre es zeitweise außerstande zu fliehen. Andererseits braucht es niemals über die Distanz einer vollen Rennstrecke Reißaus zu nehmen. Seine natürlichen Feinde — Wildhund, Wolf und Raubkatze — bekommen das Tier entweder ziemlich rasch zu fassen, oder aber sie geben bereits nach vergleichsweise kurzer Jagd auf. So verhalten sich unsere Rennpferde eher wie Schulkinder, die den ganzen Tag lang stillsitzen müssen. Einmal auf den Schulhof entlassen, entfalten sie scheinbar sinn- und ziellos lärmende Aktivität. Ähnlich das Rennpferd; es fühlt sich auf dem Rennkurs weniger wie auf der Flucht oder in Panik, eher so, als ob es nach einer langen Phase stark eingeschränkter Bewegungsfreiheit die Möglichkeit zum Austoben hätte.

Trotz alledem — auch Furcht und Panik spielen eine Rolle. Wildpferde fallen einzig in höchster Not in den gestreckten Galopp. Schöpfen sie lediglich Verdacht, traben sie locker von dannen. Nur wenn ein Raubtier zur offenen Jagd übergeht, sucht ein wildes Pferd sein Heil im vollen Galopp. Daher gibt es offenbar in der Phantasie eines Rennpferdes ebenfalls die Vorstellung einer Bedrohung. Der Schmerz der Peitsche unterstützt diese Vorstellung. Spürt das Tier diese an der Flanke oder am Hinterteil, so hält es sie wohl instinktiv für die Krallen einer Raubkatze oder den Fang eines Wolfes. Den vermeintlichen Jäger so unmittelbar auf dem Leib spürend, holt es bis zur Erschöpfung das Letzte aus sich heraus, um zu entkommen.

So bedeutet das Rennen für Pferde zweierlei: den Ausbruch aufgestauter physischer Energie *und* ein psychologisch bedingtes Entrinnen-Wollen vor einem vermeintlichen Verfolger. Im Vordergrund aber steht die Flucht des jungen, gesunden, kraftberstenden Tieres nicht vor dem Wolf oder dem Löwen, sondern vor der Langeweile und Öde seines ihm vom Menschen aufgezwungenen unnatürlichen Lebens.

Warum laufen manche Pferde schneller als andere?

Beflissen nehmen viele Wetter vor Rennbeginn die teilnehmenden Pferde in Augenschein. Sie suchen nach Hinweisen, welches wohl an diesem Tag das schnellste sein wird. Doch das ist meist vergebliche Liebesmüh', da das für Sieg oder Niederlage entscheidende Organ des im Körperinnern verborgen ist. Alle Rennpferde haben heutzutage hochentwickelte, durchtrainierte Beine und Muskeln und können hohe Geschwindigkeiten erzielen. Der eigentliche und ausschlaggebende Faktor ist jedoch der Kreislauf des jeweiligen Pferdes.

Die ersten 500 Meter eines Rennens bewältigt ein Pferd mit Hilfe der bereits im Körper befindlichen Sauerstoffenergie. Danach jedoch müssen Herz und Lunge die Muskeln mit zusätzlichem Sauerstoff versorgen. Die kleinste Herzschwäche oder Lungeninfektion — und das Tier zählt zu den Verlierern.

Der erstaunlichste physiologische Aspekt ist der enorme Anstieg der Herzschlagfrequenz zwischen Ruhezustand und vollem Galopp. Einige Fachleute haben eine Erhöhung um das Zehnfache, von 25 auf 250 Schlägen pro Minute, andere von 36 auf 240 festgestellt, was immerhin noch das Siebenfache der normalen Pulsfrequenz — nämlich 4 Schlägen pro Sekunde bedeutet. Kein Wunder also, daß Rennpferde am Ziel völlig erschöpft sind.

Permanente Höchstleistungen dieses Ausmaßes sind ohne Frage unnatürlich für das Tier. Aber von teuren Rennpferden wird eben verlangt, daß sie ein hochdotiertes Rennen

nach dem andern laufen. Gesundheitsrisiken, insbesondere das sogenannte »Sportlerherz«, sind oft der Preis dafür.

Ein vergrößertes Herz jedoch findet während eines kräftezehrenden Rennens keinen entsprechenden »Entfaltungsraum«. Es drückt vielmehr gegen das umliegende Gewebe, wodurch es um so rascher ermüdet. Die Folge ist, daß das Tier gegen Ende des Rennens abfällt. Jeder Wettfreund, der auf einen angeblich todsicheren Tip gesetzt hat, kennt dieses Phänomen nur zu gut: Ein Pferd geht ein Rennen prächtig an, liegt bis relativ kurz vor dem Ziel weit vorne und fällt dann plötzlich ab, wohingegen die übrigen Pferde den Eindruck erwecken, das Ziel vor Augen, immer schneller zu werden. In Wahrheit freilich lassen alle Pferde in der Schlußphase etwas nach, da sie die Grenzen ihrer körperlichen Belastbarkeit erreicht haben; das Pferd mit der Herzinsuffizienz fällt lediglich vergleichsweise stärker ab. Erhält das betreffende Tier vor dem nächsten Rennen nicht eine gehörige Ruhepause, kann sein Herz einen dauerhaften Schaden davontragen.

Ein weiterer für den Erfolg entscheidender Faktor ist der Bewegungsablauf eines Pferdes, genauer gesagt, die Symmetrie des Bodenkontaktes seiner Hufe. Vom idealen Rennpferd wird behauptet, seine Beine bewegten sich gleich den Speichen eines Rades, ein jedes Bein übernehme also kontinuierlich für ein gleichlanges Zeitintervall das Gewicht des Pferdes.

Hat ein Pferd nun ein belastbares Herz, kräftige Lungen und einen symmetrischen Bewegungsablauf, warum zählt es dann trotzdem nicht (immer) zu den Siegern? Sicherlich sind Erbanlagen und Zucht teilweise dafür verantwortlich, aber weniger als allgemein angenommen. Gemeinhin meint man, ein Championhengst und eine Championstute müßten wiederum ein Championfohlen hervorbringen. Doch manche Rennstallbesitzer haben für diesen Glauben schon große Summen in den Sand gesetzt. Infolge ständiger Inzucht ver-

fügen unsere heutigen Rennpferde über nahezu gleiche genetische Voraussetzungen, und fast ein jeder ihrer Abkömmlinge ist von daher gesehen ein potentieller Champion. Und sicherlich hat der Nachwuchs siegreicher Eltern eine gute Chance, den Ruhm der Familie zu tradieren, aber eine Gewißheit dafür gibt es nicht.

Letztlich ist es die Persönlichkeit des einzelnen Tieres, was den Champion ausmacht. Und inwieweit die genetisch bedingt ist oder durch spezifische Erfahrungen und Umstände im Leben des jeweiligen Tieres geprägt wird, läßt sich schwerlich beantworten. Verhaltensstudien, die Aufschluß darüber geben könnten, sind kaum durchführbar, da Pferde als Versuchsobjekte zu teuer sind und eine zu lange Aufzucht benötigen. Aufgrund von Tests an geeigneteren Tieren, etwa weißen Mäusen, wissen wir, daß Siegertypen durch reines Training zu »erziehen« sind. So verschaffte man etwa die Möglichkeit, größer gewachsene Artgenossen zu beherrschen, indem man diese für eine gewisse Zeit sedierte. Sofort begann das Selbstbewußtsein der Kleinen zu wachsen, und das hielt auch dann noch an, als die Großen wieder voll da waren. Trotz ihrer körperlichen Unterlegenheit behielten die selbstbewußt gewordenen Kleinen weiterhin die Oberhand und entwickelten sich zu dominanten Tieren. Offensichtlich ist es vergleichsweise einfach, das Selbstbewußtsein eines Tieres durch die Manipulation sozialer Erfahrungen zu beeinflussen. Im Leben eines jeden Tieres — oder auch Menschen — gibt es zahllose scheinbar nichtige Ereignisse und Vorfälle, die seinen Charakter entscheidend beeinflußt haben könnten. Meist können wir nicht einmal ahnen, welch flüchtige Begebenheit in einem kleinen Fohlen innere Stärke und Siegeswillen hervorgerufen hat.

Sollte es möglich sein, den Charakter heranwachsender Jungpferde zu beeinflussen, so können wir Pferde vielleicht auch dazu bringen, selbst dann noch weiterzurennen, wenn die Erschöpfung bereits einen geradezu körperlichen

Schmerz hervorruft, den Spitzensportler nur allzugut kennen. Wollen wir diesen »Mechanismus« verstehen, so müssen wir uns nur ein wenig mit dem Fluchtverhalten wilder Pferde befassen. Der sicherste Platz für ein fliehendes Huftier, sei es nun ein Pferd, eine Antilope oder ein Zebra, ist in der Mitte der Herde. Vom Verfolger geschlagen wird am ehesten der Nachzügler. Bisweilen bildet auch das Fronttier eine willkommene Beute für ein im Hinterhalt lauerndes Raubtier, eilt es der Herde zu weit voraus und isoliert sich dadurch wie der Bummelant am Schluß. Der Überlebenstrieb wird demnach das Pferd wenn möglich in der Mitte der Gruppe halten — nach dem Motto »Sicherheit ist in der Menge«. Überträgt man diese Regel auf die Situation eines Rennens, dann ist es nicht mehr schwierig festzustellen, was den typischen Sieger ausmacht. Wenn wir die Filmaufnahme eines Rennens rückwärts laufen lassen, so sehen wir, daß der Sieger fast immer bis zur Zielgeraden im Mittelfeld liegt, meist in der dritten oder vierten Position. Er fühlt sich dort geborgen und würde vermutlich bis zum Ende des Rennens diesen Platz behalten, zwänge ihn nicht der Jockey zu einem verzweifelten Finish, häufig unter Einsatz der Peitsche. Dieser zusätzliche Antrieb, der wie der Biß eines Raubtiers wirkt, gibt dem Pferd das Gefühl, der Verfolger sei ihm bereits unmittelbar auf den Fersen. In seiner Todesangst überwindet es seine Furcht vor dem unsicheren Platz an der Spitze, und es rast den anderen voraus zum Sieg.

Nun aber nehmen die Jockeys aller günstig plazierten Pferde vor dem Ziel die Peitsche zur Hilfe, und alle Tiere reagieren darauf grundsätzlich auf die gleiche Weise. So entscheidet letztlich das Durchhaltevermögen, und das wiederum beruht am Ende einer langen Rennstrecke ganz wesentlich auf der Stärke des Herzens, sowohl körperlich, im Sinne eines Kreislaufmotors, als auch seelisch in Form einer durch einen unerschütterlichen Siegeswillen geprägten Persönlichkeit.

Einige Championpferde benötigen die Peitsche nicht. Sie übernehmen die Führung nicht deshalb, weil sie die Sicherheit der Gruppe verlassen, sondern weil diese ihnen gegenüber zurückfällt. Solche Pferde haben einen idealen »Renn-Rhythmus«: Sie gehen weder vorschnell an die Spitze, noch lassen sie zu früh nach. Sie müssen daher weder zur Unzeit zurückgehalten noch angespornt werden, was beides unweigerlich wertvolle Energie kostet. Sie bleiben vielmehr ständig im Pulk, um am Schluß des Rennens auf Drängen des Jockeys zu einem kraftvollen Endspurt anzusetzen. Die Reiter dieser Super-Rennpferde brauchen sozusagen nur auf den Knopf zu drücken, und ab geht die Post.

Warum laufen manche Pferde langsamer als andere?

 Nach jedem verlorenen Rennen treffen sich in der Regel Besitzer, Trainer und Jockey zu einer Art ritueller Lagebesprechung. Mit vereinten Kräften versuchen hierbei Trainer und Jockey ihrem Brötchengeber die Niederlage durch zufälliges Mißgeschick oder den Hinweis auf das Schicksal zu erklären. Schließlich geht es darum, den sofortigen Verkauf des Pferdes zu verhindern und für einen weiteren Monat die Zahlung zu sichern.

Gemeinhin gehen die Begründungen an den Tatsachen vorbei. Die Ursache der Niederlage dem Pferd, Jockey oder Trainer anzulasten oder auch nur zu erwähnen, daß die Tiere keine Maschinen sind, sondern Formschwankungen haben, ist tabu. Die enormen Kosten für den Unterhalt und das Training eines modernen Rennpferds verbieten »menschliche« Regungen. Das Pferd hat einfach immer zu gewinnen. Um ihren Kopf zu retten, greifen Trainer und Jockey folglich zu scheinbar einleuchtenden oder besonders abenteuerlichen Entschuldigungen. Ihre Erfindungsgabe kennt dabei kaum Grenzen, müssen doch nach jedem Mißerfolg neue Ausflüchte erfunden werden.

Als ein verzweifelter Pferdebesitzer einmal einer Fachzeitschrift sein Leid klagte und einige der denkwürdigen Erklärungen seiner Mitarbeiter zum Besten gab, löste er eine Flut von Zuschriften seitens seiner Leidensgenossen aus. Hier eine kleine Sammlung der fünfzig beliebtesten Ausflüchte:

1. Das Pferd hat sich verschluckt.
2. Das Pferd ist in ein Kaninchenloch am Rande der Rennbahn getreten.
3. Das Pferd ist von einem aufgewirbelten Stück Rasen getroffen worden.
4. Das Pferd hat einen aufgewirbelten Erdklumpen verschluckt.
5. Das Pferd ist mit der engen Kurvenführung nicht zurechtgekommen.
6. Das Pferd hat unmittelbar vor dem Start einen schmerzhaften Insektenstich erhalten.
7. Das Pferd ist von einem Fernsehübertragungswagen abgelenkt worden.
8. Das Pferd hat sich durch den Regen irritiert gefühlt.
9. Das Pferd hat unter einem Abszeß im Maul gelitten.
10. Das Pferd hatte ein verstauchtes Bein.
11. Das Pferd war partout nicht an den Stallungen vorbeizubewegen.
12. Das Pferd hatte plötzlich Muskelkrämpfe.
13. Das Pferd war durch den starken Wind verunsichert.
14. Das Pferd war müde beziehungsweise zu lebhaft.
15. Das Pferd wurde während des Rennens angerempelt.
16. Das Pferd hat einen Tritt erhalten.
17. Das Pferd konnte sich nicht mit dem langsamen beziehungsweise schnellen Tempo anfreunden.
18. Das Pferd ist zu vorsichtig beziehungsweise zu hastig gesprungen.
19. Das Pferd fühlte sich in dem starken Feld eingeengt.
20. Das Pferd fühlte sich durch das extrem kleine Feld nicht herausgefordert.
21. Das Pferd hatte etwas gegen den weichen beziehungsweise harten Boden.
22. Das Pferd konnte sich nicht mit dem Links- beziehungsweise Rechtskurs anfreunden.
23. Das Pferd war über- beziehungsweise untertrainiert.

24. Das Pferd ist besser auf einer längeren beziehungsweise kürzeren Distanz.
25. Das Pferd hat den Start verpaßt und ist dadurch zu weit in Rückstand geraten.
26. Das Pferd ist von der Peitsche eines gegnerischen Jockeys voll ins Gesicht getroffen worden.
27. Der Sattelgurt war zu fest beziehungsweise nicht fest genug angezogen.
28. Das Pferd verfügt über zu wenig beziehungsweise zu viel Erfahrung.
29. Das Pferd ist auf dem Weg zum Startplatz durchgegangen beziehungsweise scheute beim Start.
30. Das Pferd war vom übrigen Feld hoffnungslos eingeschlossen.
31. Das Pferd litt unter der langen Reise zum Austragungsort des Rennens.
32. Das Pferd hat in seiner Box schädliche Dämpfe eingeatmet.
33. Das Pferd wurde in der Nacht vor dem Rennen von einem nahen Feuerwerk in seiner Ruhe gestört.
34. Der Sattelgurt ist gerissen.
35. Das Pferd hat ein Hufeisen verloren.
36. Das Pferd ist rossig geworden.
37. Das Pferd hat zu früh an der Spitze gelegen beziehungsweise es hat nur Erfolg, wenn es von Anbeginn vorne liegt.
38. Das Pferd hatte keinen Appetit.
39. Das Pferd konnte sich nicht genügend warmlaufen.
40. Das Pferd darf nicht so hart beziehungsweise sollte härter angefaßt werden.
41. Das Pferd muß kastriert werden.
42. Das Pferd ist anämisch.
43. Der Vater des Pferdes hat seine Topform auch erst in fortgeschrittenerem Alter erreicht.

44. Der Jockey glaubte, es sei noch eine weitere beziehungsweise keine weitere Runde zurückzulegen.
45. Der Jockey meinte irrtümlich, irgend etwas stimme nicht, und ließ das Pferd auslaufen.
46. Der Jockey hat die Peitsche verloren.
47. Der Jockey hielt den letzten Zweihundertmeterposten versehentlich für das Ziel.
48. Der Jockey wurde während des Rennens getreten.
49. Der Handikapper war falsch berechnet, und das Pferd mußte folglich zuviel Gewicht tragen.
50. Im Stall ist eine Virusinfektion.

Jeder Pferdehalter, der noch nie mit einer dieser Ausreden konfrontiert worden ist, kann nur ein Wundertier besitzen.

Die vielleicht aberwitzigste Notlüge zur Rechtfertigung eines schlechten Abschneidens lieferte ein Nachwuchs-Jockey. Vor die Rennrichter zitiert, erwiderte er auf die Frage, warum er sich nicht mehr angestrengt habe: »Mein Auftraggeber hat mir die Anweisung erteilt, auf keinen Fall unter den ersten Sechs ins Ziel zu kommen.«

Warum laufen Rennpferde nicht von Jahr zu Jahr schneller?

Unsere Leichtathleten laufen fast Jahr für Jahr immer schneller. Die Rekorde auf der Aschenbahn jagen sich, und kaum einer hält länger als einige Jahre. Das heutige Rennpferd dagegen scheint trotz gezielter Züchtung und aufwendigen Trainings die Grenzen seiner Leistungsfähigkeit erreicht zu haben. Während der letzten hundert Jahre sind Geschwindigkeitssteigerungen und folglich neue Bestzeiten selten geworden. Eigentlich sollte eine bewußte, sich über Generationen erstreckende Züchtung der schnellsten Pferde eine ständige Steigerung der Ergebnisse zur Folge haben. Doch dies ist offensichtlich nicht der Fall; irgend etwas scheint demnach nicht zu stimmen.

Pferderennen ist ein uralter Sport. Anfänglich wurden die Pferde bei solchen Anlässen jedoch nicht geritten. Die Beduinenscheichs ließen vielmehr die Tiere ohne Reiter gegeneinander um die Wette laufen. Sie gaben den Pferden nichts zu trinken und bestimmten eine nahegelegene Wasserstelle als Ziel. Das Pferd, das als erstes dort ankam, war der Gewinner. Die frühesten detaillierten Aufzeichnungen über einen Pferdetrainer stammten aus dem Mittleren Osten und sind über 3300 Jahre alt. Anno 648 vor Christus ließen die alten Griechen erstmals Reiter auf ungesattelten Pferden gegeneinander antreten, und 150 Jahre später wurden spezielle Wettbewerbe für Stuten und für Nachwuchsreiter eingerichtet. Die Römer waren geradezu fanatische Anhänger des Rennsports. Um Christi Geburt wurden in Rom bis zu ein-

hundert Rennen am Tag ausgetragen. Von Menschen überquellende Zuschauerränge, Tumulte, abenteuerliche Wetten, im voraus abgesprochene Sieger, Bestechungen, Doping und all die anderen bis heute bekannten Erscheinungen und Elemente des Rennsports waren bereits damals gang und gäbe. Mit dem Zusammenbruch des Römischen Reiches verschwanden auch die organisierten Rennen. Die Einfuhr der schnellen orientalischen Pferde nach Europa kam zum Erliegen, und die schweren Schlacht- und Arbeitsrosse beherrschten nun ein Jahrtausend lang die Szene.

Im Verlauf der Kreuzzüge erwachte ein neues Interesse an den edlen Vollblütern des Vorderen Orients. Die Ritter bewunderten die feurigen Pferde ihrer Feinde und brachten einige der wundervollen Tiere als Andenken mit zurück in die Heimat. In London wurden mit ihnen allwöchentlich Rennen veranstaltet. Die Besitzer der Gewinner erhielten Geldpreise, wobei der Halter des ersten siegreichen Pferdes, von dem wir Kunde haben, immerhin die für damalige Verhältnisse stattliche Summe von vierzig Goldpfund bekam. Allerdings blieben die Rennen eine Randerscheinung, und Rennpferde spielten im Vergleich zu den Jagd- und Schlachtrossen eine eindeutige Außenseiterrolle. Das änderte sich erst, als im Gefolge neuer Waffentechniken die Ritter mit ihren schweren Rüstungen durch die bewegliche und schnelle Kavallerie abgelöst wurden.

In der Folgezeit nahmen Pferderennen zu; sie wurden mehr und mehr mit Vollblütern ausgetragen und systematisch organisiert. Seit dem 18. Jahrhundert entwickelten sie sich unter der Schirmherrschaft des englischen Königshauses zu einer echten Institution. Man führte vier prächtige Araberhengste und fünfzig Araberstuten aus dem Nahen Osten ein und begründete mit diesen Tieren das sogenannte »(Altenglische) Vollblut«. Seit 1793 wird das »General Stud Book«, das Allgemeine Zuchtbuch, geführt, das den Stammbaum eines jeden Vollblüters registriert. Die Idee hierzu lie

ferten wahrscheinlich die arabischen Pferdezüchter. Sie waren seit langem auf Reinrassigkeit bedacht — das arabische Wort für Vollblut, *Kehilan,* bedeutet etwa soviel wie »durch und durch reinrassig« — und verfügten über Aufzeichnungen über die Ahnenreihe all ihrer Spitzenpferde.

Kurze Zeit nach seiner Einführung wurde das Allgemeine Zuchtbuch für neue Zuchtpferde geschlossen. Somit basiert das Vollblut bis heute auf dem sehr beschränkten genetischen Material der wenigen Zuchtpferde, die im 18. Jahrhundert nach England eingeführt wurden. Schätzungsweise 81 Prozent aller heutigen Vollblüter stammen von genau 31 Urahnen ab. Am Anfang dieser neuen Zucht ließen sich noch genetische Verbesserungen erreichen. So nahm die Geschwindigkeit der Rennpferde bis 1900 jährlich úm etwa zwei Prozent zu. Ihre Körpergröße nahm alle 25 Jahre um jeweils 2,5 Zentimeter zu, bis die Tiere eine Durchschnittsgröße von 1,62 Meter erreicht hatten; und auch ihre Beine wurden länger und schlanker. Die Zucht hat so das moderne Rennpferd zwar seinerseits zu einer Rennmaschine perfektioniert, andererseits jedoch auch an die Grenzen seiner Möglichkeiten geführt. Viele der heute noch gültigen Rekor-

de sind daher bereits ein halbes Jahrhundert alt. Die Bestzeit des Derbys, des großen klassischen Rennens mit seinem 2414 Meter langen Rundkurs, wurde 1926 mit einer Durchschnittsgeschwindigkeit von 61 Stundenkilometern erzielt. Kürzere Distanzen wurden auch bereits damals mit Geschwindigkeiten bis zu 71 Kilometern pro Stunde gelaufen. Nun sind schon seit langem keine Steigerungen mehr zu verzeichnen, obwohl in der Zucht stets nur die Champions zum Zuge kommen und insofern eine laufende Leistungsverbesserung die Folge sein müßte. Anscheinend jedoch ist der genetische Grundstock der Tiere wegen der wenigen Ureltern zu beschränkt, oder aber unsere Trainingsmethoden lassen zu wünschen übrig.

Ist das begrenzte genetische Material die Ursache der heutigen Stagnation, so wäre es an der Zeit, das Allgemeine Zuchtbuch wieder »aufzuschlagen« und den Bestand durch frisches Blut aus dem Nahen Osten aufzufrischen. Ist die mangelnde Leistungssteigerung jedoch durch die gegenwärtig angewandten Trainingsmethoden bedingt, sollten wir uns viel eingehender mit dem unnatürlichen Leben unserer Vollblüter befassen. Behalten die Stimmen die Oberhand, die sich scharf gegen jegliche Einmischung in die geheiligten Traditionen des Rennsports wenden und sich dafür einsetzen, »alles beim alten zu belassen«, so steht der materielle und immaterielle Aufwand, der mit Rennpferden getrieben wird, in keinem angemessenen Verhältnis zum Erfolg. Sicher ist, daß in der Welt des Rennsports irgend etwas nicht stimmt. Die Zeit scheint reif für Neuerungen in Zucht und Training. Doch wie üblich lösen noch unbekannte Risiken Angst aus: Besitzer und Trainer scheuen bei einem neugeborenen, potentiellen Championfohlen vor jeglichem Experimentieren zurück, denn Unsummen stehen auf dem Spiel. Früher oder später freilich wird einer den entscheidenden Schritt wagen und damit dem Pferderennsport des 21. Jahrhunderts neuen Aufschwung geben.

Warum benutzen Jockeys die Peitsche?

Die Peitsche wird benutzt, um das Pferd zu lenken und anzutreiben; gelegentlich auch, um es zu bestrafen. Viele kritische Beobachter des Rennsports halten die Peitsche für grausam und unnötig obendrein und fordern ihr Verbot. Manche Länder kennen bereits strenge Auflagen. In Skandinavien zum Beispiel ist es den Jockeys untersagt, die schlagende Hand vom Zügel zu nehmen, was die Wirkung des Hiebes erheblich mindert. Andernorts wurde die Anzahl der Schläge, die während eines Rennens gestattet sind, begrenzt. Spezielle Rennkommissare überwachen die Einhaltung der Regeln, und Jockeys, die dagegen verstoßen, werden bestraft.

Auch Renn-Insider sprechen sich gegen die Peitsche aus. Eine bekannte Autorität auf dem Gebiet der Vollblutzucht hat freimütig bekannt, das Schlagen von Pferden sei vermutlich »auf die dem Menschen vor allem auf den frühen Stufen der Zivilisation innewohnende Tendenz zurückzuführen, Haustiere gnadenlos zu züchtigen«. Und ein ehemaliger Trainer hat unlängst eingeräumt, sogar ihm als Profi sei es äußerst unangenehm, zu sehen, wie müde Pferde geschlagen werden. »Die brutalen Schläger«, meinte er, »haben lange genug ihr Unwesen getrieben.« Im gleichen Atemzug freilich wies er aus Angst vor der Reaktion der Vertreter der harten Welle darauf hin, daß er selbst keine weichen Methoden praktiziere. Doch langsam beginnen auch die verbohrtesten Schläger die öffentliche Meinung zu fürchten. Der Alarmruf

eines anderen Ex-Trainers, der aufgebracht erklärte: »Zur Hölle mit diesen verdammten Peitschen«, wurde sogar von einer Tageszeitung zur Schlagzeile erhoben. Dieser Mann forderte im weiteren ausdrücklich die Besucher von Flachbahnrennen auf, »ihr Augenmerk auf die miesen Jockeys zu richten, die die auf den Flanken ihrer Pferde zurückgebliebenen Striemen wegstreichen, ehe sie zum Absattelplatz kommen«. Man sieht also, nicht nur die Behörden, sondern auch die betroffenen Schläger reagieren inzwischen auf ein zunehmend sensibilisiertes Publikum, das nicht länger bereit ist, die alten Ausreden, mit denen gegenüber Tieren begangene Grausamkeiten gerechtfertigt werden, gelten zu lassen.

Doch soll und kann die Peitsche ganz verschwinden? Viele Jockeys werden antworten, dies hätte katastrophale Folgen. Sie wären unter solchen Umständen nicht mehr in der Lage, ihr Pferd im Gedränge eines Rennens zu lenken, was unnötige Zusammenstöße, Stürze und Verletzungen zur Folge haben werde. Außerdem brauche das Tier beim Finish einen leichten Schlag, um sich aus der Geborgenheit der Herde zu lösen und sich an die Spitze des Feldes zu setzen. Wenn diese Stimmen recht haben, wie sieht dann die Lösung der »Peitschenfrage« aus?

Was sich deutlich abzeichnet, ist ein Kompromiß zwischen den widerstreitenden Ansichten. Die Definition des verbotenen harten Schlagens muß präzisiert und die Strafe hierfür erhöht werden. Ein leichter Hieb mit der Peitsche dagegen kann weiterhin erlaubt bleiben. Ein solcher Hieb gleicht etwa einem Schlag auf den eigenen Schenkel und genügt bei einer so feinfühligen Kreatur wie dem Pferd völlig, um den angestrebten Zweck zu erreichen. Schmerzhafte Schläge hingegen sind gänzlich unnötig.

Das Problem stellt sich ohnehin nur, weil Jockeys einem ungemein starken Erfolgszwang ausgesetzt sind. Sie werden häufig von ihren Arbeitgebern, den Pferdebesitzern, beschuldigt, mit den Tieren nicht hart genug umzuspringen,

wenn sie ein aussichtsreich liegendes Pferd kurz vor dem Ziel nicht gehörig antreiben. Sie werden von um ihr Geld bangenden Wett-Hasardeuren heftig mit »Schlag zu, schlag doch zu!« angefeuert, wenn sie dem führenden Pferd dicht aufliegen. Diese Wettbrüder sind sicherlich nicht besonders grausame Typen. Vom Rennfieber gepackt, verlieren sie in der Schlußphase eines Rennens ihre normalen Maßstäbe und Hemmungen, und so manchem Jockey ergeht es ähnlich. Sie sehen den Sieg greifbar nahe, falls nur ihr Pferd noch ein wenig schneller liefe. Um das zu erreichen, schlagen sie so hart wie möglich zu. Genau dieser Vorgang widert einen Teil des Publikums an und bringt es gegen den Rennsport auf.

Dabei erzielen die Jockeys mit ihren brutalen Hieben in Wahrheit eher das Gegenteil der gewünschten Wirkung. Ei-

ne leichte Berührung, ein leichter Schlag löst in dem Pferd das instinktive Empfinden aus, ein Raubtier sei ihm unmittelbar auf den Fersen; es wird deshalb all seine Kräfte einsetzen, um dem vermeintlichen Verfolger zu entkommen. Brutale Schläge demgegenüber, die zudem noch mehrfach auf dieselbe Körperstelle treffen, veranlassen das Tier, vor dem »Verursacher« des Schmerzes auszuweichen. Es bricht seitlich aus, macht gar einen abrupten Satz, verliert den Rhythmus und wird infolgedessen für den unter Umständen entscheidenden Bruchteil einer Sekunde langsamer.

Es sollte daher ein für allemal jedermann klar sein: Ein Pferd hart zu schlagen ist durch nichts zu rechtfertigen und unentschuldbar.

Weiß ein Pferd, ob es ein Rennen gewonnen hat?

Die harte Welt des Rennsports ist von sentimentalen Regungen nicht frei, vor allem im Augenblick eines Sieges. Gleichwohl gehört der Glaube, ein Championpferd wisse um seinen Triumph, ins Reich der Phantasie. Denn sämtliche Umstände eines Rennens sowie die Reaktion der Pferde sprechen — entgegen der Meinung fast sämtlicher Experten — eindeutig gegen die Vorstellung, das Tier wisse, daß es gerade viel Geld für seinen Besitzer, Trainer oder Jockey erlaufen habe.

In der Endphase eines Rennens gibt ein Pferd sein Letztes, doch nicht etwa, um zu gewinnen, sondern um seinem Reiter gefällig zu sein. Pferde sind sensible und außerordentlich willige Tiere. Sie respektieren ihren Herrn und führen gehorsam dessen Befehle aus. Sie spüren, wenn dieser von ihnen eine Steigerung oder Drosselung des Tempos verlangt. Sie spüren seinen Willen durch den unmittelbaren körperlichen Kontakt zu ihm: die Berührung seiner Hand, den Druck seiner Schenkel, die Anspannung seines Körpers. Sie erkennen seine Befriedigung an einem belobigenden Halsklopfen oder an seinen Freudenschreien. Aber sie vermögen solche Äußerungen nicht mit dem für uns entscheidenden siegreichen Überqueren der Ziellinie in Verbindung zu bringen. Das wäre menschlich gedacht und liegt gänzlich außerhalb der Empfindungskategorien eines Pferdes.

Erstaunlicherweise tun sich viele Pferdeliebhaber schwer, diese Tatsache zu akzeptieren. Dabei kann oftmals nur das Zielfoto den Sieger bestimmen. Wie sollten dann die betrof-

fenen Pferde selbst wissen, welches von ihnen gewonnen hat? Auch bei eindeutigem Rennausgang, wenn der Erstdem Zweitplazierten eine ganze Länge voraus ist, dürfte dem Pferd die Bewandtnis eines bestimmten weißen Pfostens, der das Ziel markiert, nicht gewärtig sein. Ja, es läßt sich nicht einmal mit Bestimmtheit sagen, ob Pferde überhaupt wissen, daß sie an einem Rennen teilnehmen.

Für ein Pferd bedeutet ein Rennen wohl etwas ganz anderes als Sieg oder Niederlage. Es lebt in einem engen Stall und darf sich endlich auf einer wundervollen Graspiste austoben. Es wird ermuntert, so schnell wie möglich zu laufen, bis es ermüdet oder der Reiter sich auf seinem Rücken entspannt und mit dem Antreiben aufhört. Das Pferd verschafft sich die ersehnte Bewegung, und zwar zusammen mit anderen Artgenossen, was eine Art Herdenpsychose bewirkt. Wettrennen, um zu siegen, gehören ohne Frage jedenfalls nicht

zum Weltbild des Pferdes, obwohl dies die Romantiker unter den Rennbegeisterten gerne so hätten.

Ein vor Anstrengung noch dampfendes irisches Siegerpferd wurde einmal von einem Fernsehkommentator mit den Worten vorgestellt: »Das Pferd weiß ganz sicher, daß es das Rennen gewonnen hat.« Gleichzeitig wurde das schwer schnaubende Tier von einer fröhlich lärmenden Menge glücklicher Wetter umringt, die ihm, wo gerade möglich, anerkennende Klapse verabreichten. Wie das Pferd den Radau und das Getätschel aufnahm, sei dahingestellt. Vielleicht war es verwirrt und irritiert. Vielleicht glaubte es einen fürchterlichen Fehler begangen zu haben, weil es von lauter lärmenden Zweibeinern eingekesselt war, während seine Gefährten Ruhe und Frieden genossen. Wie auch immer, Pferde sind gewiß intelligente und hochsensible Lebewesen. Sie denken und fühlen aber weder wie wir, noch sind sie Spieler oder Genies, und keinesfalls wissen sie um ihren Sieg in einem Rennen.

Wieso sprechen wir von Steeplechase-Rennen?

Das auch im Deutschen unter dem englischsprachigen Begriff *Steeplechase* bekannte Hindernisrennen verdanken wir zunächst der List des Fuchses und später der Unehrlichkeit des Menschen. Zuerst zum Fuchs.

Eines schönen Nachmittags etwa Mitte des 18. Jahrhunderts ritt eine vom schlauen Reineke ausgetrickste Gruppe von Jägern ohne jegliche Beute nach Hause. Um der trüben Stimmung abzuhelfen, hatte einer der Waidmänner — so jedenfalls lautet die Kunde — den plötzlichen Einfall zu einem Wettrennen. Er behauptete, er werde als erster den in der Ferne deutlich sichtbaren Kirchturm des Heimatdorfes erreichen. Um die Sache spannender zu machen, vereinbarte man, so direkt wie möglich auf das Ziel zuzureiten und keinem Hindernis auszuweichen. Wer zuerst mit seiner Peitsche den Glockenturm berühre, dem sollte der Sieg gebühren. So entstand aus dem »Kirchturm-Jagen« der Begriff *Steeplechasing**, der später synonym für »Hindernisrennen« verwendet wurde.

Nun waren Flach- und Jagdrennen schon lange vor dieser Begebenheit gang und gäbe. Doch niemand war auf die Idee gekommen, beide Zerstreuungen miteinander zu verbinden. Einmal erfunden, verbreitete sich der neue Zeitvertreib rasch auf den britischen Inseln. Im Jahre 1752 fand in Irland

---

* Engl. *steeple* = Kirchturm; Anm. d. Übers.

das erste verbürgte *Steeplechasing* statt. Zwei Reitersleute, die Herren O'Callaghan und Blake, legten dabei die über sieben Kilometer lange Strecke zwischen den Kirchtürmen der Ortschaften Buttevant und St. Leger im Galopp zurück. Dem Gewinner winkte ein Faß Portwein, ein halbes Faß Bordeaux und ein Viertelfaß Jamaika-Rum. Wer der Sieger war, ist nicht überliefert. Na ja, nach dem Genuß des ausgesetzten Siegerpreises war vielleicht niemand mehr in der Lage, etwas schriftlich festzuhalten, enthielt doch ein altes englisches Weinfaß immerhin 477,3 Liter.

In der zweiten Hälfte des 18. Jahrhunderts wurde das *Steeplechase* meist auf höchst einfache und informelle Weise von Kirchturm zu Kirchturm ausgetragen. Erst eingangs des folgenden Jahrhunderts begann man den Sport zu organisieren. Und so dauerte es nicht lange, bis unehrliche Menschen ins Spiel kamen. Flachrennen waren bis zu diesem Zeitpunkt den Jagdpferden vorbehalten, Tieren also, die nicht eigens zu Rennzwecken gezüchtet wurden. Einige Reiter gaben nun freilich vor, ihre Pferde entsprächen der Regel, obwohl es sich in Wahrheit um schnellfüßige Vollblüter handelte. Kein Wunder, daß sie die schwereren, auf die Verfolgung von Wild spezialisierten Jagdpferde im *Steeplechasing* mühelos schlugen. Um solchen Betrügereien ein Ende zu bereiten, kam man auf den Gedanken, Flachrennen zu veranstalten, die mit natürlichen Hindernissen nachempfundenen Hürden ausgestattet waren. Insofern hat neben der füchsischen Schläue menschliche Falschheit den Anstoß zum heutigen *Steeplechase* gegeben.

Das erste echte *Steeplechase*-Rennen wurde 1810 im englischen Bedford ausgetragen. Der Rundkurs maß etwa fünf Kilometer und zählte acht Hindernisse von je etwa 1,37 Meter Höhe, die oben mit einem dicken Balken abschlossen. Normale Jagdpferde scheiterten an ihnen unweigerlich. Die neue Rennart, bei der regelmäßig einige der zweibeinigen Akteure unsanft auf dem Boden landeten, zog die für dama-

lige Verhältnisse riesige Zuschauermenge von über 40000 Besuchern an. Das Risiko der Reiter erhöhte den Kitzel der Rennen, die Gefährdung der Tiere dagegen löste Unbehagen und Kritik aus. Das bekannteste Beispiel hierfür ist das einzigartige — heute auf der ganzen Welt berühmte — Grand-National-Rennen, das seit 1839 alljährlich in Aintree ausgetragen wird. Seine enthusiastischen Anhänger begeistern sich bis heute an seinen unwahrscheinlichen Schwierigkeiten, seine Gegner hingegen lehnen es wegen der Schinderei der Tiere ab. Ja, manche Pferdebesitzer weigern sich schlicht, ihre geliebten Pferde auf diesen brutalen, 7,2 Kilometer langen Kurs zu schicken. Die stolze Besitzerin eines Grand-National-Siegers hat unlängst sogar zugegeben, sie habe vor lauter Entsetzen dem Siegeslauf ihres Pferdes nicht zuschauen können. Sie zog daraus die Konsequenz und ließ das Tier kein zweites Mal antreten.

Allein schon aus Tradition ist das *Steeplechasing* dennoch in seinem Ursprungsland sehr beliebt. In den Vereinigten Staaten dominieren mehr die Flachrennen. Anscheinend scheuen dort die Wetter die großen Risiken, die Hindernisrennen vergleichsweise unkalkulierbar machen, denn selbst der größte Favorit kann unvermittelt stürzen und so zu Schaden kommen. Merkwürdigerweise bestätigt aber die Statistik die Ängste nicht. Vielmehr lassen sich die Gewinner von Hindernisrennen sicherer voraussagen, als dies bei Flachrennen der Fall ist. Das gegenüber dem *Steeplechasing* eingewurzelte Vorurteil läßt sich gleichwohl nicht ausrotten, und weltweit gesehen hat dieser Sport nie die Popularität der viel älteren Flachrennen erreicht.

Wem verdanken wir die Erfindung des Steigbügels?

 Weder die alten Griechen noch die Römer, weder Alexander der Große noch Julius Cäsar kannten den Steigbügel. Diese Tatsache wird den Leser vermutlich sehr erstaunen. Ritten die Heerführer der Antike in die Schlacht, so drückten sie ihre Schenkel voll an den Körper ihrer Tiere — in der Hoffnung sozusagen, es werde schon gutgehen. Xenophon etwa erteilt in seinen Schriften folgende Anweisung: »Der Reiter hat ganz aufrecht mit leicht seitlich abgewinkelten Beinen auf dem Pferd zu sitzen. Dadurch kann er sich mit seinen Schenkeln viel fester an das Tier klammern und sich auch während des Reitens gerade halten, um den Speer mit möglichst geballter Kraft von sich zu schleudern.« Auf diese höchst unbequeme Weise, also ohne die Stabilität, die der Steigbügel dem Reitvorgang verleiht, die Welt oder wie allein Alexander der Große ein Gebiet von mehr als fünf Millionen Quadratkilometern Fläche zu erobern, ist schon eine bewundernswerte Leistung.

Ein völlig auf der Schenkelkraft beruhendes Reiten ohne Sattel und Steigbügel verlangt durchtrainierte und erfahrene Reiter. Ansonsten ist es unmöglich, eine Schlacht auf dem Pferderücken unbeschadet zu überstehen. Zudem schränkt diese Form des Reitens die Handlungsfreiheit enorm ein und erschwert das Auf- und Absteigen. Insofern nimmt es in der Tat wunder, daß damals niemandem der Gedanke an einen Sattel samt Fußhalterung gekommen ist oder wenigstens die Idee einer vergleichbaren Vorrichtung. Vielleicht hat die

damals herrschende strenge militärische Zucht die Phantasie blockiert.

Wer aber hat nun den Steigbügel erfunden? Nach Ansicht russischer Historiker die Skythen. Sie stammten aus dem eurasischen Raum, drangen bis Nordgriechenland vor und waren hervorragende Reiter. Auf frühen Kunstgegenständen dieses Volkes lassen sich Pferde erkennen, die möglicherweise einen Gurt mit Steigbügeln tragen, allerdings sind diese nur schemenhaft zu erahnen und somit nicht beweiskräftig. Die Tatsache, daß Alexander der Große von den Skythen Pferde bezogen hat, erhöht unsere Zweifel. Denn warum hat er dann die geniale Erfindung des Steigbügels nicht mitübernommen?

In den heißeren Regionen weiter östlich auf dem indischen Subkontinent, wo die Reiter barfüßig waren, taucht etwa 200 Jahre vor Christus ein in Schleifen gelegtes Seil auf. Die dortigen Reiter stützten darin offenbar ihre Zehen ab, was das Aufsteigen erleichterte. Von Indien aus als dem wahrscheinlichen Herkunftsland unseres Steigbügels verbreitete sich seine einfache und gleichzeitig so folgenreiche Frühform über ganz Asien bis hin in die kälteren Zonen Europas. Dort trugen die Reiter zum Schutz gegen die Kälte schwere Stiefel, was anstatt des schmalen Zehenbügels den breiteren und stabileren »Voll-Fuß«-Steigbügel erforderte.

Vor der Einführung der neuen Erfindung waren die lanzenwerfenden Krieger gezwungen gewesen, sich mit einer Hand am Pferd festzuhalten, da der Schenkeldruck allein nicht zur Wahrung des Gleichgewichts ausreichte. Nun hatten sie beide Hände zur Waffenführung frei, konnten in vollem Galopp ihre Bögen abschießen und somit den Gegner ungleich wirkungsvoller angreifen. Die mongolischen Horden unter Attila machten sich bei ihrem Vormarsch nach Westen dessen Vorteil zunutze. Aufgrund des neugewonnenen Bewegungs- und Handlungsspielraums »erlegten« und erschlugen sie von der sicheren und Übersicht bietenden

Höhe ihrer flinken Pferde aus zahllose Feinde. Nicht zu Unrecht hat ein Militärhistoriker behauptet, die Einführung des Steigbügels sei im Zeitraum zwischen der Domestikation des Pferdes und der Erfindung des Schießpulvers der bedeutendste Meilenstein auf dem Gebiet der Kriegsführung gewesen.

Im achten nachchristlichen Jahrhundert finden wir den Steigbügel bereits überall in Europa. In Verbindung mit einem verbesserten Sattel revolutionierte er dort die westliche Reitkunst. Jeder Reiter, auch der unerfahrene und ungeübte, fühlte sich endlich »sattelfest«. Die schweren Rüstungen der Ritter wurden möglich. Reiten war nicht länger ausschließlich den jungen und sportlichen Leuten vorbehalten, körperliche Verfassung, Größe, Gewicht und Alter spielten künftig eine zweitrangige Rolle. Und schließlich hatte man nun auf dem Rücken der Pferde beide Hände zur freien Verfügung.

Wieso bringen Hufeisen angeblich Glück?

Hufeisen-Symbole gibt es überall in der Welt in allen möglichen Varianten: als Anhänger, Schlüsselring, Hochzeitskuchen, Grußkarte oder Autozierat. Auf dem Land finden wir noch echte Hufeisen über Eingangstüren, an Hauswänden und vor allem über Stalltoren. Seefahrer nageln sie zuweilen an Schiffsmasten, wie etwa Admiral Nelson auf seinem Flaggschiff *Victory.* Einige Taxifahrer gehen in ihrem Aberglauben sogar soweit, auf einem U in der Zulassungsnummer ihres Wagens zu bestehen, da die Form dieses Buchstabens derjenigen des Hufeisens ähnelt.

In all diesen Fällen hat das Hufeisen die gleiche Bedeutung: Es soll Schutz gewähren und Glück bringen. Doch wieso? Ohne daß sie zu sagen wüßten, warum, ist das Hufeisen für die meisten Menschen ein altes glücksbringendes Symbol, dessen Bedeutung sie nicht hinterfragen. Doch auch die Wißbegierigen bringen bei ihrer Suche nach den Wurzeln dieses Volksglaubens keine eindeutigen Erklärungen zutage.

Eine recht einfache Theorie leitet den um das Hufeisen sich rankenden Aberglauben von dessen schützender Funktion beim Pferd ab. Es verhindert Abnutzung und Verletzungen der Hufe. Warum also sollte es in übertragenem Sinne nicht auch uns vor Unbill bewahren?

Verstärkt wird diese Vorstellung durch die in den Augen unserer Vorväter offenkundig magischen Eigenschaften des Hufeisens. Sie hatten noch keine Kenntnis von der Beschaffenheit des Pferdehufes; beeindruckt sahen sie lediglich, wie

das heiße Eisen auf den Huf genagelt wurde, ohne dem Tier Schmerzen zu bereiten.

Was die Zauberkraft des Hufeisens weiter steigerte, war die Tatsache, daß es mit sieben Nägeln am Huf befestigt wurde, und die Sieben war seit altersher eine Glückszahl. Auch hielten unsere Vorfahren das Eisen für geeignet, den Teufel zu verjagen. Sie klopften daher auch noch lieber dreimal auf Eisen als auf Holz.

Hufeisen waren obendrein mehr als nur geisterbannende Eisenstücke. Ihre U-Form erinnerte die Menschen an ein aufwärts gerichtetes Hörnerpaar. Hörner — und dieser Glaube geht weit in heidnische Zeiten zurück — repräsentierten den Gehörnten Gott. In ihrem Bestreben, einerseits bereits bestehende religiöse Symbole zu verwenden, diese aber andererseits zu entweihen, machten die frühen Christen den Gehörnten Gott zum gehörnten Teufel. Trotzdem ließ sich der Glaube an die schützende und glückverheißende Kraft des nach oben weisenden Hörnerpaars nicht ausrotten. Wie vor Jahrtausenden sehen wir es noch heute an Häusern und landwirtschaftlichen Gebäuden, insbesondere im Mittelmeerraum. Auch die Geste der »gehörnten« Hand gibt bis in unsere Tage noch manchenorts als glückbringend.

Unsere christlichen Vorfahren setzten alles daran, den heidnischen Sinngehalt des Hufeisens auszulöschen. Sie taten so, als müsse man es mit der Öffnung nach rechts »lesen«, und behaupteten, es repräsentiere den ersten Buchstaben im Namen Christi, also ein C. Den Leuten erzählte man kurzerhand, dies sei schon immer die einzig richtige Deutung des Hufeisens gewesen. Ein heidnischer Brauch wurde so gleichsam »christianisiert«.

Wieder andere verwandten das Hufeisen nach unten geöffnet, was angeblich besonders gegen Dämonen helfen sollte. Ja, die Bewohner mancher Landstriche unterschieden genau zwischen dem nach oben gerichteten Hufeisen als Glücksbringer und dem nach unten weisenden als Beschüt-

zer. Bei letzterem spielt auch die Symbolkraft der weiblichen Genitalform eine Rolle. Diejenigen, die es für abwegig halten, daß früher Sexualmotive an die Hauswand genagelt wurden, seien auf mittelalterliche Kirchen verwiesen. Über vielen Portalen waren damals eindeutige Symbole des weiblichen Geschlechtsteils dargestellt. Diese Darstellungen sollten dem Teufel sofort ins Auge stechen und ihn davon abhalten, in den geweihten Raum einzudringen und dort sein Unwesen zu treiben. Das auf den Kopf gestellte Hufeisen fungierte wohl als ein abgeschwächtes Ersatzsymbol hierfür, das weniger Anstoß erregte und daher allgemein eher akzeptabel war.

Auch im Sprachlichen stoßen wir in Verbindung mit dem Hufeisen auf sexuell gefärbte Bezüge. In der englischen Umgangssprache etwa nannte man im 18. Jahrhundert das weibliche Genital auch *horseshoe* (Hufeisen), und in Deutschland hieß es von einem verführten Mädchen, es habe »ein Hufeisen verloren«.

Neben den schon genannten gibt es noch zahlreiche weite-

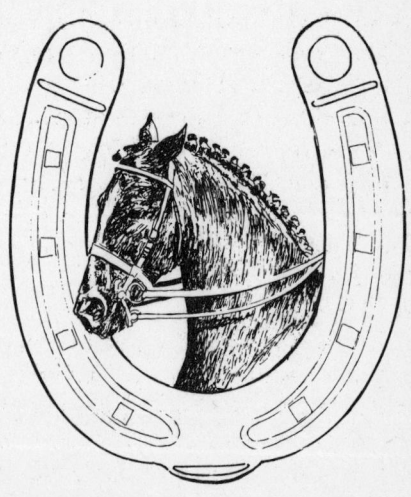

re Deutungen des Hufeisens als Glücksbringer. So betrachteten in früheren Zeiten manche das Hufeisen als Heiligenschein und somit als Symbol der Heiligkeit, andere wiederum hielten es für ein Sinnbild des zunehmenden Mondes, um nur zwei dieser Interpretationen zu nennen. Die erste dieser Deutungen beschwor den Schutz der Heiligen, die zweite das Wohlgefallen der Mondgottheit.

Welcher der genannten Faktoren nun auch immer das Hufeisen zum Glückszeichen hat werden lassen, seine Anziehungs- und Symbolkraft ist bis heute ungebrochen geblieben. Es ist bei Millionen von Menschen als Talisman beliebt, auch wenn sie nichts von den Ursprüngen dieses Aberglaubens wissen.

Woher stammen die Zierbeschläge?

 In unseren heutigen Augen sind die an Pferdegeschirren angebrachten Zierbeschläge, teilweise auch *Flatterscheiben* genannt, ausschließlich prunkvolles Beiwerk, mit dem wir schwere Gäule bei Umzügen und feierlichen Anlässen schmücken. In früheren Zeiten kam solchen Beschlägen jedoch eine wichtige inhaltliche Bedeutung zu. Als Relikte heidnischen Glaubens waren die Zierbeschläge ursprünglich Amulette zum Schutz gegen böse Geister, was sich bis zum Anfang der Beziehung zwischen Mensch und Pferd zurückverfolgen läßt.

Seit der Domestizierung der Pferde bot der Besitz eines solchen Tieres einen ungemeinen Vorteil gegenüber Mitmenschen ohne Pferd. Unser vierbeiniger Gefährte wurde zu einem wertvollen Haustier, um das man sich sorgte. Denn die dunklen Mächte hatten es vor allem auf den kostbarsten Besitz des Menschen abgesehen. Sie verfügten über ein breites Repertoire schlimmer und abgefeimter Mittel, um ihr verheerendes Unwesen zu treiben; eines dieser Mittel war der böse Blick. Niemand wußte genau, worin er bestand, wer ihn hatte, wodurch er wirkte. Menschen mit schielenden oder eigenartig gefärbten Augen wurden zwar bevorzugt verdächtigt, aber der böse Blick bemächtigte sich auch harmlos Dreinschauender, ohne daß diese davon etwas ahnten. So war man nie sicher, was ein einziger Blick eines guten Bekannten oder eines Fremden einem umhegten Pferd antun konnte. Brachte der böse Blick dem Tier eine geheimnisvolle Krankheit, fügte er ihm Verletzungen zu, oder bedeutete er gar dessen Tod?

In einer derart von Aberglauben und Angst erfüllten Welt suchten unsere heidnischen Vorfahren Schutz und Heil bei einer Fülle religiöser Bräuche und Riten. Diese Praktiken reichten vom Tragen harmloser Amulette über feierliche Zeremonien bis hin zu grausamen Blut- und Bußopfern. Talismane und Amulette richteten sich unmittelbar gegen den bösen Blick. Ihre schützende und abwehrende Wirkung bestand entweder in ihrer göttlichen Symbolkraft, die das Böse vertrieb, oder aber in obszönen Anreizen, die dem Teufel gefielen und von seinem eigentlichen Ziel ablenkten. Neben solchen Darstellungen und Sinnbildern machtvoller heidnischer Gottheiten — etwa Hörnerpaaren, der Sonne und dem zunehmenden Mond — gehörten die Zierbeschläge zur ersten Kategorie der Abwehrmittel. Angesichts dessen können wir nur über den christlichen Pferdehaltern des 19. Jahrhunderts schmunzeln, der mit viel Hingabe die Zeichen heidnischer Sonnen- und Mondverehrung auf Hochglanz brachte und somit den alten Göttern ahnungslos seine Reverenzen erwies.

Angeblich war der böse Blick besonders aktiv und gefährlich in solchen Zeiten, da sich sein potentielles Opfer in Hochstimmung oder exponierter Lage befand. Daher erschien es äußerst wichtig, Pferde bei großen Ereignissen, Festivitäten und Umzügen über und über mit schützenden Flatterscheiben zu behängen. Bei den prunkvollen Festtags-Geschirren unserer Arbeits- und Zugpferde hat sich dieser Brauch bis heute erhalten. Was jedoch in unserer Zeit eine farbenprächtig-dekorative Augenweide ist, hatte einstmals einen tiefen und ernsten Hintergrund.

Die am weitesten verbreitete Form des Zierbeschlags war die einfache Sonnenscheibe. Noch immer schmückt sie als *Sonnenblitz* oder *Schlitzrose* die Stirn unserer Pferde. Trifft sie der Sonne Strahl, so funkelt sie golden. Unsere Ahnen glaubten, dadurch werde der böse Blick gleichsam geblendet. Sie hielten deshalb die Zierbeschläge stets blitzblank ge-

putzt und erachteten mattes Geschirr als nahezu wirkungslos.

Neben der einfachen Sonnenscheibe finden wir in der heidnischen Zeit viele andere Formen: so etwa die Strahlensonne, das Hakenkreuz als Zeichen der wandernden Sonne, weiterhin Monde, Sterne, Räder, von den Ägyptern entlehnte Herzen, geweihte Hände, Eicheln, Vögel, wilde Tiere und Blumen, voran die Lotusblume, ein weiteres Symbol aus dem ägyptischen Kulturkreis. Im 19. Jahrhundert wuchs die Zahl der Embleme geradezu inflationär an, ein Experte spricht von etwa 3000 solcher Symbole. Die neuen Motive standen freilich in keiner Beziehung mehr zu den heidnischen Ursprüngen der Brasse. Künstlerisch-handwerkliche Phantasie und Zeitgeschmack bestimmten ihre Formen und Muster, die traditionelle Vorlage wurde unwichtig.

Um 1820 lösten gegossene Zierbeschläge die kunstvoll gehämmerten ab. In jüngster Vergangenheit hat sich geradezu eine Massenproduktion solchen Zierates entwickelt, der nicht mehr dazu dient, Pferde zu schmücken, sondern für den Direktverkauf an Liebhaber und Sammler bestimmt ist. Paradoxerweise haben die Flatterscheiben das Zugpferd überlebt; doch gegen den bösen Blick unseres Jahrhunderts, die Scheinwerfer der motorgetriebenen Fahrzeuge, waren sie machtlos.

Warum essen wir kein Pferdefleisch?

 Pferdefleisch wird übereinstimmend als sehr nahr- und schmackhaft bezeichnet. Trotzdem ist sein Verzehr in vielen Kulturkreisen tabuisiert. Der Grund hierfür ist nicht in der heutigen Sensibilisierung gegenüber Tieren, insbesondere unseren engen Hausgenossen unter ihnen, zu suchen, sondern in den uns heute zum Teil kaum mehr faßbaren Einstellungen und Ängsten früherer Jahrhunderte.

Knochenfunde aus Höhlen der Altsteinzeit belegen, daß unsere Vorfahren Pferde in reichlichem Maße erlegten und aßen. Die damals bevorzugte Jagdtechnik bestand darin, ganze Herden in Panik zu versetzen und über Klippen oder Steilhänge in den Tod zu jagen. Diese brutale Jagdmethode änderte sich erst, als sich in der Neusteinzeit der Ackerbau ausbreitete und die Domestizierung des Wildpferdes begann. Man schätzte das Pferd zwar auch jetzt noch in erster Linie wegen seines Fleisches, führte es aber zunehmend auch anderen Verwendungszwecken zu: Man verarbeitete das Fell zu wetterbeständiger Kleidung oder zu einfachem Dachmaterial, die Knochen und Hufe zu Werkzeugen oder Schmuckstücken, die Stutenmilch diente nun immer häufiger als Getränk.

Pferde dienten nie derart ausschließlich als Nahrungs- und Produktlieferanten wie andere Tiere, etwa das schwergewichtige Fleischrind oder die großeutrige Milchkuh. Fünftausend Jahre lang spielten sie in erster Linie als Last- und Tragtier eine beherrschende Rolle im Leben des Menschen und schleppten seine Habe und ihn selbst über weite Entfer-

nungen. Sie veränderten unser Dasein grundlegend, ermöglichten uns eine zuvor ungeahnte Mobilität und eröffneten neue Wege des Handels, der Erkundung und der Eroberung. Kurz, das Pferd wurde zum wichtigsten Tier in der Geschichte der Menschheit. Es ist daher kaum verwunderlich, daß es in Legenden eingegangen, verehrt, gar als heilig angesehen und mit der Götterwelt in Verbindung gebracht worden ist. Pferde trugen die Götter durch den Himmel. Der unheilvolle Blitz war das Knallen der göttlichen Pferdepeitschen, der beängstigende Donner das Hufgedröhn der Himmelsrosse.

In vielen heidnischen Religionen wurde das Pferd zum Opfertier. Sein Fleisch und Blut verlieh den Menschen Stärke und Macht. Zugleich mit dem Aufkommen der christlichen Lehre wurden neue Vorstellungen und Regeln geprägt, die teilweise genau und bewußt den alten Vorstellungen widersprachen. Die neue Lehre ächtete oder christianisierte die heidnischen Gebräuche. Der Genuß von Pferdefleisch wurde nun als gottlos und teuflisch gebrandmarkt. So nahm das noch heute geltende Tabu seinen Anfang.

In manchen Gegenden freilich wollte die Entmythologisierung des Pferdes nur schwer gelingen. Trotz aller kirchlicher Ermahnungen ließ sich das Pferd nicht vom heiligen Wesen zum reinen Gebrauchstier herabstufen, und auch sein Verzehr konnte nicht völlig ausgerottet werden. Papst Gregor III. untersagte daher im Jahre 732 den Genuß von Pferdefleisch ausdrücklich. Die Kelten, die sogar eine eigene Pferdegottheit namens Epona kannten, widersetzten sich diesem von höchster Stelle ergangenen Verbot hartnäckig. Noch im 12. Jahrhundert nahm ein irischer König bei seiner Krönung ein Bad in Pferdesud. Eine weiße Stute wurde gemäß den alten rituellen Vorschriften als Opfer dargebracht, zerlegt und gekocht. Der neue Herrscher setzte sich in den Sud, aß das Fleisch und trank die Brühe, oder, wenn man so will, sein eigenes Badewasser.

Die heidnische Vorliebe für das Pferdefleisch überlebte mancherorts noch jahrhundertelang, starb aber in der christlichen Welt nach und nach fast völlig aus. Auch andere große Religionen ächteten das Pferdefleisch. Buddha verbot ausdrücklich den Genuß von Pferdefleisch, auch Mohammed verzehrte es selbst nie. Die meisten seiner Anhänger folgen ihm hierin bis heute. Auch bei den Hindus ist der Verzehr von Pferdefleisch verpönt.

So bedienten sich in den zurückliegenden Jahrhunderten nur noch die Ärmsten der Armen und die kurz vor dem Hungertod Stehenden dieser verfemten Nahrung. Vor allem Landbewohner, die unter den zahllosen Fehden und Kriegen des Adels zu leiden hatten, konnten sich es trotz allen Widerstrebens und Widerwillens nicht leisten, die proteinreichen Kadaver der kräftigen und fleischreichen Schlachtrosse, die auf dem Kriegsschauplatz zurückblieben, den wilden Tieren zu überlassen. Damals wie heute spielte sich die Verwertung der Pferdekörper im Verborgenen ab. In unseren Tagen wird zum Verzehr bestimmtes Fleisch erst einmal zum Schein exportiert oder möglichst unauffällig dem Tierfutter beigemengt.

Der einzig nennenswerte Versuch, den Genuß von Pferdefleisch in Europa wieder »salonfähig« zu machen, fand überraschenderweise im Viktorianischen England statt, in einer Epoche also, da die gefühlsselige Tierliebe ihren Höhepunkt erreichte. Die schlechte Versorgungslage der armen Bevölkerung des Landes und die schrecklichen Folgen der Unterernährung bewogen die Behörden, das nahrhafte und wohlschmeckende Pferdefleisch als Ersatznahrung zu propagieren. Epidemien hatten damals dem Rinderbestand erheblich zugesetzt und die Preise für Rindfleisch in die Höhe getrieben. Pferde als das wichtigste Transportmittel jener Zeit gab es dagegen in großer Zahl, ihr Fleisch war billig zu haben.

1868 wurde gar ein eigener Verein, »Die Gesellschaft zur Verbreitung des Pferdefleisches als Nahrungsmittel«, ge-

gründet, um den Ruf dieses Lebensmittels aufzubessern. Im luxuriösen Londoner *Langham Hotel* veranstalteten die Vereinsmitglieder ein besonderes Festessen, dessen detaillierte Abfolge in allen Zeitungen publiziert wurde: Pferde-Consommé, Seezungenfilet in Pferdeöl, magere Pferdeleber-Terrine, gegrilltes Pferdefilet »Pegasus«, Truthahn mit Roßkastanien, gefüllte Pferdelende »Centaur«, Pferdeschmorbraten, Huhn mit Pferdeklauen garniert, Hackfleischklöße »Gladiator«, Zunge à la Trojanisches Pferd, Hummer in Schindmährenöl und Pferdefußgelee in Maraschino. Am Büffet gab es Pferdekopf mit Gemüse garniert, Pferdelende und gekochten Widerrist.

Trotz der wirtschaftlichen Notlage und wohlgemeinter Werbekampagnen gelang es nicht, das Pferdefleisch selbst in den ärmeren Schichten wieder einzuführen. Lediglich in Belgien und Frankreich konnten sich einige pferdefleischbegeisterte Feinschmecker etablieren. Es blieb bei der ablehnenden Haltung, die die Zeitschrift *Punch* einmal wie folgt zusammenfaßte: »*Hippophagie* — bezeichnet den Verzehr von Pferdefleisch, und *Hypokrisie* (Heuchelei) ist die Behauptung, dieses Fleisch sei wohlschmeckend.«

Der Direktor eines College in Cambridge wollte sich nicht mit der öffentlichen Meinung über das edle Pferd anlegen und lenkte die Aufmerksamkeit auf den Esel, ein in unserer Wertschätzung weit tiefer stehendes Tier. Er ließ ein neunjähriges wohlgemästetes Langohr zu einem Festessen des ehrwürdigen Trinity College auftragen. Das Echo war negativ, zumal Kollegen aus dem rivalisierenden Oxford lästerten, einen alten Esel zu verspeisen komme für einen Cambridge-Würdenträger einem kannibalistischen Akt gleich.

Die Kirche, die ehedem das Pferdefleisch tabuisiert hatte, schwieg zu den Bemühungen um eine Wiederbelebung seines Verzehrs. Wahrscheinlich waren der keltische Pferdegott und die heidnischen Rituale mittlerweile in Vergessenheit geraten.

Ausschlaggebend für die bis heute bestehende Abneigung gegen das Pferdefleisch ist wohl unsere gewandelte Einstellung gegenüber dem Tier. Darwin hatte nachgewiesen, daß der Mensch Teil der animalischen Natur und mit den anderen Lebewesen verwandt ist. So entwickelte sich ein Gefühl der Verbundenheit mit den Tieren. Tierschutzorganisationen entstanden, Tierquälerei galt nun als anstoßerregend, und der Vegetarismus wuchs sich zu einer Bewegung aus. Die Menschen verhielten sich fortan gegenüber den Tieren weniger grausam und blutrünstig. Im religiösen Bereich etwa hatten sie bereits das den heidnischen Gottheiten geweihte rote Blut und Fleisch symbolisch durch Wein für Christi Blut und Oblaten für sein Fleisch ersetzt.

In großen Teilen der Welt wird nur noch Fleisch von Tieren genossen, die man eigens zur Fleischerzeugung aufzieht. Alle engen Haustiere, wie Pferde, Hunde und Katzen, betrachten wir als Helfer und Gefährten und nicht als Genußmittel. Ein treues Pferd, das uns ein Leben lang auf seinem Rücken getragen hat, belohnen wir mit dem Gnadenbrot und ersparen ihm den schnöden Gang zum Schlachter.

Was bedeutet Pferdestärke?

Bis vor kurzem wurde die Motorenleistung bei Kraftfahr-
zeugen und anderen Maschinen allgemein in Pferdestärken
ausgedrückt. Obwohl nunmehr die »Kw«-(Kilowatt-)Maß-
einheit offiziell an die Stelle der PS getreten ist, ist die alte
Bezeichnung unvermindert in Gebrauch.

Der Normalbürger glaubte gemeinhin, die PS-Angabe be-
deute die summierte Kraft der jeweils angegebenen Zahl von
Pferden. Ein Auto von vierzig PS würde demnach etwa der
vereinten Stärke von vierzig Rossen entsprechen. Doch die
Wahrheit ist komplizierter.

Der Vater der PS-Maßeinheit ist der schottische Ingenieur
James Watt. Er wollte die Kraft der von ihm im Jahre 1765
erfundenen Dampfmaschine volkstümlich und verständlich
ausdrücken. Was lag da näher, als einen Vergleich mit dem
zu seiner Zeit vorherrschenden Transportmittel, dem Pferd,
heranzuziehen?

Watt wandte sich an Brauereien, deren kräftige Gäule täglich große Lasten zogen. Aufgrund der entsprechenden An-
gaben berechnete er zutreffend die Durchschnittsleistung eines Pferdes. Aus unerfindlichen Gründen jedoch multipli-
zierte er die Ausgangszahl mit 1,5. Damit erhielt er »seine«
Maßeinheit PS. Sie steht für die Kraft, die notwendig ist, um
33 000 englische Pfund (zirka 14 950 kg) einen englischen
Fuß (30,48 cm) in der Minute vorwärts zu bewegen. 10 PS
etwa kommen dem Leistungsvermögen von 15 gestandenen
Brauereipferden gleich. Wahrscheinlich wollte der seriöse
Watt die Kraft seiner neuen Erfindung eher konservativ und
untertreibend ansetzen, um einen um so verblüffenderen
Überraschungseffekt bei den Benutzern seiner Maschine zu

erzielen. Übrigens entspricht das angelsächsische *horse-power* 1,01387 deutschen PS.

Bereits kurz nach seiner Einführung wurde das neue Maßsystem als »schockierend unwissenschaftlich« kritisiert und als kaum »lebensfähig« bezeichnet. Das Gegenteil jedoch traf ein. Die PS wurden zur anschaulichen und jedermann geläufigen Angabe für die Stärke von Motoren und zum Stolz unzähliger Autobesitzer.

Woher stammt der Begriff »Jockey«?

Früher nannte man in England einen unbekannten Mann aus den »niederen« Schichten *Jack*. Der gleiche Name, nur als *Jock* ausgesprochen, diente in Schottland zur Anrede der Bauern. Die Verkleinerungsform war *Jockie*, wie meist die Stallburschen hießen. Anfang des 17. Jahrhunderts wurden mit diesem Namen auch junge Pferdehändler bezeichnet. Da aus dieser Gruppe die ersten bezahlten Rennreiter hervorgingen, bürgerte sich *Jockey* im Laufe der nächsten hundert Jahre als Bezeichnung für den neuen Berufsstand ein. Diese Bezeichnung hat im Englischen wie in vielen anderen Sprachen, so etwa im Französischen, Spanischen, Portugiesischen und Deutschen, bis heute Bestand.

Diese Herleitung der Berufsbezeichnung »Jockey« hat jedoch den Widerspruch eines Fachmanns hervorgerufen. Dieser im neunzehnten Jahrhundert lebende Experte behauptete nämlich, das Wort »Jockey« entstamme der Zigeunersprache; dort heißen lange Peitschen, die heute hauptsächlich Pferdehändler benutzen und *Jockey-Peitschen* nennen, *chuckni*. Die Wissenschaft hält diese Ableitung für abwegig. Vielleicht aber hat dieser Zusammenhang bei der Ausbildung des Begriffs *Jockey* eine Rolle gespielt, wenngleich eine zweitrangige.

Nebenbei bemerkt ist der Jockey-Helm ein Erbe des alten Rom. Die antiken Wagenlenker trugen eine ähnliche Kopfbedeckung. Sie war aus Bronze gefertigt, um den Kopf zu schützen, und hatte einen Schirm gegen die grelle Sonne. Der Jockey-Helm diente übrigens als Vorlage für die traditionelle Kopfbedeckung der englischen Schüler.

Woher stammt die Bezeichnung »Pferd«?

 Die meisten von uns verwenden Bezeichnungen wie »Pferd«, »Pony«, »Hengst«, »Stute«, »Fohlen«, »Wallach«, ohne sich Gedanken darüber zu machen, wie diese Begriffe entstanden sind. Sie sind eben Bestandteil der Sprache, und dabei belassen wir es dann. Einige dieser Begriffe haben jedoch einen durchaus interessanten kulturgeschichtlichen Hintergrund.

Pferd

Das heutige deutsche Wort »Pferd« leitet sich von dem mittellateinischen Begriff *par(a)veredus* her, der ursprünglich ein »Postpferd (auf Nebenlinien)« bezeichnete. Das Wort setzt sich somit aus der griechischen Präposition *para = neben* und dem aus dem Keltischen übernommenen spätlateinischen *veredus = (Post)pferd* zusammen.

Pony

Heutzutage bezeichnen wir als *Pony* alle Pferde, die kleiner sind als 1,47 Meter, und zwar unabhängig von ihrem Alter und Geschlecht. Früher allerdings hatte das Wort eine andere Bedeutung. *Pony* stammt vom lateinischen *pullus* her, was Fohlen heißt und später in der Form *pullanus* den jungen Hengst bezeichnete. Im Französischen wurde daraus *poulain* beziehungsweise *poulent*. Die Schotten wiederum übernahmen das Wort *poulenet* in der Aussprache »pul-

nei«. Mit der Zeit verwandelte sich diese Aussprache in »punei«, geschrieben wurde das Wort jedoch *powney.* Diese Bezeichnung wurde dann in der Folge immer mehr den kleinen Pferden aus Schottland, Shetland und anderen Gegenden zugeordnet, und noch vor zweihundert Jahren definierten die Lexika das Wort als »kleines schottisches Pferd«. In der Aussprache und Schreibung »po-ny« bürgerte sich das ehedem schottische Wort weltweit als Bezeichnung für alle kleinen Pferderassen ein.

Hengst

Unser heutiges Wort »Hengst« leitet sich von althochdeutsch (750—1100 n. Chr.) *hengist* her. Im Mittelhochdeutschen (1100—1500 n. Chr.) veränderte sich dann die Aussprache, und aus *hengist* wurde *heng(e)st.* Ursprünglich bezeichnete dieser Begriff ganz allgemein jedes Pferd. Durch Verengung der Bedeutung wurde die Bezeichnung dann im Laufe der Jahre ausschließlich dem zeugungsfähigen männlichen Pferd vorbehalten.

Stute

Die uns heute geläufige Bezeichnung des erwachsenen weiblichen Pferdes leitet sich von alt- und mittelhochdeutsch *stuot* her. Das Wort wurde auch damals schon zur Benennung des weiblichen Pferdes verwandt.

Fohlen

Diese Bezeichnung des »kindlichen« Pferdes stammt ursprünglich aus dem Niederdeutschen. Im Althochdeutschen nannte man ein junges Pferd dann *folo,* woraus im Mittelhochdeutschen *vol(e)* wurde.

Wallach

Wenn ein junges männliches Pferd geschlechtsreif wird, entscheidet sich der Besitzer, ob er es zu Zucht- oder zu anderen Zwecken verwenden will. Die meisten jungen Hengste werden jedoch kastriert, weil sie sich zur Zucht nicht eignen. Das Produkt dieser Kastration ist der »Wallach«. Das deutsche Wort *Wallach* bezeichnet ursprünglich kastrierte Pferde, die aus der Walachei eingeführt wurden.

Bronco

In Western-Filmen ist immer wieder die Rede von »bockenden Broncos« oder »Mustangs«. Das Wort leitet sich aus dem Spanischen her, wo *bronco* soviel bedeutet wie *unbearbeitet, roh*. Im Amerikanischen bezeichnete das Wort dann ursprünglich ein nur halb zugerittenes Pferd, das schwer zu handhaben war.

Warum bezeichnen wir einen Alptraum auch als Nachtmahr?

 Hieße ein böser Traum statt Nachtmahr Nachtangst, bedürfte dieses Synonym keiner näheren Erklärung. So aber fragt man sich, was ein Alptraum mit einer Mähre, einer Stute also, zu tun hat?

Kaum etwas, lautet die Antwort, zumindest auf den ersten Blick. Das Wort *Mahr* hat seinen Ursprung in dem althochdeutschen *mara* und ist verwandt mit dem angelsächsischen *mare*. Es ist ein Synonym für Gespenst, böser Geist oder Alp.

Der Alp, auch Incubus genannt, war ein recht übler nächtlicher Dämon, der sich schlafenden Frauen mit solchem Gewicht auf die Brust setzte, daß sie fast erstickten. Deutlicher ausgedrückt: Der Nachtmahr verging sich an seinen Opfern, während diese von Todesängsten gepeinigt und nach Luft ringend schliefen. Die in solchen Nächten gezeugten Kinder waren angeblich häufig mißgebildet. Hexen erwarteten den Alp verständlicherweise sehnsüchtig, reine Jungfrauen dagegen fürchteten sich vor ihm. Aus unserer heutigen rationalen Sicht betrachtet, diente der Nachtmahr gewiß auch dazu, unerwünschte Schwangerschaften oder das Beiseiteschaffen von Mißgeburten zu rechtfertigen.

Auch konnten durch sexuelle Frustration hervorgerufene nächtliche Unruhe und erotische Träume mit dem aufgezwungenen Treiben des unerbetenen Gastes erklärt werden. In diesem Zusammenhang ist vielleicht noch zu erwähnen, daß die oftmals sexuelle Ursache von Alpträumen den Men-

schen schon recht früh bekannt war. So schrieb der englische Humanist und Seelenarzt Robert Burton bereits 1621 in seiner Abhandlung »Über die Schwermut der Liebe«: »Unverheiratete Frauen und Witwen leiden in besonderem Maße an schrecklichen Träumen. Wir sehen darin ein Symptom der Melancholie, die sich am besten durch eine Heirat heilen läßt.«

Die Verwechslung des dämonischen Mahrs mit dem weiblichen Pferd, der Mähre, geht wahrscheinlich auf den Schweizer Maler Johann Heinrich Füssli zurück. Füssli lebte seit 1764 vorwiegend in England und malte dort eine Serie von Bildern unter dem Titel *Nightmare*, die übrigens rasch berühmt wurden und als Radierungen weite Verbreitung fanden. Gegenstand der Bilder ist eine schlafende Frau, auf deren Brust ein Dämon sitzt; von draußen starrt ein unheimlicher, blinder Pferdekopf durch die halb zugezogenen Vorhänge. Das blinde Pferd wurde nun von den folgenden Generationen mit dem Titel des Bildes *Nightmare* in Zusammenhang gebracht, und schon glaubte man, der Wortbestandteil *mare* müsse etwas mit den besonderen Kräften des weiblichen Pferdes zu tun haben. Ob Füssli nur mit Worten spielte oder einen tieferen Sinn hinter seiner Darstellung gesehen hat, ist heute kaum mehr zu beantworten. Kunstwissenschaftler neigen der zweiten Auffassung zu. »Das Pferd mit den phosphoreszierenden Augen«, führt ein Experte aus, »ist die ›Mähre‹, die den Alp durch die Nacht trägt, außerdem ein altes Symbol männlicher Sexualität.«

In der Folgezeit hat die irrige Assoziation von Nachtmahr und Mähre offenbar zu der Vorstellung geführt, daß von Alpträumen Geplagte des Nachts von entsetzlichen Dämonen-Pferden heimgesucht werden. Ein Zusammenhang mit unseren wirklichen Pferden besteht hierbei freilich nicht.

Warum glaubte man in alten Zeiten, die Pferde würden des Nachts bisweilen von Hexen entführt?

 Unsere abergläubischen Vorfahren waren von der ständigen Furcht besessen, ihre wertvollen Pferde könnten eine Beute von Hexen werden. Man unterstellte den Hexen, sie würden bei Nacht in die Ställe eindringen und die Pferde stehlen, um auf ihnen zum geheimen Hexensabbat zu reiten. Dabei behandelten die teuflischen Weiber die Tiere angeblich schlimmer als die rohesten Schinder. Völlig erschöpft, über und über mit Schweiß bedeckt und unter Atemnot leidend, wurden die Tiere dann — so der Volksglaube — kurz vor Tagesanbruch zurückgebracht. Fand der Stallbursche ein Pferd in diesem erbärmlichen Zustand, so glaubte jedermann zu wissen, was sich nachts abgespielt hatte. Wehe der alten Frau, die zufällig in der Nähe wohnte.

Die Wahrheit sah natürlich anders aus. Die Ställe befanden sich in jenen Zeiten häufig in einem erbarmungswürdigen Zustand. Da die Sicherheit wichtiger war als die Gesundheit der Tiere, hatten die Stallungen oftmals nicht ein einziges Fenster. Nach einer langen Nacht in der völlig verbrauchten Luft eines solchen Schuppens litten die Pferde häufig unter starkem Sauerstoffmangel. Nicht die Teufelskünste der Hexen waren also schuld daran, daß die Tiere so erschöpft und in Schweiß gebadet waren, sondern die Achtlosigkeit und Dummheit ihrer Besitzer.

157

Stichwort

Information und Wissen in kompakter Form.
»Die Taschenbuch-Reihe gibt knappe, übersichtliche und
aktuelle Auskünfte zu den jeweiligen Themen.«
WESTFÄLISCHE RUNDSCHAU

Wilhelm Heyne Verlag
München

Desmond Morris

»Der Gedanke mag ernüchternd sein, aber Hunde und Katzen sind im allgemeinen loyaler, vertrauenswürdiger und verläßlicher als Menschen.«

19/183

Weitere Titel von Desmond Morris im Heyne-Taschenbuch:

Warum wedeln Hunde mit dem Schwanz?
19/214

Warum scharren Pferde mit den Hufen?
19/239

**Körpersignale:
Vom Scheitel bis zum Kinn**
19/250

**Körpersignale:
Vom Dekolleté bis zum Zeh**
19/251

Babywatching
19/315

Wilhelm Heyne Verlag
München